KB151671

〔증보판〕
자치통감9

〔증보판〕

자치통감9(권049~권054)

2019년 8월 8일 개정증보판 1쇄 찍음
2019년 8월 16일 개정증보판 1쇄 펴냄

지은이   사마광
옮긴이   권중달
펴낸이   정철재

펴낸곳   도서출판 삼화
등   록   제320-2006-50호
주   소   서울 관악구 남현1길 10, 2층
전   화   02)874-8830
팩   스   02)888-8899
홈페이지   www.samhwabook.com
          www.tonggam.com

ⓒ 도서출판 삼화, 2019, Printed in Seoul Korea

ISBN 979-11-5826-359-1 (94910)
        979-11-5826-498-7 (세트)

〔증보판〕
자치통감 9

권049~권054

도서 출판 삼화

들어가면서

증보판《자치통감》출판에 붙여

　《자치통감》을 완역해서 세상에 내놓은 다음부터 많은 독자로부터 원문도 함께 읽고 싶다는 요구가 있었다. 그러나 원문 작업이 그리 만만한 일은 아니었을 뿐만 아니라 그보다도《자치통감》에 대한 이해를 돕기 위한 책들을 정리하는 것이 먼저라고 생각하였다.

　그래서 탄생한 책이《자치통감》에 실린 사론을 정리하여 해설한《자치통감사론강의》이고, 중국 역사의 전체적인 흐름을 보려는 새로운 시도가《중국분열》이며, 복잡하여 이해하기 힘들다는 위진시대를 쉽게 이해하도록 사상사적 측면에서 접근해 본 것이《위진남북조 시대를 위한 변명》이고, 황제제도의 구조적인 모습을 보기 위한 작업이《황제뽑기》였다. 그 외에도《자치통감》을 좀 더 깊이 이해하고자 하는 독자를 위하여《평설자치통감》을 집필해야 했고, 대중들을 위하여 명언을 모아 설명한《촌철활인》, 입문서《자치통감 3번 태어나다》,《생존》,《3권으로 읽는 자치통감 294》 같은 일반인들의 교양물도 출간하였다.

물론 이러한 작업을 하면서도 눈에 띄는 대로 이미 출간한 원고의 보정 작업을 계속하면서 번역문에도 조금씩 수정을 가한 부분이 있게 되었다. 이러는 동안에도 많은 독자가 원문을 볼 수 없는 아쉬움을 표하는 경우를 접하면서 이왕 이 작업을 하는 바에야 독자들에게 원문을 제공하는 것이 옳을 것 같다는 생각을 하였다.

그러나 원문을 교정 보는 작업은 그리 간단하지가 않았고 많은 시간이 필요하였다. 그러나 '자치통감 행간읽기'를 마친 독자라면 좀 더 깊이 알고자 할 것이고, 따라서 번역문과 원문이 동시에 필요할 것이라는 데까지 생각이 미쳤다. 그리하여 작업이 끝나는 대로 번역과 원문을 붙여 증보판이라는 이름으로 출간하기로 하였다.

증보판을 내는 또 다른 이유는 우리가 그동안 익숙하게 아시아의 역사를 '중국사 프레임'으로 보는 것을 깨 보고자 하는 생각도 있다. 즉 중국 문화는 아시아 문화의 중심이며 중국 문화의 동심원적 확산이 바로 아시아 문화인 것처럼 이해하였다. 그뿐만 아니라 중원 대륙의 주인은 한족(漢族)이고, 언필칭 정사라고 하는 25사가 마치 한족 왕조의 면면히 이어졌다는 오해를 풀어야 하기 때문이다.

《자치통감》은 사마광이 역사 사실을 객관적으로 정리한 역사책이다. 이 책의 집필 의도가 황제나 집정자에게 교육시키려는 것이었으므로 '있는 사실 그대로'를 전하려고 하였던 것이었다. 편견 없는 역사 사실만이 진정으로 자신을 돌아보고, 새로운 방향을 설정할 수 있기 때문이었다. 역사적 진실만이 가치가 있는 것으로 생각한 사마광은 한족(漢族)임에도 한족의 단점과 실패의 사실도 집어낼 수 있었고, 이른바 이적의 장점도 은연중에 드러나게 하였다. 그러한 점에서 《자치통감》은 '중국사'가 아니라 '아시아사'이다.

그런데 숙황(叔皇) 금(金) 왕조에 쫓기어 남쪽으로 내려온 남송의 질황(侄皇) 치하에 살았던 주희는 몰락해 가는 한족을 목도하면서 한족에게 애국심을 고취하여야 했던 당시 시대적 상황에 맞추어 역사를 혈통 중심의 정통론이라는 허구적 이념을 세워 《자치통감》을 《자치통감강목》으로 만들어 중국 중심으로 역사를 보려고 하였다. 물론 이것은 시대적 상황에서 필요하였던 것이고 이념을 주장하기 위하여 역사를 이용한 것일 뿐이다.

그런데 우리나라에서는 주자학을 정치이데올로기로 받아들이고 이념서인 《자치통감강목》을 역사라고 오도함으로써 부지불식간에 아시아 역사를 중국 중심으로 보는 왜곡된 시각이 형성되었다. 그리하여 우리도 모르는 사이에 '혈통'이라는 편견을 가지고 역사를 본 《자치통감강목》의 영향으로 500여 년간 '중국사 프레임'에 갇히게 되었고, 그 영향은 오늘에까지도 미치고 있다.

'중국사 프레임'으로 보는 아시아 역사는 중원에 있는 나라는 한족(漢族)이 중심이고, 중원의 우수한 문화가 동심원적으로 사방으로 퍼져

나가 교화시킨 것이 아시아 문화이고, 화이(華夷)는 당연히 구별되고 이적은 배척되어야 하며, 중원에 세워진 왕조가 면면히 이어져 왔다는 것을 실재하였던 현실로 받아들였던 것이다.

《자치통감》은 주희가 이념으로 가공하기 전의 원본으로 '역사를 사실 그대로 이해할 수 있는' 것이 가능하지만 아직도 《자치통감》을 '중국사'로 생각하고 있는 사람이 대부분이다. 이제부터라도 《자치통감》을 1,362년간의 '아시아 역사'로 인식하기를 바란다.

대방재(待訪齋)에서

권중달 적음

목차

권050

한기42 : 서역 경영과 외척·환관의 발호

권051

한기43 : 연이은 어린 황제 즉위

권054
한기46 : 환관시대의 개막

❖ 황제계보도

부록

《자치통감》 구성 : 총 294권 1,362년간

권차	기년 왕조	기록 기간	중 요 사 건
001~005	전국 주	기원전 403 ~256년 (148년간)	■ 주나라의 권위가 무너지고 제후국들이 통일을 위해 각축전을 벌인 전국시대.
006~008	진(秦)	기원전 255 ~207년 (49년간)	■ 전국시대에 진나라가 통일을 준비하고, 통일을 완성하였다가 망하는 과정.
009~068	한	기원전 206 ~서기 219년 (425년간)	■ 진의 해체와 유방의 한 왕조가 중국을 재통일한 과정. ■ 황제체제의 성립과 왕망의 찬탈과정. ■ 왕망의 몰락하는 전한시대와 왕망의 멸망과 유수의 후한이 재통일한 과정. ■ 호족들의 등장과 후한의 몰락과정.
069~078	위	220~264년 (45년간)	■ 후한의 멸망과 위·오·촉한의 삼국시대와 위의 촉한 정벌과정.
079~118	진(晉)	265~419년 (155년긴)	■ 위의 몰락과 진의 등장과 삼국 통일과정. ■ 북방 오호의 남하 북방의 분열과 진의 남천과 남북 대결과정.
119~134	남북조 송	420~478년 (59년간)	■ 남조의 송 왕조와 북방민족이 중국 유입하여 이룩한 남북조시대.
135~144	남북조 제	479~501년 (23년간)	■ 남조 송의 멸망과 제의 건국, 북조와의 대결과정.

권차	기년 왕조	기록 기간	중 요 사 건
145~166	남북조 양	502~556년 (55년간)	■ 남조 제의 멸망과 양의 건국, 북조와의 대결과정.
167~176	남북조 진(陳)	557~588년 (32년간)	■ 남조 양의 멸망과 진의 건국, 북조와의 대결과정.
177~184	수	589~617년 (29년간)	■ 수 왕조의 중국 재통일과 멸망과정.
185~265	당	618~907년 (290년간)	■ 당 왕조의 성립과 중국 고대문화의 완성 과정과 당말 절도사의 발호와 당의 멸망 과정.
266~271	오대 후량	908~922년 (15년간)	■ 당의 멸망과 후량의 건설 및 오대십국의 진행과정.
272~279	오대 후당	923~935년 (13년간)	■ 후량의 멸망과 후당의 건설 및 오대십국의 진행과정.
280~285	오대 후진	936~946년 (11년간)	■ 후당의 멸망과 후진의 건설 및 오대십국의 진행과정.
286~289	오대 후한	947~950년 (4년간)	■ 후진의 멸망과 후한의 건설 및 오대십국의 진행과정.
290~294	오대 후주	951~959년 (9년간)	■ 후한의 멸망과 송 태조 조광윤의 등장 및 오대십국의 진행과정.

《자치통감》 왕조 계통도

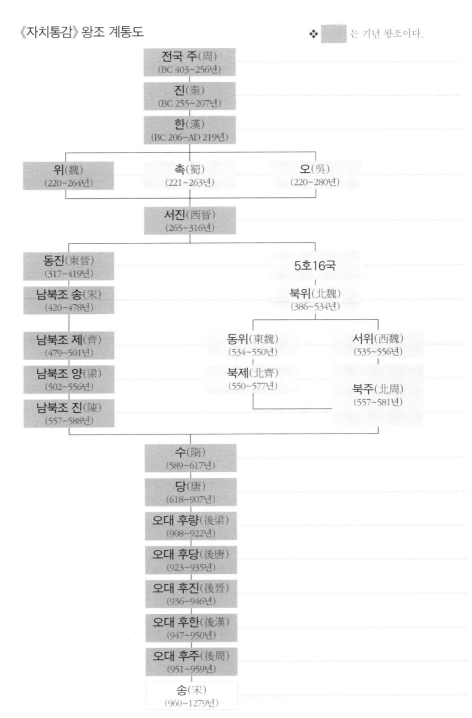

❖ ▨ 는 기년 왕조이다.

전국 주(周)
(BC 403~256년)

진(秦)
(BC 255~207년)

한(漢)
(BC 206~AD 219년)

위(魏)
(220~264년)

촉(蜀)
(221~263년)

오(吳)
(220~280년)

서진(西晉)
(265~316년)

동진(東晉)
(317~419년)

5호16국

북위(北魏)
(386~534년)

남북조 송(宋)
(420~478년)

남북조 제(齊)
(479~501년)

동위(東魏)
(534~550년)

서위(西魏)
(535~556년)

남북조 양(梁)
(502~556년)

북제(北齊)
(550~577년)

남북조 진(陳)
(557~588년)

북주(北周)
(557~581년)

수(隋)
(589~617년)

당(唐)
(618~907년)

오대 후량(後梁)
(908~922년)

오대 후당(後唐)
(923~935년)

오대 후진(後晉)
(936~946년)

오대 후한(後漢)
(947~950년)

오대 후주(後周)
(951~959년)

송(宋)
(960~1279년)

❉ 전국·진시대(★은 기년 왕조임)

★주(周, ~BC 256년) 노(魯, ~BC 249년) ★진(秦, ~BC 207년)
정(鄭, ~BC 375년) 송(宋, ~BC 287년) 초(楚, ~BC 223년)
제(齊, ~BC 221년) 진(晉, ~BC 376년) 위(魏, ~BC 225년)
한(韓, ~BC 230년) 조(趙, ~BC 222년) 연(燕, ~BC 223년)
위(衞, ~BC 209년)

❉ 5호16국시대(★은 16국에 포함하지 않음)

■ 흉노(匈奴)
전조(前趙·漢, 304~329년) 북량(北凉, 397~439년) 하(夏, 407~431년)

■ 갈(羯)
후조(後趙, 319~350년)

■ 선비(鮮卑)
전연(前燕, 384~409년) 후연(後燕, 337~370년) 남연(南燕, 398~410년)
서진(西秦, 385~431년) 남량(南凉, 397~414년) ★서연(西燕, 384~394년)
★요서(遼西, 303~338년) ★대(代·魏, 315~376년)

■ 저(氐)
성한(成漢, 302~347년) 전진(前秦, 351~394년) 후량(後凉, 386~403년)
★구지(仇池, 296~371년)

■ 강(羌)
후진(後秦, 384~417년)

■ 한(漢)
전량(前凉, 301~376년) 서량(西凉, 400~420년) 북연(北燕, 409~436년)
★위(魏, 350~352년) ★후촉(後蜀, 405~413년)

❉ 오대의 십국

■ 십국
전촉(前蜀, 891~925년) 후촉(後蜀, 925~965년) 오(吳, 892~937년)
남당(南唐, 937~975년) 오월(吳越, 893~978년) 민(閩, 893~945년)
초(楚, 896~951년) 남한(南漢, 905~971년) 형남(荊南, 907~963년)
북한(北漢, 951~979년)

〔일러두기〕

· 이 책은 사마광의 《자치통감》의 고힐강(顧頡剛) 외의 표점본을 저본으로 하여 전국시대부터 오대후주시대까지의 전권(294권)을 완역한 것이다.

· 번역의 기본 원칙은 원전이 갖고 있는 통감필법의 정신을 최대한 살린다는 의미에서 직역하되 의미가 불분명한 경우는 역자의 역주로 설명했다.

· 역자가 내용과 분량을 감안하여 문단을 나누고 각 문단마다 제목을 달았다.

· 필요한 한자어는 괄호 속에 병기했다.

· 인명, 지명, 관직명 등 고유명사는 외래어 표기법을 따르지 않고 한글 발음대로 표기했다. 인명 가운데 원문에 성이 기록돼 있지 않은 것도 이해를 돕기 위해 성을 추가하였다. 지명은 괄호 속에 현재의 지명을 넣었고, 주(州)·군(郡)·현(縣) 등 행정 단위가 생략되었지만 필요한 경우 이를 추가하였다. 관직명은 길고 그 업무가 생소하고 길게 느껴질 경우 관직명 자체를 우리말로 풀어주고 원 관직명은 각주로 설명을 보충했다.

· 간지로 된 날짜는 괄호 속에 숫자로 표시했다.

· 본문의 '帝'는 '황제'로, '上'은 '황상'으로 번역했다.

· 책이름이나 출전은 《 》, 편명은 〈 〉로 했다.

· 본문에서 전후관계를 알아야 할 사건이나 내용, 용어, 고사 등 설명이 필요한 경우 각주로 설명을 보충했다.

· 독자들의 이해를 돕기 위해 각주의 설명이 다소 중복 되게 하였다.

· 주어가 생략된 경우는 해당 연도의 기준을 삼은 황제가 주어이다.

· 음은 호삼성의 음주를 따랐다.

· 사마광의 평론은 사마광이 황제에게 아뢰는 것이므로 경어체로, 사마광 이외의 평론은 사마광이 인용한 것이므로 원전의 표현의 살려 평상체로 번역했다.

· 한글로 번역하여 말뜻이 분명하지 않을 경우 〔 〕 안에 한자를 넣었다.

권049

한기41

등씨의 집권과 이민족

어린 황제의 등극과 등태후의 정치

효상황제 연평 원년(丙午, 106년)

1   봄, 정월 신묘일(13일)에 태위 장우(張禹)를 태부(太傅)[1]로 삼고, 사도(司徒) 서방(徐防)을 태위로 삼아 참록상서사(參錄尙書事)[2]로 하였다. 태후는 황제가 강보에 싸여있기 때문에[3] 중신들을 궁중에 머물게 하려고 하였다. 이에 장우에게 조서를 내려 궁중에 거주하도록 하고, 닷새에 한 번씩 사저로 돌아가도록 하였다. 조현할 때마다 특찬(特贊)[4]하고, 삼공(三公)[5]과도 떨어져 자리하였다.

---

1   지위는 삼공보다 높았으며 상서대(尙書臺)를 장악하여 국가의 정무를 총괄하였다.

2   상서의 업무를 처리하는데 참여하는 직책이다.

3   태어난 지 100일 밖에 안 된 상태에서 황제에 즉위하였다.

4   신하들이 황제를 조현(朝見)할 때, 황제가 특별히 총애하는 신하를 먼저 호명하여 홀로 배례(拜禮)토록 하는 것이다. 특별한 우대를 나타낸다.

5   태위(太尉)·사도(司徒)·사공(司空)을 가리킨다.

2   황제의 형 유승(劉勝)을 책봉하여 평원왕(平原王)으로 삼았다.

3   계묘일(25일)에 광록훈(光祿勳)[6] 양유(梁鮪)를 사도로 삼았다.

4   3월 갑신일(7일)에 효화황제(孝和皇帝)를 신릉(愼陵)[7]에 장사지내고, 묘호(廟號)를 목종(穆宗)이라 하였다.

5   병술일(9일)에 청하왕(淸河王) 유경(劉慶), 제북왕(濟北王) 유수(劉壽), 하간왕(河間王) 유개(劉開), 상산왕(常山王) 유장(劉章)이 처음으로 봉국(封國)에 갔다. 태후는 유경에게 특별한 예의[8]를 베풀었다.
　유경의 아들 유호(劉祜)는 나이가 13세였는데, 태후는 황제가 유약하여 예상치 못한 일이 발생할 것을 멀리까지 염려하여 유호와 그의 적모(嫡母) 경희(耿姬)를 청하왕 관저에 살도록 하였다. 경희는 경황(耿況)[9]의 증손녀이며, 유호의 어머니는 건위(犍爲, 사천성 팽산현) 사람 좌희(左姬)이다.

---

6   진대(秦代)에는 낭중령(郎中令)이라 불렀으며 궁전에서 숙위(宿衛)하는 자와 시위(侍衛)하는 자들을 통솔하였다. 전한 초에는 진대의 명칭을 이어 사용하다가 무제 치세에 광록훈으로 명칭을 바꾸었으며 녹질은 중이천석(中二千石)이다.

7   신릉은 낙양에서 동남쪽으로 30리 떨어진 곳에 있다.

8   다른 친왕에 비하여 그에 대한 예우를 특별히 두텁게 하는 것을 말한다.

9   부풍 무릉(扶風 茂陵, 섬서성 咸陽의 서쪽) 사람으로 신 왕조 왕망 치세에 상곡(上谷) 군수를 역임하였다. 경시제(更始帝)가 등극한 후 유수(劉秀)에게 귀부하고 이후 유수를 도와 천하를 통일하는데 공을 세웠다.

6   여름, 4월에 선비(鮮卑) 부족이 어양(漁陽, 북경시 밀운현)을 노략질
하였는데, 어양 태수 장현(張顯)이 수백 명을 인솔하고 요새 밖으로 나
가서 그들을 추격하였다. 병마연(兵馬掾)[10] 엄수(嚴授)가 간언하였다.

"앞에 있는 길은 험하고 적의 세력도 헤아리기 어려우니, 마땅히 또
군영을 설치한 후, 먼저 경무장한 기병으로 그들을 정탐하게 해야 합니
다."

장현은 마음이 몹시 예민하여 화를 내며 그의 목을 베려고 하면서
마침내 군대를 진격시켰다.

매복해 있던 야만인을 만나서 사졸들이 모두 도망쳤고 오직 엄수만
이 힘껏 싸웠는데, 몸 열 곳에 상처를 입으면서도 맨손으로 여러 명을
죽이고 죽었다. 주부(主簿)[11] 위복(衛福)과 공조(功曹)[12] 서함(徐咸)도
몸소 장현에게로 달려갔으나 함께 진지에서 죽고 말았다.

7   병인일(19일)에 호분중랑장(虎賁中郎將)[13] 등즐(鄧騭)을 거기장
군(車騎將軍)[14]·의동삼사(儀同三司)[15]로 삼았다. 등즐의 아우인 황문시
랑(黃門侍郎)[16] 등괴(鄧悝)를 호분중랑장으로 삼고, 등홍(鄧弘)과 등창

---

10 연(掾)은 원래 '돕다'란 뜻이다. 연은 후에 와서 속원(屬員) 및 좌사(佐吏)의
   통칭으로, 중국 역사에서 보면 공경(公卿), 장수(將帥) 및 지방의 주·부·군·
   현에 설치되었다. 병마연은 군사에 관한 사무를 담당하는 관리이다.

11 한대(漢代)부터 중앙 및 지방 관서 대부분이 설치한 하급 사무관이다.

12 주의 자사와 군의 태수의 속관으로 주로 관리의 선발, 평가, 상벌 등 인사를
   담당하였다.

13 한대 광록훈의 속관으로 호분숙위(虎賁宿衛)를 관장하는 관원이다. 녹봉은
   2천 석이며 호분 1천500명 혹은 많을 때는 수천 명을 통솔하였다.

(鄧閶)은 모두 시중(侍中)[17]이 되었다.

8   사공 진총(陳寵)이 죽었다.

9   5월 신묘일(15일)에 천하에 사면하였다.

10   임진일(16일)에 하동(河東, 산서성 夏縣)의 원산(垣山, 산서성 垣曲 縣 경계)이 무너졌다.

11   6월 정미일(1일)에 태상(太常)[18] 윤근(尹勤)을 사공으로 삼았다.

12   군과 봉국의 37곳에서 홍수가 났다.

---

14 전한 문제 때 처음 설치되었으며, 궁궐의 방위를 담당하는 금군을 장악하였 다. 지위는 삼공과 같으며, 후한시기에는 표기장군 다음의 관위로서 상설로 설치된 것은 아니다.

15 삼사는 삼공인데 관직 명칭을 그대로 해석하면 '의례에서는 삼공과 같게 한 다.'가 되므로 직위는 삼공이 아니지만 의례에서만은 삼공과 동일하게 대우한 다는 뜻이다. 이 관직은 이때부터 보인다.

16 후한시기에 급사중(給事中)과 황문랑(黃門郞)을 합쳐서 설치되었으며 급사황 문시랑(給事黃門侍郞)이라 불렀다. 궁중에 출입하며 상서(尚書)의 일을 도와 주었다.

17 한대에 소부(少府)의 소속으로 황제의 좌우에 근시하며 고문의 역할을 수행 한 관직이다.

18 후한시기에 종묘의 예의(禮儀)와 제사(祭祀) 그리고 박사(博士)의 선발 등의 업무를 관장하는 직책이다.

13 기미일(13일)에 태후가 조서를 내려 태관(太官), 도관(導官), 상방(尙方), 내서(內署)[19]에서 사용하는 여러 복장, 수레, 음식 그리고 화려하여 마련하기 어려운 물품을 줄이고, 능묘에 바치는 것이 아니면 도(稻), 양(粱), 미(米)는 지나치게 선별하지 말며,[20] 아침과 저녁 중 고기반찬은 한 끼만 먹도록 하였다.

이전에 태관과 탕관(湯官)[21]이 사용하던 경비가 매년 2억 전 정도였으나 이때부터 수천만 전을 줄였다. 각 군과 봉국에서 바치는 공물도 모두 그 반으로 줄였다. 상림원(上林苑)[22]에 있는 사냥용 매와 개도 모두 풀어서 팔았다. 이궁(離宮)과 별관에서 저축하였던 식량과 땔나무도 모두 줄이도록 하였다.

14 정묘일(21일)에 조서를 내려 액정(掖庭)[23]에 있는 궁인들과 종실에 몰입(沒入)된 자[24]들을 내보내서 모두 서민으로 삼았다.

---

19 태관(太官)은 궁중의 주방에서 식사를 담당하는 직책, 도관(導官)은 곡식 창고를 관리하는 직책, 상방(尙方)은 일상 용품을 관리하는 직책, 내서(內署)는 의상을 보관하는 창고를 관리하는 직책이다.

20 질의 좋고 나쁜 것을 선별하여 어용으로 제공하였다.

21 궁중의 주방에서 떡이나 과자 등을 만드는 관원이다.

22 수도 낙양에 있던 황실 소유의 화원(花園)을 가리킨다.

23 '액정(掖廷)'으로 쓰기도 하는데, 궁중의 관사로써 비와 빈이 거주하는 곳을 말한다.

24 죄를 지어 벌을 받아 평민에서 천민으로 지위가 하락됨으로써 독립적인 호적 등재가 불가능하여 후한 왕조의 종실의 호적에 올려 그 예속민으로 일하던 자들을 말한다.

15 　가을, 7월 경인일(15일)에 사예(司隸)[25]교위와 각 부자사(部刺史)[26]에게 칙서를 내려 말하였다.

　"근래 군과 봉국에서 간혹 홍수가 나서 가을 농사를 방해하여 해치고 있으나, 조정에서는 과실이라고 생각하니 근심하고 두려워하고 있다. 그리고 군과 봉국에서도 풍년이 들었다는 쓸데없는 명예만을 얻으려고 하여 드디어 재해의 실상을 덮어 가리고, 개간된 전지(田地)의 넓이를 과장하고, 사방으로 흩어진 호구는 헤아리지 않고 경쟁하듯 호구가 증가하였다고 하며, 도적이 일어난 것을 가리고서 숨겨 간악한 자들이 징벌을 안 받게 하고 있으며, 관리를 임용하면서 순서를 따르지 않아 사람을 뽑는 일은 마땅함에 어그러지고, 탐욕과 가혹함, 비참함이 끼치는 해독이 평민에게까지 미치게 된다.

　자사가 머리를 숙이고 귀를 막고 개인적으로 아부하는 아랫사람을 비호하며 하늘을 두려워하지 않고 다른 사람에게도 부끄러워하지 않는다.[27] 임시로 용서하는 은전은 자주 있다고 믿을 수 없으니, 지금부터는 곧 벌 받을 일이 있으면 규명할 것이다. 이천석(二千石)[28]의 장리(長吏)는 자기에게 소속한 백성이 받은 상해를 상세히 조사하여 그들의 전조(田租)와 추고세(芻稿稅)[29]를 면제하도록 하라."

---

25 후한시대에 경기 지역의 백관과 그 지역의 사무를 조사하고 감독하는 관직이다.

26 후한에는 13개의 주에 자사가 있었다.

27 《시경(詩經)》의 소아편(小雅篇) 하인사(何人斯)에 나오는 말을 인용한 것이다.

28 한대의 설치된 관직으로 2천 석의 봉록을 받는 군과 봉국의 수령을 통칭하는 말이다.

29 추고세는 글자 그대로 관아에서 기르는 말의 사료용으로 백성들이 일정량의 말린 풀이나 볏짚을 바치는 세이다.

16　8월 신묘일[30]에 황제가 붕어하였다.[31] 계축일(8일)에 숭덕전(崇德殿)의 전전(前殿)에 빈소를 설치하였다. 태후와 오빠인 거기장군 등즐, 호분중랑장 등괴 등이 궁중에서 계책을 결정하였는데, 그날 밤, 등즐에게 부절(符節)을 지니고 왕의 청개거(靑蓋車)[32]를 가지고서 청하왕(淸河王)의 아들 유호(劉祜)를 영접하여 숭덕전에서 재계(齋戒)하게 하였다.

황태후가 숭덕전에 오르자 백관이 모두 길복(吉服)[33]을 입고 배석하여 자리하였으며, 유호를 인도하여 벼슬을 주어 장안후(長安侯)로 삼았다.[34] 이어 조서를 내려 유호를 효화황제(孝和皇帝)의 후사로 삼고, 또 책명(策命)도 만들었다. 유사가 책명을 읽자 태위가 옥새와 인수를 올렸고, 황제의 자리에 나아갔다. 태후는 여전히 조회에 임석하도록 하였다.

17　사예교위·하남윤(河南尹)·남양(南陽) 태수에게 조서[35]를 내려서

30　8월은 병오일이 초하루이기 때문에 신묘일은 없다. 계축일에 빈소를 설치한 것으로 보아 신해일의 착오일 수도 있다. 신해일은 8월 6일이다.

31　이때 상제(殤帝)는 겨우 2세였다.

32　황자(皇子) 혹은 태자(太子)가 타는 수레이다. 황손은 녹개거(綠蓋車)를 탄다.

33　옛날에는 제사지낼 때 입는 옷이었으나, 이날 이후부터 예식을 거행할 때 입는 복장 전체를 가리키게 되었다.

34　바로 천자로 삼지 않고 후(侯)로 책봉한 것은 한미(寒微)한 자리에서 바로 황제의 자리에 오르지 않게 하는 것이며, 이러한 관례는 전한 효선제 때부터 시작됐다.

35　조서는 황제가 내는 명령이지만 이때에는 태후가 임조(臨朝)하고 있으므로 태후가 냈다.

알렸다.

"전 시대의 사적을 볼 때마다 외척과 빈객이 공무를 받드는 일을 더럽히고 어지럽혀서 백성의 걱정거리가 되고 고통을 받게 하였으니, 그 허물은 법 집행이 해이하고 게을러서 번번이 그 처벌을 시행하지 않았기 때문이었다.

지금 거기장군 등즐 등은 비록 공경스럽고 순종하는 마음을 지니고 있으나, 그 종족이 광대할 뿐만 아니라 인척도 적지 않으며, 빈객은 간사하고 교활하여 대부분 금지하는 법령을 범하고 있으니 분명히 단속하는 칙령을 시행하여 서로 용납하며 비호하지 못하게 하라."

이때부터 친족[36]이 죄를 범하더라도 용서해주는 일이 없게 되었다.

18   9월에 6개 주에서 홍수가 났다.

19   병인일[37]에 효상황제(孝殤皇帝)를 강릉(康陵)[38]에 장사지냈다. 연이어 홍수를 만나서 백성들이 역사(役事)하는 것을 고생스러워 하였으므로 방중(方中)[39]에 비장(秘藏)할 물품과 여러 가지 만들어야 할

---

36 등즐의 친척을 말한다.

37 9월 초하루가 을해일이므로 9월에는 병인일이 없다. 다음 기사가 초하루인 을해일이므로 착오가 있는 것 같다. 만약 통감기록의 순서가 틀리지 않는다면 병인일은 8월 21일이다. 즉 18번과 19번의 기사가 바뀐 것 같다.

38 화제(和帝)의 묘지를 신릉(愼陵)이라 부른다. 상제의 묘지인 강릉(康陵)은 화제의 묘로 가는 길옆에 있다.

39 무덤에서 부장품을 넣는 곳이다. 공영달이 이르기를 '천자를 장사지낼 때에는 땅을 파서 네모진 광(壙)을 만들었다 하였는데, 이를 《한서(漢書)》에서 방

일들을 약 10분의 1로 줄였다.

20   을해일(1일)에 운석(隕石)이 진류(陳留, 하남성 陳留縣)에 떨어졌다.

중이라 하였다. 방중 안에는 먼저 곽(槨)을 쌓아놓고 남쪽으로 연도(羨道)를
만들고 신거(蜃車)에다 영구(靈柩)를 실어서 광에 이르는데, 용순(龍輴)에 실
어 연도로 들어와 방중까지 가서 마침내 관에다 끈을 매어 위에서 관을 내려
곽(槨) 안에 넣으며 방의 위에는 네모난 돌로 갱(坑)을 덮는다.'고 하였다.

서역으로의 진출과 후퇴

21　조서를 내려 북지(北地, 감숙성 靈武縣) 사람 양근(梁懂)을 서역(西域) 부(副)교위로 삼았다. 양근이 가서 하서(河西) 지방에 도착하였는데 마침 서역의 여러 나라가 반란을 일으키자 소륵(疏勒, 신강성 疏勒縣)에서 도호 임상(任尙)을 공격하였다. 임상이 편지를 올려 구원을 요청하자, 양근에게 조서를 내려 하서 지역 네 군에 있는 강족(羌族)과 호족(胡族)으로 이루어진 5천 기병을 거느리고 그곳으로 달려가도록 하였다.

양근이 미처 도착하기 전에 이미 임상이 포위에서 풀렸으나 조서를 내려 임상을 귀환하도록 하고, 기도위(騎都尉)[40] 단희(段禧)를 서역도호로 삼고, 서역도호부의 장사(長史) 조박(趙博)을 기도위로 삼았다. 단희와 조박은 타건성(它乾城)[41]을 지키고 있었으나, 성이 작아서 양근이 견고할 수 없다고 생각하여 마침내 구자왕(龜玆王) 백패(白霸)를

40　봉록 2천 석에 해당하는 군사를 담당하는 관직이다.

41　이전에 반초(班超)가 서역도호로 있었을 때 그 도호부를 구자왕국(신강 위구르자치구 고차현)의 타건성에 설치하였다.

속임수로 설득하여 그 성에 들어가서 함께 지키고자 하니 백패가 이를 허락하였지만, 그 관리와 백성이 강하게 간언하자 백패는 듣지 않았다.

양근이 이미 들어가서 곧바로 장수를 파견하여 단희와 조박을 급히 맞아들였는데, 그 군대를 합하니 8천~9천 명이었다. 구자의 관리와 백성은 함께 그들의 왕을 배반하고 온숙(溫宿, 신강성 溫宿縣)과 고묵(姻墨, 신강성 拜城縣)의 수만 병사와 함께 반란을 일으키고 성을 포위하니, 양근 등이 전투에 나서 이들을 대파하였다.

연이은 군사 활동이 수개월 동안 계속되자 호족의 무리는 패하여 달아났는데, 이긴 기세를 타고 이들을 추격하여 무릇 참수한 자가 1만여 급이었고, 생포한 자가 수천 명이었으며 구자는 마침내 평정되었다.[42]

22　겨울, 10월에 네 주에 홍수가 나고 우박이 내렸다.

23　청하효왕(淸河孝王)[43] 유경(劉慶)이 병이 위독해지자 편지를 올려 번탁(樊濯) 사람 송귀인(宋貴人)[44]의 무덤 옆에 장사지내주기를 요청하였다. 12월 갑자일(21일)에 왕이 죽었다.

24　을유일[45]에 어룡(魚龍)과 만연(曼延)[46]의 놀이를 폐지하였다.

---

42 호삼성은 '양근이 건투하기는 하였지만 끝내 서역을 안정시킬 수 없었던 것은 헛되이 용감하였고 책략이 없었던 데 있다.'고 하였다.

43 청하왕 유경(劉慶)은 죽은 후 효왕이란 시호를 받았다.

44 청하왕의 생모이다.

45 이 해 12월은 갑진일이 초하루이기 때문에 12월에는 을유일이 없다.

25   상서랑(尙書郎)[47]인 남양(南陽) 사람 번준(樊準)이 유가의 학풍이 가라앉고 쇠퇴하자 상소하였다.

"신이 듣기에 군주는 배우지 않으면 안 된다고 합니다. 광무황제(光武皇帝)께서 천명을 받아 중흥하시는데, 동서로 주살하며 싸우느라 여유롭게 책을 펼쳐볼 곳이 없었지만 오히려 창을 던지고 때때로 육예(六藝)를 강습하였고, 전마(戰馬)를 쉬게 하고 도리를 논하셨습니다.

효명황제(孝明皇帝)께서는 정사(政事)의 만 가지 일을 처리하시며 마음으로 들여다보지 않은 것이 없었으나, 고대의 전적에 관심을 가지고 육경과 문예(文藝)에 뜻을 두셨으며, 매번 향사례(饗射禮)[48]를 마치고 나서는 항상 똑바로 앉아 스스로 강설하였는데, 많은 유학자들이 함께 들었으니 사방에서 대단히 기뻐하였습니다.

또 많은 명유(名儒)들을 징소하시어 낭묘(廊廟)에 배열하도록 하고 연회 때마다 의심스럽고 어려운 문제가 있으면 즐겁고 화목하게 토론하도록 하여 함께 정치적 교화방법을 찾으려 하였으니, 기문(期門)[49]과

---

46 안사고(顔師古)는 어룡(魚龍)에 대하여 다음과 같이 주석하였다. '가장 먼저 한 쌍에 100개의 혀를 가진 새로 분장한다. 이어 정원에서 춤을 추고, 이어 연못 속에 들어가 물에서 놀면서, 목어(木魚)와 같이 변화하고, 이어 안개를 분출하여 태양을 가린다. 그런 후에 길이 약 8장(丈)의 황룡으로 변화하고, 이어 연못에서 뛰어나와서 다시 정원에서 춤을 춘다.' 만연(曼延)에 대해서는 《서경부(西京賦)》에서 '거대한 동물이 찾아오는 것, 이것을 만연이라 한다.'라고 하였다.

47 상서대(尙書臺)에 소속되어 문서를 기초하는 등의 일을 담당하는 관리이다. 효렴(孝廉) 중에서 재간이 있는 자를 뽑았다. 처음 이 직책을 맡은 자는 수상서랑(守尙書郎)이라 하고, 1년을 넘은 자는 상서랑(尙書郎)이라 불렀다.

48 황제와 신하들이 연회를 한 후 활쏘기 대회를 하는 의식이다.

우림(羽林)[50]의 직책을 가진 무사들도 모두 《효경》에 능통하였으며, 교화는 성스러우신 분부터 몸소 하시어 야만인들이 사는 황지(荒地)까지 흘러들어갔는데, 이리하여 의논하는 자가 태평성대라고 칭송하는 것은 모두 영평(永平)[51]시대를 두고 하는 말입니다.

지금은 배우려는 사람들이 나날이 적어지고 있는데, 멀리 떨어진 곳에서는 더욱 심하며, 박사는 자리만 차지하며 강설하지 않고, 유학자들은 들뜨고 화려한 것만 다투어 토론하고, 가장 기본적인 충심을 잊어버리고, 아첨하는 말만 학습하고 있습니다.

신은 어리석으나, 마땅히 밝은 조서를 내려서 그윽한 곳에 은거하고 있는 학자들을 널리 찾고, 유학에 뛰어난 선비들을 총애하고 등용하여 성상께서 유학을 강습할 시기를 기다려야 한다[52]고 생각합니다."

태후가 그 말을 깊이 받아들여 조서를 내렸다.

"공·경과 중이천석(中二千石)[53]의 관리는 각각 은사(隱士)와 대유(大儒)를 천거하되, 힘써 고귀한 덕행을 가진 사람을 찾아내기에 힘써서 후진들에게 권고하면서 박학한 선비를 잘 고른다면 반드시 가장 적합한 사람을 찾아낼 수 있을 것이다."

---

49 전한시대에 설치된 황제를 호위하는 금군이다.

50 후한시대의 역대 황제의 금군의 명칭이다.

51 후한 명제 치세의 연호이다.

52 이때 안제가 13살이었으므로 유학을 공부시켜야 한다고 주장한 것이다.

53 한대의 관품으로 한 해에 2천160석의 녹봉을 받았다.

효안황제 영초 원년(丁未, 107년)

1   봄, 정월 계유일(1일)에 천하에 사면하였다.

2   촉군(蜀郡, 사천성 成都市)의 경계 밖에 사는 강족이 안으로 귀속하였다.[54]

3   2월 정묘일(25일)에 청하국(淸河國, 치소는 하북성 淸河縣)을 나누어, 황제의 동생 유상보(劉常保)를 책봉하여 광천왕(廣川王)[55]으로 삼았다.

4   경오일(28일)에 사도 양유(梁鮪)가 죽었다.

5   3월 계유일(2일)에 일식이 있었다.

6   기묘일(8일)에 영창(永昌, 운남성 保山縣)의 경계 밖에 거주하는 초요(僬僥)[56]족에 속하는 이적인 육류(陸類) 등이 종족을 들고서 안으로 귀부하였다.[57]

---

54 내속(內屬)이라는 말로 이는 조정에 귀부하여 속국 또는 속지가 되는 것을 말한다.

55 광천현은 신도국에 소속되었으며, 지금의 기주 조강현의 동북쪽에 있다.

56 고대 전설에 나오는 '왜인국(矮人國)' 혹은 '소인국(小人國)'을 가리킨다.

57 내부(內附)라는 말인데 이는 조정에 귀부한다는 말이다. 한대 왕충(王充)의 《논형(論衡)》 회국(恢國)에 "황무지의 땅에서 왕의 공업이 군사를 동원하지

7   갑신일(13일)에 청하효왕(淸河孝王)[58]을 광구(廣丘, 하북성 淸河縣 동남)에서 장사지냈다. 사공과 종정(宗正)이 장례의식을 주관하였는데, 의식은 동해공왕(東海恭王)의 경우에 준하였다.[59]

8   화제(和帝)의 상사가 있은 이후부터 등즐 형제는 항상 궁중에 거주하였다. 등즐이 오랫동안 궁중에 거주하지 않으려고 잇달아 사저로 돌아가기를 요청하므로 태후가 이를 허락하였다.

여름, 4월에 태부 장우, 태위 서방, 사공 윤근, 거기장군 등즐, 성문교위 등괴, 호분중랑장 등홍, 황문랑 등창을 열후에 책봉하고,[60] 각각의 식읍은 1만 호씩이었다. 등즐에게는 정책을 확정시킨 공로[61]가 있어

않아도 지금 모두 내부(內附)하여 우마(牛馬)를 공헌하였다."라는 기록이 있다.

58 청하왕 유경은 죽은 후에 시호를 효왕이라 하였다.

59 동해공왕의 장사는 명제 영평 원년(58년)에 지냈으며, 이 내용은 《자치통감》 권44에 실려 있다.

60 열후는 진한시기에 20등의 작상을 받은 공로자를 말하는데, 그 중에 가장 높은 것은 철후(徹侯)였지만 무제 유철을 피휘하여 통후(通侯)로 고쳤다가 후에 열후로 하였다. 열후로 책봉 된 사람에게는 금인(金印)과 자수(紫綬)를 주고 봉읍을 갖게 되며 그 조세로 먹고 산다. 작위의 20등급은 공사(公士)·상조(上造)·잠뇨(簪裊)·불경(不更)·대부(大夫)·관대부(官大夫)·공대부(公大夫)·공승(公乘)·오대부(五大夫)·좌서장(左庶長)·우서장(右庶長)·좌경(左更)·중경(中更)·우경(右更)·소상조(少上造)·대상조(大上造)·사거서장(駟車庶長)·대서장(大庶長)·관내후(關內侯) 다음에 열후(列侯)였는데, 태부 장우는 안향후, 태위 서방은 용향후, 사공 유근은 부정후, 거기장군 등즐은 상채후, 성문(城門)교위 등괴는 섭후, 호분중랑장 등홍은 서평후, 황문랑 등창은 서화후가 각각 되었다.

61 황제를 선택해야 할 정황에서 안제로 확정하는 중요한 정책을 결정하였다.

3천 호를 더 주었으나, 등즐과 여러 아우들이 사양하며 받지 않으려 하면서 사자를 만나는 것을 피하려고 도망친 후, 길을 이리저리 돌아 궁궐에 이르러 상소하여 자신들의 생각을 펼치기를 5~6차례 하자 이에 허락하였다.

9   5월 갑술일(3일)에 장락궁(長樂宮)의 위위(衛尉)⁶² 노공(魯恭)을 사도로 삼았다. 노공이 말씀을 올렸다.

"옛 법에 따르면 입추가 되어야 형(刑)을 가벼이 하였는데, 영원(永元) 15년⁶³ 이후에는 법을 고쳐서 초여름에 시행하였습니다. 그러나 자사와 태수가 한여름에 농민을 불러서 구류하고 조사하면서 지체되는 일이 잇달아 그치지 않았으니 위로는 절기를 거스르는 것이며, 아래로는 농업을 해치는 것입니다.

〈월령(月令)〉⁶⁴에 '초여름에는 감형(減刑)을 결단한다.'고 한 것을 살피건대, 경범죄는 이미 바르게 결정하면 오래 수감시키지 않으려는 것이고 그러므로 때맞추어 이것을 결단하라는 것입니다.

신은 어리석으나 현재 시행하고 있는 초여름에 처리하는 법제는 이 법령을 따르는 것이 좋다고 생각합니다. 그리고 옥사를 조사하고 판결하는 것 모두 입추 때에는 결단해야 합니다."

또 다시 상주문을 올렸다.

---

62 위위는 진대에 이어 한대에도 설치되었으며 궁궐 안을 호위하는 관직이다.

63 영원은 화제의 연호이고, 서기 103년이다.

64 《예기》의 편명으로, 12개월의 시령(時令), 행정(行政), 상관된 사물을 기록하고 있다.

"효장황제(孝章皇帝)는 삼정(三正)의 미미함[65]을 도우려고 율령을 제정하고 형옥을 결단하는 것은 모두 동지 이전에 하셨습니다.[66] 하급 관리는 나라와 같은 마음이 아닐 수가 있어서, 대체로 11월에 죽을죄에 해당하는 자들에 대해서는 옳고 그름을 묻지 않고 곧바로 쳐서 죽이니 비록 죄를 다스리는데 의심스러운 점이 있더라도 다시는 올바른지 아닌지 논의하지 않았습니다. 대벽(大辟)[67]의 조목에 해당하는 죄를 지은 자에 대해서는 모두 겨울이 되어서 결정해야 할 것입니다."

조정에서 모두 이를 따랐다.

10   정축일(6일)에 조서를 내려 북해왕(北海王) 유목(劉睦)[68]의 손자인 수광후(壽光侯) 유보(劉普)를 책봉하여 북해왕으로 삼았다.

11   구진(九眞, 베트남 탄호아)의 경계 밖과 야랑(夜郞) 지역의 만이가 토지를 가지고 안으로 귀부하였다.

12   서역도호 단희(段禧) 등이 비록 구자(龜玆)를 지키고 있었지만, 도로가 막혀 격문이나 편지가 통하지 못하였다. 공경 가운데 의론에 참

---

65 주 왕조는 11월을, 은 왕조는 12월을, 하 왕조는 정월을 1년의 첫째 달로 정하였는데, 이것이 삼정이다. 이때는 만물이 대지 속에 칩거하기 때문에 행동이 완만하여 사람들은 움직임을 보기가 어렵다. 이것이 미(微)이다.

66 장제 원화 3년(86년)의 일로 《자치통감》 권47에 실려 있다.

67 예부터 내려오는 형벌의 하나로 사형을 말한다.

68 광무제의 형인 유연(劉縯)의 손자이다. 화제 영원 8년(96년)에 북해왕 유위(劉威)가 자살하였는데 지금 이를 다시 이어준 것이다.

가한 사람들이 생각하였다.

"서역은 길이 막혀 있고 멀며, 자주 배반하니 관리와 병사들이 둔전을 열고 있으나 그 유지비용이 끝이 없습니다."

6월 임술일(22일)에 서역도호를 철폐하고,[69] 기도위 왕홍(王弘)을 파견하여 관중(關中)의 군대를 발동하여 단희와 양근, 조박(趙博)을 맞이하게 하자, 이오로(伊吾盧, 신강 哈密縣)와 유중(柳中, 신강 투루판 동남쪽 70㎞ 지점)의 둔전에 있던 관리와 병사들도 귀환하였다.

13   애초에 소당강족(燒當羌族)의 수령인 동호(東號)의 아들 마노(麻奴)가 아버지를 따라와서 항복하고[70] 안정(安定, 감숙성 鎭原縣)에서 살았다. 당시 항복한 여러 강족들은 각 군과 현에 흩어져 있었으며, 모두 관리와 호족들을 위하여 요역을 하게 되니 근심과 원한이 쌓이게 되었다.

왕홍이 서쪽으로 가서 단희를 맞이하자 금성(金城, 감숙성 蘭州市)과 농서(隴西, 감숙성 臨洮縣), 한양(漢陽, 감숙성 甘谷縣)에 거주하던 강족의 수백, 수천의 기마를 징발하여 함께 하게 되었는데 군과 현에서는 발동하여 보내도록 압박하여 재촉하였다. 여러 강족들은 멀리 가서 주둔하다 귀환하지 못할까 두려워하여 가다가 주천(酒泉, 감숙성 酒泉縣)에 도착하여서는 자못 흩어지며 배반하자, 여러 군에서는 각기 군대를 발동하여 이들을 요격하여 차단하거나 혹은 그들의 여락(廬落)[71]을 뒤

---

69 화제 영원 3년(91년)에 서역도호를 다시 설치하였다가 16년 후인 지금 다시 철폐하였다.

70 이 사건은 화제 영원 원년(89년)의 일로,《자치통감》권47에 실려 있다.

엎어버리기도 하였다. 이에 늑저(勒姐)와 당전(當煎) 부족의 대호(大豪)인 동안(東岸) 등은 더욱 놀라 마침내 한꺼번에 달아나서 붕괴되었다.

마노 형제는 이 때문에 그 종족의 백성들과 함께 모두 서쪽 요새[72] 지역으로 나갔고, 전령(滇零)과 종강(鍾羌)[73]과 여러 같은 종족은 크게 노략질을 하면서 농(隴, 감숙성 동부)으로 가는 도로[74]를 차단하였다.

당시 강족은 귀부한 지 오래되어 무기와 갑옷을 다시 가져본 적이 없어서 대나무나 나무 가지를 창 대신 잡거나 혹은 어떤 사람은 목판과 책상을 방패로 삼기도 하였으며, 혹은 동경(銅鏡)을 가지고 병기처럼 사용하니[75] 군과 현의 관리들이 두려워하고 나약하여 이들을 제압하지 못하였다.

정묘일(27일)에 여러 강족으로서 서로 연결하며 반역을 도모한 자들의 죄를 사면하여 없애주었다.

---

71 유목민의 이동가옥인 빠오(包, 몽골어로는 게르·ger, 투르크어로는 유르트·yurt)와 그것이 집단적으로 모여 있는 모습을 한데 일컫는 단어라고 볼 수 있다.

72 요새 다음에 '선령별종(先零別種)'이라는 네 글자가 더 있는 판본도 있다. 이 대로라면 선령의 별종이 있는 지역으로 나간 것이다.

73 《속한서》에 따르면 종강 9천 호가 농서(隴西) 임조곡(臨洮谷)에 있었다고 되어 있다.

74 농으로 가는 도로란 농지(隴坻)로 가는 길이다.

75 동경(銅鏡)은 해를 반사시키므로 사람이 멀리서 이를 바라보면 군사라고 생각되게 한다.

가을, 9월 경오일(1일)에 태위 서방(徐防)이 재이(災異)와 구적(寇賊)이 일어난 일로 면직되었다. 삼공이 재이 때문에 면직된 것은 서방에서부터 시작된다. 신미일(2일)에 사공 윤근(尹勤)이 홍수가 나서 백성이 표류된 일로 면직되었다.

❖ 중장통(仲長統)이 《창언(昌言)》[76]에서 말하였습니다.

"광무황제는 몇 세대 동안 실권한 것에 화를 내고 강한 신하들이 천명을 도둑질한 것에 분노하면서, 굽은 것을 고친다며 지나치게 곧게 하는 바람에 정치를 아랫사람에게 맡기지 않았으니, 비록 삼공은 두었으나 정사는 대각(臺閣)[77]으로 귀일(歸一)하도록 하였다.

---

76 중장통(179~220년)은 산양(山陽) 고평(高平, 산동성 추현 서남) 출신의 후한시대 사람이다. 《창언》은 정치에 관한 논평서로서 원래 34편으로 이루어져 있으나 현재는 전해지지 않는다. 다만 《후한서》 등을 통해 그 주장의 일부를 살펴볼 수 있을 뿐이다.

77 상서(尚書)가 그 장(長)인데, 후한대의 상서는 장주문을 출납하고 추기를 총

이 이후로는 삼공의 직책은 인원을 채웠을 뿐이었는데, 정치가 잘 다스려지지 않으면 오히려 그 견책은 떨어졌다. 그리고 권력이 외척 가문으로 옮겨지고, 총애는 가까이 있는 낯익은 소인배들에게 내리면서 그 무리만을 가까이하며 개인적 친분이 있는 자들을 기용하여 안으로는 경사를 가득 채우고 밖으로는 주군(州郡)에까지 널리 퍼지게 되어서 현명한 사람과 어리석은 사람이 뒤바뀌었다. 선발하여 올리는 것도 사고팔게 되니, 재주가 없는 무리가 국경을 방위하게 되었고, 탐욕스럽고 잔인한 자가 백성을 다스리게 되니 백성을 소란하게 하고, 사이(四夷)들을 분노하게 하여 어그러지고 배반하는 상황을 불러들였다. 어지럽고 이반하는 일이 병이 되고 원망하는 기운을 나란히 일어나게 하니 음과 양은 조화를 잃고 삼광(三光)[78]은 일그러지며, 괴이한 일이 자주 일어나고, 해충이 곡식을 먹어치우며, 홍수가 나거나 가뭄이 드는 것이 재난이 되었다.

이것은 모두 외척과 환관으로서 신하 된 자가 가져온 것이나, 도리어 그 책서로 삼공을 나무라며 죽이거나 면직시키기에 이르니 이에 푸른 하늘에 대고 절규하고 부르짖으며 피눈물을 흘리기에 충분하다. 또 중세[79]에는 삼공을 선임하면서 청렴하고 근신한

괄하는 업무를 맡았다. 이러한 중장통의 견해에 대하여 호삼성은 삼공이 그 직책을 잃게 된 것은 한 무제가 후원에서 연회를 열면서 환관을 추기(樞機)에 두었으며, 선제 때에 이르러서는 홍공(弘恭)과 석현(石顯)에게 일을 전적으로 맡기어서 승상과 어사는 자리를 채울 뿐이었으며, 그것이 그렇게 내려온 것이 조금씩 물들어 온 것이라고 하였다.

78 해·달·별을 가리킨다.

사람과 일상적인 것을 따르고 옛 것을 익힌 사람들을 중시하였으니, 이것은 부녀자가 스스로를 단속하는 법도이고 민간 향리의 백성이 평상시에 하는 것일 뿐이었으니 어찌 족히 이러한 자리에 앉을 만하겠는가?

형세가 이미 저와 같고 선발하는 것이 또 이와 같으니 삼공이 국가에 공을 세우고, 업적은 백성에게 덧붙여 쌓아지기를 바라지만 그것과는 너무나 멀지 않겠는가? 옛날에 문제(文帝)가 등통(鄧通)에 대하여서 지극히 아꼈다고 말할 수 있지만 오히려 재상인 신도가(申徒嘉)에게 뜻을 펼치게 하였다.[80] 무릇 보이고 맡김이 이와 같다면 어찌 좌우에 있는 소신(小臣)들을 두려워하겠는가!

근세[81]에는 외척과 환관이 청탁하였는데 시행되지 않으면 심중에 불만이 가득하여 즉시 다른 사람을 예기치 않은 화에 빠뜨릴 수가 있으니, 어찌 그들을 탄핵하여 바로잡을 수 있겠는가! 과거에는 맡은 일이 무거워도 책임이 가벼웠으나, 지금은 맡은 일은 가볍고 책임은 무겁게 되었다. 광무제가 삼공의 권력을 빼앗았는데, 지금에 와서는 더욱 심하게 되었으니 후비(后妃)의 무리에게 권력을 맡기지 않았지만 몇 세대를 지나면서 그대로 시행되지 않았던 것은 대개 친소의 형세가 다르게 되었기 때문이다.

현재 인주(人主)가 진실로 오로지 삼공에게 위임하고 그들에게

---

79 중장통(仲長統, 180년~220년)은 후한 말 사람이므로 그때를 기준으로 하여 중세란 전한 중기로 보아야 할 것이다.

80 기원전 162년에 발생한 사건으로, 재상 신도가 등통에게 벌을 주었다.

81 중장통을 기준으로 한 말이므로, 근세란 후한 중기 이후를 가리키는 것이다.

임무를 나누어주고 책임지게 하였는데, 그러나 자리를 차지하고 있으면서 백성을 해롭게 하고, 천거하여 채용하는데 어진사람들을 잃어버리며, 백성은 편안하지 아니하고, 쟁송이 그치지 않으며, 천지에는 변고가 많이 일어나고, 인물은 대부분 요사스러운 자였다면 그러한 다음에 이러한 죄는 나누어지게 할 수 있을 것이다."

15   임오일(13일)에 조서를 내렸다.

"태복(太僕)[82]과 소부(少府)[83]에서는 황문(黃門)[84]의 고취(鼓吹)[85]를 줄여서 이들을 우림(羽林)의 병사로 보충하라. 구유에 있는 관마(官馬) 가운데 수레를 끌면서 늘 사용하지 않는 말들에게는 모두 사료를 반으로 줄이라. 여러 곳에서 물품을 제조하는 것도 종묘나 원릉(園陵)에 공급하는 것이 아니라면 모두 또한 중지하라."

16   경인일(21일)에 태부 장우(張禹)를 태위로 삼고, 태상 주장(周章)을 사공으로 삼았다.

대장추(大長秋)[86] 정중(鄭衆)과 중상시(中常侍)[87] 채륜(蔡倫) 등이

---

82 수레와 말을 관장하는 관리로서 9경 중의 하나이다.

83 궁중의 의상, 보물, 선물 등을 관장하는 관리이다.

84 궁중에서 거주하며 황제를 시종하는 내시를 말한다.

85 《한관의(漢官儀)》를 보면 황문고취는 145인이며 우림좌감이 우림군 800명을 주관하고, 우감은 900명을 주관하게 되어 있다. 고취는 나팔 불고, 북을 치는 주악대이다.

86 대부분 환관으로서 중궁의 명을 받들어 행하는 관리로서 황후가 외출할 때 시종하였으며, 녹봉은 이천석이다.

모두 세력을 잡고 정무에 간여하자 주장이 자주 직언을 올렸으나 태후가 받아들일 수 없었다. 애초 태후는 평원왕(平原王) 유승(劉勝)이 고질병에 걸려 있고 상제(殤帝)가 아직 갓난아기여서 품에 있으니 길러서 아들로 삼으려고 탐욕을 부렸고, 그런 연고로 세웠던 것이다. 상제가 붕어하기에 이르자 여러 신하들은 유승의 병이 고질병이 아니었으므로 마음은 모두 그에게 귀착하였지만 태후는 이전에 유승을 황제로 등극시키지 않았기 때문에 후에 원한을 살까 두려워하여 마침내 황제 [88]를 영접하여 그를 세웠다.

　주장은 여러 사람들의 마음이 귀부하지 않자, 몰래 모의하여 궁문을 폐쇄하고, 등즐 형제와 정중, 채륜을 주살하고 상서를 위협하여 태후를 남궁으로 폐하고, 황제를 멀리 벽지의 왕으로 책봉하고, 평원왕(平原王)을 세우려고 하였다. 일이 발각되자, 겨울, 11월 정해일(19일)에 주장은 자살하였다.

17　무자일(20일)에 사예교위와 기주(冀州, 하북성 중부)와 병주(幷州, 산서성) 두 주의 자사에게 칙서를 내렸다.

　"민간에 와전된 말[89]이 서로 놀라게 하여 살던 옛집을 포기하여 버리고 노약자를 서로 부축하며 길거리에서 헤매다가 생활이 곤궁하게 된다. 그러하니 칙령을 받은 거느리는 장리들은 몸소 알아듣게 깨우

---

87 소부(少府)에 소속되어 있었으며 환관이 담당하였다. 황제의 좌우에 근시하며 궁내의 일을 관리하였다.

88 황제인 안제를 말한다.

89 이 칙서의 내용으로 보아 이 말이 상당히 충격적일 것으로 보이나 전해지지 않는다.

쳐주는데, 만약 본래의 군으로 돌아가려 한다면 있는 곳에서 장격(長檄)[90]을 봉함하여주고 돌아가지 않으려 한다 해도 강제로 시행하지 마라.”

18   12월 을묘일(18일)에 영천(潁川, 하남성 禹縣) 태수 장민(張敏)을 사공으로 삼았다.

19   거기장군 등즐과 정서(征西)교위 임상(任尙)에게 조서를 내려서 오영(五營)[91]과 각 군의 군사 5만 명을 거느리고 한양(漢陽, 감숙성 甘谷縣)에 주둔하며 강족의 침입에 대비하도록 하였다.

20   이 해에 군과 봉국 18곳에서 지진이 발생하고, 41곳에서 홍수가 났으며, 28곳에서 큰바람이 불고 우박이 내렸다.

21   선비 부족의 대인(大人)[92]인 연려양(燕荔陽)이 대궐에 와서 조하(朝賀)하였다. 태후는 연려양에게 왕의 인수와 붉은 수레, 삼가(參駕)[93]를 하사하였고, 오환교위가 거수하는 영성(甯城, 하북성 萬全縣)

---

90 장격이란 장첩(長牒)과 같은 것으로 정부가 발행하는 공문서인데 이를 증거로 삼게 하라는 것이다.

91 북군 소속의 5교위의 군영을 말한다.

92 후한시대부터 남북조시대까지의 선비족의 부족장 혹은 씨족장을 중국 '정사'를 비롯한 여러 사서에서는 대부분 '대인(大人)'으로 표기하고 있다.

93 붉은 수레란 휘장과 수레를 붉은색으로 칠한 수레이며, 삼가는 3필의 말이 끄는 수레이다.

아래에 살도록 하며, 호족과의 무역을 개통하도록 하고, 이어서 남, 북 양부에 귀부한 인질이 머무는 관사를 건축하게 하였다. 선비 부족의 읍락(邑落)[94] 120부가 각기 인질을 보내왔다.

---

94 중국사서는 대부분 이 시대의 선비족의 거주지를 '읍락(邑落)'이라 표기하고 있다. 이에 관해서는 여러 학설이 있는데, 대체로 부락을 의미한다고 보아도 좋을 것이다. 여기에서는 이 시기의 선비족의 '읍락'을 고유명사로 간주하여 그대로 표기하기로 한다.

정벌과 자연재해가 가져 온 기근

효안제 영초 2년(戊申, 108년)

1 　봄, 정월에 등즐이 한양(漢陽, 감숙성 감곡현)에 도착하였는데 여러 군에 속한 군대가 아직 도착하지 아니하여 종강(鐘羌) 부족 수천 명이 등즐의 군대를 기현(冀縣, 감숙성 감곡현)의 서쪽에서 공격하여 패배시키고 1천여 명을 죽였다.

　양근(梁慬)이 돌아와서[95] 돈황(敦煌, 감숙성 돈황현)에 도착하니, 맞이하며 양근에게 조서를 내려 그곳에 머무르면서 각 부대를 원조하라고 하였다. 양근이 장액(張掖)에 도착하여 여러 강족 부족 1만여 명을 격파하였는데, 그들 가운데 탈출할 수 있었던 사람은 열에 두세 명이었으며, 진격하여 고장(姑臧, 감숙성 무위현)까지 나아가자 강족의 큰 우두머리 3백여 명이 양근에게 와서 항복하니, 이들을 안무하여 타이르고 원래 거주지로 돌려보냈다.

---

95 양근은 이때 서역에서 돌아왔다.

2   어사중승(御史中丞)⁹⁶ 번준(樊準)이 각 군과 봉국에서 해마다 수재와 한재가 발생하여 백성이 대부분 기근의 고통을 당하자 상소문을 올렸다.

"청하건대 태관(太官), 상방(尙方), 고공(考功), 상림원의 지어(池籞)⁹⁷에 속한 관리들에게 명령하여 불필요한 물품은 실제로 줄이도록 하고, 오부(五府)⁹⁸에서는 중도(中都)의 관리와 경사의 공장(工匠)을 조절하여 줄이십시오. 또 재해를 입은 군에서는 백성이 쇠잔해졌으니, 아마도 진휼하고 구제한다 해도 다 감당할 수 없을까 걱정되고 비록 명목상으로는 있을지라도 끝내는 실효가 없을 것입니다.

정화(征和) 원년에 있었던 고사(故事)⁹⁹에 의거하여 사자를 파견하여 부절을 지니고 가서 백성을 위로하여 편안하게 하고, 더욱 곤궁한 자는 풍년이 든 군인 형주(荊州, 호북성 및 호남성)와 양주(揚州, 강소성 및 강서성)로 옮겨 살게 하십시오. 지금은 비록 서부의 주둔 지역에서 군사행동을 해야 마땅하나 먼저 동부 지역의 위급함을 해결해야 합니다."

태후가 이 말을 좇아 공전(公田)에서 걷은 부(賦)¹⁰⁰세를 모두 가난

---

96 후한시대 어사대의 책임자로서 주로 관리의 감찰을 담당하였다.

97 고공은 관리의 고과(考課)를 담당하는 관서이고, 상림원의 지어는 황실 소유의 연못과 저수지 등을 관리하는 관서이다.

98 태부·태위·사도·사공·대장군부를 말한다.

99 전한 무제 정화 원년(기원전 92년)에 내린 조서를 말하는데, 여기서 '지금 의당 힘써야 할 것은 가혹한 폭정을 금지하고, 멋대로 부세를 부과하는 일을 중지하며 힘써 농업과 잠업에 근본을 두게 하고 무기를 준비함에 부족하지 않게 하는 것뿐이다.'라고 하였다.

100 부는 포(布)를 말한다.

한 백성에게 주도록 하고, 곧바로 번준과 의랑(議郎)[101] 여창(呂倉)을 발탁하여 수광록대부(守光祿大夫)[102]로 하였다.

2월 을축일(29일)에 번준을 파견하여 기주에 사자로 보내고, 여창을 연주(兗州, 산동성 서부)에 사자로 보내어 구제하게 하니 유민이 모두 소생하여 숨을 쉬게 되었다.

3   여름에 가뭄이 들었다. 5월 병인일(1일)에 황태후가 낙양에 있는 관청과 약로옥(若盧獄)[103]에 행차하여 죄수들을 조사하였다. 낙양에 있는 죄수가 실제 살인하지 않았음에도 고문을 받아 스스로 굽혀서 말하였었는데, 비쩍 마른 채 대나무로 된 가마에 갇혀 있었지만, 관리를 두려워하여 감히 말하지 못하고 있다가 떠나려하자 머리를 드는 것이 억울함을 호소하려는 것 같았다.

태후가 그를 살펴보고 알아채서 곧바로 불러 정황을 물어서 억울한 실상을 전부 알 수 있었다. 즉시 낙양 현령을 붙잡아 하옥하여 죄를 주었다. 가다가 황궁에 도착하기 전에 비가 많이 내렸다.

4   6월에 경사와 40개의 군과 봉국에 홍수가 나고 큰바람이 불고 우

---

101 광록훈(光祿勳)의 속관으로서 현량방정(賢良方正)으로 충임하였으며 지위는 다른 낭보다 높았으며 조정의 정사에 참여하였다.

102 봉록 2천 석의 관리로서 정원이 3명이며 황제의 고문으로서 왕국과 후국 등의 상사(喪事)를 관장하였다. 임시로 맡은 수직(守職)이다.

103 약로옥은 소부(少府, 궁정에 물품을 조절하는 관서)에 소속되어 있다. 평시에는 재상 이하 부장(部長)급의 고위 관리를 주로 구금하지만, 유사시에는 평민들도 구금한다.

박이 떨어졌다.

5　가을, 7월에 태백성(太白星)이 북두성(北斗星)에 진입하였다.[104]

6　윤월(윤7월)에[105] 광천왕(廣川王) 유상보(劉常保)가 죽었는데, 아들이 없어서 봉국을 없앴다.

7　계미일[106]에 촉군(蜀郡, 사천성 成都市)의 요새 밖에 사는 강족이 토지를 들고 와서 내속(內屬)[107]하였다.

8　겨울에 등즐이 임상(任尙)과 종사중랑(從事中郞)인 하내(河內, 하남성 武陟縣) 사람 사마균(司馬鈞)을 시켜 여러 군의 군사를 인솔하고 신령(愼零) 부족 등 수 만 명과 더불어 평양(平襄, 감숙성 通渭縣 서남)에서 싸우도록 하였으나, 임상의 군대가 대패하니 죽은 자가 8천여 명이었고, 강족의 무리는 마침내 대단히 강성해져서 조정에서는 통제할 수 없었다.

---

104 이러한 별자리가 나타나면 귀한 사람에게 흉사가 있다고 이해하였다. 《진서》〈천문지〉에 의하면 북두칠성은 태미성좌의 북쪽에 있는데 7정(政)의 추기(樞機)이며 음양의 원본이다. 그러므로 중앙에서 운행하면서 사방에 임(臨)하니 사시를 세우고 오행을 고르게 한다고 되어 있다.

105 다른 판본에는 월자 아래 신축(辛丑)이라는 두 자가 있는데 윤7월 신축일은 7일이다.

106 이 해 윤7월은 을미일이 초하루이기 때문에 계미일이 없다.

107 내속(內屬)이란 조정에 귀부하여 속국 혹은 속지가 된 것을 말한다.

황중(湟中, 청해호 이동)에 속한 여러 현의 속미(粟米)는 1석에 1만 전이나 되었고, 백성 중에서 사망한 자가 헤아릴 수도 없었으며, 식량의 수송도 대단히 어려워졌다. 예전에 좌교령(左校令)이었던 하남(하남성 洛陽市) 사람 방삼(龐參)이 앞서 운반을 하다 법을 어겨서 약로옥(若盧獄)에 수감되어 있었는데, 그의 아들 방준(龐俊)을 시켜 편지를 올려서 말하였다.

"바야흐로 지금 서쪽 지방의 유민이 소란스럽고 동요하고 있으나 징발하는 일이 여전히 끊이지 않고 있으며, 수재가 그치지 않아 지력이 회복되지 않았음에도 조정의 대군 때문에 백성의 부담을 무겁게 하고 있는데, 먼 곳에서 수(戍)자리[108]를 섬으로써 이들을 피로하게 하고, 농사에 공을 들여야 하는 사람은 식량 수송에 소모되고, 재산은 징발되어 다 고갈되니, 농지는 개간할 수 없고, 곡식은 거둘 수 없게 되었으니 양손을 서로 묶어 곤궁하게 한 것이며 내년의 추수도 희망이 없고, 백성은 힘이 꺾여서 명령을 감당하지 못하게 되었습니다.

신은 어리석지만 만 리나 되는 곳에 식량을 수송하여 멀리 강족 야만인이 있는 곳까지 가게 하는 것은 군사를 모으고 무리를 기르면서 그들이 피로해지기를 기다리는 것만 못하다고 생각합니다.

거기장군 등즐은 마땅히 군대를 정돈하여 돌아오게 하고, 정서교위(征西校尉) 임상만을 남겨두고, 양주(凉州, 감숙성)의 관리와 백성을 감독하여 삼보(三輔, 대장안) 지역으로 옮겨 거주하도록 하고, 요역을 중지하여 그들이 때맞추어 농사짓는 일을 돕게 하고, 번거로운 부세의 납

---

[108] 군영에서 무기를 들고 지키는 것을 말한다. 변방을 지키는 일을 변수라고 하는데, 일이 고되어서 강제동원 되거나 죄진 사람을 보내는 경우가 많다.

부를 정지하여 그 재산을 늘려주고, 남자들은 농사를 지을 수 있게 하고 여자들은 옷감을 짤 수 있게 해야 합니다. 그런 후에 정예의 병사를 양성하여 느슨해진 틈을 타서 그들이 생각하지 못한 때에 출병하여 방비하지 아니한 것을 공격한다면, 변경에 사는 백성들의 원수를 갚고, 패배하여 달아났던 수치를 씻을 수 있을 것입니다."

편지가 올라갔는데, 마침 번준이 상소하여 방삼을 천거하자, 태후는 즉각 무리들 가운데 방삼을 발탁하여 알자[109]의 벼슬을 주어 서쪽으로 가서 삼보의 군둔(軍屯)을 감독하도록 하였다.

11월 신유일(29일)에 등즐에게 조서를 내려 회군하게 하고, 임상을 머물러 있게 하여 한양(漢陽, 감숙성 甘谷縣)에 주둔하며 각 군대를 통제하도록 하였다. 사자를 파견, 등즐을 영접하여 벼슬을 주어 대장군으로 삼았다. 이미 도착하고 나서 대홍려(大鴻臚)[110]에게 친히 맞이하도록 하고, 중상시(中常侍)를 교외로 보내어 위로하였고, 친왕과 공주 이하가 모두 길에 나가 멀리서부터 그들을 기다리게 하니 은총의 두드러지고 그 빛남이 도회지와 시골에 진동하였다.

9   전령(滇零) 부족의 수령이 천자를 자칭하며, 북지(北地, 감숙성 靈武縣)에서 무도(武都, 섬서성 成縣)의 삼랑(參狼)족과 상군(上郡, 섬서성 綏德縣)과 서하(西河, 내몽고 준가루치)에 사는 여러 잡종의 강족들을 불러 모아 농서(隴西, 감숙성 동부)로 통하는 도로를 차단하며, 삼보를 노

---

109 손님을 접대하거나 사방으로 파견되는 사신이다. 정원은 70명이었고, 낭중령 [光祿勳]에 소속되어 있었다.

110 9경의 하나로서 녹질이 중이천석(中二千石)으로서 소수민족, 교묘예의(郊廟 禮儀), 군과 봉국의 관리와 제후의 내조(來朝)에 관한 사무를 관장하였다.

략질하고, 남으로 내려와 익주(益州, 사천성 및 운남성)로 들어가서 한중(漢中, 섬서성 南鄭縣) 태수 동병(董炳)을 죽였다.

양근은 조서를 받고 마땅히 금성(金城, 감숙성 蘭州市)에 주둔하여야 하는데, 강족이 삼보를 노략질하였다는 소식을 듣고 바로 군대를 이끌고 가서 공격하여, 무공(武功, 섬서성 武功縣)과 미양(美陽, 섬서성 扶風縣) 사이를 돌아다니며 싸워서 이들을 연달아 격파하여 패주시키니 강족들이 조금씩 후퇴하며 흩어졌다.

10 12월에 광한(廣漢, 사천성 遂寧縣)의 요새 밖에 사는 삼랑(參狼) 부족에 속한 강족이 항복하였다.

11 이 해에 12개의 군과 봉국에서 지진이 발생하였다.

효안제 영초 3년(己酉, 109년)

1 봄, 정월 경자일(9일)에 황제가 원복(元服)을 거행하고[111] 천하를 사면하였다.

2 기도위 임인(任仁)을 파견하여 여러 군의 둔병을 감독하여 삼보 지역을 구원하도록 하였다. 임인은 전투에서 자주 승리하지 못하게 되

---

111 황제 유호(劉祜)는 이때 16세였는데 처음 머리에 관(冠)을 쓰는 관례를 가졌다. 원은 머리를 의미하며, 복은 옷을 입는다는 뜻이므로 원복은 머리에 옷을 입는다는 뜻으로 즉 관(冠)을 쓴다는 말이 된다.

니, 당전(當煎)과 늑저(勒姐)에 사는 강족은 파강현(破羌縣, 청해성 湟源縣)을 공격하여 없애버리고, 종강(鐘羌) 부족은 임조현(臨洮縣, 감숙성 岷縣)을 공격하여 없애버리고서 농서(隴西)남부도위를 사로잡았다.

3 3월에 경사에 대기근이 발생하여 백성들이 서로 잡아먹었다. 임진일(2일)에 공경들이 궁궐에 와서 사죄하자 조서를 내렸다.

"힘써 고쳐 회복시킬 것을 생각해서 내가 미치지 못한 점을 돕도록 하라."

4 임인일(12일)에 사도 노공(魯恭)이 파직되었다. 노공은 두 번 공의 자리에 있으면서[112] 우수한 인재를 선발하여 열경(列卿)이나 군수가 된 자가 수십 명이 되었는데, 문하생 중 늙어서 혹 천거를 받지 못하여 그를 원망하는 자가 생겼다.

노공이 그 소리를 듣고 말하였다.

"배웠지만 강론하지 못하니 이것이 나의 근심거리이다. 제생(諸生)은 향리에서 천거 받은 일이 있지 않겠는가!"[113]

끝내 아무 말도 하지 않고 이것을 빌어서 논의하지도 않았다.

배우는 자가 학업을 받음에 있어서는, 반드시 핵심을 추구하고 어려

---

112 노공은 화제 영원 12년(100년)에 여개(呂蓋)를 대신하여 사도가 되었고, 안제 영초 원년(107년)에 다시 양유(梁鮪)를 대신하여 사도가 되었다.

113 《논어》에 있는 것을 가지고 한 말이다. 사람들이 배우고 나서 익히지 않는 것을 걱정한 것이며, 만약에 연구하고 연습하였다면 향리(鄕里)에서 천거를 받을 수 있을 것인데 어찌하여 삼공이 벽소하는 것을 기다려야 하느냐고 말한 것이다.

운 문제는 질문하게 하였는데 학업이 완성된 후에 미안해하며 그들을 떠나보냈다. 배우는 자들이 말하였다.

"노공께서 고마운 마음으로 함께 토론하였고, 헛되게 얻을 수는 없었다."

5   여름, 4월 병인일(7일)에 대홍려인 구강(九江, 안휘성 壽縣) 사람 하근(夏勤)을 사도로 삼았다.

6   삼공이 국가 재정이 부족하여서 관리와 백성 중에 돈과 곡식을 조정에 헌납하는 사람은 관내후(關內侯),[114] 호분랑(虎賁郎),[115] 우림랑(羽林郎),[116] 오관(五官),[117] 대부(大夫), 관부리(官府吏), 제기(緹騎),[118] 영사(營士) 등의 관직을 차등을 두어 얻을 수 있도록 하자고 주청하였다.

7   갑신일(25일)에 청하민왕(淸河愍王)[119] 유호위(劉虎威)가 죽었

---

114 작위의 하나로 20등급 중 19급이며, 채읍이 없다.

115 광록훈의 속관으로 원래는 기문랑(期門郎)으로 불렸다. 창(戟)을 들고 황제를 호종하거나 궁중에서 숙위하였다. 정원은 없으며 많을 때에는 1천여 명에 이르렀다. 모두 아버지가 죽으면 아들이 세습하였다.

116 우림중랑장(羽林中郎將)의 속관으로 호분랑(虎賁郎)과 마찬가지로 궁중에서 숙위하며 황제를 호종한다.

117 황제의 시종관으로서 오관중랑장(五官中郎將), 오관낭중(五官郎中), 오관시랑(五官侍郎), 오관중랑(五官中郎) 등이 있다. 군과 봉국에는 오관연(五官掾)이 있다.

118 금위(禁衛)기구인 집금오(執金吾) 소속으로 정원은 200명으로 녹질은 없다.

는데 아들이 없었다. 5월 병신일(7일)에 낙안왕(樂安王) 유총(劉寵)의 아들 유연평(劉延平)을 책봉하여 청하왕(淸河王)으로 삼고, 효왕(孝王)[120]의 뒤를 받들도록 하였다.

8   6월에 어양(漁陽, 북경시 密雲縣)에 사는 오환(烏桓)과 우북평(右北平, 하북성 豊潤縣)에 사는 흉노 1천여 명이 대군(代郡, 산서성 陽高縣)과 상곡(上谷, 하북성 懷來縣)을 노략질하였다.

9   한인(漢人)인 한종(韓琮)이 흉노(匈奴)의 남선우(南單于)[121]를 수행하고 들어와 조현(朝見)하였다가, 돌아가고 나서 남선우에게 유세하였다.

"관동(關東, 函谷關 동쪽 지방) 지방에 수재가 발생하여 백성들이 주리고 굶어 죽어서 거의 없어질 형세에 놓였으니 공격할 수 있습니다."

남선우가 그의 말을 믿고 마침내 배반하였다.

10   가을, 7월에 해적 장백로(張伯路) 등이 바다에 연해 있는 지방 9개 군을 노략질하고, 이천석 관리와 현령, 현장을 죽였다. 시어사(侍御史)[122]인 파군(巴郡, 사천성 重慶市) 사람 방웅(龐雄)을 파견하여 주와

---

119 청하왕 유호위는 죽은 후 민왕이란 시호를 받았다.

120 청하왕이었던 유경(劉慶)의 시호이다.

121 선우는 흉노 황제의 칭호로, 남선우는 남흉노의 황제를 가리킨다.

122 어사대부의 속관으로 정원은 15명이다. 법령을 위반한 관리를 심문하거나 황제의 명을 받아 지방 주·군에 파견되어 감찰활동을 한다.

군의 군대를 감독하여 이들을 공격하게 하니 장백로 등이 항복을 받아 달라고 구걸하였다가 얼마 후에 이들은 다시 주둔하며 모여들었다.

11　　9월에 안문(雁門郡, 산서성 代縣)에 사는 오환족의 솔중왕(率衆王) 무하윤(無何允)과 선비족의 대인인 구륜(丘倫) 등, 그리고 남흉노의 골도후(骨都侯)[123]가 거느리는 도합 7천여 기병이 오원(五原, 내몽고 包頭市 서북)을 노략질하여 태수와 고거곡(高渠谷)에서 싸웠는데, 한나라의 군사가 대패하였다.

12　　남선우가 미직(美稷, 내몽고 준가루치)에서 중랑장 경충(耿种)을 포위하였다. 겨울, 11월에 대사농인 진국(陳國, 하남성 陳留縣) 사람 하희(何熙)에게 거기장군의 업무를 대리하도록 하고,[124] 중랑장 방웅(龐雄)을 부관으로 임명하여 오영(五營)과 변경에 있는 군의 군대 2만여 명을 거느리도록 하고, 또 요동(遼東郡, 요녕성 遼陽市 서북) 태수 경기(耿夔)에게 조서를 내려 선비족과 여러 군의 군대를 거느리고 함께 이들을 공격하도록 하였다.

　　양근(梁懂)에게는 도요(度遼)상군의 업무를 내리하도록[125] 하였다. 방웅과 경기가 남흉노의 욱건일축왕(薁鞬日逐王)을 공격하여 격파하였다.

---

123 골도후는 흉노의 황제인 선우에 직속하는 관료로서 그 칭호는 '선우의 영위(靈威)'를 나누어 받은 제후(諸侯)'를 의미한다.

124 행직(行職), 즉 임시의 직명은 행거기장군사이다.

125 행직(行職), 즉 대리직으로 관직명은 행도요장군사이다.

13 12월 신유일(5일)에 9개의 군과 봉국에서 지진이 발생하였다.

14 을해일(12일)에 패성(孛星)이 천원(天苑)[126] 성좌에 출현하였다.

15 이 해에 경사와 41개의 군과 봉국에서 홍수가 났고, 병주(幷州)와 양주(涼州) 두 주에서는 대기근이 발생하여 사람들이 서로 잡아먹었다.

16 태후는 음양이 조화를 이루지 못하고 군대를 일으키는 일이 자주 발생하자 조서를 내려 연말에 위사(衛士)의 교대의식에서 놀이를 열어 음악을 연주하는 일을 하지 말고, 역질을 쫓아내는 사람[127]을 반으로 줄이도록 하였다.[128]

---

126 천자의 동산으로 짐승을 기르는 곳에 해당하는 별자리이다.

127 역질을 내쫓는 사람을 진자(侲子)라고 부른다. 이에 관한 기록은 《서경부(西京賦)》를 주석한 설종(薛綜)이 '진지언선야(侲之言善也)'라고 하면서 '선(善)이란 어린아이'라고 하였고, 《속한서》에서는 대나(大儺)는 중황문의 자제로 10살 이상 12살 이하의 128명을 선발하여 진자로 삼았는데, 모두 붉은 머리띠 대도(大鞉)라는 작은 북을 가지고 있었다는 기록이 있다. 대나란 진한시기에 납일(臘日) 전날에 백성들 사이에서는 북을 두드리며 역병 귀신을 쫓아냈는데, 이를 축제(逐除)라고 불렀으며, 금중에서는 어린 아이 100여 명을 모아서 진자로 만들고 중황문에서 12종의 짐승으로 분장시켜서 큰 소리로 악귀들을 쫓아내는 것을 말한다.

128 궁정의 위사들은 매년 연말이 되어 교대할 때 연회를 열고 옛날 위사들을 초대하였는데 그 의식이 융숭하였고, 문무 관료가 다 출석하였다. 의식진행자는 부절을 가지고 옛 위사를 인도하여 단문전을 이용, 궁궐로 들어오고, 기치와 악기를 가지고 옆에서 나란히 행진하다가 정지한다. 의식진행자는 지절을 갖고 황제를 대신하여 여러 사람들을 위로하고 또 호소할 일이 있는지를 묻

강족과 도적에 대한 유화책

효안제 영초 4년(庚戌, 110년)

1   봄, 정월 원단(元旦)의 조회에서 음악을 철폐하고 궁정에 수레를 늘어놓지[129] 못하도록 하였다.

2   등즐은 자리에 있으면서 자못 현명한 선비들을 추천하여 벼슬길에 나아가게 하였는데, 하희(何熙)와 이합(李郃) 등을 추천하여 조정에 들어가도록 하였고, 또 홍농(弘農, 하남성 靈寶縣) 사람 양진(楊震)과 파군(巴郡, 사천성 重慶市) 사람 진선(陳禪)을 벽소하여 그의 막부(幕府)에 배치하니, 천하 사람들이 이를 칭찬하였다.

고, 호소하는 자가 있으면 주장(奏章)을 받고, 구두보고를 받는다. 그런 다음에 유희와 오락을 시행하고, 예식을 마친 뒤에 옛 위사들은 고향에 돌아가서 농사를 짓게 한다. 이 의식에는 역질을 쫓는 동자들을 두는데, 이들은 연말에 중황문의 자제로서 10~12살 되는 사람 가운데서 뽑는다.

129 큰 조회를 열 때면 매번 승여·법물·거연 등을 뜰에 늘어놓았지만 흉년 때문에 이를 중지시킨 것이다.

양진은 어려서 고아가 되어 가난하였으나 학문을 좋아하여《구양상서(歐陽尚書)》[130]에 밝았고, 여러 분야에 통달하고 널리 책을 읽어서 여러 유가들이 그에 관하여 말하여 '관서(關西, 函谷關의 서쪽 지역) 지방의 공자는 양백기(楊伯起)[131]이다.'라고 하였다. 20여 년 동안 학생들에게 교수하면서 주와 군에서의 예를 갖춘 초빙에 응하지 않았고, 많은 사람들이 이제는 너무 늦었다고 말하였지만 양진은 그 뜻을 더욱 돈독히 하였다.

등즐이 풍문으로 소식을 듣고 그를 벽소하니 그때 양진의 나이 이미 50여 세였지만 거듭 승진하여 형주(荊州, 호남성) 자사와 동래(東萊, 산동성 益都縣) 태수가 되었다. 임명되어 군으로 가는 길이 창읍(昌邑, 산동성 金鄕縣)을 경유하게 되었는데, 예전에 형주의 무재(茂才)[132]로 추천해준 일이 있는 왕밀(王密)이 창읍 현령이 되어 있었고, 밤에 금 10근을 품고 와서 양진에게 주었다.

양진이 말하였다.

"옛 사람은 그대를 아는데 그대는 옛 사람을 알지 못하니 무엇 때문인가?"

왕밀이 말하였다.

"늦은 밤이어서 알 사람이 없습니다."

양진이 말하였다.

---

130 전한 선제시대에 구양고(歐陽高)가 주석한《상서》이다.

131 백기는 양진의 자이다.

132 수재(秀才)를 말하는데, 후한 광무제의 이름이 유수여서 이름자를 피하여 수(秀)를 무(茂)라고 고쳐 쓴 것이다.

"하늘이 알고, 땅이 알고, 내가 알고, 그대가 아는데 어찌하여 아는
사람이 없다고 말하는가?"

왕밀이 부끄러워하며 나갔다.

후에 탁군(涿郡, 하북성 涿縣) 태수로 옮겼는데, 성품이 공정하고 청
렴하여 자손들이 항상 채소로 식사를 하고 걸어 다녔다. 옛 친구들이
가끔 그에게 생업을 열도록 권하였으나, 양진은 이를 하려하지 않고 말
하였다.

"후세들에게 청백리의 자손으로 불리게 하려고 하여 이것을 남기니
역시 넉넉하지 않은가?"

3   장백로(張伯路)[133]가 다시 군과 현을 공격하여 태수와 현령을 죽
였다. 무리들이 갈수록 왕성해지자 조서를 내려 어사중승 왕종(王宗)
을 파견하여 부절을 가지고 유주와 기주 등에 소속되어 있는 여러 군
의 병사들을 발동하게 하니 도합 수만 명이 되었으며, 원릉(苑陵, 안휘
성 宣城縣) 현령인 부풍(扶風, 섬서성 興平縣) 사람 법웅(法雄)을 징소하
여 청주(淸州, 산동반도) 자사에 임명하고 왕종과 힘을 합쳐 그들을 토
벌하도록 하였다.

4   남선우가 경충(耿种)을 여러 달 포위하자, 양근(梁慬)과 경기(耿
夔)가 속국(屬國)의 고성(故城)[134]에서 그들의 별동부대의 장수를 공

---

133 해상의 도적이다.

134 서하(西河) 미직현(美稷縣)이 속국도위의 치소이며, 고성은 미직현 경계 지역
  에 있다.

격하여 목을 베니 선우가 스스로 군대를 거느리고 맞아 싸웠으나 양근 등이 다시 이를 격파하자, 선우는 마침내 군대를 이끌고 호택(虎澤, 내 몽고 東勝縣 동남)[135]으로 돌아갔다.

5 병오일(21일)에 조서를 내려서 백관(百官)과 주·군·현의 관리들의 녹봉을 각각 차등이 있게 줄이라고 하였다.

6 2월에 남흉노가 상산(常山, 하북성 元氏縣)을 노략질하였다.

7 신령(愼靈)[136]이 군사를 파견하여 포중(褒中, 섬서성 褒城縣)을 침 구하자 한중(漢中, 섬서성 南鄭縣) 태수 정근(鄭勤)이 포중으로 이동하여 주둔하였다.

임상(任尙)의 군대는 오랫동안 나가 있었지만 전공도 없었고 해당 지역 백성은 농업과 잠업을 전폐하니 이에 임상에게 조서를 내려 관리와 백성을 이끌고 장안으로 돌아와 주둔하도록 하고, 남양(南陽, 하남성 南陽市)과 영천(潁川, 하남성 禹縣), 여남(汝南, 하남성 汝南縣) 출신의 관리와 백성은 해산시켜서 보냈다.

을축일(10일)에 처음으로 장안에 경조호아(京兆虎牙)도위를 두고, 옹(雍)에는 부풍(扶風)도위를 설치하였는데, 서경(西京)에 삼보[137]도

---

135 안사고는 이곳이 원래 무택(武澤)인데 당나라 때 무측전(武則天)을 피휘하여 호(虎)로 고친 것이라고 하였다.

136 강족의 우두머리이다.

137 삼보장(三輔長)의 속관이다. 경보도위(京輔都尉)는 화양(華陽)을, 좌보도위 (左輔都尉)는 고릉(高陵)을, 우보도위(右輔都尉)는 미(郿)를 각각 다스렸다.

위를 설치하였던 옛일처럼 하였다.

알자 방삼(龐參)이 등즐에게 유세하였다.

"변경의 군에 거주하는 백성 중에서 스스로 살 수 없는 백성을 이사시켜 삼보에 들어와 살도록 하십시오."

등즐이 그렇다고 생각하여, 양주(涼州)를 포기하고 북방 변경에서 힘을 합치려고 하였다.

이에 공경들을 모아서 의논하게 되었는데, 등즐이 말하였다.

"비유하자면 예컨대 옷이 해어지거나 찢어지면 하나로 모아 서로 보충하면 오히려 한 개의 옷은 완전해지는 것과 같으니, 만약 이같이 하지 않으면 두 개의 옷 모두 보존할 수 없을 것입니다."[138]

낭중인 진국(陳國, 하남성 陳留縣) 사람 우후(虞詡)가 태위 장우(張禹)에게 말하였다.

"만약 대장군[139]의 계책대로 한다면, 실현될 수 없는 이유가 세 가지입니다. 돌아가신 황제들께서 강토를 개척하시어 고생 끝에 마침내 평정하였습니다. 그런데 지금 와서 비용이 조금 드는 것을 꺼려 이것을 들어 포기하려 하는데, 이것이 될 수 없는 첫 번째의 것입니다.

양주(涼州)가 이미 버려지고 나면 바로 삼보를 변경의 요새가 되어 황실의 원릉(園陵)이 홀로 요새 밖에 있게 되니, 이것이 될 수 없는 두 번째의 것입니다.

전해지는 말에 '관서 지방에서는 장군이 배출되고 관동 지방에서는

---

138 다른 판본에는 이 글 다음에 '공경들은 모두 그러할 것으로 생각하였다.'라는 글이 더 들어가 있다.

139 등즐을 말한다.

재상이 배출된다.'고 하였으니 열사(烈士)와 무신(武臣)이 양주에서 많이 배출되는데 그 풍토가 웅장하고 용맹하여 전투에 관한 일을 쉽게 익혔기 때문입니다.

현재 강족과 흉노족이 감히 들어와 삼보를 거점으로 삼아 심복(心腹)에게 해를 입히지 못하는 까닭은 양주가 그들의 뒤에 있기 때문입니다. 양주의 병사와 백성이 진지에서 예리한 무기를 손에 잡고 화살과 돌을 무릅쓰고 아비가 앞에서 싸우다 죽으면 아들이 뒤에서 싸우며 뒤돌아볼 마음이 없게 되는 것은 한나라에 소속된 신하인 까닭입니다.

이제 그들을 밀어내서 떼어주고 잘라서 포기하여 보통백성들이 고향에서 편안하게 살기를 바라지만 거듭 이사하게 하니 그들은 반드시 목을 빼놓고 원망하며 '중국이 우리를 이적에게 내버렸다'고 말할 것입니다. 비록 의로운 곳으로 달려가고 착한 일을 하는 사람일지라도 한을 품지 않을 수 없습니다.

만약 갑자기 일어나기로 도모하였다가 천하에 기근이 발생하여 피폐하게 되는 것 때문에 전국이 허약해진 틈을 타서 영웅호걸들이 모여 서로 유능한 인재를 헤아려 우두머리를 세울 것이며, 저족(氐族)과 강족(羌族)을 몰아 선봉으로 삼고, 자리를 말 듯하면서 동으로 나온다면 비록 맹분(孟賁)[140]과 하육(夏育)[141]과 같은 사람을 병사로 삼고, 태공(太公) 같은 사람을 장수로 삼는다 하더라도 오히려 방어하기에는 부족할까 걱정입니다. 이렇게 되면 함곡관(函谷關) 서쪽에 있는 황실의

---

140 전국시대 진(秦)의 무왕(武王) 때 활약한 대단히 용감한 장수였다.《사기》에서는 맹설(孟說)이라고 기재되어 있다.
141 주대(周代)의 용사로서 소의 꼬리를 뽑은 인물로 전해지고 있다.

원릉(園陵)과 옛날의 수도가 다시는 한나라의 소유가 아닐 것이니 이 것이 할 수 없는 세 번째의 것입니다.[142]

의논하면서 비유하여 헌옷을 갖다가 기운 것이 오히려 완전한 옷을 갖게 한다고 생각하나, 저 우후는 악성 종기가 피부의 다른 곳에 침입 하여 끝도 없이 퍼질까 두렵습니다."

장우가 말하였다.

"내 생각이 거기까지 이르지는 못하였소. 만약 그대의 말이 없었다 면 국가 대사를 거의 그르칠 뻔하였습니다."

우후가 이 기회에 장우에게 유세하였다.

"양주 지역의 호걸들을 망라하여 불러 모으고, 그 주목과 태수들의 자제를 조정으로 끌어들여, 여러 관서로 하여금 각기 몇 사람씩을 벽소 하게 하면 밖으로는 그들이 세운 공훈을 격려하고 안으로는 그들을 잡 아두어 그들의 사악한 계책을 방지하게 될 것입니다."

장우는 그의 말이 좋다고 생각하여 곧 사부(四府)[143] 회의를 소집하 니 모두 우후의 의견을 따랐다. 이에 서주(西州)의 호걸들을 벽소하여 연속(掾屬)[144] 으로 삼고, 주목과 태수, 장리(長吏)의 자제들은 낭관[145]

---

142 이 이후에 북궁백옥(北宮伯玉), 왕국(王國), 염충(閻忠), 마등(馬騰), 한수(韓 遂)의 변란이 일어났으니 끝내는 우후의 말처럼 되었다.

143 대장군부, 태위부, 사도부, 사공부를 가리킨다.

144 관청에서 업무를 도와주는 하급 관리를 통칭하는 말이다.

145 중랑(中郞)·시랑(侍郞)·낭중(郞中) 등의 관직을 일컫는 말이다. 중랑은 낭중 령(郞中令)의 속관으로 황제를 시종하고 황궁을 숙위하는 관직이며, 시랑은 상서대(尙書臺)의 상서의 속관으로 직책을 맡은 지 3년이 넘은 자들을 시랑 이라 하며, 낭중은 거(車)·기(騎)·문(門)을 담당하며 안으로는 시위를 담당하 고 밖으로는 전쟁에 참가한다.

에 임명하여 그들을 편안하게 위로하였다.

등즐은 이 때문에[146] 우후를 싫어하여 관리의 법률을 이용하여 우후를 중상하려고 하였다. 마침 조가(朝歌, 하남성 淇縣)에서 반란을 일으킨 자들의 수령인 녕계(甯季) 등 수천 명이 장리(長吏)를 공격하여 죽였고, 모여서 주둔하며 몇 해를 계속하니 주나 군에서는 도저히 이들을 금할 수 없게 되어서 우후를 조가 현장으로 임명하였다.

옛 친구들이 모두 그에게 문안하였으나 우후는 웃으며 말하였다.

"일이 있으면 어려움을 피하지 않는 것이 신하의 직분이오. 뿌리와 마디가 복잡하게 뒤얽힌 경우를 당하지 않는다면 예리한 도구인지 아닌지를 분별해낼 수 없으니 이야말로 마침내 공을 세울 시기요."[147]

도착하여 처음에 하내(河內郡, 하남성 無陟縣) 태수 마릉(馬稜)을 배알하였다.

마릉이 말하였다.

"당신은 유학자이므로 당연히 묘당(廟堂)[148]에서 꾀를 냈어야 하는데, 마침내 조가에 있게 되었으니 그대를 위하여 이를 심히 걱정하오."

우후가 말하였다.

"이 적도(賊徒)는 개와 양같이 서로 무리를 지어 따뜻함과 배부름만

---

146 등즐이 양주를 버리려하였던 계획이 우후가 장우를 통하여 반대하여 좌절되었다.

147 나무의 줄기와 뿌리가 얽혀있을 때에나 잘 드는 도끼를 사용하고, 보통 때는 사용할 필요가 없는 것처럼 어려운 일을 만나야 능력 있는 사람이 드러날 수 있다는 말이다. 동시에 자기가 그러한 사람임을 드러내 보일 기회라고 생각한 것이다.

148 중앙정부를 가리킨다.

을 구할 뿐이니, 바라건대 밝으신 부군(府君)[149]께서는 걱정하실 필요가 없습니다."

마릉이 말하였다.

"어찌하여 그렇게 말하시오?"

우후가 말하였다.

"조가라는 지역은 옛날 한나라와 위나라의 교외에 있어서 태행산맥(太行山脈)을 등지고 황하에 임해 있으며, 오창(敖倉)에서 불과 1백 리 밖에 떨어져 있지 않습니다. 그러나 청주(靑州)와 기주(冀州)의 백성 가운데 떠돌아다니고 있는 사람이 1만 명을 헤아리지만 반란을 일으킨 적도는 곡식창고를 열어서 민중을 부르고, 무기고를 겁탈하여 성고(成皐, 하남성 氾水縣)로 들어가 지키며 천하의 오른쪽 어깨에 해당하는 곳을 자르는 방법은 알지 못합니다. 이것이 걱정할만하지 못하다는 이유입니다.

지금 그 무리는 새로이 번성하고 있으므로 그들과 교전하기는 어렵습니다. 군사적인 일이란 임시변통을 해도 좋으므로 바라건대 통제하는 정책을 관대하게 처리하여 구속시키지 않기를 바랄 뿐입니다."[150]

관부(官府)에 도착하자 삼과(三科)를 설치하고 장사(壯士)를 모집하여 구하였는데, 연사(掾史)[151] 이하의 관리들에게 각각이 아는 사람을

---

149 관부를 가지고 있는 높은 관직에 있는 사람을 높여 부르는 칭호이다.

150 우후는 도외(度外)에 있는 사람으로 여러 도적들을 제압하려고 하면서 군수가 보통때처럼 옛날 방식을 이어받아서 법률문구를 가지고 그를 얽어맬까 두려워하였기 때문에 먼저 마릉에게 이것을 말한 것이다.

151 중앙의 삼공(三公)·구경부(九卿府) 및 지방의 주·군·현에 대부분 설치되었다. 예를 들어 공조종사사(功曹從事史), 병조종사사(兵曹從事史), 주서령사(主

추천하게 하여 공격과 겁탈에 재간이 있는 자를 상급으로 삼고, 사람을 상해하거나 도둑질에 재간이 있는 자를 그 다음으로 삼고, 가업에 힘쓰지 않았던 자를 하급으로 삼으니 1백여 명을 모집할 수 있었다.

우후는 향연을 베풀고 그들이 지은 죄를 모두 사면하였으며,[152] 반란을 일으킨 적도들 속으로 들어가 겁탈하도록 유인하고 복병을 두어 그들을 기다리게 하였다가 마침내 적도 수백 명을 죽였다.

또 몰래 가난한 자 중에서 바느질을 잘하는 자를 뽑아 잠입시켜 도적들의 옷을 지어주게 하면서 색실로 그들의 치마를 박음질하게 하고서 시내로 나온 자가 있으면 관리들이 번번이 붙잡았다. 적도는 이에 놀라 흩어지고 모두 신처럼 밝히는 사람이라 칭찬하니 현의 경내가 모두 평정되었다.

8   3월에 하희(何熙)의 군대가 오원(五原, 내몽고 包頭市 서북)의 만백(曼柏)에 도착하였으나 갑자기 병이 나서 진격할 수 없자 방웅(龐雄)과 양근(梁慬), 경충(耿种)을 파견하여 보병과 기병 1만 6천여 명을 거느리고 호택(虎澤, 내몽고 東勝縣 동남)을 공격하게 하였는데 군영을 이어가며 조금씩 앞으로 나아가게 하였다.

선우가 여러 부대가 나란히 진격하는 것을 보고 크게 두려워하여 한종(韓琮)을 돌아보고 꾸짖으며 말하였다.

"너는 한인들이 모두 죽어 없어졌다고 하였는데, 지금 이들은 누구인가?"

書令史), 서좌령사(書佐令史) 등이 있었다.

152 이들은 모두 악행을 한 젊은이들로 모두 과거에 죄를 지었었다.

이에 선우가 사신을 파견하여 항복을 받아달라고 구걸하므로 이를 허락하였다.

선우가 모자를 벗고 맨발로 달려와서 방웅 등에게 절하며 죽을죄를 지었다고 말하였다. 이에 그를 사면하고 처음과 같이 대하였고, 이에 약탈해간 한나라 사람 남녀와 강족 중에서 약탈당하였다가 흉노족에게 팔려간 자를 합쳐서 1만여 명을 돌려보냈다. 때마침 하희가 죽자 양근을 도요장군에 임명하였다. 방웅은 돌아와서 대홍려가 되었다.

9   선령(先零)의 강족이 다시 포중(襃中, 섬서성 襃城縣)을 노략질하자 정근(鄭勤)이 그들을 공격하려 하니 주부(主簿) 단숭(段崇)이 간언하였다.

"야만인이 이긴 기세를 타고 있어서 그 예리한 칼날을 감당할 수 없으니 마땅히 수비를 견고히 하며 그들을 기다려야 합니다."

정근이 이 말을 좇지 않고 출전하였다가 대패하니 죽은 자가 3천여 명이었고, 단숭과 문하사(門下史) 왕종(王宗), 원전(原展)이 몸으로 적의 칼날을 막으면서 정근과 함께 모두 죽었다. 금성군(金城郡, 감숙성 蘭州市)을 양무(襄武, 감숙성 隴西縣 서남)로 옮겼다.[153]

10   무자일(4일)에 두릉원(杜陵園)[154]에서 화재가 일어났다.

11   계사일(9일)에 군과 봉국 9곳에서 지진이 일어났다.

---

153 치소를 옮겼다는 말이다.

154 전한시대 선제의 묘원(墓園)이다.

12 여름, 4월에 6개의 주에서 황충(蝗蟲, 메뚜기 종류)이 발생하였다.

13 정축일(23일)에 천하에 사면하였다.

14 왕종(王宗)과 법웅(法雄)이 장백로(張伯路)[155]와 잇달아 전투하여 그들을 격파하여 물리쳤다. 때마침 조정에서 사면령이 내려왔지만 반란을 일으킨 적도는 조정의 군대가 무장을 해제하지 않자 감히 귀순하거나 항복하지 않았다.

왕종은 자사와 태수를 불러서 함께 의논하였는데, 모두 당연히 이들을 공격해야한다고 생각하자 법웅이 말하였다.

"그렇지 않습니다. 병기는 흉기이며, 전쟁은 위급할 때 하는 행위입니다.[156] 용감하다는 것은 믿을 만한 것이 아니며 승리는 반드시 다가오는 것도 아닙니다. 적도가 만약 배를 타고 멀리 있는 섬으로 들어간다면 그들을 공격하려고 해도 쉽지 않습니다.

때마침 사면령도 내려왔으니 군사행동을 중지하고 그들의 마음을 위로하며 유혹한다면 형세로 보아 그들은 반드시 해산할 것이니 그런 후에 일을 도모한다면 싸우지 않고도 평정할 수 있습니다."

왕종은 법웅의 말이 훌륭하다고 생각하여 즉각 군사행동을 중지하였다.

적도가 그 소식을 듣고 크게 기뻐하며 노략질하여 갔던 사람들을 돌

---

155 왕종은 어사중승이고, 법웅은 청주 자사이며, 장백로는 해적이다.

156 《사기》에 의하면 범여(范蠡)가 한 말이다. 범여는 춘추시대 월왕(越王) 구천(句踐)을 도와 오(吳)를 멸망시키는데 크게 공을 세웠다. 그러나 구천과 뜻이 맞지 않아 후에 제(齊)로 망명하였다.

려보냈다. 그러나 동래군(東萊郡, 산동성 黃縣)의 군대가 홀로 무장을 해제하지 않자 적도는 다시 놀라고 두려워하여 요동(遼東, 요녕성 遼陽市) 지역으로 숨어서 도망쳤다가 섬까지 가서 머물렀다.

15 가을, 7월 을유일(3일)에 3개의 군에서 홍수가 났다.

16 기도위 임인(任仁)이 강족과의 전투에서 계속 패하였음에도 그의 군대가 방종하였기 때문에 함거(檻車)[157]로 불려와 정위(廷尉)에게 보내져 사형에 처해졌다. 호강(護羌)교위 단희(段禧)가 죽으니 다시 이전에 호강교위였던 후패(侯霸)로 그를 대신하도록 하고 장액(張掖)으로 이주하게 하였다.

17 9월 갑신일(3일)에 익주군(益州郡, 운남성 晉寧縣)에서 지진이 일어났다.

18 황태후의 어머니 신야군(新野君)[158]이 병이 나자 태후가 그녀의 집에 가서 며칠 동안 지내며 머물렀다. 삼공이 표문을 올려 강하게 반대하니 이에 태후가 환궁하였다.
　겨울, 10월 갑술일(23일)에 신야군이 죽자 사공에게 신야군의 장례의식을 주관하도록 하였고, 의식은 동해공왕(東海恭王)[159]의 경우처

---

157 죄수가 타는 수레이다.

158 여자에게 주는 작위는 군이었다.

159 동해왕(시호는 공왕)이 죽어 명제 영평 원년(58년)에 장례를 치렀고, 이 일은

럼 하게 하였다.

등즐 등이 몸소 복상을 하겠다고 빌었으나 태후는 이를 허락하지 않으려 하면서 조대가(曹大家)[160]에게 물어보니 조대가가 상소하였다.

"첩[161]이 듣건대, 겸양의 풍속이 미덕 가운데 가장 크다고 합니다. 이제 네 분의 외삼촌[162]께서 마음 깊이 충효의 도리를 고수하면서 스스로 퇴직하시기로 하였으나 바야흐로 변방이 안정되지 않았다 하여 이를 거부하며 허락하시지 않았는데, 만약 후에 지금보다 터럭만큼이라도 더 덧붙여주는 일이 있다면 진실로 겸양이란 이름을 다시는 얻을 수 없게 될까 걱정스럽습니다."

태후가 이에 허락하였다.

복상 기간이 만료되자 등즐에게 조서를 내려 다시 돌아와서 조정의 정사를 돕고 이전에 책봉한 관직을 다시 받도록 하였으나, 등즐 등이 머리를 조아리며 고사하였기에 끝내 그만두었다. 이에 그들을 나란히 봉조청(奉朝請)[163]으로 하였는데, 그 앉는 자리는 삼공의 아래지만 특진이나 열후보다는 위였으며 크게 의논할 일이 있을 때는 조당(朝堂)으로 나아가 공경 등과 함께 상의하였다.

《자치통감》 권44에 실려 있다.

160 《한서》의 편찬자 중 한 명인 반고(班固)의 딸 반소(班昭)를 가리킨다.

161 여자가 자신을 낮추어 부르는 말이다.

162 황태후의 형제로 황제에게 외삼촌이 되는 사람들로 등즐(鄧騭), 등괴(鄧悝), 등홍(鄧弘), 등창(鄧閶)을 가리킨다.

163 조회(朝會)의 요청을 받들어 조회에 참석한다는 말이다. 이때 정해진 인원도 없고 관위도 없으므로 필요에 따라서 취한 조치로 전한시대에 이미 이 제도가 있었다.

19   태후가 음후(陰后)[164]의 가속들에게 조서를 내려 모두 고향으로
돌아가게 하고, 그들의 재물 5백여만 전을 돌려주었다.[165]

---

164 태후의 어머니인 신야군(新野君)을 가리킨다.

165 음후 집안사람들이 남쪽으로 귀양 간 것은 화제 영원 14년(102년)의 일로,
    《자치통감》 권48에 실려 있다.

강족의 침입으로 치소를 옮기는 군현들

효안제 영초 5년(辛亥, 111년)

1   봄, 정월 초하루인 경진일에 일식이 있었다.

2   병술일(7일)에 군과 봉국 10곳에서 지진이 일어났다.

3   기축일(10일)에 태위 장우(張禹)가 면직되었다. 갑신일[166]에 광
록훈(光祿勳)인 영천(潁川, 하남성 禹縣) 사람 이수(李脩)를 태위로 삼았
다.

4   선령(先零)의 강족이 하동(河東, 산서성 夏縣)을 노략질하고 하내
(河內, 하남성 武陟縣)까지 이르자 백성들이 서로 놀라서 대부분 남쪽으
로 달아나다가 황하를 건넜는데, 북군(北軍)의 중후(中候) 주룡(朱龍)

---

166 정월 1일이 경진일이므로 갑신일은 1월 5일이다. 그렇다면 장우가 면직되기
5일 전에 먼저 이수를 태위로 임명하였다는 말이므로 어디엔가 착오가 있다.

에게 오영(五營)의 사졸을 거느리고 가서 맹진(孟津, 하남성 孟津縣)에 주둔하도록 하였고, 위군(魏郡, 하남성 臨漳縣), 조국(趙國, 하북성 邯鄲市), 상산(常山, 하북성 元氏縣), 중산(中山, 하북성 定縣)에 조서를 내려서 오후(塢候)[167] 616곳을 구축하도록 하였다.

강족이 강성해지자 그 변경에 이어있는 이천석 관리와 현령, 현장의 대부분이 내군(內郡)[168] 출신이라 모두 지키면서 싸울 뜻이 없으므로 다투어 군과 현의 치소를 다른 곳으로 옮겨서 침구로 인한 어려움을 피하겠다는 뜻을 올렸다.

3월에 농서(隴西, 감숙성 臨洮縣)에 조서를 내려서 양무(襄武, 감숙성 隴西縣)로 옮기고,[169] 안정(安定, 감숙성 固原縣)은 미양(美陽, 섬서성 武功縣)으로 옮기고, 북지(北地, 영하 靈武縣)는 지양(池陽, 섬서성 涇陽縣)으로 옮기고, 상군(上郡, 섬서성 綏德縣)은 아(衙, 섬서성 白水縣)를 치소로 하게[170] 하였다.

백성들이 고향을 사랑하고 정든 고장을 떠나는 것을 싫어하자 마침내 그들의 곡식을 베어버리고 집을 헐어버리며 군영과 성벽을 허물고 쌓아놓은 양식도 흩어버렸다.[171] 당시 해마다 가뭄과 황충(蝗蟲)이 일

---

167 오(塢)는 자율적으로 경비하기 위한 보루를 말한다.

168 중원 지역에 있는 군을 말한다.

169 농서의 치소는 본래 적도(狄道)였는데, 양무로 옮긴다는 것이다.

170 안정의 치소는 경주였고, 북지는 녕주였으며, 상군은 수주였었는데 각각 치소를 옮긴다는 말이다. 상군의 경우 원문에는 치(治)로 되어 있지만 다른 판본에는 사(徙)로 되어 있는 것도 있는데, 이 경우라면 옮긴다고 번역해야 한다.

171 정부의 군대 혹은 관리들이 한 짓이다. 관부의 치소는 옮겼으나 백성들이 옮기려 하지 않자 살 수 없도록 파괴한 것이다.

어나니 기근이 발생하고 거칠어졌고 몰아내고 약탈하여 가족들이 흩러다니고 떨어져서 나누어 흩어지니 길에서 죽거나 혹은 노약자를 버리거나, 남의 노비나 첩이 되었고, 그 반수가 죽었다.

다시 임상(任尙)을 시어사(侍御史)로 삼고 상당(上黨, 산서성 長子縣)의 양두산(羊頭山)에서 강족을 공격하여 격파하였다. 이에 맹진에 주둔하고 있던 군대를 철수하였다.

5 부여(夫餘)의 왕이 낙랑(樂浪, 평안남도 平壤)을 노략질하였다.[172] 고구려(高句驪)의 왕 고궁(高宮)[173]이 예맥(濊貊)과 함께 현토(玄菟, 요녕성 瀋陽市)를 노략하였다.

6 여름, 윤4월 정유일(19일)에 양주(涼州)와 하서(河西) 지역에 있는 네 군[174]에 사면령을 내렸다.

7 해적 장백로(張伯路)가 다시 동래(東萊, 산동성 掖縣)를 침구하였으나 청주(靑州, 산동성 臨淄縣) 자사 법웅(法雄)이 이들을 격파하였다. 적도(賊徒)는 도망쳐서 요동으로 돌아갔으나 요동 사람 이구(李久) 등이 함께 그의 목을 베니, 이에 주 지역 안은 깨끗하고 조용해졌다.

8 가을, 9월에 한양(漢陽, 감숙성 甘谷縣) 사람 두기(杜琦)와 그의 아

---

172 부여가 중국을 공격한 것은 이때가 처음이다.

173 고구려의 태조왕을 가리킨다.

174 현재의 감숙성 지역으로서 돈황군, 주천군, 장액군, 무위군을 가리킨다.

우 두계공(杜季貢), 같은 군 출신인 왕신(王信) 등이 강족과 연락하며 모의하여 무리를 모아서 상규(上邽, 감숙성 天水縣 동남)에 있는 성(城)을 점거하였다.

겨울, 12월에 한양군 태수 조박(趙博)이 자객 두습(杜習)을 보내 두기를 칼로 찔러 죽이니 두습을 책봉하여 토간후(討姦侯)로 삼았다. 두계공과 왕신 등은 그 무리를 거느리고 저천영(樗泉營)을 점거하였다.

9   이 해에 9개의 주에서 황충이 발생하였고, 8개의 군과 봉국에서 홍수가 났다.

효안제 영초 6년(壬子, 112년)

1   봄, 정월 갑인일(11일)에 조서를 내려 말하였다.

"대저 새 맛 나는 음식을 바친다고 하여서 천신(薦新)이라 하지만 대부분 계절에 맞게 생산된 것이 아니어서, 때로는 토지를 일부러 뜨겁게 하여[175] 억지로 익게 하거나 때로는 땅을 파서 일찍 발아시키기 때문에 제 맛이 나지 않고 제대로 생장하지 못하는데, 어찌 때에 맞춰 식물을 길렀다고 할 것인가?

전하는 바에 따르면 '제때에 성장하지 않은 식물은 먹지 않는다.'[176]

---

175 《전한서》〈소신신전(召信臣傳)〉을 보면 '태관이 정원에 씨를 뿌려서 겨울에 파등채소를 나게 하고 그 위에 지붕을 덮어서 밤낮으로 따뜻하게 불을 때서 따뜻한 기운으로 싹이 나길 기다렸다'는 내용이 있다. 이 시기에도 인공으로 작물을 성숙시키는 일이 있었던 것으로 보인다.

고 하였다. 이제부터는 사당이나 능묘에 제물로 올리는 것과 황제에게 올리는 것은 모두 반드시 제철에 나는 음식을 바쳐라."

무릇 생략하게 된 것이 23종이었다.

2　3월에 10개 주에서 황충이 발생하였다.

3　여름, 4월 을축일[177]에 사공 장민(張敏)이 파직되었다. 기묘일(7일)에 태상 유개(劉愷)를 사공으로 삼았다.

4　조서를 내려 건무(建武) 연간에 원공(元功)에 올랐던 28명의 장수[178]들의 후예들에게 모두 작위를 잇게 하였다.

5　5월에 가뭄이 들었다.

6　병인일(25일)에 조서를 내려 중이천석 관리에서부터 그 아래로 황색인수를 지닌 관리[179]들까지 일률적으로 원래의 녹질을 회복시키

---

176 《논어》〈향당(鄕黨)편〉에 나온다.

177 이 해 4월은 계유일이 초하루이기 때문에 4월에는 을축일이 없다. 만약에 을축(乙丑)이 기축(己丑)의 잘못이라면 기축일은 27일이다. 그러나 다음 기사의 날짜가 기묘일이므로 이 순서가 맞다면 7일 이전이어야 하므로 을해(乙亥)나 정축(丁丑)일이 있는데 이는 각각 3일과 5일이다.

178 건무는 후한 초대 황제인 광무제의 연호이며 이때 후한 광무제 유수를 도와 후한을 세운 장수들을 말한다.

179 중이천석은 삼공으로서 청색인수(靑綬)를 지니며, 사백석·삼백석·이백석의

도록 하였다.[180]

7   6월 임진일(21일)에 예장(豫章, 강서성 南昌市)의 원계(員谿)에 있는 원산(原山)이 무너졌다.

8   신사일(10일)에 천하를 사면하였다.

9   시어사 당희(唐喜)가 한양 출신 적도(賊徒)인 왕신(王信)을 토벌하고 이들을 격파해서 죽였다. 두계공(杜季貢)은 도망쳐서 전령(滇零)[181]을 따라갔다. 이 해에 전령이 죽고 아들 영창(零昌)이 뒤를 이었지만 나이가 아직 어려서 같은 종족의 낭막(狼莫)이 그들의 계책을 세웠고, 두계공을 장군으로 삼아 정해성(丁奚城, 영하 靈武縣 지역)에 따로 살게 하였다.

효안제 영초 7년(壬子, 113년)

1   봄, 2월 병오일[182]에 군과 봉국 18곳에서 지진이 일어났다.

─────────

관리는 황색인수(黃綬)를 지닌다.

180 영초 4년(110년)에 모든 관리들의 녹봉을 줄였다가 이번에 회복시켰다.

181 강족의 우두머리이다.

182 이 해 2월은 병진일이 초하루이기 때문에 2월에는 병오일이 없다. 보통 자(子)가 오(午)로 잘못 쓰이는 경우가 많으므로 병오가 병자의 잘못이라면 병자일은 14일이다.

2   여름, 4월 을미일(29일)에 평원회왕(平原懷王) 유승(劉勝)[183]이 죽었으나 아들이 없어서 태후는 낙안이왕(樂安夷王) 유총(劉寵)[184]의 아들 유득(劉得)을 평원왕으로 삼았다.

3   그믐날인 병신일에 일식이 있었다.

4   가을에 호강교위 후패(侯霸)와 기도위 마현(馬賢)이 선령(先零) 지역에 사는 강족의 별부(別部)인 뇌강(牢羌)을 안정(安定, 섬서성 武功縣)에서 공격하여 포로로 잡거나 머리를 벤 것이 1천여 명이었다.

5   황충이 발생하였다.

---

183 유승은 평원왕이었고, 죽은 후에 시호를 회왕이라 하였다.

184 유총은 낙안왕이었고, 죽은 후에 시호를 이왕이라 하였다.

강족의 침구와 우후의 발탁

효안제 원초 원년(甲寅, 114년)

1   봄, 정월 갑자일(2일)에 기원을 고쳤다.[185]

2   2월 을묘일(24일)에 일남(日南, 베트남 북부)에서 땅이 갈라졌는데,
그 길이가 1백여 리나 되었다.

3   3월 계해일(2일)에 일식이 있었다.

4   조서를 내려서 군사를 파견하여 하내(河內, 하남성 武陟縣)에 있는
골짜기를 통과하는 요충지 36곳에 주둔하게 하고, 오벽(塢壁)[186]을 구
축하고 명고(鳴鼓)[187]를 설치하여 강족의 침입에 대비하도록 하였다.

---

185 그동안 영초를 사용하다가 원초로 바꾼 것이다.

186 작은 보루를 말한다.

187 비상사태가 있을 때 북을 울려 이를 알리는 제도이다.

5 여름, 4월 정유일(7일)에 천하에 사면하였다.

6 경사와 군과 봉국 5곳에서 가뭄이 들고 황충이 발생하였다.

7 5월에 선령(先零)의 강족이 옹성(雍城, 섬서성 風翔縣)을 침구하였
다.

8 촉군(蜀郡, 사천성 成都) 지역에 사는 이족(夷族)이 잠릉(蠶陵, 사천
성 松潘縣 지역)을 침구하고 그 현령을 죽였다.

9 9월 을축일(7일)에 태위 이수(李脩)가 파직되었다.

10 강족의 우두머리인 호다(號多)가 다른 여러 종족과 연합하여 무
도(武都, 감숙성 成縣)와 한중(漢中, 섬서성 南鄭縣), 파군(巴郡, 사천성 重
慶市)을 침입하여 노략질하였는데, 판순(板楯) 지역에 사는 만족이 이
들을 구원하니, 한중의 오관연(五官掾)[188] 정신(程信)이 군의 군사를
인솔하고 만족과 함께 그들을 공격하여 격파하였다.
　호다는 달아나 돌아가다가 농(隴)으로 통하는 도로를 차단하고 영
창(零昌)[189]과 더불어하였지만 후패와 마현이 이들과 싸워서 부한(枹
罕)[190]에서 격파하였다.

---

188 군 태수의 속관으로서 고정된 임무가 없으며 명예직에 가깝다.

189 다른 강족이다.

190 부한현은 농서군에 속해 있었으며, 당대(唐代)의 하주(河州)로 지금의 감숙

11 신미일(13일)에 대사농인 산양(山陽, 산동성 金鄕縣) 사람 사마포
(司馬苞)를 태위로 삼았다.

12 겨울, 10월 1일 무자일에 일식이 있었다.

13 양주(涼州, 감숙성) 자사 피양(皮楊)이 적도(狄道)[191]에서 강족을
공격하였으나 대패하여 죽은 자가 8백여 명이었다.

14 이 해에 군과 봉국 15곳에서 지진이 일어났다.

효안제 원초 2년(乙卯, 115년)

1 봄에 호강교위 방삼(龐參)이 은덕과 신의로 여러 강족들을 불러
회유하니 호다[192]가 무리를 거느리고 투항하였고, 방삼이 궁궐로 보
내니 호다에게 열후의 인수를 하사하여 돌려보냈다. 방삼이 비로소 영
거(令居, 감숙성 永登縣)로 돌아가 다스리니[193] 하서 지방으로 나가는
길이 통하게 되었다.

　　성 난주시의 서남방에 위치하고 있었다.

191 적도는 이전 영초 5년(111년)에 강족에게 함락되어, 양무로 치소를 옮겼으므
　　로 이 지역도 후한의 영역이었다.

192 강족의 우두머리이다.

193 방삼은 치소를 이때 장액에서 영거로 옮긴 것이다.

2   영창(零昌)[194]이 군대를 나누어서 익주(益州, 사천성)를 침구하니, 중랑장 윤취(尹就)를 파견하여 이들을 토벌하였다.

3   여름, 4월 병오일(21일)에 귀인인 형양(滎陽, 하남성 滎陽縣) 사람 염씨(閻氏)를 세워서 황후로 삼았다. 황후의 천성은 투기심이 강해 후궁 이씨(李氏)가 황제의 아들 유보(劉保)를 낳자 이씨를 짐독(鴆毒)[195]으로 살해하였다.

4   5월 경사에 가뭄이 들었으며, 하남(河南, 하남성 洛陽市)과 19개의 군과 봉국에서는 황충이 발생하였다.

5   6월 병술일(2일)에 태위 사마포(司馬苞)가 죽었다.

6   가을, 7월 신사일(28일)에 태복(太僕)인 태산(泰山, 산동성 泰安縣) 사람 마영(馬英)을 태위로 삼았다.

7   8월에 요동(遼東) 지역의 선비 부족이 무려(無慮, 요녕성 北鎭縣)를 포위하였고, 9월에는 또 부리영(夫犂營)[196]을 공격하고 현령을 죽였다.

---

194 강족의 우두머리이다.

195 독을 갖고 있는 짐새의 깃털을 술에 담가서 만든 독 있는 술을 마시면 사람이 죽었다. 죽음을 내리거나 자살할 때 많이 사용한 것으로 보인다.

196 《후한서》에는 '부여(夫黎)'로 기재되어 있으며, 현재의 지명은 정확하게 알 수 없다.

8 그믐날인 임오일에 일식이 있었다.

9 윤취(尹就)[197]가 강족의 무리인 여숙도(呂叔都) 등을 공격하였는데, 촉(蜀) 사람 진성(陳省)과 나횡(羅橫)이 자객으로 응모하여 여숙도를 죽이니, 모두 후로 책봉하고 전(錢)을 하사하였다.

10 둔기(屯騎)교위 반웅(班雄)에게 조서를 내려 삼보에 주둔하도록 하였다. 반웅은 반초(班超)의 아들이다. 좌풍익(左馮翊) 사람 사마균(司馬鈞)에게 정서(征西)장군을 대리[198]하도록 하여 관중(關中) 지방에 있는 여러 군의 군사 8천여 명을 감독하도록 하였다.

방삼은 강족과 흉노족으로 구성된 7천여 명을 거느리고 사마균과 함께 길을 나누어 나란히 영창(零昌)[199]을 공격하였다. 방삼의 군대는 용사(勇士, 감숙성 楡中縣 동쪽의 甘草店)의 동쪽까지 이르렀다가 두계공에게 패배하여 군사를 이끌고 후퇴하였다. 사마균 등이 홀로 전진하여 정해성(丁奚城)을 공격하여 뽑아버리자 두계공은 무리를 거느리고 거짓으로 도망쳤다.

사마균은 우부풍(右扶風)의 중광(仲光)[200] 능에게 강족의 농작물을 수확하게 하려고 하였으나, 중광 등이 사마균의 통제를 어기고 군대

---

197 이때 중랑장이었다.

198 행직이다. 관직의 명칭은 행정서장군(行征西將軍)이다.

199 강족의 우두머리이다.

200 원굉의 《한기》에는 우부풍 태수의 이름이 충고(种暠)라고 되어 있는데, 범엽의 《후한서》에는 중광으로 되어 있다.

를 분산시켜 깊이 들어갔는데 강족이 이에 매복병을 설치하였다가 이들을 맞아 공격하자, 정해성에 있던 사마균이 화가 나서 구원하지 않았다.

겨울, 10월 을미일(13일)에 중광 등의 군대가 패하여 나란히 전사하니 죽은 자가 3천여 명이었고, 이에 사마균은 마침내 숨어서 귀환하였다. 방삼도 이미 기회를 잃자 병이 들었다는 핑계로 군대를 이끌고 귀환하니, 모두 이 일에 연루되어 조정에 불려 와서 하옥되었는데, 사마균은 자살하였다.

이때 도요(度遼)장군 양근(梁慬) 역시 사건에 연루되어 죄를 받았다. 교서랑중(校書郞中)인 부풍(扶風, 섬서성 興平縣) 사람 마융(馬融)이 편지를 올려서 방삼과 양근이 지혜롭고 능력이 있다고 칭찬하며 마땅히 그들의 과오를 용서하고 공효를 이루도록 책임지게 해야 한다고 하니 조서를 내려 방삼 등을 사면하였다. 마현(馬賢)으로 방삼을 대신하여 호강교위의 업무를 관장하도록[201] 하고, 임상(任尙)을 다시 중랑장으로 삼아서 반웅을 대신하여 삼보에 주둔하도록 하였다.

회현(懷縣, 하남성 武陟縣) 현령 우후(虞詡)가 임상에게 유세하였다.

"병법을 보면 '약하면 강한 것을 공격하지 않고, 뛰어서는 나는 것을 쫓을 수 없는 것은 자연의 형세라.'고 하였습니다. 지금 야만인은 모두 말을 탄 기병으로 하루에 수백 리를 갈 수 있으니, 올 때는 바람이나 비 같고 갈 때는 활시위 끊어지듯 하니, 걸어서는 그들을 추격한다 해도 형세로 보아 미칠 수 없습니다. 그러므로 비록 주둔하고 있는 군사 20여

---

201 영직(領職)으로 현장에 가지 않고 업무만 관장하는 경우에 수여하는 관직이다.

만 명이라고 해도 쓸데없이 세월만 허비하고 공은 세울 수 없습니다.

사군(使君)[202]을 위하여 계책을 세운다면 여러 군의 병사를 철수하고, 각 병사에게 영을 내려 수천 냥을 내서 20명이 공동으로 말 1필을 사도록 하여 1만 기의 무리를 가지고 수천 명의 야만인 뒤를 쫓아가서 습격하고 끊어버려 그들이 갈 길은 스스로 궁색하게 하는 것만 못하니 백성을 편리하게 하고 일을 유리하게 하며 큰 공을 세울 것입니다."

임상이 곧바로 그의 말을 조정에 올리자 그 계획을 채용하였으며, 경무장을 한 기병을 파견하여 정해성(丁奚城)에서 두계공(杜季貢)을 공격하여 격파하였다.

태후는 우후가 장수의 책략을 가지고 있다는 소식을 듣고 그를 무도(武都, 감숙성 成縣) 태수에 임명하였다. 강족의 무리 수천 명이 우후를 진창(陳倉, 섬서성 寶鷄市)의 효곡(崤谷, 大散關)에서 차단하자, 우후는 곧바로 군대를 정지시켜 나아가지 아니하고 선언하였다.

"편지를 올려 군사를 보내달라고 요청하고, 군대가 도착할 때를 기다렸다가 출발할 것이다."

강족이 그 소식을 듣고 군대를 나누어서 그 주변의 현들을 노략질하였다.

우후는 그들의 군사가 분산된 것을 이용하여 주야로 전진하여 1백여 리를 나아가서 관리와 병사들에게 명령하여 아궁이를 각각 2개씩 만들도록 하였고 매일 그 숫자를 두 배로 늘리자 강족은 감히 다가오지 못하였다. 어떤 사람이 우후에게 물었다.

---

202 우후를 높여 부른 말이다.

"손빈(孫臏)은 아궁이 수를 줄였는데[203] 그대는 이를 늘렸습니다. 병법에 보면 하루에 3십 리 정도밖에 나아가지 못하게 한 것은 뜻밖의 불상사를 경계하기 때문인데,[204] 오늘 또 2백 리를 전진한 것은 무엇 때문입니까?"

우후가 대답하였다.

"야만인들의 무리는 많고 우리 병사들은 적어서 천천히 전진하면 쉽게 적에게 따라잡히고, 빨리 전진하면 그들이 예측하지 못하게 된다. 야만인은 우리의 아궁이가 나날이 증가하는 것을 보면 반드시 군의 군사가 와서 맞이하였다고 생각할 것이고, 무리가 많으면서 빨리 나아가니 적은 반드시 우리를 추격하는 것을 꺼릴 것이다. 손빈이 약하다는 것을 보였고, 나는 지금 강하다는 것을 내보이는 것은 형세가 같지 않기 때문이다."

군대가 막 군에 도달하였지만 병사는 3천 명을 넘지 않았고 강족의 무리는 1만 명을 넘어서 적정(赤亭)을 수십 일이나 포위하고 공격하였다. 우후가 마침내 군사들에게 명령을 내려 강노(强弩)[205]는 발사하지 말고 잠복하면서 소노(小弩)를 발사토록 하였다. 강족은 화살의 힘이 약하여 자기들에게 도달할 수 없다고 생각하여 군사를 모아 급히 공격하였다.

우후는 이에 20기의 강노를 일제히 1명을 목표로 발사하도록 하였

---

203 전국시대 제나라 병법가이다. 주 현왕 28년에 있었던 일로《자치통감》권2에 나온다.

204 《전한서》에 보면 길행(吉行)에는 50리를 가고 사행(師行)에는 30리를 간다고 하였다.

205 노는 여러 개의 화살이나 돌을 잇달아 쏠 수 있는 큰 활을 말한다.

는데 적중되지 않은 것이 없었고 강족은 크게 놀라 후퇴하였다. 우후는 이 기회를 이용하여 성을 나와 분연히 공격하여 부상을 입히거나 죽인 자가 많았다.

다음날 그의 군대를 모두 늘어놓고, 동곽문(東郭門)을 통해서 나갔다가 북곽문(北郭門)을 통해서 들어오도록 하면서, 의복을 바꾸어 입고 수차례 돌아오도록 명령을 내렸다. 강족은 그 군대의 숫자를 알 수 없게 되어 다시 더욱 두려워하며 동요하였다. 우후는 당연히 적이 물러날 것을 예상하고 몰래 5백여 명을 파견하여 얕은 물에 매복시켜 그들이 달아나는 길을 엿보게 하였다.

야만인은 과연 몹시 허둥대며 달아나고 있었는데, 이 기회를 이용하여 그들을 습격하여 대파하니, 죽이거나 포로로 잡은 자들이 대단히 많았고, 적들은 이로 말미암아서 패배하여 흩어졌다. 우후는 이에 지세를 점쳐보고 군영의 성벽을 180곳에 쌓고, 흩어져 도망하는 자들을 불러 돌아오게 하여 가난한 자들을 구휼하고, 수운(水運)을 개통하였다.[206]

우후가 처음 군에 도착하였을 때 곡물은 1석에 1천 전, 소금은 1석에 8천전이나 되었고, 현재 남아 있는 호수(戶數)는 1만3천 호였다. 업무를 본 후 3년 만에 쌀은 1석에 80전, 소금은 1석에 400전이 되었고, 민호는 4만여 호로 증가하게 되었으며, 사람들이 가족들을 먹여 살리기에 흡족하게 되니 마침내 온 군이 안정되었다.

11   11월 경신일(19일)에 군과 봉국 10곳에서 지진이 발생하였다.

---

206 우후는 저현(섬서성 약양현 동쪽)에서 하변(감숙성 성현)까지 장장 10km의 수운을 개척하였는데, 큰 돌을 부수고 큰 나무를 잘라내어 배가 다닐 수 있게 하였다.

12 12월에 무릉(武陵郡, 호남성 常德市)의 풍중(灃中, 호남성 灃縣)에 사는 만족이 반란을 일으키자 주변 주와 군에서 이들을 토벌하여 평정시켰다.

13 기유일(28일)에 사도 하근(夏勤)이 파직되었다.

14 경술일(29일)에 사공 유개(劉愷)를 사도로 삼고, 광록훈 원창(袁敞)을 사공으로 삼았다. 원창은 원안(袁安)의 아들이다.

15 전에 호분중랑장이었던 등홍(鄧弘)[207]이 죽었다. 등홍의 천성은 검소하였고,《구양상서》[208]를 연구하여 궁중에서 황제를 가르쳤다. 유사가 등홍을 표기장군에 추증하도록 하되, 관위는 '특진'으로 하고, 서평후(西平侯)에 책봉하라고 주청하였다. 태후는 등홍의 아름다운 뜻을 추념하여 관위와 의복을 추증하거나 하사하지 않고, 다만 전폐 1천만 전과 포 1만 필을 하사하였으나, 형인 등즐 등이 거듭 사양하며 받지 않았다.

조서를 내려 등홍의 아들 등광덕(鄧廣德)을 책봉하여 서평후로 삼았다. 곧 장례의식을 거행할 즈음에 유사가 다시 오영(五營)의 경거기사(輕車騎士)를 발동하고, 예와 의식은 곽광(霍光)에게 하였던 옛날의 예에 의하여[209] 거행하도록 주청하였다. 태후는 모두 받아들이지 않고,

---

207 등홍은 모친상을 당하여 관직에서 물러났으며, 봉조청이었다.

208 한(漢)의 천승(千乘)인 구양생(歐陽生)이 복생(伏生)의 《상서(尙書)》를 전하였다. 이로부터 상서에는 구양씨학(歐陽氏學)이 있게 되었다.

다만 운구는 두 마리의 말로 백개상거(白蓋喪車)[210]를 끌게 하고, 그 문생들이 영구를 전송하도록 하였다.

후에 황제의 스승이란 중요한 신분이었다는 사실 때문에 서평(西平, 하남성 西平縣)의 도향(都鄕)을 나누어, 등광덕의 아우 등보덕(鄧甫德)을 책봉하여 도향후(都鄕侯)로 삼았다.＊

---

209 곽광이 죽자 선제는 태중대부와 시어사를 파견하여 지절을 가지고 상사(喪事)를 감독하게 하고, 중이천석이 막부(幕府)의 무덤을 만들었으며 황상은 옥(玉), 의복, 재궁(梓宮), 편방(便房), 황장제주(黃腸題湊), 온량거(轀輬車), 황옥좌독(黃屋左纛), 경거(輕車), 재관(材官), 오교사(五校士)를 하사하여 발상(發喪)하게 하였다.

210 흰 천으로 덮고 두 마리의 말이 끄는 상여를 말한다.

권050

한기42

서역경영과 외척·환관의 발호

강족과 선비족의 소요와 대처

효안황제 원초 3년(丙辰, 116년)

1   봄, 정월에 창오(蒼梧, 광서성 오주시)와 울림(鬱林, 광서성 계평현 서부), 합포(合浦, 광서성 합포현 동북)[1]의 만이(蠻夷)들이 반란을 일으켰다. 2월에 시어사(侍御史) 임탁(任逴)을 파견하여, 주와 군의 군사를 감독하여 이들을 토벌하도록 하였다.

2   군과 봉국 10곳에 지진이 있었다.

3   3월 신해일(2일)에 일식이 있었다.

4   여름, 4월에 경사에 가뭄이 있었다.

5   5월, 무릉(武陵, 호남성 장덕시)의 만족이 반란을 일으키자 주와 군

---

1   3군(郡) 모두 교주 소속이다.

에서 이들을 토벌하였다.

6　계유일(25일)에 도요(度遼)[2]장군 등준(鄧遵)이 남선우(南單于)[3]를 인솔하여 영주(靈州, 감숙성 영태현)에서 영창(零昌)[4]을 공격하였는데, 참수 한 것이 800여 급이었다.

7　월수(越嶲, 사천성 서창현 동남)의 변방 밖에 사는 이족들이 그 종족을 거느리고 안으로 들어와 복속하였다.

8　6월에 중랑장(中郎將) 임상(任尙)이 병사를 파견하여 정해성(丁奚城, 영하 영무현)에서 선령(先零)의 강(羌)족을 격파하였다.

9　가을, 7월에 무릉(武陵)의 만족이 다시 반란을 일으키자 주와 군에서 이들을 토벌하여 평정하였다.

10　9월에 풍익(馮翊, 섬서성 고능현)의 북방 경계 지역에 후오(候塢)[5]

2　장군 호칭으로 북부변방사령관이다. 도요는 요수(遼水)를 건넌다는 뜻이며 전한 소제(昭帝) 때 이 제도를 처음 실시하였다. 범붕우(范朋友)가 도요장군에 임명되어 요동의 오환을 공격하였고, 후한 역시 이 제도를 답습하여 오원(五原)에 주둔하고 흉노를 방어하였다.

3　남흉노 한국(汗國) 만씨시축후제(萬氏尸逐侯鞮) 선우(33대)인 난제단(欒提檀)을 말한다.

4　서강족의 2대 황제이다.

5　관측용 작은 성채를 말한다.

500곳을 만들었는데, 강족을 대비하기 위한 것이었다.

11   겨울, 11월에 창오와 울림, 합포 지역에 살던 만이들이 항복하였다.

12   옛 제도에 '공경과 이천석의 관리, 자사는 삼년상(三年喪)을 지킬 수 없다.'라고 하였는데, 사도 유개(劉愷)가 '백성의 사표가 되거나 미풍양속을 선양하는 것이 아니다.'라고 생각하였다.
　병술일(11일)에 처음 대신들이 삼년상을 실행하는 것을 들어주었다.[6]

13   계묘일(28일)에 군과 봉국 9곳에서 지진이 있었다.

14   12월 정사일(12일)에 임상이 병사를 파견하여 북지(北地, 영하 영무현)에서 영창을 공격하여 그들의 처자를 죽이고 그들의 집들을 불태웠으며 참수한 것이 700여 급이었다.[7]

효안제 원초 4년(丁巳, 117년)

---

6 전한시대 문제(文帝)는 조서를 내려 고급 관리의 복상기일을 36일로 단축하였다. 이것은 1일을 1개월로 계산한 것이었으며 이후 이것이 관례가 되었는데, 안제 때 이르러 유개가 복고하도록 건의한 것이다.

7 강족의 세력이 이때부터 쇠약해진다.

1   봄, 2월 1일 을사일에 일식이 있었다.

2   을묘일(11일)에 천하에 사면하였다.

3   임술일(18일)에 무기창고에서 화재가 발생하였다.

4   임상이 당전(當鬿) 부락에 사는 강족인 유귀(楡鬼) 등을 파견하여 두계공(杜季貢)을 찔러 죽이니 유귀를 책봉하여 파강후(破羌侯)로 삼았다.

5   사공 원창(袁敞)은 청렴하고 굳세며, 권력이 있고 귀한 자들에게 아부하지 않아서 등씨 집안사람들의 뜻을 거슬렀다. 상서랑 장준(張俊)[8]이 원창의 아들 원준(袁俊)에게 개인적으로 편지를 보냈는데, 원수진 집안사람이 이것을 봉함하여 올렸다.

　여름, 4월 무신일(5일)에 원창이 그 문제에 연루되어 책서로 면직시키자 자살하자 원준 등은 옥에 갇혀 사형으로 판결되었다. 원준이 편지를 올려 스스로 변명하자 형을 집행할 때쯤 태후가 조서를 내려 사형에서 감해주라고 판결하였다.

6   기사일(26일)에 요서(遼西, 요녕성 의서현 서부)의 선비족인 연휴(連休) 등이 들어와 침구하였는데, 군의 병사와 오환족의 대인인 어질거(於秩居) 등이 함께 이들을 공격하여 대파하였고, 참수한 것이 1천3백

---

8   촉군(蜀郡) 사람이다.

급이었다.

7   6월 무신일(26일)에 3개 군에 우박이 내렸다.

8   윤취(尹就)[9]가 익주(益州, 사천성과 운남성 일대)를 평정하지 못한 일에 연루되어 불려가 죄를 받았다. 익주 자사 장교(張喬)에게 그의 군 사주둔지에 있는 병사들을 거느리고 반란을 일으킨 강족을 불러서 유 인하도록 하니, 점차 항복하거나 흩어졌다.

9   가을 7월에 경사와 군과 봉국 10곳에 큰비가 내렸다.

10   9월, 호강(護羌)교위[10] 임상이 효공종(效功種)에 속하는 강족인 호봉(號封)[11]에게 다시 뽑아서 영창(零昌)을 찔러 죽이게 하고 호봉을 책봉하여 강왕(羌王)으로 삼았다.

11   겨울, 11월 기묘일(9일)에 팽성정왕(彭城靖王)[12] 유공(劉恭)이 죽 었다.

12   월수(越巂, 사천성 서창현)에 사는 이족은 군과 현에서 부세(賦稅)

9   중랑장(中郎將)으로 궁전의 금위관 부사령에 해당하는 직책이다.
10 서강족 보안사령관에 해당하는 직책이다.
11 효공 부락의 추장이다.
12 유공은 팽성왕이었으며 시호는 정왕(靖王)이었다.

를 부과하여 거두는 것이 번거롭게 자주하자 12월에 대우종(大牛種)에 속한 봉리(封離) 등이 반란을 일으키고 수구(遂久, 사천성 염원현) 현령을 죽였다.

13 갑자일(25일)에 임상이 기도위(騎都尉)[13] 마현(馬賢)과 함께 선령의 강족 낭막(狼莫)[14]을 공격하면서 쫓아가 북지에 이르렀는데, 서로 60여 일을 버티면서 부평하(富平河, 영하 오충현 서남)에서 싸워 그들을 크게 깨뜨리고, 참수한 것이 5천 급이었으며 낭막은 도망하였다.

이에 서하(西河, 내몽골의 준가루치 지역) 지역의 건인종(虔人種)인 강족 1만 명이 등준에게 와서 항복하였고, 농우(隴右, 섬서성 서부)가 평정되었다.[15]

14 이 해에 군과 봉국 13곳에서 지진이 있었다.

효안제 원초 5년(戊午, 118년)

1 봄, 3월에 경사와 군과 봉국 5곳에 가뭄이 발생하였다.

---

13 기병사령관에 해당하는 직책이다.

14 영창(零昌)의 모사꾼이다.

15 영창이 이미 사망하고 낭막이 패주하자 건인 강족은 낭막의 원조를 받지 못하여 한에 항복하였다. 그래서 농우가 평정되었다.

2   여름, 6월에 고구려(高句驪)와 예맥이 현토(玄菟)를 침구하였다.

3   영창(永昌, 운남성 보산현)과 익주(益州, 운남성 진영현), 촉군(蜀郡, 사천성 성도)에 사는 이족 모두가 반란을 일으켜 봉리(封離)에게 호응하였는데, 무리가 10여만 명에 달하였으며, 20여 개 현을 파괴하고 장리(長吏)[16]를 죽이며 백성을 약탈하고 불태우니, 해골이 버려져 쌓였고 천리 사이에는 사람이 없게 되었다.

4   가을, 8월 1일 병신일에 일식이 있었다.

5   대군(代郡, 산서성 양고현)에 사는 선비족이 들어와 침구하여 장리를 죽이니 변경 지역의 갑졸(甲卒)과 여양(黎陽, 하남성 준현)에 있는 군영의 병사를 발동하여 상곡(上谷, 하북성 회래현)에 주둔하며 이들을 방비하게 하였다.

   겨울, 10월에 선비족이 상곡을 침구하고, 거용관(居庸關, 북경 창평현 서북)[17]을 공격하니, 다시 변경 지역의 여러 군과 여양에 있는 군영의 병사와 활 쏘는 병사, 보병과 기병 2만 명을 발동하여 요충지에 열을 지어 주둔하게 하였다.

6   등준이 상군(上郡, 섬서성 수덕현)의 전무종(全無種)에 속하는 강족

---

16 장급(長級) 관리를 말한다. 예컨데 주의 자사, 군의 태수, 현의 현령 같은 관리이다.

17 군도관(軍都關), 소문관(蘇門關), 납관관(納款關)이라고도 칭한다.

인 조하(雕何)에게 뽑아서 낭막을 찔러 죽이게 하고 조하를 책봉하여 강후(羌侯)로 삼았다. 강족이 반란을 일으킨 지 10여 년 동안에[18] 군사 비용으로 무릇 240억여 전을 사용하여서 부고가 고갈되었으며, 변방의 백성과 내군(內郡)에서 죽은 자는 헤아릴 수 없었고, 병주(幷州, 산서성)와 양주(涼州, 감숙성) 두 주는 드디어 텅 비기에 이르렀다.

영창과 낭막이 죽자 여러 강족들은 와해되어 삼보(三輔, 대장안)와 익주에 다시 침구하였다는 경보가 없었다. 조서를 내려 등준을 책봉하여 무양후(武陽侯)로 삼고 식읍을 3천 호로 하였다. 등준은 등태후의 사촌이었으니 그러므로 작위를 내리고 봉지를 주면서 후대하였다.

임상은 등준과 공로를 가지고 다투었고, 또 수급[19]을 거짓으로 부풀리고 뇌물을 받아 법을 구부려 천만 전 이상을 감춘 일에 연루되어 12월에 함거(檻車)[20]로 불러들여져서 기시(棄市)[21]에 처해지고 재물이 몰수되었다. 등즐(鄧騭)의 아들인 시중 등봉(鄧鳳)이 일찍이 임상의 말을 받은 적이 있었는데, 등즐은 처와 등봉에게 곤형에 처하면서 사죄하였다.[22]

---

18 영초 원년의 강족 반란에서 현재까지 12년간이다.

19 전쟁에 나가서 적군의 목을 벤 숫자를 셀 때에는 급(級)을 사용한다. 이는 진시황 때 전공으로 적 한 명의 목을 베면 1급의 직급을 올려 준데서 유래하였다. 이렇게 참수한 숫자를 수급이라고 한다.

20 수레 위에 판자나 나무를 둘러싸서 맹수나 죄인을 수송하는 수레를 말한다.

21 목을 베고 시신은 시내의 거리에 버려두는 형벌이다.

22 곤형(髡刑, 두발을 삭발하는 형벌)을 자청하였다는 뜻이다. 등즐은 그의 아들 등봉이 형벌을 받는 임상에게 말을 받은 일이 있기 때문에 그것이 자기에게 허물로 돌아 올 것을 걱정하여 등즐이 그의 처와 아들에게 곤형을 받는 것처럼 머리를 깎은 것이다.

7   이 해에 군과 봉국 14곳에서 지진이 있었다.

8   태후의 남동생 등괴(鄧悝)와 등창(鄧閶)이 모두 죽자, 등괴의 아들 등광종(鄧廣宗)을 책봉하여 섭후(葉侯, 섭은 남양군에 있음)로 삼고, 등창의 아들 등충(鄧忠)을 서화후(西華侯, 서화는 여남군에 있음)로 삼았다.

효안제 원초 6년(己未, 119년)

1   봄, 2월 을사일(12일)에 경사와 군과 봉국 42곳에서 지진이 있었다.

2   여름, 4월에 패국(沛國, 안휘성 숙현)과 발해(渤海, 하북성 남피현)에 큰 바람이 불고 우박이 내렸다.

3   5월에 경사에 가뭄이 들었다.

4   6월 병술일(26일)에 평원애왕(平原哀王) 유득(劉得)[23]이 죽었는데, 아들이 없었다.

5   가을, 7월에 선비족이 마성(馬城, 하북 회안현 서부)의 요새를 침구하여 장리(長吏)를 죽이니, 도요장군 등준과 중랑장 마속이 남선우를 인솔하고 추격하여 그들을 대파하였다.

---

23 유득은 평원왕이었으며 죽은 후에 시호를 애왕이라 하였다.

6   9월 계사일(4일)에 진회왕(陳懷王)[24] 유송(劉竦)이 죽었으나 아들이 없어서 봉국을 없앴다.

7   겨울, 12월 1일 무오일에 개기일식이 있었다.

8   군과 봉국 8곳에서 지진이 있었다.

9   이 해에 태후가 화제(和帝)의 동생인 제북왕(濟北王) 유수(劉壽)와 하간왕(河間王) 유개(劉開)의 자녀 중 다섯 살 이상 되는 40여 명과 자기와 가까운 등씨 자손 30여 명을 불러 모아 나란히 저제(邸第)[25]를 열어 경서를 가르쳐 배우게 하고 몸소 시험을 감독하였다. 사촌오빠인 하남윤(河南尹) 등표(鄧豹)와 월기교위(越騎校尉) 등강(鄧康) 등에게 조서를 내렸다.

"말세에 귀족과 외척 가운데 봉록을 받는 자들은 따뜻한 옷을 입고 좋은 반찬을 먹으며 견고한 수레를 타고 좋은 말을 부리며 살아가나, 담장을 마주하고 학술을 하는 것[26]처럼 선악을 식별치 못하니, 이 때문에 재앙과 낭패가 따라오는 것이다"

----

24 진왕 유선(劉羨)의 손자인 유송은 진왕으로 죽은 후에 시호를 회왕이라 하였다.
25 각 봉국이 내조(來朝)한 제후가 머무를 수 있도록 도읍지에 마련한 저택을 말한다.
26 식견이 좁다는 것을 의미한다. 《상서(尙書)》에 '불학장면(弗學牆面)'이라는 말이 있는데, 이는 담장을 바로 대하고 서 있으면 보이는 것이 없다는 데서 나온 말이다.

10   예장(豫章, 강서성 남창시)에 자라는 영지초가 자라서 태수 유지(劉
祗)가 그것을 헌상하려고 그 군에 사는 당단(唐檀)에게 물어보자 당단
이 대답하였다.

"바야흐로 현재 외척세력이 크게 번성하고 군주의 도는 쇠약해지고
있는데, 이 어찌 좋은 징조이겠습니까?"

유지는 이에 중지하였다.

11   익주 자사 장교(張喬)가 종사 양송(楊竦)을 보내어 병사를 이끌고
접유(楪楡, 운남성 대리현 동북)에 가서 봉리(封離) 등을 공격하게 하여
크게 깨뜨렸는데, 참수한 것이 3만여 급이고 산 사람 1천5백 명을 포로
로 잡았다. 봉리 등은 당황하고 두려워하여 함께 모의한 괴수의 머리를
베어서 양송에게 와서 항복을 받아달라고 청하였다.

양송이 후하게 위로하고 받아들이니 나머지 36개 종족이 모두 와서
항복하고 귀부하였다. 양송은 이 기회에 장리 가운데 간사하고 교활하
여 만이를 침범하였던 자 90명을 상주하였더니 모두 사형에서 한 등급
만 감해주도록 판결하였다.

12   애초에 서역의 여러 나라들이 이미 한나라와의 왕래가 단절되자
[27] 북흉노가 다시 군사의 위세로 이들을 복속시키고 함께 변방을 노략
하였다. 돈황 태수 조종(曹宗)이 이를 우려하니 마침내 황상이 이에 행
장사(行長史)[28] 삭반(索班)을 보내어 1천여 명을 이끌고 이오(伊吾, 신

27 《자치통감》권49 영초(永初) 원년(107년)조에 실려 있다.

28 행(行)이란 대리 또는 겸임을 뜻하므로 장사(長史)의 업무를 대리하는 직책이

강성 합밀현)에 주둔하면서 이들을 불러 위무하게 하였다. 이에 차사전
왕(車師前王)[29]과 선선왕(鄯善王)이 다시 와서 항복하였다.

13   애초에 소륵(疏勒, 신강성 소륵현)의 왕 안국(安國)이 죽었는데, 아
들이 없어 그 나라 백성들이 안국의 외사촌 유복(遺腹)을 세워 왕으로
삼았더니 유복의 숙부 신반(臣磐)이 월지(月氏)에 있었으므로 월지에
서는 그를 받아들여 세웠다.[30] 후에 사차(莎車, 신강성 사차현)는 우전
(于闐, 신강성 화전현)에게 등을 돌리고[31] 소륵에 귀속하였는데, 소륵이
마침내 강성해져 구자(龜玆, 신강성 고차현)와 우전과 맞상대하는 나라
가 되었다.

29 전차사국(신강 투루판현)왕이라는 뜻이다.

30 〈서역전〉에는 이렇게 나온다. 원초 연간에, 안국은 외숙 신반(申盤)이 죄를 지
    었으므로 그를 월지로 귀양 보냈는데 월지왕은 그를 가까이 하고 아껴주었
    다. 이윽고 소륵국에서 유복이 왕으로 추대되니 월지에서는 군사를 보내 신
    반을 호송하여 소륵으로 돌려보냈다. 평소 백성들은 신반을 존경하였고, 또
    월지를 두려워하고 꺼려서 즉시 유복의 인장과 인수를 함께 빼앗고 신반을
    맞아들여 왕으로 세웠다.

31 명제 영평 4년(61년)부터 사차는 우전에 속하였고, 이는《자치통감》권45에 실
    려 있다.

서역 문제와 반용의 대책

효안제 영녕 원년(庚申, 120년)

1   3월 정유일(11일)에 제북혜왕(濟北惠王)[32] 유수(劉壽)가 죽었다.

2   북흉노가 차사후왕(車師後王) 군취(軍就)를 인솔하고 함께 후부(後部)의 사마[33]와 돈황 장사 삭반(索班) 등을 죽였는데,[34] 마침내 그들의 전왕[35]을 공격하여 달아나게 하고 경략하여 북도(北道)[36]를 소유하였다.
     선선[37]은 압박을 받아 급해지자 조종(曹宗)[38]에게 구원을 청하였고,

---

32 유수는 제북왕이었으며 시호는 혜왕이다.

33 차사후왕국에 가서 주둔하고 있던 군정관인 사마(司馬)를 지칭한다.

34 원초 6년(119년)에 조종이 삭반을 이오에 파견하자 북선우와 차사후부가 몇 개월 후 함께 공격하여 삭반을 죽였다.

35 한조에 귀속하였던 차사전왕을 뜻한다.

36 타클라마칸 사막 이북의 교통로를 말한다.

조종은 이로 인하여 군사 5천 명을 내보내어 흉노를 무찔러 삭반의 치욕을 갚고 다시 서역을 찾게 해달라고 청하였다. 공경들은 대부분 마땅히 옥문관을 폐쇄하고 서역과 단절해야만 한다고 생각하였다.

태후는 군사마 반용(班勇)[39]이 부친의 풍모를 갖고 있다는 말을 듣고는 불러서 조당에 오게 하고 이것에 대해 물었다. 반용이 건의하였다.

"옛날에 효무황제[40]는 흉노가 강성하게 됨을 우려하여 이에 서역으로 길을 열었는데, 논의하는 자들은 흉노의 궁정에 있는 곳간에 쌓아놓은 것을 빼앗고 그들의 오른팔을 자른 것이라고 생각하였습니다. 광무황제가 중흥하셨으나 아직 외부 일을 급하게 서두르지 아니하였기 때문에 흉노가 강성함에 의지하여 여러 국가를 거느리고 몰아갔습니다. 영평[41] 연간에 이르러 다시 돈황과 하서(河西)의 여러 군을 공격하니 성문이 대낮에도 닫혔습니다.

효명황제[42]께서 묘책(廟策)[43]을 깊이 생각하시고 마침내 호랑이처

---

37 원명은 누란국(樓蘭國)이며 위치는 지금의 신강성 약강현 동미란이다.

38 돈황 태수이다.

39 반초의 아들로 서역에 교위와 장사를 설치할 것을 주장하였고 서역장사로 임명받아 차사 6국을 평정하였던 인물이다.

40 전한의 제7대 황제 유철(劉徹)이다.

41 후한 명제(明帝)시기의 연호이다.

42 후한 2대 황제 유장(劉庄)이다.

43 옛날에는 어떤 일을 계획하면 반드시 조상에게 알렸으므로 묘책(廟策)이라고 하였다. 장군을 파견할 때에도 반드시 사당에 가서 고하고 먼저 승리할 계책을 확정하였다.

럼 용맹한 신하에게 명령을 내려 서역을 정벌하도록 하였습니다. 그러므로 흉노는 멀리 달아났고 변경에서는 평안을 얻었으며, 영원[44] 연간에 이르러서는 복속하여 오지 않는 나라가 없었습니다.

　마침 최근에 강족이 난을 일으켜 서역으로의 교통이 다시 두절되었고, 북쪽 야만인이 드디어 여러 나라를 견책하여 그들의 미납한 조세를 보상하고 금액을 높일 것과 기일을 엄격히 지키도록 하라고 하니, 선선과 차사[45]는 모두 원한을 품고 한 왕조를 기꺼이 섬기려고 생각하였으나 그 길을 좇을 수가 없었습니다. 이전에 때때로 반란이 있었던 원인은 모두 길러주는데 적당함을 잃었고, 도리어 그들의 손해가 되었기 때문입니다. 지금 조종(曹宗)의 무리들이 단지 지난번에 패하였던 것을 치욕[46]으로 생각하며 흉노에게 보복하여 설욕하려고 하고 있으나, 이것은 출병하였던 과거의 일을 살피지 아니하고, 당시의 적당한 방법을 헤아리는 것도 아닙니다.

　무릇 국경 밖에서 전공을 얻으려고 한다면 만 가지 가운데 한 가지도 이룰 수 없는데, 만약 전쟁이 이어져 재앙이 생긴다면 후회한들 되돌릴 수 없습니다. 하물며 현재 국고에 쌓인 것이 충분하지 않고 군대도 뒤를 이어줄 수 없으니, 이것은 멀리 있는 이족에게 허약함을 보이는 것이며, 해내에서 단점을 드러내는 것이니, 신은 어리석으나 허락해서는 안 된다고 생각합니다.

　옛날 돈황군에 군영의 병사 300명이 있었는데, 이제 의당 그 제도를

---

44 영원(永元)은 화제(和帝) 때의 연호이다.

45 서역국으로 차사후국(車沙後國)과 차사전국(車沙前國)이 있었다.

46 이오(伊吾) 전투의 패배와 삭반(索班)의 전사를 뜻한다.

복구해야 하고, 다시 호서역부교위(護西域副校尉)도 두어 돈황에 거주하게 하여 영원 연간의 옛날처럼 해야 합니다. 또한 서역장사를 파견하여 500명을 거느리고 누란에 주둔하게 하여 서쪽으로는 언기(焉耆, 신강 언기현)와 구자의 지름길을 장악하고, 남쪽으로는 선선과 우전의 마음을 강제하게 하며, 북쪽으로는 흉노를 막게 하고, 동쪽으로 돈황을 가까이 하게 하여야 됩니다. 이처럼 하면 진실로 편리할 것입니다."

상서가 다시 반용에게 물었다.

"손해와 이익은 어떻소?"

반용이 대답하였다.

"옛날 영평 연간 말년에 처음으로 서역과 통교하였는데, 처음에는 중랑장을 파견하여 돈황에 거주하게 하였으며,[47] 이후에는 부교위를 차사에 두었습니다. 이렇게 이미 호(胡)족을 통제하고 또 한인이 침범하거나 소란을 일으킬 수 없도록 하였으니, 그러므로 외부의 이족이 진심으로 우리에게 귀의하였고 흉노도 위세를 두려워하였습니다.

지금의 선선왕 우환(尤還)은 한족의 외손인데, 만약 흉노가 뜻을 얻게 된다면 우환은 반드시 죽습니다. 이들이 비록 새나 짐승과 같다 하여도 역시 손해를 피할 줄은 알 것이니, 만약 군사를 보내 누란에 주둔시킨다면 충분히 그들의 마음을 불러서 붙들어 맬 수 있으니 어리석은 저는 편리하다고 생각합니다."

장락궁의 위위 담현(鐔顯)과 정위 기모삼(綦毋參),[48] 사예교위 최거(崔據)가 힐난하였다.

---

47 정중(鄭衆)의 일을 지칭한다.

48 기모(綦毋)는 성이고 삼(參)은 이름이다.

"조정이 전에 서역을 포기하였던 이유는 그것이 중국에는 무익하고 비용을 공급하기 어려웠기 때문이었소. 현재 차사가 이미 흉노에 복속되었고 선선도 믿을 만하다고 보장할 수 없는데, 일단 반란이 일어날 경우 반 장군[49]은 북흉노가 변방에서 해롭게 하지 않으리라고 보장할 수 있겠소?"

반용이 대답하였다.

"지금 중국에 주목[50]을 둔 것은 군과 현에 있는 간악하고 교활한 도적들을 엄금하기 위해서입니다. 만약 주목이 도적이 일어나지 않도록 능히 보장할 수 있다면 신 역시 요참(腰斬)을 당하겠다는 말로 흉노가 변방에서 해악을 끼치지 않을 것임을 보장하고 싶습니다. 지금 서역을 개통하면 야만인의 세력은 반드시 약해지고 야만인의 세력이 약해지면 우환이 작아집니다. 누가 저들에게 관부의 창고에 쌓인 것을 돌려주고 저들의 끊어진 팔을 잇게 해주겠습니까?

지금 교위를 두어서 서역을 방어하고 어루만지며, 장사(長史)를 설치하여 여러 국가를 부르고 회유하는데, 만약 포기하고 설치하지 않으면 서역 사람들의 희망은 끊어지고, 희망이 끊어진 후에 힘이 굴리게 되면 북쪽 야만인에게로 갈 것이고, 변경에 이어져 있는 군에서는 곤경과 손해를 받을 테니 하서 지역의 성문을 대낮에도 닫으라는 경보가 반드시 다시 있을까 두렵습니다.[51]

---

49 반용은 당시 군사마였다. 그래서 장군이라고 호칭한 것이다.

50 주목(州牧)은 주의 자사이다.

51 명제 영평 연간에는 북흉노가 여러 나라를 협박하여 함께 하서군을 침구하니 성문은 낮에도 걸어 잠갔다.

지금 조정의 은덕을 넓히지 않고 변경에 주둔하는 비용에만 구애되고 있으니, 이와 같이 하면 북쪽 야만인은 결국 번창할 텐데 어찌 변경을 안정시키는 장구한 대책이겠습니까?"

태위부의 연리 모진(毛軫)이 곤란해 하면서 말하였다.

"지금 만약 교위를 설치하면, 서역에서는 낙역(駱驛)[52]하여 사신을 파견하며 물건을 달라고 요구하는 것이 싫증을 내지 않을 것입니다. 이것들을 주게 되면 그 비용을 공급하기 어렵고, 주지 않으면 저들의 마음을 잃습니다. 일단 흉노에게 압박을 받으면 마땅히 다시 구해주기를 요구할 것이니 그렇게 하면 일이 커집니다."

반용이 대답하였다.

"지금 서역을 흉노에게 돌려주어 그들에게 위대한 한나라의 은덕을 느끼게 하여 노략질과 도적질을 일삼지 않는다면 좋습니다. 만약 그것이 그렇지 않으면 서역에서 내는 풍성한 세금과 많은 군사와 말을 이용하여 변방을 동요시킬 것이니, 이는 원수의 재물을 늘리는 것이며 난폭한 야만인의 세력을 증가시켜주는 것입니다.

교위를 두는 것은 위세를 떨쳐서 은덕을 베풀고, 여러 나라를 내향(內向)하는 마음[53]으로 동여매고, 흉노가 분수에 넘치는 일을 바라는 마음을 의심하게 하며, 재물을 소비하고 나라를 메마르게 하는 근심을 없애도록 하는 것입니다.

또한 서역인들은 특별한 것을 요구하지 않을 것이며 들어오는 사람

---

52 교통 요지에 역을 설치하고 왕래하는 사람에게 말을 공급하도록 되어 있는데 이를 이용한다는 말이다.

53 내향지심(內向之心), 즉 한조(漢朝)를 향하여 충성하는 마음을 말한다.

들이 바라는 것은 먹는 음식에 불과할 뿐입니다. 지금 만약 거절하여 형세가 북으로 돌아가 이족 야만인에게 귀속된다면 힘을 합쳐서 병주와 양주를 침구할 것이니 중국의 비용은 십억으로 그치지 않습니다. 이것을 설치함이 진실로 편리합니다."

이에 반용의 의견을 좇아 돈황군에 군영의 병사 300명을 복구시키고 서역부교위를 설치하여 돈황군에 거주시켰는데, 비록 다시 서역을 기미(羈縻)하였으나 역시 주둔지를 벗어나지 못하였다.[54] 그 후 과연 흉노가 자주 차사와 함께 들어와 노략질하여 하서(河西, 감숙성 중부 및 서부) 지역이 피해를 입었다.

3   심저(沈氐, 섬서성 북부)의 강족이 장액(張掖, 감숙성 장액현)을 침구하였다.

4   여름, 4월 병인일(11일)에 황제의 아들 유보(劉保)를 태자로 세웠다. 기원을 바꾸고[55] 천하에 사면하였다.

5   기사일(14일)에 진경왕(陳敬王)의 아들 유숭(劉崇)[56]을 이어서 책봉하여 진왕으로 삼고, 제북혜왕(濟北惠王)[57]의 아들 유장(劉萇)을

---

54 반용의 계략대로 주둔지를 나가 누란서부까지는 진출하지 못하였다는 뜻이다. 설사 반용의 계략을 따랐다고 해도 서역을 완전히 통제하기는 어려웠다. 안으로는 강족, 그리고 북으로 북흉노, 이렇게 양면에서 곤란을 당하고 있으니 300명이라는 작은 군사로 서역을 제압할 수는 없었을 것이다.

55 바꾸기 전은 원초 7년, 바꾼 후는 영녕(永寧) 원년이다.

56 진의 경왕은 유선이다.

낙성왕(樂成王)으로 삼았으며, 하간효왕(河間孝王)[58]의 아들 유익(劉翼)을 평원왕(平原王)으로 삼았다.

6 6월, 호강교위 마현(馬賢)이 1만 명을 거느리고 심저의 강족을 장액에서 토벌하여 그들을 깨뜨리고 참수한 것이 1천8백 급이고, 산 채로 잡은 것이 1천여 명이었으며 나머지 야만인들은 전부 항복하였다.

당시 당전(當煎) 등[59]의 대호(大豪)[60]인 기오(飢五) 등은 마현의 군사가 장액에 있기 때문에, 이에 빈틈을 타서 금성(金城, 감숙성 난주시)에 침구하였지만 마현은 군사를 돌려 요새 지역을 나가서 수천 급을 참수하고서 돌아왔다. 소당과 소하(燒何) 종족(種族)은 마현의 군대가 돌아갔다는 소식을 듣고 다시 장액을 침략하여 장리(長吏)를 죽였다.[61]

7 가을, 7월 1일 을유일에 일식이 있었다.

8 겨울, 10월 기사일(16일)에 사공 이합(李郃)이 면직되었다. 계유일(20일)에 위위인 여강(廬江, 안휘성 소현 남쪽) 사람 진포(陳褒)를 사공으로 삼았다.

---

57 제북왕 유수가 죽자 시호를 혜왕이라 하였다.

58 하간왕 유개가 죽자 시호를 효왕이라 하였다.

59 어떤 판본에서는 등(等)을 종(種)으로 되어 있기도 한데, 이대로 한다면 당전 종족이 된다.

60 대추장이라는 뜻이다.

61 장리는 장급(長級)관리이므로 여기서는 장액 태수를 말한다. 이것으로 강족이 마현의 뒤를 엿보면서 장액을 침구하는 장면을 읽을 수 있다.

9　경사와 군과 봉국 33곳에 홍수가 발생하였다.

10　12월에 영창(永昌, 운남성 보산현)의 변방 밖에 있는 탄국(撣國)의
왕 옹곡조(雍曲調)가 사자를 파견하여 악공과 마술사를 보내왔다.[62]

11　무진일(16일)에 사도 유개가 벼슬에서 물러나기를 청하자 이를
허락하였고, 1천 석의 봉록을 주어 돌아가 보양하도록 하였다.

12　요서(遼西, 요녕성 조양시)에 사는 선비족의 대인인 오륜(烏倫)과
기지건(其至鞬)이 각자 그들의 무리를 데리고 도요장군 등준에게 와서
항복하였다.

13　계유일(21일)에 태상 양진(楊震)을 사도로 삼았다.

14　이 해에 군과 봉국 23곳에서 지진이 있었다.

15　태후의 사촌동생[63]인 월기교위 등강은 태후가 오랫동안 조정의

62　후한 영원 9년(97년)과 영녕 원년(120년)에 선국이 중국에 사신을 파견하였
다. 탄국이란 지금의 미얀마를 말한다. 범엽의 《후한서》에는 옹곡조를 옹유조
(雍由調)로 쓰고 있다. 마술사를 환인(幻人)이라고 서술하였고, 〈서남이권〉에
는 '환인은 변화를 할 수 있고 불을 토하며 지체를 해체시키고 소와 말의 머
리를 바꿀 수 있는데, 스스로 나는 해서(海西) 사람이라고 하였다. 해서는 바
로 대진(大秦, 로마)이다.'라고 하였다. 그러므로 이때 로마의 마술사가 미얀마
를 거쳐서 중국에 온 것으로 보인다.

63　원초 6년(119년)에는 종형(從兄)으로 표기되어 있다.

정사에 임석하여서 자기 종족의 문중이 충분히 번영하였다고 생각하여, 자주 태후에게 편지를 올려서 공실(公室)을 마땅히 높이고 스스로 개인적인 권력을 줄여야만 한다고 하였는데, 말이 대단히 간절하고 지극하였으나 태후는 따르지 않았다.

등강이 병을 핑계로 입조하지 않으니 태후가 안에서 시중드는 사람을 시켜서 그를 문안하게 하였는데, 심부름을 하는 자가 바로 등강 집안에 있던 옛 비녀(婢女)였음에도 스스로 '중대인(中大人)'[64]이라고 말하자, 등강이 듣고 그녀를 꾸짖었다.

비녀가 원한을 품고 돌아와서 등강이 거짓으로 병을 칭하고 말도 불손하였다고 아뢰었다. 태후가 크게 화를 내고 등강의 관직을 면직시키고 봉국으로 돌려보냈으며[65] 속적(屬籍)을 없앴다.[66]

16   애초에 당전(當煎, 위수 상유지역)에 사는 종족이 사는 지역에 기근이 들자, 오동(五同) 지역 종족의 대호(大豪)인 노총(盧忽)과 인량(忍良) 등 1천여 호가 따로 윤가(允街, 감숙성 영정현 서북)에 머무르며 양다리 걸치기를 하고 있었다.[67]

---

64 당시에는 궁중에서 덕망 있는 노인을 중대인으로 호칭하였다.

65 등강은 영초 연간에 이안후(夷安侯)에 이어서 책봉되었다.

66 속적이란 한 문중에 속하는 사람을 적어놓은 호적을 말하며, 속적을 없앴다는 것은 족보에서 이름을 아예 빼버렸다는 의미이다.

67 원문은 수시양단(首施兩端)이라 하였다. 수시는 수서(首鼠)와 같다고 하였고 양단이란 두 끝자락을 말하는 것이므로, 쥐의 우두머리가 구멍 밖으로 머리를 내밀고 어느 편을 들 것인가를 결정하지 못하고 눈치만 보고 있는 상황을 말한다. 당전에 살던 강족(羌族)들이 기근 때문에 그 일부분인 오동지역의 종족이 감숙성 지역으로 일부 옮겨 살면서 양쪽의 눈치를 본 것으로 보인다.

안제의 친정과 인재 추천

효안제 건광 원년(辛酉, 121년)

1   봄에 호강교위 마현이 노총을 불러서 그의 머리를 베고, 그 기회
에 군사를 풀어 그의 종족을 쳐서 노획한 수급과 포로가 2천여 명이었
는데 인량(忍良) 등은 모두 도망하여 요새를 빠져나갔다.

2   유주 자사인 파군(巴郡, 사천성 중경시) 사람 풍환(馮煥)과 현토 태
수 요광(姚光), 요동 태수 채풍(蔡諷) 등이 군사를 거느리고 고구려(高
句驪)를 공격하였다. 고구려(高句麗)왕 고궁(高宮)은 아들 고수성(高遂
成)[68]을 보내어 거짓으로 항복하고 현토와 요동을 습격하여 2천여 명
을 살상하였다.

3   2월, 황태후가 병으로 자리에 누웠고, 계해일(14일)에 천하에 사

---

68 앞의 고구려는 高句驪로 쓰고 뒤의 고구려는 高句麗로 쓰는 등 혼동이 있
   다. 고궁(高宮, 47~165, 재위 : 53~146)은 고구려 태조왕(太祖王)이고, 고수성(高
   遂成, 71~165, 재위 : 146~165)은 고구려 차대왕(次大王)이다.

면하였다. 3월 계사일(13일)에 황태후 등씨가 붕어하였다. 아직 대렴(大斂)[69]을 치르지 않았으나 황제는 다시 예전의 명령을 거듭해서 내려 등 즐을 상채후(上蔡侯)로 책봉하고 직위를 특진(特進)[70]으로 하였다.

병오일(26일)에 화희황후(和熹皇后)[71]를 장사지냈다.

태후가 조정에 임석한 이래로 홍수와 가뭄이 십 년이나 들었으며, 사방에 있는 이족이 밖에서 침구하여 왔고, 안에서 도적이 일어났으며, 매번 백성이 굶주린다는 소리를 들을 때마다 어느 때는 새벽까지 잠을 자지 못하기도 하고 몸소 반찬을 줄이고 음악을 철거하여 재앙을 구제하려 하였다. 그런고로 천하가 다시 평화로워졌고, 해마다 오곡이 많이 잘 여물었다.

황상이 친히 정사를 맡기 시작하자, 상서 진충(陳忠)이 은둔하고 있는 강직하여 곧은 말을 잘 하는 선비인 영천(潁川) 사람 두근(杜根)과 평원 사람 성익세(成翊世)의 무리를 추천하였는데, 황상이 이들을 모두 받아들여 채용하였다. 진충은 진총(陳寵)의 아들이다.

애초 등태후가 조정에 임석할 때 두근이 낭중이었는데, 같은 시기에 낭중으로 있던 다른 사람과 함께 편지를 올려서 말하였다.

"황제의 나이로 보아 장성하셨으니 마땅히 친히 정사를 맡아야만 합니다."

태후가 크게 화를 내고 모두 비단주머니에 넣어 궁전에서 때려죽이

---

69 대렴이란 소렴을 치른 다음날 시체에 옷을 입히고 묶는 것을 말한다.

70 조회할 때에 삼공의 아래에 위치하는 직위를 말한다.

71 화제(和帝)의 황후, 즉 등태후 등수(鄧綏)를 말한다. 남양(南陽)의 신야(新野, 현재의 하남성 신야현 남쪽) 출신이며, 화제 붕어 후 상제(傷帝)와 안제(安帝) 때에는 정사를 담당하고 오빠 등즐을 요직에 올렸다.

게 하고 이미 그리되자 시신을 수레에 실어 성 밖으로 내보냈는데 두 근이 소생할 수 있었다. 태후가 사람을 보내어 시체를 검사하자 두근이 속여서 죽은 체하였으며, 3일이 지나자 눈에 구더기가 생겼고, 이 때문 에 달아나서 숨을 수가 있어서 의성(宜城, 호북성 의성현)의 산 속에 있 는 술집에서 일꾼이 되어 15년을 보냈다. 성익세는 군의 관리로서 역 시 태후에게 정사를 돌려보내지 않는 것을 간하였다가 연루되어 죄를 입었다. 황제는 모두 불러 공거(公車)[72]로 가게 하여 두근에게 벼슬을 내려서 시어사로 삼고, 성익세는 상서랑에 임명하였다.

어떤 사람이 두근에게 물었다.

"예전에 화를 만나니 천하 사람들이 다 같이 의롭다고 하였지만 오 래 알고 지낸 사람이 적지 않았을 터인즉 어떻게 스스로 이처럼 고생 을 하기에 이르렀습니까?"

두근이 말하였다.

"민간인들이 사는 곳을 두루두루 돌아다니거나 인적이 끊어진 곳이 아니라면, 우연히 만나 노출되면 재앙이 가까이 아는 사람에게까지 미 칠 것이니, 그 때문에 그렇게 하지 않았소."

4   무신일(28일)에 청하효왕(淸河孝王)을 추존하여 효덕황(孝德皇) 이라고 하고, 황비 좌씨(左氏)를 효덕후(孝德后)라 하였으며, 할머니 송 귀인(宋貴人)을 경은후(敬隱后)라고 하였다.[73]

---

72 궁문관리처를 말한다.

73 현 황제 유호(劉祜)의 아버지 유경(劉慶)과 그의 부인, 할머니까지 추존한 것 이다.

애초에 장락궁의 태복 채륜(蔡倫)⁷⁴이 두후(竇后)가 넌지시 지시하는 뜻을 받아서 송귀인을 모함하였었는데,⁷⁵ 황제가 칙서를 내려 스스로 정위에게 가도록 하니, 채륜이 독약을 마시고 죽었다.

5 여름, 4월에 고구려(高句麗)⁷⁶가 다시 선비족과 함께 요동을 침구하니 채풍(蔡諷)⁷⁷이 추격하여 신창현(新昌縣, 요녕성 해성현 동북)에서 싸우다 죽었다. 공조연(功曹掾) 용단(龍端)과 병마연(兵馬掾) 공손포(公孫酺)가 몸으로 채풍을 막다가 진지에서 함께 죽었다.

6 정사일(7일)에 황제의 적모(嫡母)⁷⁸인 경희(耿姬)를 높여서 감릉(甘陵)⁷⁹ 대귀인(大貴人)이라 하였다.

7 갑자일(14일)에 낙성왕(樂成王) 유장(劉萇)이 교만하고 음란하며 불법을 자행하였던 일에 연루되자 폄하시켜 무호후(蕪湖侯)로 삼았다.

8 기사일(19일)에 공경 이하 군의 태수와 봉국의 재상에 이르기까

---

74 후한시대의 환관으로서 자는 경중(敬仲)이며 계양(桂陽, 호남성 침주) 사람이다. 제지술을 발명한 인물로 유명하다.

75 장제 건초 7년(82년)에 일어난 일로 《자치통감》 권46에 실려 있다.

76 이 시기부터 고구려를 高句驪라고 하지 않고 高句麗라고 하고 있다.

77 요동 태수였다.

78 아버지의 본처로 서자가 아버지의 정실을 부를 때 사용하는 말이다.

79 감릉은 현 황제의 아버지인 유경의 묘소이며, 현재의 산동성 청평현에 있다.

지 각각 도(道)를 갖춘 선비 한 명씩을 천거하도록 하였다. 상서 진충이 이미 조서를 내려서 '간쟁하는 길을 열어놓는다.'고 하였으므로 일에 관해 말하는 자들 대부분 반드시 격렬하고 절실할 것이며, 어떤 것은 받아들일 수 없는 것도 있을 것이라고 생각하여서 이에 상소문을 올려 미리 황제의 생각을 넓혀 통하도록 하여 말하였다.

"신이 듣건대, '어진 군주는 도량의 넓이가 산과 호수와 같이 커서 절실하고 곧은 의견을 받아들이고, 충신은 기탄없이 생각을 표현하는 충절을 다하고, 귀에 거슬리는 말을 하여 피해를 입게 되는 것을 두려워하지 않는다.'고 하니, 이 때문에 고조(高祖)는 주창(周昌)이 걸주(桀紂)에 비유[80]하였던 것을 용서하여 주었고, 효문제(孝文帝)는 원앙(袁盎)이 인간돼지라고 풍자한 것을 즐겼습니다.[81] 무제는 동방삭(東方朔)이 선실을 올바르게 사용해야 한다는 말을 받아들였고,[82] 원제(元帝)는 설광덕(薛廣德)이 스스로 칼로 찌르는 정도의 태도를 용납하였습니다.[83]

---

80 주창이 유방을 하의 걸이나 은의 주와 같은 폭군으로 비유하였다는 고사이다. 주창은 일찍이 연회를 하다가 들어가서 일을 아뢰는데, 때마침 고조는 척희를 안고 있었다. 주창이 돌아서서 달아나는데 황제가 좇아가서 붙잡고 주창의 목을 타고 앉아서 물었다. "나는 어떤 군주냐?" 주창이 올려다보며 말하였다. "폐하는 바로 걸주와 같은 군주입니다." 황상은 웃었지만 이로부터 마음으로 주창을 꺼렸다.

81 원앙이 효문제를 돼지에 빗대 풍자한 고사로 《자치통감》 권13 문제 2년조에 실려 있다.

82 선실은 궁전의 전각 이름이다. 동방삭이 무제에게 선실전은 정무를 처리하는 곳이지 주연을 여는 장소가 아니라고 직간하였는데 이 고사는 《자치통감》 권18 무제 원광 5년조에 실려 있다.

83 원제가 스스로 목숨을 끊어가면서까지 간절히 건의하였던 설광덕의 주장을 받아들였었는데 《자치통감》 권28 원제 영광 원년에 실려 있다.

지금 분명한 조서를 내려서 고종[84]의 덕을 숭상하고 송(宋)나라 경공(景公)[85]의 진실 됨으로 미루어서 허물을 끄집어내어 자신을 이겨내시면서 여러 관리들에게 의견을 물으셨습니다. 일에 대해 말하는 자들은 두근과 성익세 등이 새로 표창과 녹봉을 받고 찬란히 이대(二臺)[86]에 열을 서는 것을 보고는 반드시 바람을 타듯이 호응하며 다투어 간곡한 직언을 할 것입니다.

만약 좋은 꾀나 특이한 계책이 있다면 마땅히 받아들여 써야 합니다마는 만약에 그것이 대롱구멍과 같아서 망령되이 비웃고 풍자하는 것이 있다면, 비록 입맛을 쓰게 하고 귀에 거슬리며 사실에 부합되지 못한다 하여도, 이 또한 너그럽게 용서하여 성스러운 조정에서는 아무 것도 꺼릴 것이 없다는 미덕을 보여주어야 합니다.

만약에 도를 가진 선비가 있어서 질문에 대하여 수준 높게 대답한다면 마땅히 친히 그 글을 읽어보시고 특별히 한 등급을 올림으로써 직언의 통로를 넓혀야 합니다."

글이 상정되었고, 조서를 내려서 도가 높은 단계의 선비인 패국(沛國) 사람 시연(施延)을 시중으로 삼았다.

애초에 여남(汝南, 하남성 여남현) 사람 설포(薛包)는 어려서 행실이 지극하였는데 아버지가 후처를 얻고서는 설포를 미워하여 떼어서 내보냈다. 설포는 밤낮으로 소리 내어 울며 떠나지 않아서 구타를 당하여 넘어지기에 이르니 부득이하여 집밖에 오두막집을 짓고서 아침에는

---

84 은나라 23대 왕인 무정을 말한다.

85 춘추시대 송나라의 28대 군주이다.

86 상서대와 어사대를 말한다.

들어가 물 뿌리고 청소를 하였다.

아버지가 노하여 또 그를 내쫓으니 이에 이문(里門)에 여막을 짓고
는 새벽과 저녁 예의를 중지하지 않았다.[87] 1년여를 지내자 아버지와
어머니가 부끄러워하며 그를 돌아오게 하였다. 부모가 사망하기에 이
르자 동생과 자식들이 재산을 나누고 따로 살기를 요구하였다.

설포는 이를 만류할 수 없자 곧 재산을 평등하게 나눠주었고, 노비
가운데서도 나이 많은 사람을 잡아끌며 말하였다.

"나와 함께 오랫동안 일을 하였으니 너희들을 부리게 할 수 없다."

전려(田廬)[88] 가운데서는 황폐한 것을 가지면서 말하였다.

"내가 젊은 시절에 다루던 것이니 마음속으로 그리움이 간다."

기구나 물건 가운데서도 낡고 보잘 것 없는 것을 차지하며 말하였다.

"내가 평소 입고 먹던 것이니 몸과 입에 편하다."

아우와 아들이 자주 재산을 날렸지만 번번이 다시 진휼해 주었다.

황제가 그의 명성을 듣고 공거(公車)[89]를 가지고 특별히 징소하여
도착하자, 시중으로 삼았다. 설포가 죽기를 각오하고 스스로 사직하겠
다고 청하니, 조서를 내려 돌아가게 하고 모의(毛義)[90]처럼 예우를 덧
붙여 주었다.

---

87 부모님께 문안드리는 정성을 중단하지 않았다는 뜻이다.

88 농사를 짓는 동안 머물기 위하여 경작지에 간단하게 만든 여막을 말하다.

89 한대에 공가(公家)에서 사용하는 마차이다. 한대에는 찰거사인(察擧士人)이
   경사에 들어 와서 시험을 볼 때에 모두 공거(公車)를 타고 왔다가 간다. 그러
   므로 이러한 관례가 후대에는 '경사에 들어와서 회시(會試)에 참가하는 거인
   (擧人)'의 뜻으로 쓰이게 되었다.

90 장제(章帝)가 모의를 예우하였다는 고사가 있는데 이 이야기는 《자치통감》 권

모함 받은 등씨와 발호하는 유모

9   황제는 어린 시절에 총명하다는 소리를 들었는데, 그래서 등태후가 그를 세웠다. 성장하면서 대부분 덕스럽지 못해져서 점차 태후의 마음에 들지 않았는데, 황제의 유모 왕성(王聖)이 이것을 알았다. 태후가 제북왕(濟北王)과 하간왕(河間王)의 아들을 불러 경사에 오게 하였는데, 하간왕의 아들 유익(劉翼)이 용모와 의표가 아름다워서 태후가 그를 기특하게 여겨, 평원회왕(平原懷王)의 후사로 삼아서 경사에 머무르게 하였다.

왕성은 태후가 오랫동안 정사(政事)를 돌려주지 않는 것을 보고는 황제를 폐하고 다른 사람을 둘까 염려하여 항상 중황문(中黃門) 이윤(李閏)·강경(江京)과 좌우를 살피면서 황제에게 함께 태후를 헐뜯으며 모자란다고 하니 황제는 매번 분노하고 두려워하는 생각을 가졌다.

태후가 붕어하기에 이르자, 궁인 중에 전에 벌을 받았던 자들이 원한을 품고서 이어서 태후의 형제인 등괴(鄧悝)와 등홍(鄧弘), 등창(鄧閶)이 전에 상서 등방(鄧訪)을 좇아서 황제를 폐위시켰던 고사를 가져

---

46 장제 원화 원년(84년)에 실려 있다.

다가 평원왕으로 세우기로 모의하였다고 무고하였다.

황제가 듣고는 추노(追怒)[91]하면서 유사에게 등괴 등이 대역무도하
다고 상주하도록 하였고 드디어 서평후(西平侯) 등광종(鄧廣宗), 섭후
(葉侯) 등광덕(鄧廣德), 서화후(西華侯) 등충(鄧忠),[92] 양안후(陽安侯)
등진(鄧珍),[93] 도향후(都鄕侯) 등보덕(鄧甫德)을 폐하여 모두 서인으
로 삼았으며, 등즐은 함께 모의하지 않았기 때문에 단지 특진의 지위를
면직시켜서 봉국으로 가게 하였고, 종족들은 관직에서 면직되어 옛 군
[94]으로 돌아갔으며, 등즐 등의 재물과 전답, 주택을 몰수하였다.

등방과 가속(家屬)을 먼 군으로 귀양 보냈는데, 군과 현에서 핍박하
자 등광종과 등충은 모두 자살하였다. 또한 등즐을 옮겨 책봉하여 나후
(羅侯)[95]로 삼았는데, 5월 경신일(1일)에 등즐과 아들 등봉(鄧鳳)이 나
란히 먹지 않다가 죽었다. 등즐의 사촌아우인 하남윤 등표(鄧豹)와 도
요장군인 무양후(舞陽侯) 등준(鄧遵), 장작대장(將作大匠) 등창(鄧暢)
도 모두 자살하였다. 오직 등광덕 형제만이 어머니가 염황후와 친자매
였기 때문에 경사에 남을 수 있었다.

다시 경기(耿夔)를 도요장군으로 삼고, 낙안후(樂安侯) 등강(鄧康)을
불러서 태복으로 임명하였으며, 병신일(17일)에 평원왕 유익(劉翼)을

91 옛날의 일을 상기하면서 화를 내는 것을 뜻한다.

92 등창의 아들이다.

93 등회의 형이자 등경의 아들이다.

94 남양군(南陽郡, 하남성 남양시)을 말한다.

95 나현(羅縣)은 현재의 호남성 상음현 동북에 있는 지역으로서, 원래의 봉국인
하남성 상채현과는 직선거리로 6백km 정도의 거리에 있으며, 당시로서는 미개
발 지역이었다.

깎아내려서 도향후로 삼아 하간으로 돌려보냈다. 유익은 빈객을 사절하고 문을 닫고 스스로를 지키니, 이로 인하여 화를 면할 수 있었다.

애초에 등후가 황후로 세워지면서[96] 태위 장우(張禹)와 사도 서방(徐防)은 사공 진총과 함께 태후의 아버지 등훈(鄧訓)을 추봉[97]할 것을 상주하려고 하였는데, 진총이 선대에 주청한 고사(故事)가 없다하여 이들과 다투었지만 며칠이 지나도 이길 수 없었다. 등훈을 책봉하고 시호를 추후로 덧붙여주자, 장우와 서방은 다시 진총과 약속하여 함께 아들을 호분중랑장 등즐[98]에게 보내어 예의를 표하자고 청하였는데, 진총은 따르지 않았다. 그러므로 진총의 아들 진충은 등씨시대에는 뜻을 얻지 못하였다. 등즐 등이 실패하자 진충은 상서가 되었고, 자주 상소하여 그가 악하다고 모함하였다.[99]

대사농인 경조(京兆, 섬서성 서안시) 사람 주총(朱寵)은 등즐이 아무 죄도 없이 화를 만난 것을 애통히 여겨서 마침내 육단(肉袒)에 여친(輿櫬)[100] 하고서 상소하였다.

"엎드려 생각해 보건대 화희(和熹)황후[101]의 성스럽고 훌륭한 품덕

---

96 이 사건은 화제 영원 14년(102년)에 일어난 일로 《자치통감》 권48에 실려 있다.

97 추봉(追封)이란 죽은 자를 책봉하는 것을 말한다.

98 등훈의 큰 아들이다.

99 이 일에 대하여 호삼성은 아버지 진총이 지키려고 한 것은 옳지만 아들 진충이 한 짓을 잘못이라고 하였다.

100 육단은 웃옷을 벗는 것으로 죄인임을 표시하는 것이며, 친(櫬)은 내관(內棺)이고, 여는 이 관을 싣는 수레를 말하므로 죽으면 이 관에 넣어달라는 의미로 죽음을 각오한다는 의미를 지닌 행동양식이다.

101 등태후를 말한다. 화제의 황후였으므로 시호를 화희라고 한 것이다.

(品德)은 한나라시대의 문모(文母)[102]입니다. 형제들은 충성과 효도를 하며, 마음을 같이하여 나라를 걱정하니 사직은 곧 이들에게 의지하였으며,[103] 공로를 이루자 자신은 뒤로 물러났고 봉국을 양보하고 지위를 겸손히 낮추었으니 역대의 귀족과 외척 가운데 이들과 비교할 사람이 없으므로 마땅히 선행을 쌓고 겸손하게 행동하였던 복을 누리게 해야 합니다.

그러나 가로질러서 궁인들이 하는 한 마디 말로 함정에 빠뜨렸으니 이롭다는 말이 기울고 험하여 도리어 국가를 어지럽혔고, 죄를 드러낼 증거도 없고 감옥에서는 직접 심문하지도 않고는, 마침내 등즐 등에게 이런 가혹한 모함에 빠지게 하였으니, 같은 문중인 일곱 명[104]이 천명을 다하지 못하였으며, 시신과 해골이 흩어져서 원통한 영혼은 돌아가지 않고, 하늘을 거역한 기운이 인간을 감응시켜 전 국토의 기를 상실하게 하였습니다. 마땅히 거두어 차례로 무덤으로 돌려보내고, 남겨진 고아를 잘 키워 제사를 받들어 잇게 함으로써 죽은 영혼에게 사죄해야 합니다.”

주총은 그 자신의 말이 절박하다는 것을 알고 스스로 정위에게로 갔는데, 진충이 다시 상주문을 올려서 주총을 탄핵하니, 조서를 내려 관직에서 면직시키고 고향마을로 돌아가라고 하였다. 사람들이 대부분 등즐이 억울하게 죄인이 된 사람이라고 말하니, 황제는 속마음으로 자

---

102 주나라시대 문왕(文王)의 어머니 태임(太任)을 뜻한다.

103 상제(殤帝)가 붕어하자, 태후가 등즐과 함께 안제(安帝)를 추대하였다. 그래서 의지[賴]하였다는 표현을 하고 있다.

104 등즐과 등즐의 동생인 등표, 등준, 등창, 그리고 등기의 아들 등풍과 등풍의 동생인 등광종과 등충 이렇게 7명이다.

못 깨닫고서 주와 군을 책망하고는 등즐 등을 북망산[105]으로 돌려보내어 장사지내게 하고, 여러 사촌동생들은 모두 경사로 돌아올 수 있게 하였다.

10 　 황제는 경귀인(耿貴人)의 오빠인 모평후(牟平侯) 경보(耿寶)를 감우림좌군거기(監羽林左軍車騎)[106]로 삼고, 송양(宋楊)[107]의 네 아들을 책봉하여 열후로 삼았으며, 송씨 가운데 경(卿), 교(校), 시중대부, 알자(謁者), 낭리(郞吏)가 된 자가 10여 명이었다.[108] 염황후(閻皇后)의 형제인 염현(閻顯)·염경(閻景)·염요(閻耀)도 나란히 경이나 교가 되어 금병(禁兵)을 관장하였다. 이리하여 내총(內寵)[109]이 비로소 번성하게 되었다.

황제가 강경(江京)이 일찍이 저택에서 황제를 맞이한 것을 가지고, 강경의 공이라고 생각하여 도향후(都鄕侯)로 책봉하고,[110] 이윤(李閏)

---

105 하남성 낙양시 북부에 있는 북망산을 말한다.

106 황제의 호위부대인 우림군은 좌우익으로 나뉘어 있고, 이 좌우익에는 각기 감(監)이 있어서 좌우기(左右騎)를 주관한다. 그러므로 이 관직은 우림군의 좌익거기를 주관하는 직책이다. 관직을 해석하면 우림군의 좌익거기를 감독한다는 뜻이 된다.

107 안제(安帝)의 외증조부이다.

108 경, 교는 구경(九卿)과 여러 교위를 뜻하며, 알자(謁者)는 일종의 예빈관이고 낭리(郞吏)는 초급관리이다.

109 황제의 측근에서 특별한 총애를 받는 권신(權臣)을 말한다.

110 현 황제 안제가 청하왕 시절에 그 저택에서 영접하였던 일을 말한다. 당시 청하의 관저에 먼저 가서 황제를 영접하였던 사람은 등즐이었다. 환관 강경은 등즐의 하수인에 불과하였다. 이 일은 연평(延平) 원년(106년)에 있었고, 그

을 책봉하여 옹향후(雍鄕侯)로 삼았는데, 이윤과 강경은 나란히 중상
시로 승진되었다.

강경은 대장추(大長秋)를 겸하였고 중상시 번풍(樊豐), 황문령(黃門
令) 유안(劉安), 구순령(鉤盾令)[111] 진달(陳達), 왕성(王聖), 왕성의 딸
백영(伯榮, 성은 알려지지 않음)과 함께 안팎을 선동하면서 다투듯이 사
치와 포학한 일을 일삼았는데, 백영은 궁궐의 문을 드나들며 간사한 뇌
물을 전달하였다.

사도 양진(楊震)이 상소하였다.

"신이 듣건대, 정치란 어진 인재를 찾는 것을 근본으로 삼고, 다스린
다는 것은 불결함을 없애는 것을 힘쓰는 것이라고 합니다. 이 때문에
당(唐)과 우(虞)의 시대에는 어진 인재가 관직에 있었고,[112] 네 명의 흉
측한 죄인을 밖으로 내치니, 천하가 모두 복종하고 화평함에 이르렀습
니다.

바야흐로 지금은 구덕(九德)[113]이 섬겨지지 않고, 총애 받는 사람이
궁정에 가득합니다. 유모 왕성은 미천한 출신이나 천재일우의 기회를

내용은 《자치통감》 권49에 실려 있다.

111 황문령이나 구순령은 황궁에 근접한 원유(苑囿)나 유람처를 관장하는 벼슬
　　이며, 중상시는 황제의 침전시봉관, 대장추는 황후궁총관이다. 모두 환관이
　　담당하였다.

112 당은 요임금, 우는 순임금을 뜻한다.

113 《상서》〈고요모(皐陶謨)〉편의 '亦行有九德, 寬而栗, 柔而立, 愿而恭, 亂而
　　敬, 擾而毅, 直而溫, 簡而廉, 剛而塞, 强而義.'를 말한다. 이를 해석하면
　　9덕은 관대하지만 매섭고, 부드럽지만 서고, 용서하지만 공손하며, 혼란스럽
　　지만 존경하며, 시끄럽지만 굳고, 곧지만 따뜻하고, 간단하지만 청렴하며, 강
　　하지만 막고, 강하지만 의롭다는 것이다.

맞아[114] 성스러운 몸[115]을 봉양하였는데, 비록 진자리 마른자리를 보살핀 부지런함은 있어서[116] 전후로 상을 내리고 은혜를 베풀어서 노고한 것보다 더 많이 보답하였으나 만족하지 않는 마음이 끝을 모르고, 외부와 교제하고 촉탁하여 천하를 시끄럽게 어지럽히니, 맑은 조정에 손해를 끼치고 욕되게 하며 티끌이 해와 달을 더럽힙니다.

무릇 여자와 소인배는 가까이 하면 기뻐하고 멀리하면 원망하니 실로 길러주기 어렵다[117] 하였습니다. 의당 속히 유모를 내보내어 밖에 있는 사택에서 머무르게 하고, 백영을 단절시켜 왕래하지 못하게 하여 은덕이 양쪽에서 융성하여 위와 아래가 모두 아름답도록 하소서.”

상주문이 상정되어, 황제가 유모 등에게 보여주자 황제 측근에서 총애를 받던 사람들이 모두 원한을 품고 성냈다.

그러나 백영의 교만과 음탕함은 더욱 심해져서 전 조양후(朝陽侯) 유호(劉護)의 사촌형 유괴(劉瓌)와 통정하였고, 유괴는 마침내 그녀를 처로 삼아서 관직이 시중에 이르렀으며, 유호의 작위를 이어받았다.

양진(楊震)이 상소하였다.

“나라를 다스리는 제도에 의하면, 아버지가 죽으면 자식이 계승하고 형이 사망하면 동생이 이어서 찬탈을 방지합니다. 엎드려 조서를 보건대, 옛 조양후 유호의 육촌형인 유괴가 유호의 작위를 이어 열후가 되

---

114 천재일우의 기회, 즉 일생에 한 번 만나기 어려운 기회를 말한다.

115 황제를 일컫는다.

116 원문에는 ‘雖有推燥居濕之勤’으로 되어 있는데, 이는《효경》원신계(援神契)의 ‘母之於子也, 鞠養殷勤, 推燥居濕, 絶少分甘也.’에서 따온 말이다.

117 《논어》에 나오는 말이다.

었지만 유호의 친동생 유위(劉威)는 지금도 여전히 살아 있습니다.

신이 듣건대, 천자는 책봉하는 일에 전권을 가지고 있지만 공적이 있는 사람에게 책봉하는 것이고, 제후는 작위를 수여하는 일에 전권을 가지고 있지만 덕망이 있는 사람에게 작위를 주는 것입니다.[118]

지금 유괴는 특별한 공로나 행실이 없는데 단지 유모의 딸을 배필로 삼아서 일순간에 이미 시중의 자리에 올라가고 또 열후로 책봉되기에 이르렀으니, 옛 제도를 찾아보지 않아도 경전의 뜻에 맞지 않아서 행인들이 시끄럽게 떠들고 백성은 불안합니다. 폐하께서는 마땅히 예전의 사례를 거울삼아 제왕의 법도를 따르셔야 합니다."

상서인 광릉(廣陵, 강소성 양주시)[119] 사람 적포(翟酺)가 상소하였다.

"옛날에 두씨와 등씨가 총애를 받아 사방을 움직여 기울게 하고, 관직을 겸하고 인수를 겹쳐 가졌으며, 금을 채우고 재화를 쌓으면서 신기(神器)[120]를 의논하고 희롱하여서 사직을 바꾸고 변경시키는데 이르렀으니, 어찌 세도의 높음과 위세의 광대함 때문에 이러한 우환에 이른 것이 아니겠습니까? 그들이 파괴되기에 이르자 머리와 이마는 땅에 떨어졌고 외로운 돼지[121]가 되기를 원하였지만 어찌 그리할 수 있습니까!

무릇 귀하게 되는 것이 물들 듯 조금씩 올라가지 않았으니 잃어버리

---

118 천자는 공적을 보고 제후로 책봉하고 제후는 덕망을 보고 작위를 준다는 뜻이다.

119 범엽의 《후한서》〈열전〉에는 '광한낙인(廣漢雒人)'으로 나온다. 따라서 광릉은 광한이어야 옳고 이는 익주에 속하였다.

120 옥새와 같이 제위승통을 표시하는 기물을 말한다.

121 아무도 찾아주지 않으니 그저 먹고 목숨만 이어가는 사람을 빗대어 한 말이다.

는 것은 반드시 갑작스럽게 드러납니다. 작위를 받는 것이 정도가 아니라면 재앙이 반드시 빨리 닥칩니다. 지금 외척은 총애와 아낌을 받으며 공적이 고루 나누어져 있어 한나라 초기 이래로 아직 견줄 곳이 없습니다.

폐하께서는 진실로 인자함과 은혜를 두루 흡족하게 하시려고 구족(九族)[122]을 가까이 하시지만 그러나 녹봉은 공실(公室)을 떠났고 정치는 사문(私門)으로 이동하니 예전에 넘어진 수레가 간 길을 다시 밟아가는데 어찌 꺾이는 일이 없겠습니까? 이것은 최대의 안위에 있어서 지극한 경계이며 사직을 위하여 깊이 계책을 세워야 합니다.

예전에 문제(文帝)는 노대(露臺)를 짓는 것보다 백금을 아꼈고, 검은 비단주머니로 휘장을 꾸몄습니다.[123] 어떤 사람이 그러한 검약을 비꼬자 황상이 말하였습니다. '짐은 천하를 위해 재물을 지켰을 뿐인데, 어찌 망령되게 그것을 사용할 수 있겠는가?'

지금 처음 정사를 맡으신 이래 시간이 오래되지 않았으나 상을 하사하는데 든 비용을 이미 헤아릴 수 없습니다. 천하의 재물을 거둬들여 공적이 없는 집안에 쌓아놓았으니 탕장(帑藏)[124]은 모두 비었으며, 백

---

122 고조, 증조, 조부, 부모, 자기, 아들, 손자, 증손, 현손을 말하나, 일설에는 부계 쪽 넷, 즉 고모의 자녀, 자매의 자녀, 딸의 자녀 및 자기의 동족 그리고 모계 셋, 곧 외할아버지, 외할머니, 이모의 자녀. 다음 처가쪽 둘, 즉 장인과 장모를 들기도 한다.

123 전한 문제(文帝)시대인 기원전 157년, 문제는 비용 2천400냥의 황금을 아끼려고 노대를 수축하려던 계획을 포기하였다. 노대(露臺)란 지붕 없는 정자를 말한다. 그리고 검은 비단주머니[皁囊]란 상서문을 모아 넣는 주머니를 뜻한다.

124 황실의 물건을 두는 창고이다.

성이 갖고 있는 재물은 쇠하고 손상되었으니 갑자기 예기치 않은 일이 생기면, 다시 무거운 세금을 부과하여야 하는데, 백성의 원성과 반란이 이미 발생하였으니 위기와 혼란이 곧 닥칠 것입니다.

바라건대 폐하께서는 충성스럽고 곧은 신하를 찾는데 힘쓰시고, 아첨하고 험담하는 무리들을 없애거나 멀리 하시며, 마음으로 바라는 것의 즐거움을 베어내시고, 사적으로 즐기는 연회를 철폐하시며, 마음속에는 망한 나라가 그것을 잃은 이유를 간직하시고, 흥한 제왕이 그것을 얻게 된 이유를 살펴보시면, 여러 재해는 거의 멈출 것이고 풍년을 불러올 수 있습니다."

상소문이 올라갔으나 모두 살피지 않았다.

대신의 삼년상 회복을 주장하는 상서령

11   가을, 7월 기묘일(1일)에 연호를 바꾸고 천하에 사면하였다.

12   임인일(24일)에 태위 마영이 죽었다.

13   소당(燒當)의 강족인 인량(忍良) 등은 마노(馬奴) 형제가 원래 소당의 적사(嫡嗣)[125]였으나 교위 마현이 위로하고 다독거려주는 것이 미치지 않자, 항상 원망하는 마음을 갖고 있다가 마침내 서로 결탁하여 함께 여러 부족을 위협하여 거느리고 황중(湟中, 청해성 동북)을 노략질하고 금성(金城, 감숙성 난주시)에 속한 여러 현을 공격하였다.

  8월에 마현이 선령(先零)에 사는 종족을 이끌고 공격하여 목원(牧苑)[126]에서 싸웠으나 불리하였다. 마노 등은 또 영거(令居, 감숙성 영등현 서부)에서 무위(武威, 감숙성 무위현)와 장액군의 군사를 패퇴시키고

---

125 집의 대를 잇는 적통을 가진 사람을 말한다. 소당의 우두머리 동호가 화제 영원 원년에 항복하였는데 그의 아들 마노가 영초 원년에 배반하고 요새 밖으로 나갔다.

126 한의 변방 군에는 모두 말 사육용 목원이 있었다. 금성에 있는 목원을 말한다.

이어서 선령과 심저에 있는 여러 종족 4천여 호를 위협하여 거느리고 산[127]의 서쪽을 따라서 달아나다가 무위를 노략질하였다.

마현이 추격하여 난조(鸞鳥, 감숙성 무위현 남부)에 이르러 그들을 불러들이자, 여러 종족 가운데 항복한 자가 수천 명이었고 마노는 남쪽의 황중으로 돌아갔다.

14 갑자일(16일)에 전 사도 유개를 태위로 임명하였다. 애초에 청하(淸河, 하북성 청하현)의 재상 숙손광(叔孫光)이 장물에 연루되어 죄를 받게 되었고, 이에 '금고이세(禁錮二世)'[128]를 추가하였다.

이때 거연(居延, 감숙성 북부) 도위 범빈(范邠)이 다시 장죄(贓罪)를 범하자 조정에서는 숙손광의 예에 의거하여 처리하려고 하자 유개(劉愷)가 홀로 말하였다.

"《춘추》의 대의를 보면, 좋은 일을 좋게 처리하는 것은 자손까지 미치게 하고, 나쁜 일을 나쁘게 처리하는 것은 그 자신에게서 그치게 한 것[129]은 사람을 선으로 나아가도록 하기 위해서입니다.

만약 지금 장죄를 범한 관리에게 그 자손에게까지 금고에 처한다면, 경미한 죄로 중대한 벌을 받게 한 것이니 두렵게 하는 것이 착한 사람에게까지 미치게 하는 것이어서 선왕이 형벌을 자세하게 만들어놓은

---

127 기련산을 말한다.

128 금고이세(禁錮二世)란 아버지와 아들을 함께 금고형에 처하는 형벌이다. 금고란 언론이나 집회 및 관계 진출 등 공적인 활동을 하지 못하도록 금지하는 것을 말한다.

129 《춘추공양전》 '君子之善, 善也長, 惡惡也短, 惡惡止其身, 善善及子孫.'에 근거하였다.

뜻이 아닙니다."

진충 역시 그렇게 생각하였다. 조서를 내렸다.

"태위의 의견이 옳다."

15 선비족인 기지건(其至鞬)이 거용관을 노략질하였다. 9월에 운중
(雲中, 내몽골 탁극탁현) 태수 성엄(成嚴)이 이들을 공격하였으나 군사가
패하였는데[130] 공조 양목(楊穆)이 몸으로 성엄을 막아주다가 그와 함
께 죽었다. 선비족은 이에 오환교위 서상(徐常)을 마성(馬城, 하북 회안
현 서부)에서 포위하였다.

도요장군 경기가 유주 자사 방삼(龐參)과 함께 광양(廣陽, 하북성 고
안현)과 어양(漁陽, 북경시 밀운현), 탁군(涿郡, 하북성 탁현)의 갑졸을 발
동하여 구원하자, 선비족이 군사를 풀고 돌아갔다.

16 무자일(10일)에 황제가 위위 풍석(馮石)의 집에 행차하여 머물면
서 십여 일 동안 술을 마시면서 상을 내리는 것이 매우 후하였는데, 그
의 아들 풍세(馮世)에게 벼슬을 주어 황문시랑(黃門侍郞)으로 삼고, 풍
세의 아우 두 명을 모두 낭중으로 삼았다.

풍석은 양읍후(陽邑侯) 풍방(馮魴)의 손자이다. 아버지 풍주(馮柱)는
현종의 딸 획가(獲嘉)공주를 모시고 살았고, 풍석은 공주의 작위를 이
어받아서 획가후(獲嘉侯)가 되었는데, 당시 세상을 기쁘게 할 줄 알았
기 때문에 황제에게서 총애를 받았다.

---

130 거용관이란 상곡(上谷)에 있는 관문(關門)을 말한다. 선비족이 우선 거용관
을 침략하고 이어서 운중으로 들어갔음을 알 수 있다.

17   경사와 군과 봉국 27곳에 홍수가 났다.[131]

18   겨울, 11월 기축일(12일)에 군과 봉국 35곳에 지진이 있었다.

19   선비족이 현토(玄菟)를 침략하였다.

20   상서령 대풍(役諷) 등이 상주문을 올렸다.

  "효문제[132]가 상례를 간략히 하는 제도를 정하고[133] 광무제가 고녕
(告寧)의 전례[134]를 근절하여서 물려주어 만세에 본보기로 삼았으니
진실로 바꾸어서는 안 되고 마땅히 대신들이 삼년상을 치르는 일을 다
시 근절하여야 합니다."

  상서 진충이 상소하였다.

  "고조가 천명을 받고 소하가 제도를 만들면서 대신들에게 영고(寧
告)의 규정을 갖게 한 것은 슬퍼하는 의미에는 부합합니다. 건무(建武)
초에 새로이 대란을 이어받아 무릇 여러 국정이 대부분 간단하고 쉬운
쪽으로 치달려서 대신은 이미 고녕(告寧)을 할 수 없었고, 일반 관청에

---

131 범엽의 《후한서》 〈안제기〉에는 29곳으로 기록되어 있다.

132 전한의 5대 황제인 유항(劉恒)이다.

133 전한 효문제가 조서를 내려서 하루를 한 달로 계산하여 삼년상을 36일 만에
   끝내고 상복을 벗으라고 하였고, 후대에 이 규정을 계속 지켜왔다.

134 휴알(休謁)이라 하여 관리가 쉴 때는 황제에게 고하는데, 길사(吉事)일 경우
   에는 고(告)라 하고, 흉사(凶事)일 경우에는 녕(寧)이라고 하였다. 여기서는 부
   모상을 당하면 흉사이므로 관리가 휴가를 내고 집으로 돌아가서 상복을 입
   는 것이니 녕(寧)이다.

서는 봉록을 영위하고 사리를 생각하여 삼년상 제도를 좇아 돌보고 돌보신 은혜에 보답하는 사람[135]이 적어졌으니, 예의법도가 실로 시들고 손실되었습니다.

폐하께서 대신들이 상복기간을 끝까지 치르겠다는 것을 들어주시면 성스러운 공덕과 찬란한 업적이 이보다 높을 게 없습니다. 맹자께서 말씀하셨습니다. '나의 노인을 공경하는 태도가 다른 노인에까지 미치게 하고, 내 어린아이를 사랑하는 태도가 다른 어린아이에까지 미치게 하면 천하를 손바닥에서 움직일 수 있다.'[136]

신이 바라건대 폐하께서 높은 곳에 올라가 북쪽을 바라보면서 감릉(甘陵)을 생각하는 마음으로 신하의 마음을 헤아리신다면,[137] 천하 사람들이 모두 각자 있어야 할 곳을 차지하게 될 것입니다."

당시 환관들이 이것을 불편하게 여겨서 끝내 진충의 상주를 묻어버렸다. 경자일(23일)에 다시 이천석 관직을 가진 자 이상은 삼년상을 시행하는 일을 잘라버렸다.[138]

---

135 《시경》에 나오는 말을 인용하였다. 《시경》〈요아편(蓼莪篇)〉에 이르기를, '부모가 나를 낳으시고 나를 돌보고 또 돌보시니 은덕에 보답하고자 하나 호천(昊天)에도 끝이 없다.'

136 《맹자》의 '老吾老以及人之老, 幼吾幼以及人之幼, 天下可運于掌'에서 근거하였다.

137 감릉은 청하(淸河, 하북성 청하현)에 있는 안제 부모의 능을 말한다. 청하는 낙양과는 직선거리로 약 5백km 정도 떨어져 있고 낙양에서 볼 때 북쪽이어서 북망(北望)으로 표현하였다.

138 원초 3년(116년)에 대신들의 삼년상을 들어 주었다가 이제 다시 끊어버린 것이다.

❖ 원굉(袁宏)[139]이 평론하였습니다.

"옛 제왕이 미풍양속을 돈독하게 하기 위하여 백성을 이끌며 선을 행하였고 그 자연스러움을 이용하여 그들의 마음을 빼앗지 않았는데도 백성들 가운데는 오히려 못 미치는 사람이 있었는데, 하물며 예의를 훼손하고 애도함을 중지시켰으니 그들의 천성을 없앤 것이로다."

21 12월에 고구려의 왕 고궁(高宮)[140]이 마한과 예맥의 수천 기병을 인솔하고 현토(玄菟)를 포위하였다. 부여왕(夫餘王)이 아들 위구태(尉仇台)를 보내 2만여 명을 거느리고 주와 군과 힘을 합쳐 그들을 토벌하여 깨뜨렸다. 이 해에 고궁이 사망하고 아들 고수성(高遂成)이 왕으로 세워졌다.[141]

현토 태수 요광(姚光)이 말씀을 올려서 그의 상사(喪事)를 이용하여 군사를 발동하여 공격하고 싶다고 하자 논의하는 자들이 모두 들어줄 만하다고 여겼다.

진충(陳忠)이 말하였다.

"고궁은 전에 교활하고 영리하여서 요광이 토벌하지 못하다가 죽었기에 공격하자는 것은 옳지 않습니다. 마땅히 사자를 보내어 조문하고,

---

139 동진시대의 역사가로《후한기(後漢紀)》와《죽림명사전(竹林名士傳)》,《삼국명신전(三國名臣傳)》을 저술하였으며, 생몰연대는 328~376년이다.

140 고구려 6대 태조왕(太祖王)이다.

141 고구려 7대 차대왕(次大王)이다. 차대왕은 태조왕의 동생이므로 본문의 아들은 잘못이다.

이 기회에 이전에 지은 죄를 책망하고 사면하면서 죽이지 말고 이후에 그들이 착하게 굴도록 해야 합니다."

황제가 그의 의견을 따랐다.

효안제 연광 원년(壬戌, 122년)

1   봄, 3월 병오일(2일)에 기원을 바꾸고 천하에 사면하였다.

2   호강교위 마현(馬賢)이 마노(麻奴)를 추격하여 황중에 이르러서 이들을 깨뜨리니 그 종족의 무리가 흩어져서 숨었다.

3   여름, 4월에 경사와 군과 봉국 41곳[142]에 우박이 내렸는데, 하서 지역에 내린 우박 가운데 큰 것은 말[斗]과 같았다.

4   유주 자사 풍환(馮煥)과 현토 태수 요광이 자주 간악한 무리를 규명하고 적발하자, 원한을 품은 사람이 새서(璽書)[143]를 가짜로 만들어서 풍환과 요광을 견책하고 구도(歐刀)[144]를 내리고, 또 요동도위 방

---

142 다른 판본에는 21곳으로 되어 있다.

143 천자의 인장이 찍힌 문서를 말한다.

144 형을 집행하는 사람의 칼을 말한다. 호삼성은 '옛날에 구야자(歐冶子)라는 사람이 칼을 잘 만들어서 이를 구도(歐刀)라고 하였다.'고 하였다. 구(歐)의 음은 일구(一口)의 번(翻)이라고 하였고, 또 오후(烏侯)의 번음(翻音)이 당연하다고 하였으므로 '우'라고 읽어야 옳다. 현대 음에서도 구(歐)는 OU(又)로

분(龐奮)에게 내려 보내 속히 형을 집행하도록 하니 방분이 즉시 요광의 머리를 베고 풍환을 체포하였는데, 풍환이 자살하려고 하자, 그의 아들 풍곤(馮緄)이 조서에 있는 문장에 이상이 있다고 의심하여 풍환을 저지하면서 말하였다.

"대인께서 주[145]에 계시면서 악을 제거하는데 뜻을 두었지, 실제 다른 이유는 없습니다. 필시 흉악한 사람이 망령스럽게 거짓으로 간악한 해독을 방자하게 꾀하는 것입니다. 바라건대 사건을 스스로 올려 보내고서 죄를 달게 받는다 하여도 늦지 않습니다."

풍환이 그 말을 좇아 글을 올려 스스로를 변명하니, 과연 속인 사람의 소행이었고, 방분을 불러서 죄를 받게 하였다.

5   계사일(19일)에 사공 진포(陳褒)가 면직되었다. 5월 경술일(7일)에 종정(宗正)인 팽성(彭城, 강소성 서주시) 사람 유수(劉授)가 사공이 되었다.

6   기사일(26일)에 하간효왕(河間孝王)의 아들 유덕(劉德)을 책봉하여 안평왕으로 삼고 낙성정왕(樂成靖王)의 뒤를 잇도록 하였다.[146]

읽는 바, 이는 '우'라고 읽어야 옳을 것으로 본다. 그러나 우리나라에서는 歐 앞에 區가 있는 것을 보고 '구'라고 읽은 잘못이 교정 없이 굳어진 것으로 보인다. 따라서 여기서는 당연히 '우야자' '우도'로 해야 하지만 우리나라의 관행에 따라 구야자 또는 구도로 표기한다.

145 풍환은 유주 자사이므로 유주를 말한다.

146 바로 전해에 낙성왕 유장이 죄로 폐위 당하자 유덕을 정왕(靖王)의 후사로 삼았다. 이후 낙성국을 안평국으로 개칭하였다.

7   6월, 군과 봉국에 황충의 피해가 있었다.

8   가을, 7월 계묘일(1일)에 경사와 군과 봉국 13곳에서 지진이 있었다.

9   고구려(高句驪)왕 고수성[147]이 한인(漢人) 가운데 살아있는 자들을 돌려보내고 현토에 와서 항복하였다. 그 후 예맥(濊貊)이 따라서 항복하니 동쪽 변방에는 사건이 적어졌다.

10   건인(虔人)에 사는 강족과 상군(上郡, 섬서성 수덕현)에 사는 호족이 반란을 일으키자 도요장군 경기(耿夔)가 이들을 쳐서 깨뜨렸다.

---

147 고구려 7대 왕인 차대왕이다.

진충의 간언과 뛰어난 인물들

11 8월에, 양릉(陽陵)에 있는 원침(園寢)에 화재가 발생하였다.[148]

12 9월 갑술일[149]에 군과 봉국 27곳에 지진이 있었다.

13 선비족이 이미 여러 차례 군수를 죽였으므로 담력과 기세가 왕성하게 변하였고, 활을 쏘는 병사가 수만 기(騎)나 되자, 겨울, 10월에 다시 안문(鴈門, 산서성 대현)과 정양(定襄, 산서성 우옥현)을 노략질하고, 11월에는 태원(太原, 산서성 태원시)을 침구하였다.

14 소당(燒當)의 강족인 마노가 주리고 곤궁해지자 종족의 무리를 이끌고 한양(漢陽) 태수 경충(耿种)에게 와서 항복하였다.

---

148 양릉에 있는 원침이란 전한시대 경제 유계의 원침이며, 원침은 능묘로 산에 혼령이 잘 수 있는 곳이라는 뜻으로 이는 사당에 해당한다.

149 9월 1일은 임인일이므로 9월에는 갑술(甲戌)일이 없다. 만약 갑진(甲辰)일의 잘못이라면 3일이다. 《후한서》〈오행지(五行志)〉에 보면 이날은 무신(戊申)일이고 무신일은 7일이다.

15 이 해에 경사와 군과 봉국 27곳에 홍수가 났다.

16 황제가 자주 황문상시(黃門常侍)이자 중사(中使)[150]인 백영(伯榮)을 보내어 감릉을 오가게 하자, 상서복야(尙書僕射)[151] 진충이 상소하였다.

"지금 천심을 아직 얻지 못하여 격병(隔幷)[152]이 여러 차례에 이르니, 청주(靑州, 산동반도)와 기주(冀州, 하북성 중부)는 장마로 황하를 새게 하고, 서주(徐州)와 대산(垈山)의 해변에는 바닷물이 넘치며, 연주(兗州, 산동성 서부)와 예주(豫州, 하남성)에는 황충과 유충이 번창합니다. 형주(荊州, 호북성 및 호남성)와 양주(揚州, 안휘성 및 강서성)에는 벼 수확이 줄어들고, 병주(幷州, 산서성)와 양주(涼州, 감숙성) 두 주에는 강족과 융족이 반란을 일으켜 사납게 굴며, 더욱이 백성은 쓸 것이 부족한데, 관부의 창고는 텅 비었습니다.

폐하께서는 친히 효덕황(孝德皇)[153]의 원묘(園廟)를 받들 수 없어서 자주 중사(中使)를 보내어 감릉에 공경을 드리는데, 주홍색의 수레와 나란히 수레를 끄는 말들이 서로 도로에서 마주 볼 정도가 되니,[154] 효성이 지극하다고 할 수 있습니다.

---

150 황문은 궁전시종환관, 상시는 침전시봉환관, 중사는 황제의 밀사이다.

151 궁정비서주임이다.

152 한재와 수재가 조절되지 않고 발생하는 것을 뜻한다.

153 안제의 아버지 유장의 시호이다.

154 황제의 사자가 탄 주홍색 마차, 그리고 이 수레를 끄는 두 마리의 건장한 말이 도로 위를 질주하는 모습을 표현하고 있다.

그러나 가만히 신이 듣건대, 사자가 지나는 곳에서 위세와 권력을 크게 부려 군과 현을 진동시킨다고 합니다. 왕과 열후, 이천석 관리가 도착하여 백영에게 수레 아래에서 혼자 절을 하고, 백성을 징발하여 도로를 수리하고, 정전(亭傳)[155]을 수선하며 저치(儲偫)[156]를 많이 설치하니, 부역의 징발에는 한도가 없어서 노약자가 서로 뒤따르고, 움직였다 하면 1만 명을 헤아리게 되며, 뇌물을 뒤따르는 하인에게도 주었는데 한 사람에 수백 필이니, 넘어지고 한탄하여 가슴을 두드리지 않음이 없습니다.

하간왕은 숙부에 해당하는 친족이며 청하(淸河)에는 존귀한 능묘[157]가 있는데, 부부(剖符)대신[158]들조차 모두 외람되게 백영에게 수레 아래에서 절개를 굽히는데도 폐하께서는 묻지 않으시니 필시 폐하께서 그렇게 하시고 싶어 한다고 여겨집니다.

백영의 위세는 폐하보다 무겁고 폐하의 칼자루는 신하에게 있으니, 수재의 발생은 반드시 여기에서 일어나는 것입니다. 옛날에 한언(韓嫣)이 부거(副車)[159]에 올라 말을 달려 순시하라는 사명을 받았는데, 강도(江都)[160]가 잘못 알고 한 번 절하게 되자 한언은 구도(歐刀)로 죽

---

155 일종의 역과 유사한 숙소 겸 교통기관을 말한다.

156 예비 숙소처를 말한다.

157 황제 부모의 묘를 말한다.

158 제후를 말한다. 천자가 제후를 책봉할 때 부절을 양분하여 각각 한 쪽씩 보관하기 때문에 부부(剖符)대신이라고 표현하였다.

159 천자의 순행 시 바꾸어 타기 위해 예비용으로 따라가는 수레를 뜻한다.

160 강도왕 유비(劉非)이다.

임을 받았습니다.¹⁶¹

신이 바라건대 밝으신 주군께서는 하늘이라는 으뜸가는 존엄을 엄하게 하시고 하늘이라는 단단한 지위를 올바로 하시며, 다시는 여자로 하여금 만기(萬機)¹⁶²를 간여하고 혼란스럽게 하지 아니하게 되기를 바랍니다.

좌우를 거듭 살펴보셔도 석현(石顯) 같이 누설하는 간악한 일¹⁶³을 없게 할 수 있습니까? 상서와 납언(納言)¹⁶⁴ 가운데는 조창(趙昌)이 정숭(鄭崇)이 거짓으로 비방하였던 속임수¹⁶⁵ 같은 것을 없게 할 수 있습니까? 공경대신 가운데는 주박(朱博)이 부희(傅喜)에게 아부하여 원조¹⁶⁶해주는 것 같은 사람을 없게 할 수 있습니까? 외척과 친족 가운

---

161 한언은 항상 무제의 측근으로 있으면서 무제의 지극한 총애를 받았던 인물이었다. 강도왕이 입조하여 무제와 함께 사냥을 나갔었는데 천자의 수레의 통행을 위해 도로를 경비하고 통제하고 있어서 앞으로 나갈 수가 없었다. 우선 한언에게 부거를 타고 앞의 기병을 따라 사냥감을 쫓으라고 하였다. 강도왕이 멀리서 한언이 탄 수레를 보고 천자라고 생각하고는 시종을 불러 길옆에서 엎드려 있었는데 한언이 말을 달리느라 그것을 보지 않았다. 수레가 지나가고 나서 이 사실을 안 강도왕은 크게 노하였으며, 이 소식을 들은 태후가 한언을 꾸짖고서 그를 죽였다. 강도왕이 잘못하여 천자의 사자에게 절을 한 것이지만 결과적으로 왕이 사자에게 절한 것이 되었으므로 그 사자가 죽임을 당한 것이다.

162 만 가지나 되는 기틀이란 뜻으로 이는 제왕이 처리해야 할 일을 지칭한다.

163 원제 건소(建昭) 2년(기원전 37년)에 일어난 일로 《자치통감》 권29에 실려 있다.

164 참의관(參議官)을 지칭한다.

165 애제 건평(建平) 4년(기원전 3년)에 일어난 일로 《자치통감》 권34에 실려 있다.

166 애제 건평 2년(기원전 5년)에 일어난 일로 《자치통감》 권34에 실려 있다.

데는 왕봉(王鳳)이 왕상(王商)을 해쳤던 음모[167]와 같은 일을 없도록 할 수 있습니까?

만약 나라의 정사가 하나같이 황제의 명령으로부터 나오고, 왕이 할 일이 매번 자기에게서 결정된다면, 아랫사람이 윗사람을 압박하지 못하고, 신하가 군주에게 간섭할 수 없으며, 항상 비가 내리는 홍수도 반드시 개이고 멈출 것이며, 사방의 여러 가지 이상한 일도 해가 될 수 없을 것입니다."

글로써 아뢰었으나 살피지 않았다.

당시 삼부(三府)[168]의 임무는 가벼워서 기밀에 관한 사항은 오직 상시에게 맡겨졌으나, 재해와 허물로 변고가 생기면 번번이 삼공에게 책임지게 하고 면직시켰었는데, 진충이 상소하였다.

"한나라가 일어났던 옛 일을 보면,[169] 승상이 청한 바가 있으면 들어주지 않은 적이 없었습니다. 오늘날의 삼공은 비록 그 명목은 맡고 있으나 그 실속이 없으며, 사람을 뽑고 상벌을 주는 것은 하나같이 상서로부터 말미암으며, 상서가 현재 맡고 있는 것은 삼공보다 무거운데, 조금씩 기울기 시작한 이래로 조금씩 그것이 물들어간 지 오래되었습니다.

신 진충은 마음으로 항상 고독하고 불안합니다. 근래 지진 때문에 사공 진포(陳褒)에게 책서를 내려서 면직시켰으며, 지금 재앙과 이변

---

167 성제 하평(河平) 4년(기원전 25년)에 일어난 일로《자치통감》권30에 실려 있다.

168 태위부·사도부·사공부를 말한다.

169 일어났다는 의미의 흥(興)이 다른 판본에는 전(典)으로 된 것도 있다. 이에 따라 한전(漢典)으로 해석한다면 '한나라의 전범(典範)에 있는 옛일'로 해석해야 할 것이다.

이 생기자 다시 삼공을 견책하려고 합니다. 옛날에 효성황제[170]께서 요성(妖星)이 심수성(心宿星)에 접근하자 승상에게 허물을 돌렸으나 결국 천상의 복을 받지 못하고 다만 송경(宋景)[171]의 진실 됨을 거슬렀습니다. 그러므로 옳고 그름의 구분을 알아서 비교하여 책임을 돌리는 것입니다.

또한 상서가 사건을 판결하는 것은 대부분이 옛 전례에 어긋나고, 죄를 주는 것이 법에 예규(例規)가 없어 속이기를 우선으로 삼으니, 판결문은 가혹하고 말이 저속하여 법률과 헌법을 거스릅니다. 마땅히 그 뜻을 찾도록 책임지우시고, 잘라내어 듣지 말아서 위로는 나라의 법전을 따르고 아래로는 위복(威福)[172]을 막아야 합니다. 모난 것인지 둥근 것인지는 규구(規矩)[173]에 놓아보아야 되고, 무거운지 가벼운지는 저울에서 살피는 것이니 진실로 국가의 경전은 만세의 모범입니다."

17 여남(汝南, 하남성 여남현) 태수인 산양(山陽, 산동성 금향현) 사람 왕공(王龔)은 정치를 하는데 너그럽고 화평함을 숭상하였으며, 재주 있는 사람을 좋아하고 선비를 아꼈다. 원랑(袁閬)을 공조[174]로 삼아서 같은 군의 사람인 황헌(黃憲)과 진번(陳蕃) 등을 끌어올렸는데, 황헌은 비록 굽히지 않았으나 진번은 마침내 관리가 되었다.

---

170 전한의 12대 황제인 유오(劉驁)이다.

171 춘추시대 송나라 경공을 말한다.

172 권위로 남을 누르거나 압박하는 것과 복을 주는 일을 말한다.

173 직선이나 원을 그리는 자 같은 도구로 목수가 사용하는 도구이다.

174 공조(功曹), 즉 인사담당관을 말한다.

원랑은 특이한 행실을 닦지는 않았으나 당시에 이름이 났었고, 진번의 성품과 기백은 높고 맑아서 왕공이 이들에게 모두 예의로 대하니, 이로 말미암아 많은 선비들이 마음으로 귀의하지 않는 이가 없었다.

황헌은 대대로 빈천하였고, 아버지는 소를 고치는 의사였다.[175] 영천(潁川, 하남성 우현) 사람 순숙(荀淑)이 신양(愼陽, 하남성 정양현)에 이르러 여관에서 황헌을 만났는데 당시 나이는 14세였다. 순숙은 그를 소름이 끼칠 정도로 기이하게 여겨져서 두 손을 읍(揖)하고[176] 함께 말을 나눴는데 날이 저물어도 떠날 수 없어서 황헌에게 말하였다.

"그대는 저의 사표입니다."

그렇게 하고서 원랑의 처소에 가서는 수고하였다는 문안인사도 하지 않고서 도리어 말하였다.

"그대의 나라에 안자(顔子)[177]같은 사람이 있다는데 어찌 그를 알아보겠는가?"

원랑이 말하였다.

"우리의 숙도(叔度)[178]를 보았소?"

이때 같은 군에 사는 대량(戴良)이 재주가 높고 오만하였으나 황헌을 보면 용모를 바르게 하지 않은 적이 없었으며, 돌아와서는 망연하여 마치 정신을 잃어버린 것처럼 하였다. 그의 어머니가 물었다.

---

175 고대 중국에서 수의사는 아주 천대받는 직업이었다.

176 두 손을 모으고 존중하는 뜻을 가볍게 표현하는 것이다. 어른이 14세가 된 아이에게 읍하는 것은 흔히 있는 일이 아니다.

177 공자의 제자인 안회(顔回)를 말한다.

178 황헌의 자이다.

"너는 또 소를 고치는 의사 아들에게서 오는 거냐?"

대답하였다.

"저 대량이 숙도를 보지 아니하였을 때에는 스스로 못할 것이 없다고 생각하였었습니다. 이미 그를 보고 나니, 앞에서 그를 쳐다보았는데 홀연히 뒤에 있게 되었으므로[179] 정말 찾아서 헤아리는 것이 어려웠습니다."

진번이 같은 군의 사람인 주거(周擧)와 일찍이 서로 말을 나누었다.

"시월(時月)[180] 동안 황생을 보지 못하니 마음에서 천박하고 인색한 싹이 다시 생기는군!"

태원에 사는 곽태(郭泰)가 젊어서 여남(汝南) 지방을 주유하였는데, 먼저 원랑에게 들렀다가는 자지 않고 물러나와 나아가서 황헌을 따라다녔으며 며칠이 지나서야 돌아왔다.

어떤 사람이 이 일에 관해 곽태에게 물었더니 말하였다.

"봉고(奉高)[181]의 그릇은 궤천(氿川)과 남천(濫川)에 비유되니[182] 비록 선명하나 파악하기 쉽고, 숙도는 넓고넓어 마치 천경(千頃)에 이르는 저수지 같아서 이를 맑게 하려 하였으나 청명하지 않고 이를 뒤섞어 보았으나 흐려지지 않으니 헤아릴 수 없다."

황헌은 애초에 효렴(孝廉)으로 천거되었고 또 공부(公府)에 벽소되

---

179 '瞻之在前, 忽然(焉)在後.'라는 이 말은 안회가 스승인 공자를 평할 때 사용한 말이다.

180 시(時)는 계절로, 1년은 4시이며, 월(月)은 30일 즉 초하루부터 그믐까지이다.

181 원랑의 자이다.

182 궤천(氿川)은 곁 구멍에서 솟아나는 샘이며, 남천(濫川)은 밑바닥에서 나오는 샘이다.

었다. 친구들이 그에게 버슬에 나갈 것을 권하자 황헌 역시 거부하지
아니하고 잠시 경사에 갔다가 곧 돌아왔으며, 끝내 나간 바가 없었는데
나이 48세로 세상을 마쳤다.

❖ 범엽(范曄)[183]이 평론하였습니다.

"황헌이 말한 것과 그의 기풍과 뜻은 전하여 들리는 바가 없지
만 그러나 선비와 군자로서 그를 본 사람이면 깊고 오래도록 심복
하지 않는 사람이 없었다. 결점과 인색함을 없애고 도를 두루 가
지고 본성을 보전하였으니 덕이 없다고 칭할 수가 있겠는가?
나의 증조이신 목후(穆侯)[184]는 말씀하셨다. '황헌은 유순하여
그가 처한 자리에서 순응하였고, 모여 있기를 도(道)와 같이 하여
얕은지 깊은지는 그 구분을 해낼 수 없으며,[185] 맑은지 탁한지도
그 방향도 논의하지 못해 보았으니 공자의 제자에 미친다 해도 거
기에 가까울 것이로다.'"

---

183 《후한서》를 쓴 사람이다.

184 범왕(范汪)을 뜻한다. 자는 현평(玄平)이며 안북(安北)장군을 역임하였다.

185 노자(老子)에 나온다. 도(道)가 충적(沖積)되면 이를 사용하여도 혹은 가득
   차지 않으니 연못이 마치 만물의 으뜸인 것 같다는 말로 깊어서 측량할 수 없
   음을 말한다.

반용의 대흉노 활동과 유모 왕성의 전횡

효안제 연광 2년(癸亥, 123년)

1 봄, 정월에 모우(旄牛, 전한시대에는 촉군 소속이었고, 후한대에는 공래산밖임)에 사는 이족이 반란을 일으키자 익주 자사 장교(張喬)가 이들을 쳐서 깨뜨렸다.

2 여름, 4월 무자일(20일)에 유모 왕성에게 작위를 주어 야왕군(野王君)[186]으로 하였다.

3 북흉노가 차사(車師)[187]와 연합하여 함께 하서(河西, 감숙성 중부 서부)를 침구하자, 논의하는 자들이 다시 옥문(玉門)과 양관(陽關)[188]

---

186 현 황제 유호의 유모를 말하며 여자에게는 군(君)이라는 작위를 준다.

187 신강 투루판현에 있었던 서역 국가이다.

188 옥문은 옥문관을 말한다. 옥문관은 돈황의 서북부에 있고 양관은 서남쪽에 있는데 서로 떨어진 거리가 60km 정도 된다.

을 폐쇄하여 그 우환을 끊으려고 하였다.

돈황 태수 장당(張璫)이 편지를 올렸다.

"신이 경사에 있으면서는 역시 서역을 반드시 포기해야만 한다고 여겼는데, 지금 직접 그 땅을 밟아보니 서역을 포기하면 곧 하서 지역이 스스로 존재할 수 없다는 것을 알았습니다. 서역을 위한 세 가지 책략을 삼가 아뢰겠습니다.

북쪽 야만인의 호연왕(呼衍王)은 항상 포류(蒲類, 신강성 巴里坤湖)와 진해(秦海)[189] 사이를 전전하며 오로지 서역을 통제하면서 함께 침략합니다. 지금 주천속국(酒泉屬國)[190]의 관리와 병사 2천여 명을 곤륜새(崑崙塞)[191]에 모아서 우선 호연왕을 쳐서 그 근본을 자르고, 그 기회를 통해 선선의 군사 5천 명을 발동하여 차사후부(車師後部)를 위협하십시오. 이것이 제일가는 계책입니다.

만약 출병할 수 없다면 군사마(軍司馬)[192]를 두어 병사 5백 명을 거느리는데, 네 군이 그들의 이우(犁牛)[193]와 곡식을 제공하게 하고, 나아가서 유중(柳中, 신강성 투르판현 동남)을 점거합니다. 이것이 중간 가는 계책입니다.

만약 그 또한 불가능하다면 마땅히 교하성(交河城)[194]을 포기하고

---

189 진해는 신강성의 박사등호(博斯騰湖)이다.

190 주천 지방으로 한족을 이주시켜 개간한 곳이다.

191 곤륜산에 있는 요새라는 말로 이는 옥문관 부근에 있다.

192 군정관이다.

193 얼룩소, 즉 밭가는 소를 말한다.

194 신강 투루판에 있던 차사전왕국의 수도로 4백년이나 존속하였던 유명한 성

선선 등을 거두어 모든 사람들이 요새 안으로 들어오게 하는데, 이것이 맨 아래 계책입니다."

조정에서는 이것을 의논하도록 내려 보냈다.

진충이 상소하였다.

"서역이 중국 안으로 귀속된 지 오래되어 구구하게 동쪽을 바라보며 관문을 두드리는 일이 자주 있으니, 이것은 저들이 흉노를 좋아하지 않고 우리 한나라를 사모하는 증거입니다. 현재 북쪽 야만인이 이미 차사를 깨뜨렸으니, 그 형세는 반드시 남쪽 선선을 공격할 것인데, 이것을 버리고 도와주지 않으면 여러 나라가 따르게 됩니다.[195]

만약에 그렇게 되면, 야만인의 재화가 더욱 늘어나고 담력과 세력이 보태져서 번성하고, 위엄이 남강(南羌)[196]에 이르러 서로 교통하게 될 것이니, 이와 같으면 하서 지역에 있는 네 군이 위태롭게 됩니다. 하서가 이미 위험하게 되었을 때는 구원하지 않으면 안 될 것이니, 백배나 되는 역사(役事)를 일으켜야 되고 한없이 많은 비용을 물게 됩니다.

논의하는 자들은 단지 서역이 대단히 멀고 떨어져 있어서 진휼하는 데 번거롭고 비용이 드는 것만을 생각하고, 효무제가 고심하고 노력한 뜻을 보지 못합니다.

바야흐로 지금 돈황이 고립되어 위태로워 멀리서 급보가 오고 있는데, 다시 돕지 않으면 안으로 관리와 백성을 위로할 수 없고, 밖으로 위엄을 백만(百蠻)[197]들에게 보이지 못하면 나라를 위축시키고 국토를

인데, 《자치통감》에는 처음 등장하였다.

195 흉노를 좇는다는 말이다.

196 기렌산맥의 남쪽에 사는 서강족을 말한다.

덜어내게 되니 좋은 계책이 아닙니다. 신이 생각하건대, 돈황에는 마땅히 교위(校尉)를 설치해야 하고 옛날에 의거하여 네 군에 있는 둔병을 증가시켜서 서쪽의 여러 나라를 진무해야 합니다."

황제가 이를 받아들이니, 이에 다시 반용을 서역장사(西域長史)[198]로 삼고, 병사 5백 명을 이끌고 나아가서 유중(柳中)에 주둔하게 하였다.

4   가을, 7월에 단양(丹陽, 안휘성 선성현)에 있는 산이 붕괴되었다.

5   9월에 군과 봉국 5곳에 홍수가 났다.

6   겨울, 10월 신미일(6일)에 태위 유개가 파직되었다. 갑술일(9일)에 사도 양진을 태위로 삼았으며, 광록훈인 동래(東萊) 사람 유희(劉熹)를 사도로 삼았다.

대홍려 경보가 스스로 양진을 문후(問候)하면서 중상시 이윤(李閏)의 형을 양진에게 추천하며 말하였다.

"이 상시(李 常侍)는 국가[199]가 소중히 여기는 사람인데, 공에게 그 형을 벽소하게 하려고 합니다. 저 경보는 오직 윗분의 뜻을 전할 따름입니다."

양진이 말하였다.

---

197 백 개나 되는 만족(蠻族)이라는 말로 많은 수의 만족이라는 말이다.

198 서역도호의 장사이다. 장사는 도호 밑에 있는 관리 가운데 가장 높은 직급이다.

199 황제를 지칭하는 말이다.

"조정이 삼부로 하여금 벽소[200]하게 하려는 것 같은데, 그렇다면 마땅히 상서의 칙서가 있어야 합니다."

경보가 크게 한을 품고 물러났다. 집금오(執金吾)[201] 염현(閻顯) 역시 양진에게 친한 사람을 천거하였는데 양진이 또 따르지 않았다. 사공 유수(劉授)가 이 소식을 듣고 즉시 두 사람을 벽소하니 이로 말미암아 양진은 더욱 원한을 샀다.

이때 조서를 내려 사자를 보내서 왕성(王聖)을 위하여 저택을 크게 수리하도록 하였는데, 중상시 번풍(樊豐)과 시중인 주광(周廣)과 사운(謝惲) 등이 다시 서로 선동하여 조정을 뒤흔들었다.

양진이 상소하였다.

"신이 엎드려 생각하건대, 바야흐로 지금 재해가 아주 심하여 백성이 공허하고 3변(三邊)[202]이 흔들려 시끄럽고 탕장(帑藏)이 궁핍하니 거의 사직이 평안한 때가 아닙니다.

조서를 내려서 유모를 위하여 저택을 떨쳐 짓도록 하였는데, 두 개의 방(坊)[203]을 합쳐서 하나로 만들고, 이(里)를 이어서 길에서 끝내고 [204] 조각과 장식을 만드는데 온갖 기교를 다하고 산을 깎아 돌을 캐고

---

200 관부에서 불러올리는 것을 말하며, 황제가 부르는 것은 징소라고 한다.

201 수도 낙양의 경비사령관이다.

202 삼변(三邊)이란 동·서·북 세 방면의 변경을 뜻한다.

203 주택이 밀집한 구역을 말한다.

204 원문 '連里竟街'에서의 里는 坊을 뜻하며 둘을 합쳐서 하나로 만든다는 것은 두 방을 합쳐서 하나의 주택으로 만든다는 것을 말한다. 방(坊)이란 여러 개의 방사(房舍)가 밀집한 주택 지구(地區)를 지칭하는데 그 주위에는 모두 큰 도로이다. 방에 하나의 주택을 짓는다면 약 300~400명 정도의 인원을 수

서로 돌아가며 재촉하니 비용이 거억(巨億)이 됩니다.

　주광과 사운 형제는 나라의 폐부(肺腑)나 지엽(枝葉)[205]에 속한 무리가 아닌데, 측근에게서 총애를 받고 아첨하는 간신에게 의지하여 그들과 더불어 위엄을 나누고 권력을 함께 하며 주와 군에 청탁하고 대신을 치우치게 움직이며 관사(官司)를 재단하여 벽소하면서 황제의 뜻을 이어서 따른다 합니다. 전국에서 탐욕스럽고 더러운 사람을 불러들여 그들의 돈과 뇌물을 받고, 장고기세(臧錮棄世)[206]한 무리까지 다시 드러나게 임용되니, 흑백이 뒤섞이고 맑음과 더러움이 같은 곳에서 나와서 천하가 떠들썩한데 조정이 결탁하였다고 비난합니다.

　신이 스승[207]의 말씀을 들었는데, '위에 있는 사람이 재물을 빼앗으면 재물이 다 없어져 원망이 생기고, 힘이 다 없어지면 배반한다. 원망하고 배반하는 사람은 다시 부릴 수 없다.'하였으니 오직 폐하께서는 이것을 헤아리십시오."

　황제는 듣지 않았다.

7　　선비족 기지건(其至鞬)이 스스로 1만여 기병을 거느리고 남흉노

용할 수 있는데 왕성이 두 개의 방(坊)을 합쳐 한 개의 주택으로 만든다고 하였으니 왕성의 집에 사는 사람 수를 짐작케 하며, 동시에 한 개의 방(坊) 주변에는 큰 도로가 있게 마련인데 이를 합쳤으므로 큰 도로까지 잘라서 집에 포함시킨 것이다.

205 폐부는 골육이나 지친(至親), 지엽은 자손을 뜻한다.

206 뇌물을 받은 관리를 종신금고에 처하여 다시 관직에 나아갈 수 없도록 하는 것이다.

207 호삼성은 이를 특정한 스승이라는 뜻이 아니고 무리들을 말하는 것이라고 하였다.

를 만백(曼柏, 내몽골 달라특기 동남쪽 마장호)에서 공격하였는데, 욱건일축(薁鞬日逐)[208] 왕은 전사하고, 1천여 명을 죽였다.

8   12월 무진일(4일)에 경사와 군과 봉국 3곳에서 지진이 있었다.

9   진충이 여남 사람 주섭(周燮)과 남양 사람 풍량(馮良)이 배움과 덕행이 깊고 순수하며, 은거하여 벼슬에 나아가지 않았고 세상에서 명성이 두텁다고 추천하였다. 황제가 현훈(玄纁)과 고폐(羔幣)를 가지고 초빙하니 주섭의 종족이 다시 그에게 권하며 말하였다.[209]

"무릇 덕을 닦고 덕행을 세우는 것은 나라를 위해서인데, 그대는 어찌 홀로 동쪽 산등성이의 비탈을 지키는가?"[210]

주섭이 말하였다.

"무릇 도를 닦는 사람은 때를 헤아려서 움직이는데, 움직이려 하나 때가 아니니 어찌 누릴 수 있겠는가!"

풍량과 함께 모두 스스로 수레를 타고 가까운 현에 도착하여서 병이 들었다고 핑계를 대고 돌아왔다.

---

208 남흉노의 왕이다.

209 현(玄)은 검은색이고 훈(纁)은 분홍빛이라 하고, 또는 훈은 지색(地色)이고 현(玄)은 천색(天色)이라고도 한다. 이는 이러한 색깔의 비단을 의미한다. 고(羔)는 어린 양으로 의식에 사용하는데, 뿔은 있지만 사용하지 않고, 잡아도 울지 않으며 죽여도 소리를 지르지 않아서 마치 의를 위하여 죽는 것 같으면서도 그 어미젖을 먹을 때에는 무릎을 꿇어서 마치 예의를 아는 것 같다고 한다.

210 주섭은 여남의 안성(安城)에서 살았는데 옛 사람의 오두막집에서 거주하고 집 아래에 있는 산비탈 밭을 가꾸어 자급하였다고 한다.

효안제 연광 3년(甲子, 124년)

1 　봄, 정월에 반용이 누란(樓蘭)에 이르자, 선선이 귀부하여서 특별히 세 개의 인수를[211] 덧붙여 주었으나 구자왕(龜玆王)[212] 백영(白英)은 오히려 스스로 의심하고 항복하지 않았다. 반용이 은혜와 신의로써 마음을 열어보이자 백영이 이에 고묵(姑墨, 신강성 배성현)과 온숙(縕宿, 신강성 조십현) 사람들을 인솔하고 스스로 포박하고[213] 반용에게 왔다.

　이어서 그의 병사인 보병과 기병 1만여 명을 발동하여 차사전왕(車師前王)[214]의 왕정에 이르러 흉노족의 이여왕(伊蠡王)을 이화곡(伊和谷)[215]에서 쳐서 패주시켰으며, 전부(前部)[216]의 5천 명을 거두어 들였다. 이에 차사전부로 가는 길이 비로소 다시 개통되었다. 돌아와서 유중에 주둔하였다.

---

211 세 개의 인수란 구체적으로 무엇인지 알 수 없다. 다만 호삼성은 세 개라는 삼(三)자는 왕(王)자일 것이라고 하였다. 왕수(王綬)는 왕의 인수(印綬)를 말한다.

212 구자(龜玆)는 신강성의 쿠차현에 있던 서역 국가이다.

213 항복하는 의식이다.

214 교하성이 수도였던 차사전왕국을 말한다.

215 구체적으로 현재의 어느 장소인지 아직 완전히 밝혀지지 않았다.

216 차사전왕국이다.

태자까지 모함하는 환관들

2　2월 병자일(13일)에 거가[217]가 동쪽으로 순행하였다. 신묘일(28일)에는 태산에 행차하였다. 3월 무술일(5일)에는 노(魯, 산동성 곡부현)에 행차하였고, 돌아와서는 동평(東平, 산동성 동평현)에 행차하였다가 동군(東郡, 하남성 복양현)에 이르렀고, 위군(魏郡, 하남성 임장현)과 하내(河內, 하남성 무척현)를 거쳐서 돌아왔다.

3　애초에 번풍(樊豐)과 주광(周光), 사운(謝惲) 등은 양진(楊震)이 연속하여 간언하였으나 따르지 않음을 보고 돌아보거나 꺼리는 바가 없었는데, 마침내 거짓으로 조서를 만들어 사농(司農)의 돈과 곡식, 대장(大匠)[218]의 현장 기술자와 재목을 골라서 징발하여 각각 총사(冢舍),[219] 정원과 연못, 여관(廬觀)[220]을 짓는 공사를 일으켰는데, 공사

---

217 거가는 황제가 타는 수레인데 보통 황제를 지칭하는 말로 사용한다.
218 국가경제를 담당하는 사농부와 토목 및 공정 담당부서인 대장부를 뜻한다.
219 무덤을 지키는 사람이 거주하는 집을 말이다.
220 원래 여(廬)란 정부로부터 받은 토지를 경영하기 위해 임시로 세운 오두막을

비가 헤아릴 수 없었다.

양진이 다시 상소하였다.

"저는 태보(台輔)[221]의 자리에 앉아 있으나 음양을 조화시킬 수 없어 작년 12월 4일 경사에서 지진이 있었는데 그날은 무진(戊辰)일입니다. 세 개가 모두 토(土)이며[222] 그 자리는 중궁(中宮)에 있으니[223] 이것은 중신(中臣)과 가까운 관리[224]가 권력을 잡고 농단하는 현상입니다.

신이 엎드려 생각하건대, 오직 폐하께서는 변경이 아직 평안하지 않으니 몸소 비박(菲薄)[225]하여 궁전의 담벽이나 지붕이 기울어져도 버팀목으로 괴어야할 따름이라고 생각합니다. 그러나 측근 중에서 총애를 받는 신하는 단금(斷金)[226]을 받들지 않고 교만하여 분수에 넘치는 일을 하고 법을 뛰어넘어서 대부분이 죄수를 동원하여 성대하게 저택을 짓고 위세와 복을 팔아먹어 도로가 떠들썩하니 지진의 변고가 아마도 이 때문에 발생한 것입니다.

말하며 관(觀)이란 정자를 말하는데, 일종의 누각을 여관(廬觀)이라고 한다.

221 삼공이나 재상의 호칭이다.

222 간지에서 토(土)에 해당하는 간(干)은 무(戊)와 기(己)이고 지(支)는 진(辰), 축(丑), 술(戌), 미(未)이다. 12월 4일이 무진(戊辰)일이므로 모두 토(土), 즉 지(地)에 해당하므로 지진의 지(地)와 무진의 오행인 토(土), 토(土)를 합쳐서 셋이 지인 것이다.

223 토는 방위로 보아서 중앙을 의미하므로 중궁에 해당한다고 해석하였다.

224 중신은 환관이며, 가까운 관리도 황제 근처에 있는 상시(常侍)와 같은 관리이다.

225 물자가 적어서 변변치 않은 상태를 말한다.

226《주역》의 계사(繫辭)에 나오는 '二人同心, 其利斷金'이란 구절인데, 단금이란 쇠붙이를 끊을 정도의 굳은 의리와 우정을 의미하므로 황제의 뜻을 말한다.

또 겨울에는 쌓인 눈이 없고, 봄철에는 아직도 비가 내리지 않아서 모든 관료들이 마음을 애태우지만, 수리하는 일을 그치지 않으니 진실로 한재에 이를 징조입니다. 오직 폐하께서는 건강(乾剛)[227]의 덕을 떨치시고, 교만하고 사치스런 신하들을 버리셔서 황천(皇天)의 경계함을 이으소서."

양진이 전후에 말하는 바가 점점 더 절박해지자 황제가 벌써 이것을 불평하였고, 번풍 등이 모두 양진을 곁눈질하며 분노하고 원망하였으나 그가 명유(名儒)였기 때문에 아직은 감히 해를 가하지 못하였다.

마침 하간(河間, 하북성 헌현) 출신의 남자인 조등(趙騰)이 편지를 올려서 득실에 관해 진술하자 황제가 분노를 일으켜서 마침내 체포하여 조사하고 조옥(詔獄)에 가두고 군주를 넘보는 불경죄를 저질렀다고 판결하였다.

양진이 상소하여 그를 구원하면서 말하였다.

"신이 듣건대 은나라와 주나라 때의 명철한 왕은 소인이 원망을 하고 꾸짖으면 돌이켜 스스로 삼가고 덕을 닦았습니다.[228] 지금 조등이 문제에 연루된 바에 대한 격렬한 비방과 말은 그 죄가 칼날을 쥐고 법을 범한 것과는[229] 차이가 있으니, 빌건대 죄를 감하여 조등의 생명을 온전하게 하여서 꼴을 베고 나무를 하거나 수레를 끄는 사람들도 말을 하도록 유도하십시오."[230]

---

227 건(乾)은 하늘이므로 군주이고, 강(剛)은 단단한 것이므로, 강건한 군주를 말한다.

228 《상서무일(尙書無逸)》에 나오는 말로 공경하며 덕을 쌓는데 더욱 근신하면서 그 덕을 늘려 닦았다고 한다.

229 칼을 가지고 사람을 해쳐서 범한 범죄를 말한다.

황제는 듣지 않았고, 조등은 결국 큰 저자에 엎어진 시체가 되었다.

황제가 동쪽으로 순행하자, 번풍 등은 승여(乘輿)가 밖에 있음을 이용하여 다투어 저택을 수리하자 태위부의 연리(掾吏) 고서(高舒)가 대장영사(大匠令史)를 불러서 이것들을 자세히 살피고 비교하여 번풍 등이 거짓으로 지어 조서를 내린 것을 알아내서 이를 모두 상주문으로 써놓고 황제가 행차에서 돌아올 때를 기다렸다가 그것을 바치니 번풍 등이 두려워서 떨었다.

마침 태사(太史)[231]가 성좌가 변하여 역행한다고 말하자 이에 함께 양진을 참소하였다.

"조등이 죽은 후부터 깊이 원망하고 분노하였습니다. 또 등씨의 옛 관리로서[232] 원한의 마음을 갖고 있습니다."

임술일(29일)에 거가가 경사로 돌아와서 태학에서 편시(便時)[233]하고 밤에 사자를 보내어 책서를 내려 양진의 태위 인수를 거두도록 하니, 양진은 이에 문을 닫아걸고 빈객을 거절하였다. 번풍 등이 다시 그를 증오하여 대홍려 경보(耿寶)에게 상주하도록 하였다.

"양진은 대신이나 죄를 내린 것에 복종하지 않고 원한을 품고 있습니다."

조서를 내려서 본군[234]으로 돌려보내라고 하였다.

---

230 《시경》에 꼴 베는 사람에게 묻는다는 말이 있고 《춘추좌전》에 수레 끄는 사람의 꾀도 듣는다는 고사를 인용하였다.

231 천문관을 말한다.

232 등씨는 등즐(鄧騭)이다. 양진은 원래 등즐의 부름을 받아 관리가 된 사람이다.

233 편리한 시간을 기다린다는 뜻이다. 태학에서 길한 시간까지 기다렸다가 입궁하였다.

양진은 가다가 성의 서쪽에 있는 석양정(夕陽亭)에 이르렀는데, 마침내 의분에 북받쳐 슬퍼하고 한탄하며 여러 아들과 제자들에게 말하였다.

"죽음은 선비에게 있어 일상적으로 있는 몫이다. 나는 은총을 입어 높은 관직에 있었는데, 간신의 교활함을 미워하였으나 죽이지 못하였고, 황제의 총애를 받는 여인이 기울이고 어지럽히는 것을 미워하였으나 금하지 못하였으니 무슨 면목으로 다시 해와 달을 보겠는가!

몸이 죽는 날 잡목(雜木)으로 관을 만들고 포로 한 번만 싸되 재단은 몸을 덮을 정도면 충분하며 조상의 무덤으로 운반하지 말고 제사도 진설하지 마라!"

그리고는 짐(酖)을 마시고 죽었다.

홍농 태수 이량(移良)이 번풍 등의 뜻을 이어받아 관리를 섬현(陝縣, 하남성 섬현)에 파견하여 양진의 영구를 멈추도록 하여 관을 길옆에 드러내놓고, 양진의 여러 아들을 먼 곳으로 좌천시켜서 우편물을 전하는 사람을 대신하여 문서를 나르도록 하니, 도로에 있는 사람들이 모두 눈물을 흘렸다.

태복인 정강후(征羌侯) 내력(來歷)이 말하였다.

"경보는 으뜸가는 분의 장인이라는 가까움에 의탁하여 영화와 은총이 지나치고 후하였으나, 나라의 은혜에 보답할 생각은 하지 않고 간신에게 기울어져서 충성스럽고 선량한 사람을 해쳤으니 하늘의 재앙이 또한 곧 이를 것입니다."

내력은 내흡(來歙)의 증손이다.

---

234 홍농현 화음(華陰)을 말한다.

4   여름, 4월 을축일(2일)에 거가가 궁궐로 들어갔다.

5   무진일(5일)에 광록훈 풍석(馮石)을 태위로 삼았다.

6   남흉노의 선우 난제단(欒提檀)[235]이 죽으니 동생 난제발(欒提拔)
이 즉위하여 오계후시축제(烏稽侯尸逐鞮) 선우[236]가 되었다. 이때 선
비족이 자주 변경을 침구하자 도요장군 경기가 온우독왕(溫禺犢王) 호
우휘(呼尤徽)와 함께 새로 항복한 자들을 이끌고 매년 요새로 나가 그
들을 치고 돌아와서는 요충지에 열을 지어 주둔하도록 하였다.

   경기가 징발하는 것이 번거로움이 극에 달하자 새로 항복한 자들은
모두 원한을 품었는데, 대인 아족(阿族)[237] 등이 마침내 반란을 일으
켜서 호우휘를 위협하여 함께 달아나려고 하였다.

   호우휘가 말하였다.

   "나는 늙었고, 한 왕조의 은혜을 입었으니 차라리 죽을지언정 함께
따를 수 없다!"

   무리들이 그를 죽이려고 하였으나 구원해주는 자가 있어서 죽음을
면할 수 있었다.

   아족 등이 마침내 그 무리를 거느리고 도망하였다. 중랑장 마익(馬
翼)이 호족의 기병과 함께 추격하여 그들을 깨뜨리고 목을 베거나 잡
으니 거의 다 없어졌다.

---

235 남흉노의 33대 선우이다.
236 남흉노의 34대 선우이다.
237 새로 항복한 한부족의 우두머리이다.

7   일남(日南, 베트남 광치성)의 변방 밖의 만이들이 안으로 귀속하였다.

8   6월에 선비족이 현토를 침략하였다.

9   경오일(8일)에 낭중(閬中, 사천성 낭중현)의 산이 붕괴되었다.

10   가을, 7월 신사일[238]에 대홍려 경보를 대장군으로 삼았다.

11   왕성과 강경, 번풍 등이 태자의 유모 왕남(王男)과 주감(廚監)[239] 병길(邴吉) 등을 참소하여 그들을 죽이고, 그 가족들을 비경(比景, 베트남 해동현)으로 귀양 보냈다. 태자가 왕남과 병길을 생각하여 자주 탄식을 하였다.

강경과 번풍은 이후에 해를 입을까 두려워하여서 염후(閻后)와 함께 허무맹랑한 일을 망령되게 만들어 태자와 동궁의 관원을 얽어서 참소하였다. 황제가 노하여 공경 이하의 관리를 불러서 태자의 폐위에 관해 논의하게 하였다. 경보 등은 황제의 뜻을 받들자며 모두 응당 태자는 폐위되어야 한다고 생각하였다.

태복 내력(來歷)과 태상[240] 환언(桓焉), 정위인 건위(犍爲, 사천성 팽산현) 사람 장호(張皓)가 건의하였다.

---

238 7월에는 신사일이 없다. 어떤 판본에 8로 되어 있으므로 8이 맞는다면 이 날은 8월 20일이다.

239 취사관리관이다.

240 태복은 교통, 태상은 제사 부분 담당관에 해당된다.

"경전에서 말하기를, 나이가 15세 미만인 경우 허물과 악한 행동도 그 자신에게 있지 않다고 하였습니다. 또 왕남과 병길이 모의라고 한 것을 태자의 얼굴에도 몰랐다고 나타나 있었습니다. 당연히 충성스럽고 좋은 보부(保傅)²⁴¹를 선택하고 예의로 보필해야만 합니다. 폐위하는 일은 중요하므로 이것이 진실로 성은으로 마땅한지 깊이 유의해야 합니다."

황제는 따르지 않았다. 환언은 환욱(桓郁)의 아들이다.

장호가 물러나와 다시 편지를 올려 말하였다.

"옛날 역신(逆臣) 강충(江充)이 얽어서 참소하고 거역하여 여원(戾園)²⁴²을 뒤집어엎었는데, 효무제는 오래 지나서야 마침내 깨달았고,²⁴³ 비록 이전의 과실을 되돌아보았으나 후회한들 어찌 되돌리겠습니까? 현재 황태자가 바야흐로 열 살로 아직 보부(保傅)의 가르침을 습득하지 못하였는데 급하게 책임지게 할 수 있습니까?"

편지가 아뢰어졌으나 살피지 않았다.

9월 정유일(7일)에 황태자 유보(劉保)를 폐하여 제음왕(濟陰王)으로 삼고, 덕양전(德陽殿) 서쪽의 종루 아래 살도록 하였다. 내력이 이에 광록훈 대풍(役諷), 종정(宗正)²⁴⁴ 유위(劉瑋), 장작대장(將作大匠)²⁴⁵ 설호(薛晧), 시중 여구홍(閭丘弘)·진광(陳光)·조대(趙代)·시연(施延),

---

241 태자를 보호하고 가르치는 책임을 진 태자태보와 태자태부를 말한다.

242 한 무제의 태자였던 여태자이다.

243 무제 정화(征和) 2년(91년)과 3년(92년)의 일로《자치통감》권23에 실려 있다.

244 황족사무담당관에 해당한다.

245 공정총감에 해당한다.

태중대부인 구강(九江, 안휘성 수현) 사람 주창(朱倀) 등 십여 명을 규합하여 함께 홍도문(鴻都門)[246]에 가서 태자에게 과실이 없음을 증명하였다.

황제는 좌우 신하들과 함께 이것을 걱정하고서 중상시(中常侍)에게 조서를 받들게 하고 여러 신하들을 위협하면서 말하게 하였다.

"부자가 한 몸이라는 것은 천성이 스스로 그러한 것인데, 의로써 은정을 베어내는 것은 천하를 위해서이다. 내력과 대풍 등은 큰 법도를 모르고 여러 소인배들과 더불어 떠들썩한 소란을 만들고 있으니, 겉으로 보기에는 충직하나 안으로는 훗날의 복을 바라는 것이며, 사악함을 수식하고 의리에 어긋나니 어찌 군주를 섬기는 예의라 하겠는가!

조정은 널리 언로를 열었으니 그러므로 일체를 용서하나 만약 미혹을 품고 돌이키지 않으면 마땅히 형법에 있는 조문으로 분명하게 밝히겠다!"

간언한 사람 가운데 얼굴색이 변하지 않는 이가 없었다.

설호가 우선 머리를 조아리며 말하였다.

"진실로 마땅히 밝히신 조서와 같이 하겠습니다."

내력이 울분에 차서 화를 내며 조정에서 설호를 힐책하였다.

"한통속으로 무슨 말로 간언하였는데 지금 다시 이것을 배신하는가? 대신이 조거(朝車)[247]를 타고 국가의 일을 처리면서 진실로 이와 같이 갈팡질팡할 수 있는가!"

이에 각자 조금씩 몸을 일으켰다.

---

246 황궁의 궁문이다.

247 관공용 수레를 말한다.

내력이 혼자 궁궐문을 지키고 며칠간 떠나려고 하지 않았다. 황제가 대노하니 상서령 진충과 여러 상서들이 마침내 함께 내력 등을 탄핵하는 상주를 올리자, 황제는 마침내 내력 형제의 관직을 면직시키고 봉국[248]의 조세를 삭감하였으며, 내력의 어머니 무안(武安)공주[249]를 내쫓으니 알현할 수도 없었다.

12   농서군이 비로소 적도(狄道, 감숙성 임조현)로 돌아갔다.[250]

13   소당에 사는 강족의 우두머리인 마노가 죽었고, 동생 서고(犀苦)가 즉위하였다.

14   그믐 경신일(30일)에 일식이 있었다.

15   겨울, 10월 황상이 장안을 행차하였으며 11월 을축일(6일)에 낙양으로 돌아왔다.

16   이 해에 경사와 여러 군 그리고 봉국 23곳에 지진이 있었고, 36곳에는 홍수와 우박이 있었다.＊

---

248 정강국(征羌國)의 조부(租賦)를 말한다.

249 후한 명제(明帝) 유장(劉莊)의 딸이다.

250 치소(治所)를 옮긴 것이다. 영초 5년(111년)에 양무로 치소를 옮겼었다.

폐위된 태자를 위한 궁정 모의

효안황제 연광 4년(乙丑, 125년)

1 봄, 2월 을해일[1]에 하비혜왕(下邳惠王)[2] 유연(劉衍)이 사망하였다.

2 갑진일(17일)에 거가(車駕)[3]가 남방을 순행하였다.

3 3월 1일 무오일에 일식이 있었다.

4 경신일(3일)에 황제가 완(宛, 하남성 남양현)에 이르렀는데, 몸이 좋지 않았다.[4] 을축일(8일)에 황제가 완에서 출발하여 정묘일(10일)에

---

1 2월 1일은 무자일이어서 2월에는 을해일이 없다. 만약 을해(乙亥)가 기해(己亥)의 잘못이라면 12일이다. 다음 기사가 갑진(17일)일인 점으로 보아 기해일이 맞는 것으로 보아야 한다.

2 하비왕 유연이 죽자 시호를 혜왕이라 하였다.

3 거가는 황제가 타는 수레이지만 황제를 지칭하는 말로 여기서는 안제(安帝)이다.

섭(葉, 하남성 섭현)에 이르렀는데 승여(乘輿)에서 붕어하였다. 나이는 32세였다.

황후와 염현(閻顯) 형제, 강경(江京) 번풍(樊豊) 등이 모의하여 말하였다.

"지금 안가(晏駕)[5]가 길에 있으나 제음왕(濟陰王)[6]이 안에 있어 공경과 만나 그를 세우면 또한 큰 해가 될 것이다."

이에 거짓으로 '황제의 병이 심하다.'고 말하고 영구를 와거(臥車)[7]로 옮기고 이르는 곳에서는 음식을 올렸고 예전과 같이 문안인사를 드렸다.

말을 4일간 달려서 경오일(13일)에 황궁으로 돌아왔다. 신미일(14일)에 사도(司徒)[8] 유희(劉喜)를 교외의 사당과 사직에 가게 하여 하늘에 생명을 달라고 청하게 하였다.[9] 그날 저녁에 발상(發喪)하였다.

---

4 황제의 몸이 불편한 것을 불예(不豫)라고 표현한다. 《서경(書經)》 〈금등(金縢)〉에 '왕에게 병이 생기면 불예라 한다.'고 되어 있다.

5 황제의 죽음을 직접적인 말로 쓰지 않으려고 피해서 한 말이다. 만가(晚駕)라고도 한다.

6 안제의 태자로서 이름은 유보(劉保)이다.

7 누워서 타는 수레이다.

8 태위(太尉)·사공(司空)과 함께 삼공의 하나이다. 후한시대에 태위를 대사마(大司馬), 사공을 대사공(大司空), 사도를 대사도로 바꾸었다. 예교로 백성을 교화하는 일을 담당하였다.

9 주나라 무왕이 병이 들자 주공(周公)은 세 개의 제단에 동시에 제사 터를 잡고 태왕, 왕계, 문왕을 통하여 하늘에 목숨을 달라고 요청하였다. 후세에는 이를 따라서 시행하였다. 여기서는 이미 죽었으므로 거짓으로 이 행사를 치른 것이다.

황후를 높여서 황태후라고 하였다. 태후가 조정에 임석하였다. 염현(閻顯)을 거기장군(車騎將軍) 겸 의동삼사(儀同三司)로 삼았다. 태후는 오래도록 국정을 전횡하고자 하여 어린아이를 세울 욕심을 냈고, 염현 등과 금궁(禁宮)[10] 안에서 대책을 정하고, 제북혜왕(濟北惠王)[11]의 아들인 북향후(北鄕侯) 유의(劉懿)를 맞이하여 후사로 삼았다.

제음왕은 폐위되어 쫓겨났으므로 전각에 올라 몸소 재궁(梓宮)[12] 앞에 나아갈 수 없게 되자, 슬퍼하여 통곡하며 음식을 먹지 않으니 안팎의 여러 관료 가운데 그를 애달파하지 않는 사람이 없었다.

5   갑술일(17일)에 제남효왕(濟南孝王)[13] 유향(劉香)이 사망하였으나 아들이 없어 나라가 폐지되었다.

6   을유일(28일)에 북향후가 황제[14]의 자리에 올랐다.

7   여름, 4월 정유일(11일)에 태위(太尉)[15] 풍석(馮石)을 태부(太傅)[16]로 삼고, 사도 유희를 태위 겸 참록상서사(參錄尙書事)[17]로 삼았다. 전

---

10 황제가 거처하는 어소(御所)이다.

11 제북왕 유수(劉壽)가 죽자 시호를 혜왕이라고 하였다.

12 황제나 황후의 관을 말한다. 관을 재나무로 만들며 황제가 있는 곳을 궁이라고 하므로 황제나 황후의 관을 재궁이라고 부른다.

13 제남왕 유향이 죽자 시호를 효왕이라고 하였다.

14 소제(少帝)이다.

15 무관의 최고지위로 승상과 대등한 자리이다.

사공 이합(李郃)을 사도로 삼았다.

8   염현은 대장군 경보(耿寶)의 지위가 높고 권세가 막중하며, 이전 조정에서 위엄을 행사한 것을 시기하여서 유사에게 넌지시 일러 상주문을 올리게 하였다.

"경보와 그의 무리인 중상시(中常侍)[18] 번풍, 호분중랑장(虎賁中郎將) 사운(謝惲), 시중(侍中) 주광(周廣), 야왕군(野王君) 왕성(王聖),[19] 왕성의 딸 왕영(王永) 등 서로 아부하는 무리들이 위복(威福)[20]을 만들어내니 모두 도를 크게 벗어난 것[21]입니다."

신묘일[22]에 번풍과 사운, 주광은 모두 하옥되어 죽었고, 그들의 가속은 비경(比景, 베트남의 해동현)으로 귀양 보냈다. 경보와 조카인 임려후(林慮侯)[23] 경승(耿承)을 깎아내려서 모두 정후(亭侯)[24]로 삼고 봉

---

16 황제를 보좌하여 국사를 돌보는 일을 담당하였다.

17 영상서사(領尙書事)라고도 하는데, 상서의 업무를 참여하여 관장한다는 의미의 관직으로, 삼공의 위에 있으면서 상서의 업무를 총괄하였다.

18 황제의 침소에서 수발을 드는 관리이다.

19 안제의 유모이다.

20 권위로 남을 누르거나 압박하는 것과 복을 주는 일을 말한다.

21 보통 대역이라는 의미와 같이 써서 대역부도라고 한다.

22 4월 신묘일은 5일이다. 풍석을 태부로 삼은 것이 11일이므로 논리에 맞지 않는다. 착오일 것이다. 신묘(辛卯)는 혹 신축(辛丑)의 잘못일 수도 있는데, 신축일은 15일이다.

23 원래는 융려(隆慮)이나 황제의 휘호를 피하기 위해 '융'을 '임'으로 고쳤다.

24 제후의 작위 중에서 가장 낮은 직급이다.

국으로 보냈는데 경보는 도중에 자살하였다. 왕성의 어머니와 아들은
안문(雁門, 산서성 대현)으로 귀양 보냈다.

이에 염경(閻景)을 위위(衛尉)[25]로 삼고, 염요(閻耀)를 성문교위(城
門校尉)[26]로 삼고, 염안(閻晏)을 집금오(執金吾)[27]로 삼으니 형제들이
나란히 권력의 요직을 차지하여 위복을 마음대로 하였다.

9   기유일(23일)에 효안황제를 공릉(恭陵)[28]에 장사지냈으며, 묘호
(廟號)를 공종(恭宗)이라 하였다.

10   9월[29] 을사일(20일)에 천하에 사면령을 내렸다.

11   가을 7월 서역장사(西域長史)[30] 반용(班勇)이 돈황(敦煌), 장액
(張掖), 주천(酒泉)에 있는 6천 기병과 선선(鄯善), 소륵(疏勒, 신강성 소
륵현), 차사전부(車師前部, 신강성 투르판현)의 병사를 징발하여 차사후
부(車師後部, 신강성 기태현)의 왕 군취(軍就)를 공격하여 대파하고, 죽
이거나 생포한 자가 8천여 명이었으며, 군취와 흉노에서 지절을 가지

---

25 금위사령관에 해당하는 직책으로 궁성의 경비를 담당하였다.

26 경사 성문의 경비를 담당하였다.

27 수도 낙양의 총경비사령관에 해당하는 직책이다.

28 하남성 남양현 동북쪽에 위치하고 있다.

29 원문의 九를 용조조는 괄호 속에 육(六)을 써넣었다. 논리적으로는 그 다음
에 7월이 나오므로 이것이 맞는다고 생각된다.

30 서역은 신강과 중앙아시아의 동부이며, 장사는 봉국의 재상에 해당한다.

고 온 사신을 산 채로 붙잡았는데, 장차 색반(索班)이 죽는 곳까지 데리고 가서 목을 베어[31] 수급을 경사로 보냈다.

12   겨울, 10월 병오일(22일)에 월수(越嶲, 사천성 영창현)에 있는 산이 무너졌다.

13   북향후의 병이 위독해지자 중상시 손정(孫程)이 제음왕[32]의 알자(謁者) 장흥거(長興渠)[33]에게 말하였다.

"왕[34]은 적통으로서 본래 덕을 잃어버린 바가 없었는데, 먼저 돌아가신 황제가 참소를 받아들여 마침내 폐위되어 쫓겨났습니다. 만약 북향후가 일어나지 못하고, 우리가 서로 함께 강경과 염현을 잘라버린다면 일은 이루어지지 않을 수 없습니다."

장흥거가 그렇다고 생각하였다.

또 중황문(中黃門)[35]인 남양(南陽, 하남성 남양현) 사람 왕강(王康)은

---

31 색반은 돈황 장사이고, 차사후왕이 죽인 일에 대해서는 《자치통감》 권50 영녕(永寧) 원년(120년)에 기록이 보인다.

32 북향후는 북향후였다가 새로 황제에 즉위한 유의(劉懿)이고, 제음왕은 태자였다가 쫓겨나서 제음왕으로 강등된 유보를 말한다.

33 알자는 손님을 맞이하는 관리이다. 일설은 흥(興)이 성이고 거(渠)가 이름이라고 하였으므로 알자장이 관직으로 볼 수 있으나, 백관지에 의거하면 왕국의 알자는 비(比)400석인데, 그 아래 예악장·위사장·의공장·영항장·사사장이 있으며, 알자장이라는 직책은 없다. 그러므로 장흥을 성으로 보아야 할 것이다.

34 제음왕 유보를 말한다.

35 궁중에서 시중드는 환관을 말한다.

전에 태자부의 부사(府史)[36]였는데, 장락궁의 태관승(太官丞)[37]이었던 경조(京兆, 섬서성 서안시) 사람 왕국(王國) 등과 함께 나란히 손정에게 붙어서 합세하였다.

강경이 염현에게 말하였다.

"북향후의 병이 나아지지 않으니 나라의 후사는 마땅히 때맞추어 정해야 할 터인데 왜 서둘러 여러 왕자를 소집하여서 간택하지 않습니까?"

염현이 그렇다고 여겼다. 신해일(27일)에 북향후가 사망하였다. 염현이 태후에게 비밀로 하여 상사(喪事)를 발표하지 말라고 말하고, 여러 왕자들을 소집하여 궁문을 잠그고 병사를 주둔시켜 스스로 지켰다.

11월 을묘일(2일)에 손정·왕강·왕국·중황문 황용·팽개(彭愷)·맹숙(孟叔)·이건(李建)·왕성(王成)·장현(張賢)·사범(史汎)·마국(馬國)·왕도(王道)·이원(李元)·양타(楊佗)·진여(陳予)·조봉(趙封)·이강(李剛)·위맹(魏猛)·묘광(苗光) 등이 서쪽 종루(鍾樓)[38] 아래에 모여서 모의를 하고 모두 단의(單衣)[39]를 자르면서 맹서하였다.

정사일(4일)에 경사와 16개의 군과 봉국에 지진이 일어났다. 그날 밤 손정 등이 모두 숭덕전(崇德殿) 위에 모여 그 기회에 장대문(章臺門)으로 들어갔다. 이때 강경, 유안(劉安), 이윤(李閏), 진달(陳達) 등은 모두 금문(禁門) 아래에 모여 앉아 있었는데, 손정과 왕강이 함께 나아가서

---

36 태자궁의 문서나 재물을 관리하였다.

37 장락궁의 주방을 관리하는 직책이다.

38 유보가 거처하는 곳이다.

39 겹으로 만들지 않은 홑옷을 말한다.

강경, 유안, 진달의 목을 베었다.

이윤은 오랫동안 권세를 쌓아서 궁성 내에 있는 사람들이 그에게 복종하였기 때문에 끌어들여 주모자로 삼고자 하여서 칼을 들어 이윤을 위협하며 말하였다.

"지금 당장 제음왕을 세워야 하니 움직이지 마시오."

이윤이 말하였다.

"좋소."

이에 이윤을 부축해 일으켜 서쪽 종루 아래에서 모두 제음왕을 맞이하여 황제에 즉위하게 하니 이때 나이 11세이다.

상서령(尙書令)[40]과 복야(僕射)[41] 이하의 관리를 불러서 가마를 좇아 남궁으로 행차하게 하고, 손정 등은 남아서 금문을 굳게 지켜 안과 밖을 차단하였다. 황제는 운대(雲臺)에 올라가 공경과 백관들을 소집하고 호분(虎賁)과 우림(羽林)의 무사들에게 남궁과 북궁의 여러 문에 주둔하게 하였다.

염현은 이때 금중(禁中)[42]에 있었는데, 걱정스럽고 압박을 받아서 어찌해야 할 바를 몰랐다. 소황문(小黃門)[43] 번등(樊登)이 염현에게 권하기를, 태후의 조서를 가지고 월기교위(越騎校尉)[44] 풍시(馮詩)와 호분중랑장(虎賁中郎將)[45] 염숭(閻崇)을 불러서 군사를 거느리고 평삭문

---

40 궁중의 비서실 책임자이다.

41 궁중 비서실 부책임자로써 상서령의 밑에 위치한다.

42 염현은 대개 북궁(北宮)에 있었다.

43 이제 막 시중이 된 환관을 말한다.

44 남월 군대의 지휘관을 말한다.

(平朔門)[46]에 병사를 주둔시켜 손정 등을 방어하게 하였다.

염현이 풍시를 유인해 궁성으로 들어오게 하여 말하였다.

"제음왕이 선 것은 황태후의 의도가 아니며, 인새와 인수는 여기에 있다. 진실로 힘을 다해 공을 세운다면 후에 책봉될 수 있을 것이다."

태후가 그에게 인(印)을 주게 하면서 말하였다.

"능히 제음왕을 잡을 수 있는 사람은 만호후(萬戶侯)에 책봉될 것이며, 이윤을 잡으면 5천 호의 후에 봉할 것이다."

풍시 등은 모두 그렇게 하겠다고 하면서 말하였다.

"급히 부름을 받아서 거느린 무리들이 적습니다."

염현은 번등과 함께 좌액문(左掖門) 밖에서 관리와 병사를 맞이하게 하였는데, 풍시는 그 기회에 번등을 때려죽이고 군영으로 돌아가 굳게 지켰다.

염현의 동생인 위위(衛尉) 염경(閻景)은 서둘러 궁성에서 외부(外府)[47]로 돌아와 병사를 모아서 성덕문(盛德門)에 이르렀다. 손정은 여러 상서들을 불러 모아 염경을 잡아들이라고 전하였다. 상서 곽진(郭鎭)이 때마침 병으로 누워있었는데, 이 소식을 듣고 즉시 숙직하던 우림군을 거느리고 남지거문(南止車門)으로 나갔다가 염경을 따르는 관리와 군사들을 만나자 번득이는 칼을 뽑아들고 큰소리로 외치며 말하였다.

"군사에 관한 일에 간섭하지 마라."

---

45 호분 무사 지휘관을 말한다.

46 북궁의 북문이다.

47 위위부이다.

곽진은 바로 수레에서 내려 지절을 가지고 조서를 보였더니 염경이 말하였다.

"무슨 조서냐!"

기회를 틈타 곽진을 찍었으나 맞지 않았다.

곽진이 검을 뽑아 염경을 공격하여 수레에서 떨어뜨리자 좌우에서 창이 그의 가슴을 겨누어 마침내 사로잡아 정위옥(廷尉獄)[48]으로 호송하였지만 바로 그날 밤에 죽였다.

---

48 정위(廷尉)는 궁정 안에서 사법 업무를 관장하는 관직이고, 이 정위에게 속한 감옥을 정위옥이라고 한다.

환관에 의해 세워진 순제

무오일(5일)에 사자를 파견하여 궁성으로 들어가 인수와 인새를 탈취하고, 황제는 이에 가덕전(嘉德殿)으로 행차하였다. 시어사(侍御史)를 파견하여 지절을 가지고 염현과 그의 동생인 성문교위(城門校尉) 염요(閻耀), 집금오(執金吾) 염안(閻晏)을 체포하여 나란히 하옥시켜 주살하고, 가족들은 모두 비경(比景, 베트남 국경하의 입구)으로 귀양 보냈다. 태후를 이궁(離宮)[49]으로 옮겼다.

기미일(6일)에 성문을 열고 주둔병을 해산시켰으며, 임술일(9일)에 사예교위(司隷校尉)[50]에게 조서를 내렸다.

"오직 염현, 강경 같은 근친들만 마땅히 사형에 처하고 그 나머지에게는 관대하게 용서하도록 힘쓰라."

손정 등을 책봉하여 모두 열후로 삼았는데, 손정의 식읍은 1만 호이고, 왕강과 왕국의 식읍은 9천 호이며, 황용의 식읍은 5천 호이고, 팽개·맹숙·이건의 식읍은 4천2백 호이며, 왕성·장현·사범·마국·왕도·

---

49 궁궐 밖에 있는 별궁이다.

50 경기 지역 위수사령관에 해당하는 직책이다.

이원·양타·진여·조봉·이강의 식읍은 4천 호이고, 위맹의 식읍은 2천 호이고, 묘광의 식읍은 1천 호였으니, 이들이 19후이며, 그 위에 거마, 금은, 전백(錢帛)을 차별 있게 하사하였지만, 이윤은 사전 모의에 참여하지 않았으니 그러므로 열후로 봉하지 않았다. 손정을 발탁하여 기도위(騎都尉)[51]로 삼았다.

처음에 손정 등이 장대문(章臺門)으로 들어가는데, 묘광만이 홀로 들어가지 않았다. 조서를 내려 공신을 조사하게 하면서 왕강에게 명하여 이름을 적게 하였는데, 왕강은 거짓으로 묘광이 장대문으로 들어갔다고 하였다. 묘광은 아직 부책(符策)[52]을 받지 아니하였지만 스스로 마음이 편안하지 아니하여 황문령(黃門令)[53]에게 가서 고백하였다.

유사가 왕강과 묘광이 주상을 기만한 것이라고 상주문을 올렸지만 조서를 내려 묻지 말게 하였다. 장작대장(將作大匠)[54] 내력(來歷)을 위위로 삼았다. 대풍(役諷)과 여구홍(閭丘弘) 등이 먼저 죽자 그들의 자식을 모두 낭(郞)[55]으로 삼았다.

주창(朱倀), 시연(施延), 진광(陳光), 조대(趙代)는 모두 발탁되어 나중에 공경까지 이르렀다.[56] 왕남(王男)과 병길(邴吉)의 가족을 불러서

---

51 기마부대 대장이다.

52 조칙을 말한다. 한나라 초기에 왕후를 책봉할 때에는 모두 부부(剖符)를 주었는데, 무제가 제왕, 연왕, 광릉왕 세 왕을 책봉하면서부터 책서(策書)를 주기 시작하였다.

53 궁중에서 시중을 드는 환관의 총수이다.

54 종묘, 궁궐 등의 토목 공사를 관장하는 직책이다.

55 금위관의 직책이다.

56 내력(來歷) 등이 홍도문에서 간언하였던 것은 안제 연광 3년의 일로 《자치통

경사로 돌아오게 하여 후한 상을 더하여 내렸다. 황제가 폐위 당하면서[57] 태자의 집을 감독하던 소황문 적건(籍建), 중부(中傅) 고범(高梵), 장추장(長秋長) 조희(趙熹), 승(丞) 양하(良賀), 약장(藥長)[58] 하진(夏珍)은 모두 연좌되어 삭방(朔方, 요하성 등구현)으로 귀양 갔으나, 황제가 즉위하면서 모두 발탁하여 중상시로 삼았다.

처음에 염현은 최인(崔駰)의 아들 최원(崔瑗)을 불러서 관리로 삼았는데, 최원은 북향후를 세운 것이 바르지 못하므로 염현이 장차 실패할 것임을 알고, 폐립(廢立)[59]을 설득하려고 하였으나 염현이 날마다 술에 푹 취하여 지내서 만날 수가 없자 이에 장사(長史) 진선(陳禪)에게 말하였다.

"중상시 강경 등이 먼저 돌아가신 황제[60]를 현혹시켜 해치면서 정통인 자를 폐위시켜 쫓아내고 서자를 도와서 옹립하였습니다.[61] 소제(少帝)가 즉위해 묘당 안에서 병이 나자 주발(周勃)이 하였던 징조[62]가 이에 다시 보이고 있습니다.

감》권50에 실려 있다.

57 현재 황제가 태자였을 때 태자에서 쫓겨난 것을 말하는 것이다.

58 중부(中傅)는 태자궁 환관의 총관고, 장추장(長秋長)은 태자궁의 총관이며, 승(丞)은 태자궁의 부총관이고, 약장(藥長)은 태자궁의 의무(醫務)를 담당하였다.

59 소제 유의를 폐위시키고 유보를 황제로 세운 것을 말한다.

60 유호 안제를 말한다.

61 원문의 얼(蘗)은 나무를 베고 난 후에 돋아나는 새싹을 말하는데, 일반적으로 적자를 간(幹), 서자를 얼(蘗)에 비유한다.

62 여후(呂后)가 혜제의 후궁의 아들을 소제로 삼았으나 주발이 폐위시켰다.

지금 그대와 더불어 장군[63]을 뵙고 유세하여 태후에게 아뢰어서 강경 등을 체포하고, 소제를 폐위시키고 제음왕을 끌어서 세운다면 반드시 위로는 하늘의 마음에 합당할 것이고 아래로는 사람들의 소망에 부합하는 것이며, 이윤(伊尹), 곽광(霍光)이 세웠던 공로보다도 낮지 않은 자리에 세워지게 될 것이니, 장군 형제는 끝없는 복을 전하게 될 것이며, 만일 하늘의 뜻을 거역한다면 오랫동안 신기(神器)[64]를 소홀히 한 것이 되어, 장차 죄가 없더라도 으뜸가는 죄인과 똑같은 죄를 범하는 것입니다. 지금은 이른바 화와 복이 교차되는 때이며 공을 나누는 시기입니다."

진선이 미적미적하면서 감히 따르지 않았다.

마침 염현이 패배하자 최원도 그들에게 연루되어 축출되었다. 문생인 소지(蘇祗)가 편지를 올려서 상황을 말하고자 하였으나 최원이 황급히 이를 막았다. 이때 진선은 사예교위였었는데 최원을 불러서 말하였다.

"다만 소지가 올린 편지를 들어주기만 한다면 저 진선은 그를 위해 증인이 될 것을 청합니다."

최원이 말하였다.

"그것은 비유하자면 마치 여자아이가 병풍 안에서 말하는 것과 같을 뿐입니다. 바라건대 사군(使君)[65]께서 다시는 입 밖에 내지 말아주십시오."

---

63 거기장군 염현을 말한다.

64 제위의 상속에 따르는 옥새, 보물 등을 전하는 제위를 말한다.

65 진선은 당시 사예교위가 되었으므로 호칭으로 사군이라는 존칭을 사용했다.

드디어 사양하고 돌아가서 다시는 주와 군의 명령에 응하지 않았다.

14   기묘일(26일)에 여러 친왕에 해당하는 예로써 북향후[66]를 장사지냈다.

15   사공 유수(劉授)는 악한 반역자들에게 아부하였고, 자리에 합당하지 않은 자를 벽소하였기 때문에 책서를 내려 파면시켰다.[67] 12월 갑신일(1일)에 소부(少府)[68]인 하남(河南) 사람 도돈(陶敦)을 사공으로 삼았다.

16   양진(楊震)의 문생인 우방(虞放)과 진익(陳翼)은 대궐에 이르러 양진에 관한 일을 뒤늦게 호소하였다.[69] 조서를 내려 양진의 두 아들을 낭으로 삼고 100만 전을 주었으며, 예로써 다시 화음동정(華陰潼亭, 섬서성 동관현 서쪽)에 장사지내게 하였는데 멀고 가까운 곳에 사는 사람들이 모두 왔다. 1장(一丈)[70]이 넘는 큰 새들이 양진의 영구 앞에 모였는데 군에서 이 상황을 보고하였다. 황제가 양진의 충성에 감복하여 조서를 내려 다시 중뢰(中牢)[71]의 예를 갖추어 그에게 제사지내게 하였다.

---

66 소제이다. 소제가 황제에 즉위했었음에도 황제의 예가 아니라 친왕의 예로써 장례를 치른 것은 지위를 깎아내린 것이다.

67 자리에 적당하지 않은 사람을 벽소한 일은 안제 연광 2년(123년)의 일로,《자치통감》권50에 실려 있다.

68 궁중의 공물을 관장하는 부서이다.

69 이 사건은 연광 3년(124년)의 일로《자치통감》권50에 실려 있다.

70 1장의 길이는 약 3.3m이다.

17   의랑[72] 진선이 말하였다.

"염태후와 황제는 모자간의 은혜를 베푼 일이 없으니 마땅히 별관으로 옮겨서 조현하는 일을 끊어야 합니다."

여러 신하들 중 논의하는 자들은 모두 마땅하다고 여겼다.

사도부 연리인 여남(汝南, 하남성 여남현) 사람 주거(周擧)가 이합(李郃)[73]에게 말하였다.

"옛날에 고수(瞽瞍)는 항상 순(舜)을 죽이려고 하였으나 순은 더욱 삼가면서 잘 섬겼습니다. 정(鄭)나라의 무강(武姜)은 장공(莊公)을 죽이려고 모의하였으나 장공은 황천에서나 만날 것을 맹세하였으며, 진시황은 어머니의 행실이 잘못된 것을 원망하여 오랫동안 단절하였으나 후에 영고숙(潁考叔)과 모초(茅蕉)의 말에 감동되어 다시 아들로서의 도리를 다하였는데,[74] 책에서는 이를 아름답다고 전하고 있습니다.

지금 여러 염씨를 막 주살하였고 태후는 유폐되어 이궁에 있는데 만일 슬퍼하며 근심하다가 병이 나서 어느 날 예상치 못한 일이 일어나

---

71 양과 돼지를 제물로 바치는 제후의 예를 의미한다. 천자의 예를 태뢰(太牢)라고 한다.

72 궁실의 논의를 담당하며 녹질은 6백 석으로 특히 현량방정한 인사를 초빙해 임명하였다.

73 사도이다.

74 정무강은 정무공(鄭武公)의 부인이다. 태자 정장공을 미워하고 어린 아들 공숙단(共叔段)을 사랑하였다. 무강이 공숙단을 돕자 장공은 성영(城潁)으로 옮기면서 '황천에 가기 전에는 다시는 만나지 않을 것이다'라고 말하였다. 그러나 영고숙이 어머니가 대단히 유감스럽게 생각한다고 계략을 짜 결국 다시 어머니를 만나 섬기게 되었다. 진시황의 일에 대해서는 《자치통감》 권6 시황제 9년조에 보인다.

게 되면,[75] 주상이 장차 어떻게 천하를 호령하시겠습니까! 만일 진선의 의견에 따른다면 후세에는 밝으신 그 공에게 허물을 돌릴 것입니다.

마땅히 비밀리에 조정에 표문을 올려 태후를 모시게 하고, 여러 신하들을 인솔하고 예전과 같이 조근(朝覲)하게 하신다면 하늘의 마음을 만족시키고 백성의 바람에 화답하게 됩니다."

이합은 즉시 상소를 올려 이것을 진술하였다.

효순황제 영건 원년(丙寅, 126년)[76]

1   봄, 정월 황제가 동궁에서 태후를 조현(朝見)하자 태후의 마음이 마침내 편안해졌다.

2   갑인일(2일)에 천하에 사면하였다.

3   신미일(19일)에 황태후 염씨가 붕어하였다.

4   신사일(29일)에 태부 풍석(馮石)과 태위 유희(劉熹)가 권력 있는

---

75 태후 염씨가 슬픔에 못 이겨 사망할지 모른다는 것을 죽는다는 용어를 사용하지 않고 한 말이다.

76 안제가 지난해 4월 10일에 죽고, 28일에는 북향후(소제)가 등극하였다가 10월 27일 7개월 만에 죽었으므로 1년을 넘기지 못하여 연호를 정할 시간이 없었다. 보통 전 황제가 죽은 그 해의 연호는 계속 사용하며 해가 바뀌어야 새 연호를 사용한다. 그러므로 소제는 황제 노릇을 하였지만 그의 연호는 없다.

귀족들에게 아부하여 한패가 되었다 하여 면직되었다. 사도 이합이 파직되었다.

5   2월 갑신일(2일)에 안사황후(安思皇后)[77]를 장사지냈다.

6   병술일(4일)에 태상[78] 환언(桓焉)을 태부로 삼고 대홍려[79] 주총(朱寵)을 태위로 삼아 녹상서사의 업무에 참여[80]하게 하였다. 장락궁의 소부(少府)[81] 주창(朱倀)을 사도로 삼았다.

7   상서 곽진(郭鎭)을 책봉하여 정영후(定穎侯)로 삼았다.[82]

8   농서(隴西, 감숙성 임조현)에 사는 종강(鍾羌)들이 반란을 일으키자, 교위 마현(馬賢)이 이를 공격하여 임조(臨洮, 감숙성 민현)에서 싸워서 참수한 것이 1천여 급이 되니, 강족의 무리들이 모두 항복하였다. 이로 말미암아 양주(涼州, 감숙성)가 다시 안정되었다.

---

77 안사는 황태후 염씨의 시호인데, 남편인 안제의 시호를 따른 것이다. 안사라는 시호는 시법에 따르면 꾀를 내고 염려한 것이 어그러지지 않았다는 의미로 사(思)를 쓴 것이다.

78 종묘의례를 관장하는 직책이다.

79 번속(藩屬)에 관한 일을 맡아보던 직책이다.

80 관직명은 참록상서사이다.

81 태후궁의 업무를 관장하는 직책이다.

82 곽진이 이전에 염경을 사로잡은 공로가 있어서 책봉됐다. 정영후는 여남군에 속한다.

9   6월 기해일(19일)에 제남간왕(濟南簡王)⁸³ 유착(劉錯)의 아들 유
현(劉顯)을 책봉하여 제남왕으로 삼았다.⁸⁴

10   가을 7월 경오일(21일)에 위위 내력(來歷)을 거기장군으로 삼았
다.

11   8월 선비가 대군(代郡, 산서성 양고현)을 노략질하였는데, 태수 이
초(李超)가 싸우다 죽었다.

---

83 제남왕 유착이 죽자 시호를 간왕이라고 하였다. 시법에 의하면 한 가지 덕을
    쌓으면서 게으르지 아니한 경우 간이라고 하였다.

84 안제(安帝) 연광 4년(125년) 제남왕국의 왕위가 단절되었으나 이때 다시 부활
    시켰다.

환관과 싸운 우후와 공로를 독점한 장방

12 사예교위 우후(虞詡)가 관부에 도착하여 수개월이 지나자 풍석과 유희에 대하여 상주문을 올려 그들을 면직시켰고, 또 중상시 정황(程璜), 진병(陳秉), 맹생(孟生), 이윤(李閏) 등을 탄핵하는 상주문을 올리자 백관들은 곁눈질을 하며 큰소리로 가혹하고 각박하다고 하였다.

삼공이 탄핵하는 상주문을 올렸다.

"우후가 한여름에 무고한 많은 사람들을 붙잡아 구속하니 관리와 백성들의 근심이 되고 있습니다."

우후는 상서를 올려 자신을 변호하였다.

"법으로 금하는 것이란 풍속의 제방이고, 형벌이란 백성의 고삐입니다. 지금 주에서 말하기를 군에 맡겼다 하고 군에서 말하기를 현에 맡겼다 말하니, 더욱더 서로 멀리 있는 사람에게 위임하여 백성들의 원망이 극심합니다. 구차하게 포용하는 것을 어질다고 하고, 충절을 다하는 것을 어리석다고 합니다.

신이 찾아낸 것을 들어보면 장죄(贓罪)[85]를 지은 사람이 하나가 아

---

85 부정한 재물을 횡령하거나 받는 사람에게 내리는 죄목이다.

닙니다. 삼부(三府)에서는 신이 상주할까봐 두려워하여 마침내 무고한 죄를 뒤집어 씌웠습니다. 신은 장차 사어(史魚)[86]를 따라서 죽겠지만 바로 시신이 되어서도 간할 뿐입니다."

황제는 그 장주문을 살펴보고 마침내 우후에게 죄를 주지 않았다.

중상시 장방(張防)이 권세를 휘두르고 팔아먹으며 청탁을 받거나 빼앗자 우후가 이것을 안건으로 만들었으나 여러 차례 묵혀두고 회보하지 않았다.

우후는 분함을 이기지 못하고 이에 스스로 정위(廷尉)에게 가서 구금되고서 상주문을 올렸다.

"옛날 효안(孝安)황제는 번풍을 임용하여서 적통(嫡統)을 뒤섞어 난잡하게 하여 거의 사직을 망칠 뻔 하였습니다.[87] 지금 장방이 다시 권위 있는 칼자루를 휘두르니 국가의 화란이 장차 거듭 나타나게 될 것입니다. 신은 차마 장방과 더불어 같이 조정에서 일을 하지 못하겠기에 삼가 스스로 구금되어 보고를 올리는 것이며, 신에게 양진(楊震)의 흔적[88]을 이어받지 않도록 해주소서."

---

86 《한시외전(韓詩外傳)》에 의하면 위(衛) 대부 사어가 병으로 죽으면서 자식들에게 다음과 같이 말하였다. "내가 거백옥(蘧伯玉)의 현명함을 수차례 간언하였으나 등용되지 않고, 미자하(彌子瑕)의 불초함을 간언하였으나 물러나게 하지 못하였다. 신하가 되어 어진 자를 등용하지 못하고 불초한 자를 물러나게 하지 못하였으므로 죽어도 정당(正堂)에서 장례를 치르는 것은 옳지 못하니 집에서 장례를 치르도록 하라." 왕이 그 연유를 물으니 자식이 아버지의 유언을 전하였다. 이에 왕은 거백옥을 귀하게 등용하고 미자하를 물리쳤다. 그리고 사어의 장례를 집에서 정당으로 옮겨와 후하게 지내게 하였다.

87 안제 연광 3년(124년)에 일어난 일로,《자치통감》권50에 보인다.

88 양진에 관한 것은 안제 연광 3년(124년)에 있었다.

글이 상주되자 장방이 눈물을 흘리며 황제에게 호소하고 우후가 죄에 연루되었다고 판결되어 좌교(左校)로 보냈다.[89] 장방은 반드시 그[90]를 해치고자 하여 이틀 동안에 네 차례 죄를 조사하라고 전하였다.

옥리가 우후에게 자살할 것을 권하였다. 우후가 말하였다.

"차라리 구도(歐刀)[91]에 엎어져서 멀거나 가까이에 있는 사람들에게 보일 것이다![92] 아![93] 자살을 하면 옳고 그름은 누가 가리겠는가!"

부양후(浮陽侯)[94] 손정(孫程)과 축아후(祝阿侯) 장현(張賢)이 서로 이끌면서 알현하기를 빌었으며, 손정이 말하였다.

"폐하가 처음 신들과 더불어 거사를 계획할 때, 언제나 간신을 증오한 것은 그들이 나라를 기울게 한다는 것을 알아서입니다. 지금 즉위하셔서 다시 스스로 그렇게 하시니[95] 어떻게 먼저 돌아가신 황제[96]를 비난하겠습니까? 사예교위 우후는 폐하를 위하여 충성을 다하였는데

---

89 장작대장 밑에 좌교령이 있어서 공도(工徒)를 관장한다. 그런데 좌교로 보내졌다는 말은 관직에서 면직되어 공도(工徒)가 되어 좌교에서 노동을 하게 된다는 것이다.

90 우후를 말한다.

91 형벌을 집행하는데 쓰는 칼을 말한다.

92 구도는 한대 죄인의 목을 베던 칼을 말하는데, 차라리 많은 사람들이 보는 앞에서 사형을 받겠다는 의미이다.

93 원문은 음명(暗鳴)인데, 이는 음오(暗噁)와 같이 분노하여 소리 높여 외치는 것을 말한다.

94 부양후국은 발해현에 속한다.

95 예전과 마찬가지로 간신을 비호하는 것을 말한다.

96 안제를 말한다.

오히려 잡혀서 묶여 있으며 상시 장방의 뇌물죄는 명확하게 드러났으나 오히려 충직하고 선량한 사람을 얽어맸습니다.

지금 객성(客星)[97]이 우림(羽林)[98]을 지키고 있으니, 이 점괘는 궁 안에 간신이 있음을 의미합니다. 마땅히 서둘러서 장방을 체포해 감옥으로 보내어 하늘의 변괴를 막으소서."

때마침 장방이 황제 뒤에 서 있었는데, 손정이 장방을 꾸짖었다.

"간신 장방은 어찌하여 전각에서 내려가지 않았느냐!"

장방이 어쩔 수 없이 종종걸음으로 동쪽 행랑채로 나아갔다.

손정이 말하였다.

"폐하는 서둘리 장방을 체포하여서 유모[99]에게 가서 도움을 요청하지 못하게 하십시오."

황제가 이를 상서에게 묻자, 상서 가랑(賈朗)이 평소 장방과 사이가 좋아 우후의 죄를 증명하였다.

황제가 의심하며 손정에게 일러 말하였다.

"잠시 물러나시오. 내가 이 문제를 생각해 보겠소."

이에 우후의 아들 우의(虞顗)와 문생 백여 명이 번기(幡旗)[100]를 들고 중상시 고범(高汎)의 수레를 기다렸다가 머리를 소아리고 피를 흘리면서 억울한 상황을 호소하여 말하였다.[101] 고범이 들어가 이를 보

---

97 중국 고대에 신성(新星)과 혜성(彗星)을 가리키는 말이다.

98 천군(天軍)을 관장하는 별 이름으로 우림천군이라고도 한다.

99 순제의 유모 송아(宋娥)를 가리킨다.

100 발인할 때 상주가 들고 나가는 조기이다.

101 예전에 권세가 있는 관원이 문을 나설 때에는 전후로 호위하여 연도에 있던

고하자 장방은 죄에 연루되어 변경으로 귀양 보내졌고, 가랑 등 6명은 죽거나 혹은 쫓겨났으며 그날로 우후는 사면되어 나왔다.

손정은 다시 편지를 올려 우후가 큰 공을 세웠다고 진술하였는데, 그 말씨가 대단히 간절하고 격동적이었다. 황제가 느껴서 깨달아 다시 징소하여 의랑의 벼슬을 내렸으며, 며칠 후에 상서복야로 승진하였다.

우후는 상소를 올려 의랑인 남양(南陽, 하남성 남양현) 사람 좌웅(左雄)을 천거하며 말하였다.

"신이 현재 공경 이하의 관리들을 보면 대체로 다 손을 모으고 아무 말도 하지 않으면서, 은혜를 베푸는 것이 어질다고 하고, 충절을 다하는 것은 어리석다고 하며, 심지어 서로 경계하여 말하기를 '흰 구슬처럼 될 수는 없고[102] 받아들이고 화합하면 대부분 후에 복이 돌아온다.'고 까지 말하고 있습니다. 엎드려 보건대 의랑 좌웅은 왕의 신하로서 충정어린 절개를 가졌으니 모름지기 후설(喉舌)의 관직[103]에 발탁하시면 반드시 바르게 보필하여 유익하게 할 것입니다."

이로 말미암아 좌웅을 상서로 임명하였다.

사람들은 모두 길가에 서서 예를 표시하여야 하며, 이를 어길 시에는 벌을 받았다. 다만 정부에서는 효렴을 제창하였던 관계로 장례행렬은 통행할 수 있었다. 우의 및 문생들이 장례행렬을 가장하였던 것은 고범에게 다가가기 위해서이다.

102 백벽은 흰 구슬인데, 사람은 누구나 맑고 깨끗한 흰 구슬처럼 청렴할 수는 없다는 것이다.

103 후는 목구멍이고, 설은 혀이므로 말과 관계된 관직을 말한다. 한 왕조에서는 상서(尚書)를 후설의 관이라고 하였는데, 이는 왕명을 출납하는 일을 담당하였기 때문이다.

13   부양후 손정 등이 표문을 품고 전각에 올라가서 공로를 다투니 황제가 노하였고, 유사가 탄핵하는 상주를 하였다.

"손정 등은 어지럽히고 패역하였으며, 왕국(王國) 등은 모두 손정과 한 무리가 되어 오랫동안 경도(京都)에 머물면서 점점 더 교만하고 방자해지고 있습니다."

황제는 이에 손정 등의 관직을 면직시키고 모두 옮겨 먼 곳에 있는 현에다 책봉하였고, 이어서 열후[104]를 내보내어 자기들의 봉국으로 가게 하였는데 낙양 현령에게 칙령을 내려 기일을 재촉해 떠나게 하였다.

사도부의 연리 주거(朱擧)가 주창(朱偁)에게 말하였다.

"조정[105]이 서쪽 종루(鍾樓)에 있을 때[106] 손정 등이 아니었으면 어찌 세워졌겠습니까? 지금 그들의 큰 공덕은 잊어버리고 그들의 조그만 허물만 기록하고 있습니다. 만일 도로에서 요절이라도 한다면 황제는 공신을 죽였다고 비방을 받을 것입니다. 지금까지 아직 떠나지 않았으니 마땅히 서둘러서 이를 표문으로 올려야 합니다."

주창이 말하였다.

"지금 조서에서 가리키고 있는 것이 바야흐로 노하게 한 것이니, 내가 혼자 이것을 표문으로 올리면 반드시 죄를 받아 견책 당하게 될 것이오."

---

104 순제를 황제로 등극시키는데 모의하고 행동하였던 사람들로 이 일이 성공한 다음에 모두 열후로 책봉되었다. 이 일은 안제 연광 4년(125년)의 일이다.

105 천자를 말한다. 후한대에는 천자나 황제라는 말을 직접 하지 않는 것이 관례여서 경우에 따라서는 황제를 지칭할 때에 조정이나 국가라는 용어를 쓴다.

106 순제가 태자에서 폐위되어 쫓겨나 서쪽의 종루 있는 곳에서 거처할 때를 말한다.

주거가 말하였다.

"밝으신 공[107]은 연세가 여든을 지났고 지위도 태보(台輔)[108]가 되었는데, 지금 충성을 다해 나라에 보답하지 아니하고 몸을 아껴 은총 받은 것에 안주하니 무엇을 더 구하고자 하십니까? 봉록과 지위는 비록 온전할지라도 반드시 아첨이나 하는 간신이라는 비방에 빠질 것이지만, 간언하다 죄를 받는다면 오히려 충성스럽고 곧다는 명성을 얻을 것입니다. 만일 저 주거의 말이 받아들일 만하지 않다면 청컨대 여기에서 말씀해 주십시오."

주창이 마침내 표문으로 간하니 황제가 과연 이를 좇았다.

손정을 옮겨 책봉하여서 의성후(宜城侯)를 삼았는데 봉국에 이르렀으나 원한이 사무쳐서 인수와 부책(符策)을 봉함하여 돌려보내고, 경사로 도망쳐 돌아와서 산 속으로 왕래하였다. 조서를 내려 추적해 찾아서 원래의 작위와 봉토를 회복하게 하고, 거마와 의복을 하사해 봉국으로 돌아가게 하였다.

14 겨울 10월 정해일(9일)에 사공 도돈(陶敦)이 면직되었다.

15 삭방(朔方, 영하성 등구현) 서쪽의 방어 요새가 많이 파괴되니, 선비족이 이로 인해 자주 남흉노를 침범하였다. 선우(單于)[109]가 걱정스럽고 두려워서 편지를 올려 방어 요새를 수리하여 복구해줄 것을 빌었

---

107 주창을 올려서 부른 것이다.

108 삼공, 즉 재상이다.

109 흉노의 군주를 존중해서 부르는 칭호이다.

다. 경인일(12일)에 조서를 내렸다.

"여양영(黎陽營)의 병사를 내서 중산(中山, 하북성 정현)의 북쪽 경계 지역에 주둔시키라. 지금 변경에 인접해 있는 군의 보병을 늘려서 요새 아래에 주둔시키고 싸우고 활 쏘는 법을 가르쳐 익히게 하라."

16　정위 장호(張皓)를 사공으로 삼았다.

17　반용(班勇)이 차사후부의 옛 왕의 아들 가특노(加特奴)를 바꾸어 왕으로 삼았다. 반용은 또한 별교(別校)에게 동차미(東且彌, 신강성 기태현)의 왕을 목 베어 주살하고 역시 그 종족인 사람을 왕으로 바꾸어 세웠다. 이에 차사 6국[110]이 모두 평정되었다.

반용은 드디어 여러 나라의 병사를 발동하여 흉노를 공격하니 호연왕(呼衍王)은 도주하고 그의 무리 2만여 명이 모두 항복하였다. 선우의 사촌형을 산 채로 잡아서 반용이 가특노로 하여금 손수 참수하게 하여서 차사와 흉노 사이의 틈을 만들었다.

북선우가 스스로 1만여 기병을 거느리고 차사후부에 들어와 금차곡(金且谷)에 이르렀다. 반용이 가사마(假司馬) 조준(曹俊)에게 이를 구원하게 하자 선우가 군사를 이끌고 물러났는데, 조준이 추격하여 그들의 귀족인 골도후(骨都侯)를 참수하였다. 이에 호연왕은 드디어 고오하(枯梧河)로 옮겨 살았고, 이후 차사에서는 야만인들의 자취가 다시 없게 되었다.

---

110 《서역전》에 의하면 차사 6국이란 비륙(卑陸), 포류(浦類), 동차미(東且彌), 이지(移支), 차사전왕(車師前王), 차사후왕(車師後王)을 말한다.

효순제 영건 2년(丁卯, 127년)

1   봄 정월에 중랑장(中郎將) 장국(張國)이 남선우의 병사를 가지고 선비족인 기지건(其至鞬)을 공격하여 깨뜨렸다.

2   2월 요동(遼東, 요녕성 요양현)에 사는 선비족이 요동과 현토(玄菟, 요녕성 심양시)를 노략질하였다. 오환교위 경엽(耿曄)은 변경에 이어져 있는 여러 군의 병사와 오환의 병사를 징발하여 요새를 나가 그들을 공격하여 참수하거나 붙잡은 무리가 많았는데, 선비족 3만여 명이 요동에 이르러 항복하였다.

3   3월에 가뭄이 들었다.

4   애초 황제의 어머니 이씨(李氏)가 낙양 북쪽에 매장되었지만[111] 황제가 처음에는 알지 못하였는데, 이때에 이르러 좌우의 사람들이 이를 말하자 황제가 애도의 기회를 만들고 친히 매장한 곳에 이르러 다시 예(禮)[112]로써 빈례(殯禮)를 치렀다. 6월 을유일(11일)에 시호를 추증하여 공민황후(恭愍皇后)라 하고 공릉(恭陵)[113]의 북쪽에 장사지냈다.

---

111 염황후가 이씨를 독살한 것은 원초 2년(115년)의 일로,《자치통감》권50에 보인다.

112 여기서 예의라 함은 황후에게 적용되는 의례를 말한다.

113 순제의 아버지 안제의 능으로 어머니를 아버지와 가깝게 장사지낸 것이다.

5 　서역에서 성곽을 가진 여러 나라가 모두 한나라에 복속하였으나 오직 언기왕(焉耆王) 원맹(元孟)만이 아직 항복하지 않았었는데, 반용이 상주문을 올려 이들을 공격하게 해달라고 요청하였다. 이에 돈황 태수 장랑을 파견하여 하서 지역에 있는 네 군[114]의 병사 3천 명을 거느리고 가서 반용에게 배속하게 하였다. 이어서 여러 나라의 병사 4만여 명을 징발하여 두 갈래 길로 나누어서 공격하는데, 반용은 남쪽 길을 따르고 장랑은 북쪽 길을 따라가서 공격할 기일을 약속하고 함께 언기에 이르기로 하였다.

　그러나 장랑이 이전에 죄지은 것이 있어 공을 세워서 스스로 속죄하고자 하여 마침내 기일에 앞서 작리관(爵離關)[115]에 이르러서 사마를 파견하여 병사를 거느리고 앞으로 나아가 싸우게 하여 야만인 2천여 명을 사로잡거나 참살하니, 원맹이 죽음을 두려워하여 오히려 사신을 파견해 항복하겠다고 애걸하였다. 장랑이 지름길로 언기에 들어가 항복을 받고서 돌아왔다. 장랑은 죽음을 면할 수 있었으나, 반용은 기일 이후에 나타났다고 해서 감옥에 갇히고 면직되었다.[116]

---

114 하서 4군이란 돈황(敦煌), 장액(張掖), 주천(酒泉), 무위(武威)를 가리킨다.

115 《석씨서역기(釋氏西域記)》에 의하면 구자국(龜玆國) 북쪽 40리에 있는 산에 절이 있는데, 그 이름을 작리대청사(雀離大淸寺)라 하였다. 이 절 근처에 있는 관문을 말한다.

116 호삼성(胡三省)의 평론에 의하면, 하(夏)나라 법전에 약정한 기일보다 먼저 공격하는 것은 죽을죄에 해당하며, 약정한 기일에 도착하지 않는 것도 죽을죄에 해당한다. 장랑은 약정한 기일보다 먼저 공격하였기 때문에 죽을죄를 진 것이나 반용은 약정한 기일보다 결코 늦지 않았다. 여하튼 반용이 면직된 후 서역 경영은 쇠퇴하게 된다.

6   가을, 7월 초하루 갑술일에 일식이 있었다.

7   임오일(9일)에 태위 주총(朱寵)과 사도 주창(朱倀)이 면직되었다. 경자일(27일)에 태상 유광(劉光)을 태위 겸 녹상서사로 삼고, 광록훈(光祿勳)[117]인 여남(汝南, 하남성 여남현) 사람 허경(許敬)을 사도로 삼았다. 유광은 유구(劉矩)의 동생이다.

허경은 화제와 안제시대에 벼슬을 하였는데, 당시 두(竇), 등(鄧), 염(閻)씨의 흥성함을 맞이하면서도 꺾이지 않았다가 세 집안이 이미 실패하고 나자 사대부들 대부분이 더러움에 물들었다고 하였으나, 다만 허경에게는 비방하는 말이 미치지 아니하여 당시 세인들은 이를 귀하게 생각하였다.

---

117 궁정 금문의 일을 관장하였다.

조정의 부름을 받는 은둔 선비들

8   애초에 남양(南陽, 하남성 남양현) 사람 번영(樊英)이 젊어서 학문과 품행이 뛰어나 이름이 천하에 두드러졌으나 호산(壺山, 하남성 당현 서북에 있는 대호산)의 남쪽에 은거하고 있었는데, 주와 군에서 전후로 예를 갖추어 초빙하였으나 응하지 않았다. 공경들이 현량(賢良)이나 방정(方正) 혹은 유도(有道)로 천거하였으나 모두 가지 않았고, 안제가 책서(策書)[118]를 내려 징소하여도 나아가지 않았다.

이 해에 황제가 다시 책서와 현훈(玄纁)[119]을 내리며 예를 갖추어 번영을 징소하였으나 번영은 병이 위독하다고 하면서 고사하였다. 조서를 내려 군과 현을 질책하여 수레에 태워 길을 나서게 하였다. 번영은 어쩔 수 없이 경사에 이르렀으나, 병이 들었다며 일어나려고 하지 않으니 강제로 가마에 태운 채 궁전에 들어갔으나 여전히 굽히게 할 수 없었다.

황제는 그를 내보내어 태의에게 가서 병을 치료하게 하고 달마다 양

---

118 황제가 관리를 임명하는 임명장이다.

119 검은 비단을 말하는데 예우할 때 사용한다.

고기와 술을 보냈다. 그 후 황제는 이에 번영을 위해 강단을 세우고 공거령(公車令)에게 이끌게 하고, 상서가 받들어 인도하게 하여 책상과 지팡이를 하사하며 사부의 예로써 모시고 잘된 것과 잘못된 것을 물었으며 오관중랑장(五官中郎將)[120]의 벼슬을 내렸다.

몇 개월 후 번영은 병이 위독하다고 하였다. 조서를 내려 광록대부(光祿大夫)[121]로 삼고 귀향을 허락하면서 그가 사는 곳에 명령을 내려 양식을 보내게 하고, 세시에는 쇠고기와 술을 보내도록 하였다. 번영이 지위를 사양하여 받지 않았으나 조서를 내려 비지(譬旨)[122]를 전하고 허락하지 않았다.

번영이 처음 조서로 명을 받으면서 많은 사람들은 모두 반드시 뜻을 굽히지 않을 것이라고 여겼다. 남군(南郡, 호북성 강릉현) 사람 왕일(王逸)은 평소 번영과 잘 지냈으므로 그에게 편지를 보내어 고서에 나오는 비유를 많이 인용하면서 초빙에 나아갈 것을 권하였다. 번영이 왕일의 의견에 따라 나아갔지만 후에 대답한 말에 기묘한 계책과 심오한 책략이 없자 입방아꾼들이 실망한다고 하였다.

하남(河南, 하남성 낙양현) 사람 장해(張楷)가 번영과 함께 징소되었는데 번영에게 말하였다.

"천하에는 두 가지 길이 있으니 나가는 것과 그대로 있는 것입니다. 나는 전에 그대가 나가면 능히 이 군주를 보좌할 수 있고 이 백성들을 구할 수 있다고 생각하였습니다. 그러나 그대는 처음에 무한량한 신분

---

120 궁정의 금위 지휘관이다.

121 궁중의 고문 역할을 담당하였다.

122 조서를 내려서 황상의 뜻을 비유로 알게 하는 것을 말한다.

으로 만승(萬乘)의 주군[123]을 노하게 하고, 작위와 봉록을 향유하기에 이르렀으나 또한 바로잡아 구할 술책을 보고한 바 없으니 나아가고 물러나는 것에 근거하는 바가 없습니다."

❖ 신 사마광이 말씀드립니다.

"옛날의 군자는 나라에 도가 있으면 벼슬하고, 나라에 도가 없으면 은거하였습니다.[124] 은거는 군자가 하고자 하는 바가 아닙니다. 다른 사람이 자기를 알아주지 않고는 도가 행해질 수 없으며, 사악한 무리들과 함께 있게 되면 그 해로움이 장차 자기 몸에 미칠 것이니 그러므로 깊숙이 숨어 이를 피하는 것입니다.

제왕이 된 사람은 일민(逸民)을 등용하면서 비천한 사람도 발탁하는 것[125]은 진실로 그가 국가를 유익하게 하는 것을 갖고 있기 때문이지 세속의 이목을 따르려는 것은 아닙니다.

이런 연유로 도덕을 갖고 있어서 충분히 군주를 받들 만하고 지혜와 능력을 갖고 있어서 충분히 백성을 비호할 만한데 해진 무명

---

123 병거(兵車) 만 승을 낼 수 있는 나라의 군주로 처음에는 대국의 제후를 가리켰으나 후에는 오로지 천자만을 가리켰다. 《번영전》에 의하면 황제가 번영을 강제로 수레에 태워서 궁전에 들어오게 하였으나 굴하지 않자 화가 나서 '그대를 생사여탈(生死與奪)할 수 있는데 나를 업신여기는가?'라고 하였다고 되어 있다.

124 이 문장은 《논어》 제8권 〈태백편〉에 보인다.

125 《논어》 제20권 〈요왈〉편에 주나라 문왕이 세상에 널리 숨겨진 일민을 등용하니 천하의 민심이 그에게 돌아갔다고 한다.

옷 속에 옥(玉)을 품고 깊숙이 감추어 팔지 않는다면 제왕이 된 사람은 마땅히 예를 다해 그를 오게 해야 하고, 몸을 굽혀서 그를 찾아가야 하며, 극기하고 그를 따라야 하고, 그런 다음에 천하 사방에 이익과 은택을 베풀게 되고 그 공적은 위에서 아래에까지 이를 것입니다. 대개 그 도를 가지려는 것이지 그 사람을 가지려는 것이 아니며, 그 알맹이를 얻는데 힘쓸 것이지 그 명성을 얻는데 힘쓰는 것이 아닙니다.

그런데 혹자가 예를 갖추었으나 오지 않고, 뜻을 부지런히 전하였으나 일어나지 않는다면 잠시 안에서 스스로 반성해야 하며 감히 강제로 그 사람을 오게 해서는 안 되는 것이니, 아뢰겠습니다.

'어찌 내 덕은 보잘 것 없어서 흠모하기에도 부족한가? 정치가 어지러워서 보필할 수 없다는 것인가? 여러 소인배들이 조정에 있어서 감히 나오려고 하지 않는 것인가? 정성스런 마음이 지극하지 않아 그 말이 쓰이지 않을 것을 걱정하는가? 어떤 현명한 사람이어서 내가 좇지 못하는가? 진실로 그 덕이 이미 두텁고 정치는 이미 잘 다스려졌으며 많은 소인배들은 이미 멀리 가버리고 성심을 다하였다면, 저 사람은 장차 궁궐 문을 두드리며 스스로를 채용해 달라고 할 것인데 또한 어찌 부지런히 구하였는데도 오지 않았다는 것인가?'

순자는 말하였습니다. '매미에 불을 비추어서 잡는 사람[126]은 힘써서 그 불빛을 밝게 하고 그 나무를 흔들 뿐이다. 불빛이 밝지 않으면 비록 그 나무를 흔들어도 쓸모가 없다.[127] 지금 군주가 능

---

126 밤에 매미가 불을 보고 달려드는 속성을 이용해서 매미를 잡는 것이다.

히 그 덕을 밝힐 수 있다면 천하 사람들이 그에게 돌아가는 것은 마치 매미가 밝은 불빛으로 가는 것과 같다.'

혹은 군주가 오지 않은 것을 부끄럽게 여겨 마침내 높은 지위를 가지고 그를 유혹하거나 엄한 형벌로써 그를 위협합니다.[128] 저 진실한 군자를 부리려고 한다면 지위는 탐내는 것이 아닐 것이고 형벌은 두려워할 바가 아니어서 결국 오게 할 수는 없습니다. 오게 할 수 있는 사람은 모두 지위를 탐하고 형벌을 두려워하는 사람이니 어찌 귀중하다 할 수 있겠습니까?

만약 마침내 가정에서 효성과 우애가 두드러지고, 향곡(鄕曲)[129]에서는 행실의 의로움이 두드러지고, 이익에서는 구차하게 가지려하지 아니하며, 벼슬하는 것에서는 구차하게 나아가지 아니하고, 자신을 깨끗하게 하여 본분을 지켜 유유자적하며 생을 마감하는 것은 비록 군주를 높이고 백성을 비호하기에는 부족하여도 이 또한 청렴 수신한 좋은 선비입니다. 제왕이 된 사람은 마땅히 편안하게 수양하는 사람을 포상하여 우대하며 그 뜻을 이룰 수 있게 해야 합니다.

만약에 효소제(孝昭帝)가 한복(韓福)을 대우하고,[130] 광무제(光武帝)가 주당(周黨)을 대접한 것처럼 염치를 장려하고 풍속을 아

---

127 중국의 남쪽 지역 사람들은 매미에게 불을 비추어 이를 잡아서 먹었다.

128 공손술이 이업의 여러 사람을 대우하는 정치가 바로 이와 같다고 하였다.

129 외딴 시골을 말한다.

130 소제 원봉 원년 3월에 각 군과 봉국에서 선발한 의를 행한 사람인 한복 등 다섯 명에게 비단 50필을 하사하고 집으로 돌아가게 한 일이 있다.

름답게 한다면 이 또한 할 수 있는 일이지만 진실로 범승(范升)[131]
과 같이 비난하고 헐뜯는 것은 부당하며 또한 장해(張楷)와 같이
책임을 지우고 원망을 갖는 것도 옳지 못합니다.

　수식하고 거짓말을 하여 명예를 얻고자 하거나 기이한 행동을
낚아서 세상을 놀라게 하는 것은 군주의 봉록을 받지 않으면서 사
사로운 이익을 다투는 것이며, 낮은 관직도 받지 못하면서 공경재
상의 지위를 넘보는 것이니, 이는 이름과 실제가 상반되는 것이
고, 마음과 행적이 어긋나는 것이며, 이것은 곧 화사(華士)[132]와
소정묘(少正卯)[133]와 같은 무리들이니 성스런 임금으로부터 주살
을 면한 것만으로도 요행일 것인데, 오히려 어찌 초빙 받을 수 있
겠습니까?"

9　　이때 또 광한(廣漢, 사천성 수녕현) 사람 양후(楊厚)와 강하(江夏, 호
북성 황강현) 사람 황경(黃瓊)을 징소하였다. 황경은 황향(黃香)의 아들
이다. 양후는 도착하고 나자 한 왕조에는 350년의 재난[134]이 있음을

---

131 범승은 광무제가 주당을 징소하였으나 주당이 광무제에게 예의를 갖추지 않
　　자, 주당을 비난하는 상주문을 올렸는데, 이 기록은 광무제 건무 5년(29년)
　　12월에 있었다.

132 주나라 초기 은사(隱士)이다. 겉만 번지르르하고 실속이 없어 강태공에게 죽
　　임을 당하였다.

133 《논어》에 보인다. 공자는 소정묘의 다섯 가지 죄악을 들어 죽였다.

134 《춘추명력(春秋命歷)》의 서문에 이르기를 '400년 사이에 4대문을 닫고, 밖
　　에 있는 어려움을 들으며 여러 이상한 것이 나란히 도적이 되고 관부에는 얼
　　신(孽臣)이 있고, 주(州)에는 병란이 있는데 이것이 5·7의 약함과 폭행이 점
　　차로 물들어 생기는 것이다.'라고 하였다. 이것을 송균(宋均)이 주를 달아

경계해야 한다고 미리 진술하니 의랑에 제수하였다.

　황경이 곧 도착하려 하자, 이고(李固)는 그에게 편지를 보내 맞이하며 말하였다.

　"군자가 말하기를 백이(伯夷)는 속이 좁고, 유하혜(柳下惠)는 공손하지 못하다고 합니다.[135] 백이 같지도 아니고 유하혜같지도 아니면서 이들의 옳고 그름 사이에 있었으니[136] 성현이 처신하는 바가 귀중합니다. 진실로 산을 베게 삼고 골짜기에서 살고자 하여 소부(巢父)[137]와 허유(許由)[138]의 행적을 본받는다면 이는 좋을 것이지만 만일 정사를 보좌하고 백성을 구제하고자 한다면 지금이 그때입니다.

　사람이 생겨난 이래로 잘 다스리는 정치는 적었고 혼란한 풍속은 많으니 반드시 요와 순과 같은 임금을 기다려야 되므로 이는 선비가 되어 그 뜻을 실행하는 데는 끝내 때가 따로 없을 것입니다. 일찍이 들은

서 이르기를 '5·7은 350년이고, 순제(順帝)시대를 맞아서 점차 싹이 나고 사방에는 많은 역적이 있다.'고 하였다. 한 고조 유방이 한을 세운 것은 기원전 206년이니까 이 해는 333년이 되는 해이고, 순제는 144년까지 재위하므로 그때 까지는 꼭 350년이 된다.

135 이 문장은 《맹자》〈공손추〉편에 보인다.

136 공자의 《논어》에 나온다. 백이와 숙제는 그의 뜻을 내리지 못하여 그 자신을 욕되지 않게 하였고, 유하혜와 소련(少連)은 뜻을 내려 그 몸을 욕되게 하였다. 공자는 이것과 달라서 옳은 것도 없고 옳지 않은 것도 없이 그때그때에 맞는 일을 하였다는 것이다.

137 전설 속에 등장하는 은사이다. 그는 산중의 나무 위에서 은거하며 요임금에게 천하를 양보하였다고 한다.

138 소부와 같은 시기의 은사이다. 기산(箕山)에 은거하였다. 요임금이 산에서 내려올 것을 청하였으나 그는 못 들을 것을 들었다고 해서 물가에서 귀를 씻었다고 한다.

바를 말하면 '산이 높고 높으면 무너지기 쉽고, 옥이 희고 희면 더러워지기 쉽다.'고 하니 성대한 명성 아래에서는 실제에 부합하기가 어렵습니다.

최근 노양(魯陽, 하남성 노양현) 사람 번군(樊君)이 징소를 받아 처음 도착하였을 때 조정에서는 강단과 자리를 설치하고 오히려 신처럼 밝기를 기대하였는데, 비록 크게 다른 것은 없었으나 언행을 지키는 것 또한 부족한 것이 없었지만 그러나 비방이 퍼져 흘러나가 시간을 좇아서 꺾이고 줄어들어버렸으니[139] 어찌 보고 듣고자 하는 바람이 깊었고 명성이 너무 성대하였던 것이 아니었겠습니까?

이런 연고로 속세에서 말하길 '처사는 단지 헛된 명성을 훔칠 뿐이다'라고 합니다. 바라건대 선생께서는 원대한 계책을 넓혀서 많은 사람들을 탄복하게 하시고 이러한 언사를 한꺼번에 씻어버려야 할 것입니다."

황경이 도착하여 의랑을 제수 받았고, 조금씩 옮겨서 상서복야로 승진하였다. 황경은 예전에 아버지를 따라 대각(臺閣)[140]에 있으면서 옛일을 보고 익혔다. 후에 직책을 맡게 되어 정무를 익히 알았기 때문에 조회에서 의견을 내고 다투면 그에 대항해서 이길 사람이 없었다.[141] 자주 상소문을 올려 일에 관하여 말하였는데 황상은 그의 말을 거의 다 채용하였다.

이고는 이합(李郃)의 아들인데 어려서 학문을 좋아하여 자주 성명

---

139 명성이 모두 사라져 버렸다는 것을 말한다.

140 상서성을 말한다. 황경의 아버지 황향은 화제 때 상서령을 지냈다.

141 황경과 논쟁을 해서 이기는 자가 없었다는 것이다.

을 바꾸었으며 채찍을 잡고 나귀를 몰아 서적을 메고 스승을 좇아가기를 천 리도 멀다하지 않았는데, 마침내 많은 전적(典籍)을 다 독파하여 당대의 대유학자가 되었다. 매번 태학에 도착하면 비밀리에 공부(公府)[142]에 들어가 부모님께 정성(定省)[143]을 하였으므로 같이 수업하는 여러 학생들이 그가 이합의 아들이라는 것을 알지 못하게 하였다.

효순제 영건 3년(戊辰, 128년)

1   봄, 정월 병자일(6일)에 경사에 지진이 있었다.

2   여름 6월에 가뭄이 들었다.

3   가을, 7월[144]에 무릉원(茂陵園)[145]의 능침에서 화재가 발생하였다.

---

142 이합은 사공 및 사도를 역임하였다.

143 부모를 모시는 방법인데 정은 잠자리를 정(定)해드리는 것이고, 성(省)은 살펴드리는 것을 말한다. 《예기》에 '무릇 사람의 아들이 된 자는 겨울에는 따뜻하게, 여름에는 시원하게 해드려야 하고, 저녁에는 자리를 정해드리고 아침에는 살펴본다.'고 하였다. 이를 공영달(孔穎達)은 '그 잠자리와 옷매무새를 편안하게 정해드리는 것이고 그 편안하신지 여부를 살피고 묻는 것이다.'라고 하였다.

144 어떤 판본에는 7월 다음에 정유(丁酉)가 들어간 것도 있는데 정유일은 29일이다.

145 전한시대 무제 유철(劉徹)의 능이다.

4   9월에 선비족이 어양(漁陽, 하북성 밀양현)을 노략질하였다.

5   겨울, 12월 기해일(4일)에 태부 환언(桓焉)이 면직되었다.

6   거기장군 내력이 파직되었다.

7   남선우 난제발(欒提拔)이 사망하고 그의 동생 난제휴리(欒提休利)가 즉위하여 거특약시축취(去特若尸逐就) 선우[146]가 되었다.

8   황제가 손정(孫程) 등을 모두 불러 경사로 돌아오게 하였다.[147]

---

146 난제발(欒提拔)은 34대 오계시축후제 선우이고, 그의 동생 난제휴리(欒提休利)인 거특약시축취(去特若尸逐就) 선우는 35대이다.

147 유보를 황제로 세운 19열후를 말한다. 이들은 지난해(127년)에 지방으로 쫓겨났다.

효순제 영건 4년(己巳, 129년)

1   봄, 정월 병인일(1일)에 천하에 사면령을 내렸다.

2   병자일(11일)에 황제가 원복(元服)[148]을 시행하였다.

3   여름, 5월 임진일(29일)에 조서를 내려 말하였다.

"전국에 자못 재이(災異)가 있으니 조정에서는 정사를 정비하고, 태관[149]은 음식의 가짓수를 줄이며 진귀한 물건은 진상하지 마라. 그리고 계양(桂陽, 호남성 침현) 태수 문롱(文礱)이 오직 충심을 다해 본 조정을 선양하려 하지 않고 먼 곳에서 큰 구슬을 헌상하여 총애를 구하고자 하였으니 지금 이것을 봉인하여 돌려보내라."

---

148 남자가 성년이 되어 처음 어른의 의관을 쓰는 의식이다. 원은 머리, 복은 착용한다는 의미로 머리에 관을 쓰는 것이므로 관례를 치른 것이다. 이때 황제 유보는 15세였다.

149 궁실의 주방을 관리하는 직책이다.

4   다섯 주에 많은 비가 내렸다.

5   가을, 8월 정사일(25일)에 태위 유광(劉光)과 사공 장호(張皓)가
면직되었다.

6   상서복야 우후(虞詡)가 말씀을 올렸다.

"안정(安定, 감숙성 동군), 북지(北地, 감숙성 섬서성 경계), 상군(上郡, 섬
서성 북부)의 산천은 험악하나 비옥한 들판이 천 리에 이르고 토양은 목
축에 적합하며 하천은 관개와 운송을 할 수 있습니다. 최근 원년, 2년
에 재해[150]를 만나 여러 강족 내부가 무너졌으며, 군과 현에서는 병사
들이 거칠어진 지 20여 년입니다.

무릇 비옥한 토양의 풍요로움을 버리고 자연의 재물을 덜어버리는
것은 이롭다고 할 수 없습니다. 강과 산의 요새를 떠나 험난한 곳도 없
는 곳에서 지킨다면 굳게 지키기가 어렵습니다. 현재 세 군이 아직 회
복되지 않아 원릉(園陵)이 단외(單外)하고 있으나[151] 공경들은 나약하
고 비겁하여 머리를 처박고 비켜서면서 해설을 늘어놓고 어렵다는 이
야기만 하면서 다만 소비되는 것만 계산하고 그 안정을 꾀하려 하지

---

150 원문에는 元元으로 되어 있지만 여러 주석에 의하면 元二로 보아야 한다고
     되어 있다. 이는 영건 원년(126년)과 2년(127년)에 있었던 외구(外寇)와 가뭄
     등을 말한다.

151 원릉이란 장안에 있는 전한시대의 황실 능묘이다. 단외는 굳게 지키는 것을
     말하지만 이는 한 겹 정도의 울타리 밖이라는 의미로 보인다. 호삼성은 전한
     시대의 여러 능원들이 모두 장안에 있는 것이 아니며, 단외란 가로막는 장벽
     이 없는 것이라고 하였다.

않습니다. 의당 성청(聖聽)[152]을 여셔서 좋은 쪽으로 움직이도록 고려하십시오."

9월에 다시 조서를 내려 안정·북지·상군을 옛 땅으로 돌아가게 하였다.[153]

7   계유일(12일)에 대홍려(大鴻臚)[154] 방삼(龐參)을 태위와 녹상서사로 삼았다. 태상 왕공(王龔)을 사공으로 삼았다.

8   겨울 11월, 경진일(20일)에 사도 허경(許敬)이 면직되었다.

9   선비족이 삭방(朔方, 요하성 증구현)을 노략질하였다.

10   12월 을묘일(25일)에 종정(宗正)[155]인 홍농(弘農) 사람 유기(劉崎)를 사도로 삼았다.

11   이 해에 우전왕(于窴王, 신강성 화전현) 방전(放前)이 구미왕(拘彌王, 신강성 우전현) 흥(興)을 죽이고, 스스로 자신의 아들을 세워 구미왕으로 삼고서[156] 사신을 파견하여 공물을 바쳤으나 돈황 태수 서유(徐

---

152 천자의 귀를 말한다.

153 원래 안제 영초 5년(111년)에 3개 군의 치소를 안쪽으로 옮겼었는데, 이제 와서 이 치소를 원래의 치소로 돌아가게 한 것이다.

154 번속에 관한 일을 맡아보던 직책이다.

155 황족의 일을 관장하는 직책이다. 모두 황족에게 이 직책을 맡겼다.

由)가 그를 토벌하겠다고 요구하는 뜻을 올렸다. 황제는 우전의 죄를
용서하고 구미국으로 돌아갈 것을 명하였으나 방전이 듣지 않았다.

효순제 영건 5년(庚午, 130년)

1   여름, 4월 경사에 가뭄이 들었다.

2   경사 및 군과 봉국 12곳에 황충의 피해가 있었다.

3   정원후(定遠侯) 반초(班超)의 손자 반시(班始)가 황제의 고모 음
성공주(陰城公主)을 모셔 들였다.[157] 공주가 교만하고 음란하며 무도
하여 반시는 분노가 쌓여 칼을 엎어 공주를 죽였다. 겨울, 10월 을해일
(20일)에 반시는 요참(腰斬)되었고 그의 형제도 모두 저자에서 기시(棄
市)[158]되었다.

---

156 구미왕은 영미성(寧彌城)에 살았는데, 장사의 유중성과는 4천900리 떨어져
   있다.

157 공주는 청하효왕(淸河孝王)의 딸이다. 보통 남자가 결혼할 경우, 아내를 맞는
   다는 뜻의 취(娶)라는 용어를 사용하지만, 신분이 높은 예컨대 공주와 같은
   여성을 아내로 맞이할 경우에는 '상(尙)'이라는 용어를 사용한다.

158 요참과 기시는 모두 형벌의 하나인데, 요참은 허리를 잘라 죽이는 형벌이고,
   기시는 죽여서 저자에 걸어 두는 형벌이다.

효순제 영건 6년(辛未, 131년)

1 　봄, 2월 경오일(17일)에 하간효왕(河間孝王)[159] 유개(劉開)[160]가 사망하였고, 아들 유정(劉政)이 뒤를 이었다. 유정이 오만하여 법도를 아주 준수하지 않아 황제는 시어사(侍御使)[161]인 오군(吳郡, 강소성 오현) 사람 심경(沈景)이 강하고 능력이 있기 때문에 발탁하여 하간의 재상으로 삼았다.

　심경이 봉국에 도착하여 왕을 알현하였으나 왕은 의관을 바르게 하지 아니하고 전각 위에서 두 다리를 쩍 벌리고 앉아있었는데, 시랑(侍郎)이 잔배(贊拜)[162]하자 심경은 우두커니 서서 예를 올리지 않고 왕이 계시는 곳을 물었다.

　호분(虎賁)[163]이 말하였다.

　"이 분이 왕이 아닙니까?"

　심경이 말하였다.

　"왕이 의관을 바르게 하지 않으면 보통사람이 어찌 구별하겠는가! 지금 재상이 왕을 알현하고자 하는데 어찌 무례한 자에게 알현하라고

---

159 하간왕 유개가 죽자 시호를 효왕이라고 하였다.

160 장제(章帝)의 아들로 시호는 효(孝)이다. 법도를 존중하여 신하와 백성들이 흠모하였다.

161 궁실의 감찰업무를 담당하였다. 녹질은 600석이다.

162 제왕을 알현할 때의 예식으로 알현하는 자의 이름을 부르면 나와서 절하는 것을 말한다.

163 왕의 출입을 전후하여 호위를 담당하는 관리로 용맹한 무사 중에서 발탁하였다.

하는가!"

왕이 부끄러워 의관을 고쳤고, 심경은 그런 후에 절하고는 나와서 궁문 밖에 거주하는 왕부(王傅)[164]를 청하여 그를 질책하며 말하였다.

"전에 경사를 떠나면서 폐하께 알현하고 조서를 받았는데, 왕이 공손하지 못하니 재상이 잘 감독하라고 하셨소. 그대들은 헛되이 작위와 봉록만 받을 뿐 어찌 가르쳐 인도하려는 뜻이 없는가?"

이어서 그들의 죄를 다스리도록 상주하자, 조서를 내려 유정을 꾸짖고 왕부를 문책하였다.

심경은 이어서 여러 간사한 자들을 체포하여 그들의 죄를 조사하고 그 중에서도 아주 악한 자 수십 명을 살육하고, 억울하게 갇힌 백여 명을 석방하게 해달라는 상주문을 올렸다. 유정은 마침내 마음을 고쳐먹고 허물을 뉘우쳐 스스로 수양하였다.

2   황제는 이오(伊吾, 신강성 합밀현)는 토지가 비옥하고 서역에 근접해 있어 흉노가 이곳을 밑천으로 삼아 약탈과 만행을 저질렀기 때문에 3월 신해일(29일)에 다시 둔전(屯田)을 개설하여 영원(永元)[165] 시대와 같이 이오사마(伊吾司馬) 한 명을 두게 하였다.

3   처음에 안제는 예술과 문학에 대하여 야박하게 하니 박사는 다시 강습을 하지 않았고, 학생들은 서로 게으르고 산만함을 보였으며, 학교

---

164 한대 초기 각 봉국에 설치한 왕의 스승 태부를 말년 성제(成帝) 때 왕부로 개칭하였다.

165 영원은 화제시대의 연호로, 이는《자치통감》권47 화제(和帝) 영원 2년에 보인다.

건물은 거의 파괴되어 끝내 잡초가 무성하여 채소밭이 되기도 하여, 간혹 목동이나 나무꾼이 그 아래에서 풀과 땔나무를 베었다.

장작대장 적포(翟酺)가 상소를 올려 수선하여 후학들에게 진학할 것을 유인하도록 청하자 황제가 이를 좇았다. 가을, 9월 태학을 중수하여 무릇 240개의 집에 1천 850개의 방을 만들었다.

4 　호오환(護烏桓)교위 경엽(耿曄)이 병사를 파견해 선비를 공격하여 격파하였다.

5 　호강(護羌)교위 한호(韓皓)가 황중(湟中, 청해성 동북부)에 있던 둔전을 돌려서 양하[166] 사이에 설치하여서 강족들을 압박하였다. 한호가 죄에 연좌되어 불려오자 장액 태수 마속(馬續)을 대신 교위로 삼았다. 양하 사이에 있던 강족은 둔전이 그들 가까이 있기 때문에 아마 반드시 도모될까 두려워서[167] 마침내 원수관계를 풀고 동맹을 맺어 각자 경계하여 방비하니, 마속이 상소를 올려 둔전을 이전하여 황중으로 복귀시켰고, 강족은 마음속으로 이에 편안해하였다.

6 　황제가 황후를 세우고자 하였는데, 귀인[168] 가운데 총애하는 사람이 4명이나 있어서 누구를 세워야 할지 몰라 제비뽑기를 해보고 논의하며 신령이 선택하여 정하게 하였다.[169]

---

166 사지하(賜支河)와 봉류하(逢留河)의 사이를 말한다. 지금의 청해성에 속한다.

167 자신을 공격해 올 것을 두려워한 것이다.

168 황후 다음에 위치하는 지위이다.

상서복야인 남군(南郡, 호남성 강릉현) 사람 호광(胡廣), 상서인 풍익(馮翊, 섬서성 고릉현) 사람 곽건(郭虔)과 사창(史敞)이 상서를 올려 간하였다.

"가만히 조서를 보았는데, 황후를 세우시는 것은 큰일이므로 겸허하게 스스로 혼자 하지 아니하고 이를 제비뽑는 방책을 빌어서 신령에게 의심쩍은 것을 결정하게 하셨지만 여러 전적에 기록된 바와 조종(祖宗)의 전례에는 일찍이 없었던 일입니다. 신령의 점괘를 믿어서는 반드시 어진 사람이 뽑히지 못하니 가령 그러한 사람을 만났다고 해도 덕으로 선정한 것은 아닙니다.

무릇 뛰어나고 우뚝 솟은 것은 자연히 드러나는 것으로, 비유하면 하늘이 반드시 특별한 표식을 하였을 것이니[170] 마땅히 좋은 집안사람을 참여시켜 덕이 있는지를 찾아보고, 덕이 같으면 나이를 가지고 하고, 나이가 같으면 용모를 가지고 찾아야 합니다. 경전의 가르침을 생각하시고 성상의 사려로 이를 결정하셔야 합니다."

황제가 이를 따랐다.

공회황후(恭懷皇后)[171]의 동생 아들인 승지후(乘氏侯) 양상(梁商)의 딸이 액정(掖廷)[172]에 선발되어 들어가 귀인이 되었는데, 항상 특별히

---

169 4명의 성씨를 모아 신령에게 기도를 한 후 신령이 선택하게 하여 결정하였다.

170 호삼성의 주에는 주 문왕이 태사(太姒, 문왕의 비)의 현명함을 듣고 아름답다며 말하길 큰 나라의 자녀는 비유하면 하늘의 여동생과 같기 때문에 구해서 짝을 이루었다고 한다.

171 공회황후는 화제의 모친인 양귀인이다.

172 비빈(妃嬪)과 궁녀들이 거처하던 궁전으로 정전(正殿) 옆에 있었다. 여기에서 액정에 들어갔다고 하는 것은 후궁으로 들어갔다고 하는 것이다.

황제의 부름을 받을 때마다 조용히 사양하며 말하였다.

"무릇 양(陽)은 널리 베푸는 것을 덕으로 하고, 음(陰)은 전횡하지 않는 것을 의로 합니다. 〈종사(螽斯)〉는 백 가지 복이 일어나는 원인이 됩니다.[173] 바라건대 폐하께서는 비와 구름의 혜택이 골고루 미치는 것을 생각하셔서 소첩이 죄에서 벗어날 수 있게 해주소서."

황제는 이로 말미암아 그녀가 현명하다고 하였다.

효순제 양가 원년(壬申, 132년)

1 봄, 정월 을사일(28일)에 귀인 양씨를 황후로 삼았다.

2 경사에 가뭄이 들었다.

3 3월 양주(揚州)의 여섯 군[174]에서 요적(妖敵) 장하(章河) 등이 49개 현을 공격하여 장리(長吏)를 살상하였다.

4 경인일(13일)에 천하를 사면하고 기원을 바꾸었다.[175]

---

173 《시경》〈주남편〉에 나오는 시이다. 종사는 메뚜기이다. 여치는 한 번에 많은 자식을 낳기 때문에 자손이 번성함을 비유하고 있는 시이며, 후비가 시기하고 질투하지 않아 자손이 번성한 것을 칭송한 것이다.

174 양주에는 구강군(九江郡, 안휘성 수현), 단양군(丹楊郡, 안휘성 의성현), 여강군(廬江郡, 안휘성 잠산현), 회계군(會稽郡, 절강성 소흥현), 오군(吳郡, 강소성 오현), 예장군(豫章郡, 강서성 남창현) 등 모두 여섯 군이 있다.

5   여름, 4월 양상(梁商)에게   지위를 덧붙여 주어 특진[176]으로하였다. 얼마 지나지 않아 집금오의 벼슬을 내렸다.

6   겨울에 경엽(耿曄)은 오환(烏桓)의 융말마(戎末魔)[177] 등을 파견하여 선비족을 약탈하며 공격하여 크게 수확해서 돌아왔다. 선비가 다시 요동속국[178]을 노략질하였는데, 경엽은 주둔지를 요동의 무려성(無慮城, 요녕성 북진현)으로 옮겨 그들을 막았다.

---

175 연호를 영건(永建) 7년에서 양가(陽嘉) 원년으로 바꾸었다.

176 공덕이 뛰어난 자에게 특별히 내리는 직위로서 삼공의 아래, 후작의 위에 위치한다.

177 오환족의 우두머리이다.

178 요동속국에는 다음의 여섯 현이 속해 있다. 험독(險瀆, 요녕성 요중현), 방현(房縣, 요녕성 반산현), 창려(昌黎, 요녕성 의현), 도하(徒河, 요녕성 금주시), 부려(扶黎, 요녕성 의현 동쪽), 빈도(賓徒, 요녕성 금주시 북쪽).

인재 등용을 논의한 좌웅과 낭의

7   상서령 좌웅(左雄)이 상소를 올렸다.

"예전에 선제(宣帝)[179]는 관리가 자주 바뀌게 되면 아래에 있는 사람들이 생업에 안주할 수 없다고 여기셨는데, 맡은 일을 오래 하게 되면[180] 백성은 복종하여 교화하게 될 것입니다. 그래서 정치를 하면서 잘 다스리는 사람이 있으면 번번이 새서(璽書)[181]를 내려 격려를 하시면서 녹질을 올려주시고 상금을 하사하시고 공경 가운데 결원이 생기면 차례로 그를 임용하였습니다.

이리하여서 관리는 그 직책에 알맞는 일을 하고, 백성은 편안하게 그들의 생업을 하게 되었으므로 한 왕조의 우수한 관리는 이 시기에 많았습니다.[182] 지금은 백 리 정도의 성(城)을 관장하는 사람[183]도 전

---

179 전한 무제의 증손으로 제9대 황제이다.

180 관리가 한 직책에 오래 근무하는 것을 말한다.

181 천자의 도장을 찍은 문서로서 천자의 조서를 말한다.

182 윤옹귀(尹翁歸), 한연수(韓延壽), 주읍(朱邑), 공수(龔遂), 황패(黃霸)와 같은 사람들이 있었는데 이들의 행적은 《한서》의 선제(宣帝)시기에 보이며, 《자치통감》의 선제시대 부분에 실려 있다.

근하고 움직이는 것이 정해짐이 없이 있는 일이어서, 각각 모든 것을 생각할 때에도 장구한 것을 고려하지 않습니다.

죄 없는 자를 살해하는 것을 위엄 있는 풍모로 여기고, 재물을 수탈하고 혹독하게 처리하는 것을 현명하고 유능하다고 여기며, 자신을 다스리고 백성을 편안히 하는 것은 못나고 약한 것이라 하고, 법을 준수하고 이치를 따르는 것은 잘 다스리지 못하는 것이라고 합니다.

삭발을 시키거나 칼을 씌워 죽이는 일도 눈을 흘기는 정도의 일에서 생겨났습니다. 엎어진 시체가 되는 참화는 기뻐하거나 화내는 가운데에서 이루어진 것입니다. 백성 보기를 도적이나 원수와 같이 하고 세금 징수를 승냥이나 호랑이와 같이 하고 있습니다. 감독하는 관리도 목과 등이 보일 정도[184]이지만 마찬가지로 병들어 있어서 그릇된 것을 보고도 검거하지 않으며 악행이 있다는 소식을 들어도 살피지 않습니다.

정(亭)이나 전(傳)[185]에서 정무를 보며 책임을 일 년 동안에 달성하도록 하고 있습니다.[186] 선정을 했다고는 말하지만 덕을 쌓았다고 칭찬받지 아니하고, 공을 세웠다고 말하지만 실제에 근거하지 않습니다.

허황되고 거짓말하는 사람이 명예를 얻으며, 몸가짐을 스스로 단속하는 자는 비난을 받습니다. 어떤 사람은 죄로 인해서 물러나면서도 고상하다고 하고[187] 어떤 사람은 윗사람의 얼굴색을 살피다가 사직을 하

---

183 현의 현령을 말한다.

184 감독관을 자주 보내게 되니 앞에 떠난 사람의 등을 뒤에 출발한 사람이 볼 수 있을 정도라는 뜻이다.

185 공무 여행자가 묵을 수 있는 시설이 있는 곳이다.

186 1년 후에는 어디에 갔는지 알 수 없기 때문에 이 기한은 곧 의미가 없다.

고 명성을 구하고 있습니다.[188] 주의 재상은 심사도 하지 않고 다투어 함께 벽소하여 도약, 승진하여 올라가는 것이 같은 또래를 뛰어넘고 평범함을 넘어서고 있습니다.

어떤 사람은 체포하라는 사건이 상주되는 것을 보고는 도망하여 죄를 받지 아니하다가 사면을 만나면 뇌물을 써서 다시 죄과를 말끔히 씻어내니 붉은색과 자색이 같은 계통의 색깔인 것처럼 청렴함과 혼탁함이 구분이 되지 않습니다.

이러한 이유로 간사하고 교활한 자들로 넘쳐나서 거취[189]를 대수롭지 않게 여기게 하고, 벼슬을 받거나 제수되는 것이 흐르는 물흐르는 것과 같아 결원이 생겨 움직이는 사람이 백 명을 헤아리게 되었습니다. 향관(鄕官)이나 부리(部吏)는 직위도 낮고 녹봉도 박하며 거마와 의복은 모두 백성에게서 나오는데, 청렴한 자는 만족할 정도만 갖지만 탐욕스러운 자는 그의 집안을 가득 채웁니다. 특선(特選)과 횡조(橫調)[190]는 분분하여 끊이지 않으며, 보내고 맞이하는데[191] 비용이 많이 들어 정치는 손해가 되고 백성은 상하게 됩니다. 화목한 기운은 두루 퍼지지 아니하고 재해는 사라지지 아니하니, 그 허물이 모두 여기에 있습니다.

---

187 관리가 죄를 지어 파면되기 전에 먼저 스스로 관직을 버리면 고상하다고 한 것이다.

188 《논어》 제10권 〈향당〉편에 '색사거의(色斯擧矣)'라는 말이 있는데 이는 사람의 눈치를 보고 움직인다는 뜻이다. 여기에서는 윗사람의 얼굴색이 좋지 않으면 떠남으로써 기회를 틈타 명성을 구하는 것을 말하는 것이다.

189 관직에 임명되거나 관직을 물러나는 것을 말한다.

190 특선과 횡조는 일상적인 조세 외에 더 세금을 징수하는 것이다.

191 신임 관리를 환영하고 전임 관리를 환송하는 것을 말한다.

신은 어리석으나 군수와 재상, 장리 가운데에 은혜를 베풀고 온화하며 공적이 두드러져 본받을 자는 곧 녹질을 올려주고 이동을 시키지 말고, 부모상을 당한 것이 아니면 관직에서 물러날 수 없게 해야 한다고 생각합니다.[192]

법으로 금한 것을 따르지 아니하고 왕명을 준수하지 않으면 종신 금고[193]에 처해, 비록 사면령을 만난다고 해도 같은 서열에 있게 될 수 없게 해야 합니다. 만일 탄핵하는 상주문을 받았는데, 도망쳐서 법의 판결을 받지 않는 자는 그의 가족을 변경에 있는 군으로 귀양 보내서 그 후손들을 징계해야 합니다.

향(鄕)과 부(部)에서 백성들을 가까이 해야 하는 관리는 모두 유생 중에서 청렴결백한 자를 등용하여 정사를 맡기고, 그들의 못낸 인두세는 관대하게 처리하고 그의 녹질을 올려주어야 합니다. 관리의 직무가 1년이 차면 이에 재부(宰府)나 주군(州郡)에서는 벽소하여 등용할 수 있습니다.

이와 같이 하면 위엄으로 복을 주는 길은 막히게 되고, 허위의 실마리도 끊어져서 보내고 맞이하는 역무(役務)가 줄고, 부(賦)를 걷우는 근원 근원도 사라지게 되며, 도리를 따르는 관리는 그 교화를 달성할 수 있을 것이며, 천하의 백성은 각기 그가 있는 자리에서 편안해질 것입니다."

황제는 그 말에 감동하여 다시금 이유도 없이 관직을 떠나는 것을

---

192 한 왕조 때에 부정한 관리는 탄핵을 면하기 위해서 일단 조금이라도 정세가 불리하면 곧 먼저 관직에서 물러났다.

193 정치적 권리를 박탈해 관직에 나아가지 못하게 하는 것을 말한다.

금지하고,[194] 또 유사에게 명하여 관리가 다스린 치적의 진위를 자세히 살피는 일을 시행하게 하였지만 그러나 환관들이 불편하게 여겨 끝내는 실행될 수 없었다.

좌웅이 또 말씀을 올렸다.

"공자가 말씀하시길 '마흔이 되면 미혹됨이 없다.'[195]고 하였으며, 《예기》에서 말하기를 '강(强)[196]에 벼슬을 한다.'고 하였습니다. 청하건대 지금부터 효렴의 나이가 마흔에 이르지 아니하면 살펴 천거할 수 없게 하시고, 모든 사람은 우선 공부(公府)에 출두하게 하는데 모든 유생에게는 가법(家法)[197]을 시험 치게 하고, 문관 출신에게는 전주(箋奏) 쓰는 것[198]을 부과해서 그 부본을 단문(端門)[199]에 보내어 그 허와

---

194 이 금령은 이미 있었으나 잘 지켜지지 않아 재차 금지한다는 것을 표명한 것이다.

195 《논어(論語)》에 나오는 말이다.

196 40세를 강이라고 말하며, 벼슬을 하는 나이를 말한다.

197 사제 간에 전해 내려오는 학문을 말한다. 유학은 일가의 학이기 때문에 가법이라고 한다.

198 전(箋)이란 표문(表文)을 말한다. 《한잡사(漢雜事)》에는 '무릇 여러 신하들이 천자에게 올리는 편지에는 4품이 있는데, 장(章)·주(奏)·표(表)·박의(駁議)가 그것이다. 장이란 반드시 글 첫 머리에 '계수상이문(稽首上以聞 ; 머리 숙여 보고를 올립니다.)'라고 해야 하는데, 은혜에 감사하여 사실을 진술하는 것이며 궁궐에 나아가서 연통하는 것이다. 주라는 것은 반드시 첫 머리를 쓸 때 경사에 있는 관리는 '계수언(稽首言 ; 머리를 숙여 말씀드립니다.)'라고만 하고, 지방 관원은 '계수이문(稽首以聞 ; 머리를 숙여 보고 드립니다.)'라고 하여야 하는데, 그 가운데 청하는 것이 만약 죄를 지어 법으로 탄핵할 사건이면 공부(公府)에서 어사대로 보내고, 경교(卿校)는 알자대(謁者臺)로 보낸다. 표란 글 첫 머리를 쓸 필요는 없고, 위에는 '신모언(臣某言 ; 신 아무개가 말씀드립니다.)'하고, 아래에는 '성황성공 돈수돈수 사죄사죄(誠惶誠恐 頓首頓首 死罪死罪 ; 진실로

실을 단련하여, 특이한 재능을 관찰함으로써 풍속을 아름답게 해야 하며, 이 시험령을 이어받지 않는 자는 그의 죄와 법을 올바르게 해야 합니다. 만일 수재(秀才)[200]가 특별한 행적을 가졌다면 자연히 나이에 구애받지 않아도 됩니다."

황제가 이를 따랐다.

호광(胡廣), 곽건(郭虔), 사창(史敞)이 글을 올려 이를 반박하였다.

"무릇 사람을 가려 뽑는 것은 재능에 의거해야 하고 정해진 제도로 얽어맬 수 없습니다. 여섯 가지 기발한 묘책[201]은 경학(經學)에서 나온 것이 아닙니다. 정국(鄭國)[202]과 동아(東阿)[203]의 정책은 반드시 장주문(章奏文)에서 나온 것이 아닙니다. 감라(甘羅)의 자기(子奇)[204]

황공하고 머리를 조아리며 죽을죄를 지었습니다.)라고 말하며, 왼쪽 아래쪽에 '모관신모갑을상(某官臣某甲乙上 : 관직을 가진 신 갑을이 올립니다.)'라는 글귀를 붙여 둔다.

199 황궁의 정남문을 말한다. 상서는 이곳에서 전국 각지에서 올라오는 상주문을 수령한다. 천거한 사람들에게 우선 공부(公府)에 가서 시험을 보게 하여 그 사본을 단문에 올려서 상서가 이를 심사하게 한 것이다.

200 원문에는 무재(茂材)로 되어 있는데, 호삼성은 이를 수재(秀才)로 해석하였으며, 수(秀)를 무(茂)로 바꾼 것은 후한 광무제 유수를 피휘한 것으로 후한대에는 전한시대에 사용되건 수재를 모두 무재로 바꾸어 썼다.

201 진평(陳平)이 6가지의 묘책을 써서 한 고조 유방을 구한 것을 말한다.

202 자산(子産)이 정국의 재상이 되어 유능한 자를 임명해 나라가 잘 다스려진 것을 말한다.

203 안자(晏子)가 동아(산동성 양곡현) 현령이 되어 청렴결백하게 교화를 잘 한 것을 말한다.

204 진(秦)이 연(燕)과 연합하여 조(趙)를 정벌하고자 하여 12살밖에 안된 감라를 조나라에 사신으로 파견하였다. 이에 조나라에서는 5개의 성을 바치면서

가 드러나게 임용된 것은 벼슬한다는 나이 마흔에 미치지 못한 때였습니다. 종군(終軍)[205]과 가의(賈誼)[206]가 명성을 날린 것은 또한 약관 시절이었습니다.

전대(前代) 이래로 공거(貢擧)제도는 돌이켜 바꾼 적이 없습니다. 지금 일개 신하의 말로 예전 제도를 고치려 하는데, 그것이 편하고 이로운지가 분명하지 않으며 많은 사람의 마음은 만족하지 않을 것입니다.

굽은 것을 바로잡거나 통상적인 것을 바꾸는 것은 정치에서 중요한 일인데 대사(台司)[207]를 찾지도 아니하고 경사(卿士)와 모의하지도 않았으니, 만약 이 일이 내려진 후 논의하는 자가 다른 뜻으로 반박할 경우 이것을 다르다고 하면 조정에서는 그것의 편리함을 잃을 것이고, 이것을 같다고 하면 곧 왕의 말씀이 이미 시행되고 만 것입니다.[208]

신은 우매하나 모름지기 널리 백관에게 알려 그것과 같고 다름을 참고하신 연후에 비교하여 좋고 나쁜지를 보고 선택하는 것이 옳다고 생각되니 이 충심을 자세히 보고 받아주십시오.”

황제가 따르지 않았다.

화의를 구해왔다. 진은 감라를 상경에 봉하였다. 자기는 18살에 제(齊)나라 동아 현령이 되어 탁월한 치적을 남겼다.

205 전한 무제 때 18살인 종군이 자원해서 사신으로 가 남월왕을 설득하여 내속시켰다.

206 가의는 20세 때 문제의 부름을 받아 박사가 되어 예악을 크게 일으켰다.

207 삼공의 직위를 말한다.

208 좌웅의 의견에 동의하여 이를 반박하는 의견에 동의하지 않으면 조정은 실행하기가 곤란할 것이며, 만일 반박하는 의견에 동의한다면 좌웅의 의견은 잘못된 것이나 조정에서는 이미 좌웅의 의견에 따라서 실행하였다고 하는 것이다.

신묘일[209]에 처음으로 명을 내렸다.

"군과 봉국에서는 효렴을 천거하는데 나이는 마흔 살 이상으로 제한한다. 모든 유생은 장구(章句)를 통달하여야 하고, 문관은 장주문을 짓는데 능해야 마침내 천거에 응할 수 있다. 그 가운데 수재로 특이한 행적을 갖고 있어서 안연(顔淵)이나 자기(子奇)와 같으면 나이에 구애받지 않는다."

한참 있다가 광릉(廣陵, 강소성 강도현)에서 천거된 효렴(孝廉)인 서숙(徐淑)은 나이가 마흔 살이 안 되었는데, 대랑(臺郞)[210]이 이를 힐난하자 대답하였다.

"조서에서 말하기를 '안회나 자기와 같은 인재는 나이에 구애되지 않는다.'고 하였습니다. 이런 연유로 본 군에서는 신을 천거한 것입니다."

대랑은 굽히게 할 수가 없었다.

좌웅이 그를 힐난하였다.

"안회는 하나를 들으면 열을 알았는데 효렴은 하나를 들으면 몇을 아는가?"

서숙이 대답하지 못하자 이에 그를 파면하여 돌아가게 하였다. 군수[211]는 이 일에 연루되어 면직 당하였다.

---

209 어느 달의 신묘일인지 알 수 없다. 다만 겨울이라는 것만 알 수 있다. 그런데 다음에 《자치통감》 권51, 순제 양가 2년(133년)조의 5항 태사령 남양 사람 장형의 대책을 기록한 부분에서 이 이야기가 나오는데, 호삼성은 '지난해 겨울 11월 신묘일의 조서이다.'라고 하였다. 이것으로 보아 11월 신묘일로 보아야 할 것이고 그렇다면 11월 10일 경이 될 것으로 보인다. 대만의 백양은 이것을 다음 기사에 나오는 윤12월일 것이라고 추측하였으나 이는 호삼성의 주를 살피지 않은 것으로 보아야 한다.

210 상서랑을 말한다.

❖ 원굉(袁宏)[212]이 평론하였습니다.

"무릇 일을 도모하고 제도를 만들어서 세상을 경륜하고 사물을 해설할 때에는 반드시 실행할 수 있어야 한다.

예전에는 마흔 살이 되어야 벼슬하였는데, 벼슬을 하는 데는 반드시 이 나이가 되어야 한다고 말한 것은 아니어서 벼슬할 수 있을 때에는 강하고 왕성할 시기여야 하니 그러므로 그 커다란 한계를 들어서 백성들이 표준으로 삼게 한 것이다. 또한 안연이나 자기와 같은 이는 당대에 하나밖에 없는 사람인데, 이것으로서 기준을 삼고자 한디면 어찌 치우친 것이 아니겠는가?"

그러나 좌웅은 공정하고 정직하며 총명하여 능히 진실과 거짓을 판별해 결심한 의지를 가지고 이를 실행하였다. 조금 있다가 호광이 외직으로 나아가서 제음(濟陰, 산동성 정도현) 태수가 되었는데, 여러 군수 십여 명과 더불어 모두 천거를 잘못한 일에 연루되어 면직되어 쫓겨났지만 다만 어남(汝南, 하남성 여남현) 사람 진번(陳蕃)과 영천(潁川, 하남성 우현) 사람 이응(李膺), 하비(下邳, 강소성 비현) 사람 진구(陳球) 등 30여 명은 낭중(郎中)의 벼슬을 얻을 수 있었다.

이로부터 주목과 태수는 두려워서 감히 가벼이 천거를 하지 않았다. 영가(永嘉) 연간[213]까지는 사람을 살펴 뽑는 일은 청렴하고 공평하게

---

211 서숙을 천거한 군수이다.

212 《후한기(後漢記)》와 《죽림명사전(竹林名士傳)》을 쓴 진대(晉代)의 역사가이다.

213 후한 충제의 연호(145년)이다.

되어 적당한 사람을 많이 얻었다.

8 윤달(윤12월) 경자일(28일)에 공릉(恭陵)²¹⁴의 백장무(百丈廡)에서 화재가 일어났다.

9 황상이 북해(北海, 산동성 창락현) 사람 낭의(郞顗)가 음양(陰陽)의 학문에 정통하다는 소식을 들었다.

효순제 양가 2년(癸酉, 133년)

1 봄, 정월에 조서를 공거(公車)에 내려 낭의를 징소하여 재이에 관하여 물었다. 낭의가 장주를 올렸다.

"삼공은 위로는 태계(台階)에 상응하며,²¹⁵ 아래로는 원수(元首)와 같습니다. 정치를 하면서 그 바른 길을 잃어버리면 한기(寒氣)와 음기(陰氣)가 절기를 거스르게 됩니다. 지금 관직에 있는 사람은 다투어 고허(高虛)²¹⁶를 의탁하고 누종(累鍾)²¹⁷의 녹봉을 거두어들이면서 천하에 대한 근심을 하지 않습니다.

---

214 안제 유호의 능침이다.

215 태계(台階)는 천상의 삼계를 가리킨다. 상계는 천자를, 중계는 제후·공경·대부를, 하계는 백성을 말한다. 삼계가 화평하면 음양이 조화를 이루어 시기적절하게 바람이 불고 비가 내린다는 것이다.

216 실제 직무는 수행하지 않는 높은 자리이다.

217 종은 6곡(斛, 10말의 용량) 4두(斗)이다. 누종은 고액을 의미한다.

놀면서 쉬고 두러 누어서 병들어 누웠다며 스스로 안일하게 지내다가 책명하는 글을 받게 되거나 하사하는 금전을 얻으면 즉시 다시 일어나니 어찌 병이 쉽게 들며 쾌유되는 것도 빠를 수가 있겠습니까? 이렇게 하면서 재해를 소멸시키고 태평성대를 일으키게 하는 것이 어찌 가능하겠습니까?

지금 주목과 태수를 선발하는 것은 삼부에 위임되어 있습니다. 장리가 불량하면 이미 주와 군을 책망하고, 주와 군에 과실이 있다면 어찌 천거한 자에게 책임을 돌리지 않으십니까? 폐하께서 그들을 존중하여 더욱더 우대하시니 오만해지는 것이 자연히 점점 더 심해져 이것이 이른바 '큰 그물을 성기게 짜고, 작은 그물을 빽빽하게 만드는 것'입니다.[218]

삼공이 신의 원수가 아니며, 신이 미치광이 짓을 하는 것이 아닌데도 분노가 치밀어서 끼니도 잊은 채 간절하게 끊임없이 바라마지 않는 것은 진실로 조정을 염려하고 태평성세를 갈망하기 때문입니다. 신의 글에서 말을 가리지 않았으니[219] 죽어도 감히 여한이 없습니다."

이어서 7가지 편리하고 마땅히 해야 할 사항을 조목조목 제시하였다.

"첫째, 원릉(園陵)에 화재가 발생하였으나 마땅히 백성들의 노고를 염려하셔서 수리하는 노역을 중지하십시오.

둘째, 입춘 이후에 음기와 한기가 절기를 잃어버렸으니 마땅히 양신(良臣)을 받아들여서 성왕의 교화를 돕게 하십시오.

---

218 큰 그물은 곧 삼공을 의미하며, 작은 그물은 주목·군수를 말한다. 이것은 곧 삼공에게는 관대하게 하며 주목·군수에게는 엄격하게 대한다는 것을 의미한다.

219 하고 싶은 말을 다하겠다는 말이다.

셋째, 올해는 소양(小陽)의 해이므로 봄에는 마땅히 가뭄이 들고 여름에는 반드시 수재가 있을 것이니 의당 전 시대의 전범을 준수하여 오로지 절제하고 오로지 검약해야 할 뿐입니다.

넷째, 작년 8월 형혹(熒惑)[220]이 헌원(軒轅)[221]의 자리에 출입하였으니 마땅히 궁녀를 골라 뽑아내 그들이 혼인하여 출가하는 대로 내버려 두어야 합니다.

다섯째, 작년 윤10월에 하얀 기운[222]이 서쪽에 있는 천원(天苑)에서 좌족(左足)을 통과하여 옥정(玉井)으로 들어갔으니[223] 아마 입추 이후에는 장차 강족(羌族)이 배반하는 우환이 있을까 두려우니, 마땅히 미리 여러 군에 알려 엄중히 경비를 하게해야 합니다.

여섯째, 이번 달 14일은 을묘일인데, 하얀 무지개가 태양을 관통하였으니 마땅히 안팎의 관청으로 하여금 모두 입추 때까지 기다렸다가 그런 다음에 일을 살피게 하십시오.

일곱째, 한나라가 일어난 지 이미 339년이 되었으니, 3기(朞)의 때에

---

220 화성의 다른 이름이다.

221 북두칠성의 북쪽에 있는 17개의 성좌로서 전설상의 임금인 황제를 가리킨다.

222 《속한지(續漢志)》에 나온 말이다. 때로 객성(客星)의 기운은 흰색인데, 넓기는 2척이고 길이는 5장(丈)이며 천원의 서남쪽에서 시작된다.

223 《진서(晉書)》〈천문지(天文志)〉에 나오는데, 천원16성(星)은 앙(昴)과 필(畢)의 남쪽에 있으며 천자의 원유(園囿)로 짐승을 기르는 곳이다. 30성은 백호의 몸이다. 그 중 세 개의 별은 가로 늘어서 있는 세 명의 장수이며, 동북쪽은 좌견(左肩)인데 좌장(左將)을 주관하고, 서북쪽은 우견(右肩)인데 우장(右將)을 주관한다. 동남쪽은 좌족(左足)인데 후장군을 주관하고, 서남쪽은 우족(右足)인데 편장군을 주관한다. 옥정(玉井)의 네 별은 좌족 아래에 참여하며 수장(水漿)을 주관하여 주방에 공급한다.

마땅히 법령을 크게 정리하여 변경하는 바가 있어야 합니다. 제왕이 된 사람은 하늘을 따르는 것이니 비유하면 마치 봄에서 여름으로 가면 푸른색 옷을 붉은색으로 바꾸는 것과 같습니다.[224] 문제(文帝) 이후 형벌을 줄인지 3백 년이 지나[225] 가볍고 세세하였던 금령이 점차 이미 두텁게 쌓였습니다. 제왕이 된 사람의 법령은 비유하면 장강과 황하와 같아서 마땅히 쉽게 피하고 범접하기 어렵게 해야 합니다."

2월 낭의(郎顗)가 다시 편지를 올려서 황경(黃瓊)과 이고(李固)를 천거하면서 마땅히 발탁해 등용해야 한다고 하였다. 또 말하였다.

"겨울에서 봄에 이르기까지 끝내 단비가 내리지 않고 자주 서풍만 불어 오히려 절기를 거역하고 있으니,[226] 조정에서는 마음고생을 하며 널리 기도를 하고 산천에 제사지내며 춤추는 용이 저자거리를 옮겨 다니고 있습니다.[227]

---

224 한대 군주는 봄에는 푸른색 옷을 입고 여름에는 붉은색 옷을 입어 각각 계절에 맞추어 의복의 색깔을 바꾸었다.

225 문제 13년에 체형(體刑, 코를 베고 발을 자르거나 거세하는 형벌)을 금지한 이래 순제 양가 2년에 이르러 약 300년이 되었다.

226 봄에는 동풍이 불어야 마땅하다.

227 동중서의《춘추번로》에 봄 가뭄에 제사지내는 의식이 기록되어 있다. 봄에 가뭄이 들면 갑을(甲乙)일에 창룡(蒼龍) 하나를 만드는데 길이는 8장(丈)이고 중앙에 두며 소룡(小龍)을 만드는데 각기 길이는 4장이며 모두 동향을 하는데 그 사이는 8척으로 한다. 어린 아이 8명이 모두 3일 동안 재계하고 청의(靑衣)를 입고 춤을 추게 한다. 여름에는 병정(丙丁)일에 적룡(赤龍)을 만들고 계하(季夏)에는 무기(戊己)일에 황룡(黃龍)을 만들며 황의(黃衣)를 입는다. 가을에는 경신(庚辛)일에 백룡(白龍)을 만들고 백의(白衣)를 입는다. 겨울에는 임계(壬癸)일에 흑룡(黑龍)을 만들어 흑의(黑衣)를 입는다. 용의 길이와 춤추는 어린 아이는 각기 그 항수(行數)에 의거하며, 희생(犧牲)은 각기 그 방색

신이 듣기로 황천(皇天)은 만물에 감응하나 거짓으로 움직이지 않는다고 합니다. 재난이나 변고는 사람으로 인한 것이니 자기가 책임을 져야 합니다. 만일 비가 간청한다고 해서 내리고, 수재가 제거되어 멈출 수 있다면 즉 해마다 거르지 않고 모두 태평을 기대할 수 있을 것입니다. 그러나 재해가 끊이지 않는 것은 걱정거리가 여기에 있지 않습니다."

글을 상주하자 특별히 낭중의 벼슬을 내렸으나 병이 있다고 사양하며 나아가지 않았다.

2   3월에 흉노중랑장 조조(趙稠)에게 종사(從事)를 파견해 남흉노의 군사를 거느리고 요새를 나가 선비족을 공격하여 깨뜨렸다.

(方色)에 의거하는데, 모두 수탉을 태우고 수퇘지의 꼬리에 담금질을 하여 마을의 북문과 시장 가운데에서 기도한다. 한대에는 가뭄이 들면 도시에서는 용춤을 추어 비가 내리기를 기원하였다.

작위를 받는 유모 송아와 간언하는 자들

3   처음 황제가 즉위하면서 유모 송아(宋娥)도 그 모의에 참여하여서 황제는 송아를 책봉하여 산양군(山陽君)[228]으로 삼고, 또 집금오 양상(梁商)[229]의 아들 양기(梁冀)를 책봉하여 양읍후(襄邑侯)로 삼았다.

상서령 좌웅이 봉사(封事)[230]를 올렸다.

"고제[231]의 약정(約定)을 보면 유씨가 아니면 왕으로 삼지 말고, 공적을 세우지 아니하면 후로 삼지 말라고 하였습니다. 효안황제는 강경(江京)과 왕성(王聖) 등을 책봉하였다가 마침내 지진이 일어나는 재이를 초래하였습니다.[232] 영건 2년(127년) 음모에 참여한 공신을 책봉하였는데, 또한 일식의 변고가 있었습니다.

---

228 군은 여자에게 내리는 후작의 지위이다.

229 황제 유보의 장인이다.

230 밀봉하여 상서가 보지 못하고 황제가 직접 보게 한 상소문이다.

231 한을 건국한 고조 유방을 말한다. 고황제라고 한 판본도 있다. 그러나 뜻은 같다.

232 안제 건강 원년(121년)에 일어난 일로 《자치통감》 권50에 실려 있다.

수술(數術)하는 인사[233]들은 모두 작위를 책봉한 것에 허물을 돌리고 있습니다. 지금 청주(靑州, 산동반도)는 기근으로 텅 비었고 도적은 아직도 쉬지 않으니 진실로 작은 은혜를 거슬러 올라가 표창하는 것은 마땅하지 않으며, 큰 전범을 이지러뜨려 상실하게 됩니다."

조서를 내려서 받아들이지 않았다.

좌웅이 다시 간하였다.

"신이 듣건대 인군(人君)이란 충성스럽고 정직한 사람을 좋아하지 않은 이가 없고, 중상하고 아첨하는 사람을 싫어한다 하지만, 그러나 역대의 우환은 충성스럽고 정직하다가 죄를 얻고, 중상하고 아첨하여 총애를 받지 않은 경우가 없으니 대개 충성스런 말을 듣는 것은 어려우나 아첨을 따르기는 쉬워서입니다.

무릇 죄를 지어 형벌을 받는 것을 사람들은 마음으로 아주 싫어하고, 부귀하고 총애 받는 것은 사람들이 마음으로 바라는 것이니 이로써 이 시대의 풍속은 충언을 행하는 자가 적고 아첨을 익힌 자가 많습니다. 그러므로 군주로 하여금 자주 그 아름다운 일을 듣게 하지만 그 허물을 알게 하는 일이 드물어 미혹되어 깨닫지 못하다가 위태로워져서 망하는 경우에 이릅니다.

신이 엎드려 조서를 보건대 유모의 옛 은덕과 오래된 은혜를 고려하여 특별히 높은 상을 내리고자 하셨습니다. 《상서(尙書)》의 고사를 상고해 보면 유모에게 작위와 채읍을 하사한 제도는 없으며, 오직 먼저 돌아가신 황제[234] 때 유모 왕성(王聖)을 야왕군(野王君)으로 삼았

---

233 음양오행으로 점치는 사람을 말한다.

234 안제를 말한다.

는데, 왕성이 참소하는 반역으로 폐립하는 화를 만들어내어[235] 살아
서는 천하 사람들이 저주하여 씹었으며 죽고 나서는 천하 사람이 모두
기뻐하였습니다.

걸(桀)과 주(紂)는 존귀하기로는 천자였으나 고용되어 노복이 된 사
람들조차 그들과 더불어 비교되는 것을 부끄럽게 여긴 것은 그들에게
의로움이 없었기 때문이었습니다. 백이(伯夷), 숙제(叔齊)는 미천하기
로는 필부였으나 왕과 제후가 다투어 그들과 더불어 한 대오에 서려고
한 것은 그들이 덕을 가졌기 때문이었습니다.

지금 유모는 친히 검약을 실행하고 몸소 아랫사람들에게 솔선수범
하여 여러 신하들과 백성이 그녀의 기풍을 본받지 않음이 없습니다. 그
러나 왕성과 나란히 같은 작위로 불리게 하는 것은 본래의 절조를 어
겨서 평상시의 바람을 잃어버리게 될까 두렵습니다. 신은 어리석으나
일반 사람들의 마음이 이치에서는 서로 차이가 크지 않아서 불안하게
생각되는 것은 예전이나 지금이나 한 가지라고 생각합니다.

백성들은 왕성이 저질렀던 '전복의 화'를 깊이 징계하는 것은 백성들
의 목숨이 계란을 쌓아 올린 것 같이 위태로워서 항상 이 세상에 그러
한 일이 다시 있을까를 두려워하기 때문이며, 두려운 생각이 마음을 떠
나지 아니하고 두려워하는 말이 입에서 끊이지 않을까 걱정입니다.

빌건대 이전에 논의한 대로[236] 매년 천만 전을 유모에게 받들어 지
급하면 안으로는 은혜를 베풀고 아낌을 주는 기쁨을 충분히 다한 것이
며, 밖으로는 관리나 백성들이 괴이하게 여기지 않게 할 수 있습니다.

---

235 이 사건은 안제 연광 3년(124년)의 일로, 《자치통감》 권50에 실려 있다.

236 좌웅이 건의하여 지금까지 실행하고 있는 것을 말한다.

양기를 책봉하는 것은 급한 일이 아니므로 마땅히 재화의 운세가 지나 간 후에 공정하게 가부를 논의해야 합니다."

이에 양기의 아버지 양상은 양기에 대한 책봉을 사양하며 거두도록 십여 차례 상서를 올렸다. 황제가 이에 이를 따랐다.

여름, 4월 기해일(29일)에 경사에 지진이 있었다. 5월 경자일(1일)에 여러 공과 경인 인사들에게 조서를 내려 그의 허물을 직언하게 하고 이어서 각각 두텁고 질박한 인사 1명씩을 천거하게 하였다.

좌웅이 다시 상소를 올렸다.

"먼저 돌아가신 황제가 야왕군을 책봉하자 한양(漢陽, 감숙성 감곡현) 에 지진이 있었습니다.[237] 지금 산양군(山陽君)을 책봉하자 경성(京 城)에서 또 지진이 일어났으니 정치를 오로지 하는 것이 음(陰)[238]한 데 있어서 그 재해가 더욱 큽니다.

신이 앞뒤로 고언(瞽言)[239]한 바, 작위를 책봉하는 것은 지극히 중 대하므로 제왕이 된 사람이 남에게 사사로이 재물을 베푸는 것은 좋으 나 관직을 하사하는 것은 불가하니 마땅히 유모를 책봉한 것을 돌이켜 서 재해를 막으십시오. 지금 양기가 이미 깊이 사양하였사오니 산양군 또한 마땅히 본래의 절조를 높여주어야 합니다."

좌웅의 말이 지극히 간절하고 송아 또한 두려워서 사양하였으나 황 제는 사모하고 사모하여서 그만두지 못하고 마침내 그를 책봉하였다.

---

237 안제 연광 2년(123년) 왕성을 책봉한 해에 경사 및 군과 봉국 세 곳에서 지진 이 발생하였는데 한양이 그 중의 한 곳이다. 이 내용은 《자치통감》 권50에 실 려 있다.

238 음은 여자를 의미한다.

239 장님처럼 분별없이 하는 말을 일컫는데, 이는 겸사(謙辭)이다.

이때 대사농 유거(劉據)가 직무상의 일로 견책을 받아 상서에게 불려 가는데 큰 소리로 전하며 빨리 갈 것을 재촉하였고 또한 방망이로 구타하였다.

좌웅이 말씀을 올렸다.

"구경(九卿)의 지위는 삼사(三事)[240] 다음이며 반열은 대신의 자리에 있어서 다닐 적에는 패옥(佩玉)[241]의 예절을 갖추고 있고, 거동할 때에는 즉 학교에서와 같은 의례가 있습니다. 효명황제가 처음 구타하는 벌을 주었는데 모두 옛 법전에는 없습니다."

황제가 이를 받아들이고 그 후 구경을 다시는 몽둥이로 구타하는 일이 없었다.

4   무오일(19일)에 사공 왕공(王龔)이 면직되었다. 6월 신미일(8일)에 태상인 노국(魯國, 산동성 곡부현) 사람 공부(孔扶)를 사공으로 삼았다.

5   정축일(8일)에 낙양의 선덕정(宣德亭)[242]에서 땅이 갈라졌는데, 길이가 85장(丈)이었다. 황제는 공경이 천거한 후덕하고 질박한 인사를 이끌어서 그들에게 대책을 세우게 하였는데, 특히 당대의 폐단과 정치를 하는데 마땅히 해야 할 것에 대해 물었다.

이고(李固)가 대답하였다.

---

240 삼공을 말한다.

241 큰 허리띠에 걸쳐서 장식한 옥이다. 천자는 백옥, 공후는 현옥, 대부는 창옥 등으로 지위의 고하에 의해 구별이 있었다.

242 선덕정은 경사 남쪽의 근교지이다.

"이전 효안황제는 옛 전범을 문란하게 하여 유모에게 작위를 책봉하였는데, 그로 인해 요사스런 재화를 일으키고 적통이 이어받는 일을 바꾸고 어지럽혀 성상께서 몸소 낭패에 빠지고 친히 곤란을 겪으셨습니다.

이미 곤란과 위태로움에서 벗어나서 용(龍)이 되어 즉위하니 천하 사람들이 옹옹(嗚嗚)[243]하며 덕화와 선정을 갈망하고 있습니다. 폐단이 쌓인 후에는 쉽게 중흥을 이루는 것이니, 진실로 관대함을 가지고 오직 선한 길을 생각하지만 논하는 자들은 오히려 '지금의 사정이 다시 이전과 같다'고 말합니다. 신은 엎드려 초야에 있으나 마음이 아프고 가슴이 찢어집니다.

실로 한나라가 일어난 이래 삼백여 년 동안 현명한 성왕 열여덟 명[244]이나 되는 군주가 서로 계승하였는데 어찌 유모가 젖을 먹인 은덕이 없을 것이며 어찌 존귀한 작위를 주고 싶은 총애를 잊었겠습니까? 그러나 위로는 하늘의 위엄을 두려워하고, 굽혀서는 경전에 의거하여 보니 의로 보아 불가하다는 것을 알기 때문에 책봉하지 않은 것입니다.

지금 송아 유모는 비록 큰 공로와 근면하고 부지런한 덕을 가지고 있으니 다만 상을 하사하여 그 노고를 보답하면 충분합니다. 토지를 잘라내서까지 봉국을 여는 것은 실로 옛날부터 내려오는 전고(典故)에 어긋납니다. 듣건대 유모의 본디 성격이 겸허하다 하니 반드시 사양할

---

243 물고기가 입을 위로 내밀고 숨 쉬는 모양을 형상하는 말로 사람들이 위를 쳐다보는 모습을 말한다.

244 전한과 후한을 합친 숫자이다. 고제·혜제·문제·경제·무제·소제·선제·원제·성제·애제·평제·광무제·명제·장제·화제·상제·안제를 이어서 현재의 황제인 순제까지 18명이다.

것이며, 폐하께서는 마땅히 봉국을 사양하고자 하는 고귀함을 허락하셔서 만 가지로 평안함을 누릴 수 있게 하소서.

무릇 비와 황후의 집안에 온전한 사람이 적게 된 까닭은 어찌 천성이 당연히 그러하겠습니까? 단지 작위를 높이 드러나게 해서 권력의 칼자루를 전적으로 총괄하게 되니, 하늘의 도는 가득 차는 것을 싫어하는데[245] 스스로 덜어내는 것을 알지 못하기 때문에 거꾸로 넘어지게 된 것입니다.

먼저 돌아가신 황제는 염씨(閻氏)를 총애하여 지위와 명호를 너무 빠르게 주니 그러므로 그는 화를 받고 일찍이 돌아서지 못하였는데,[246] 노자가 말하기를 '나아가는 것이 빠르면 물러나는 것도 빠르다.'고 하였습니다. 지금 양씨의 척족이 초방(椒房)[247]이니 예로 보아 그를 신하로 삼을 수 없어서[248] 높은 작위로써 존중하는 것은 오히려 그런대로 괜찮습니다. 그런데 자제나 여러 시종들도 아울러 영화롭게 드러내도록 덧붙여주고 있으니 영평(永平)과 건초(建初)[249] 시대의 옛일을 보아도 거의 이와 같지 않았습니다.

미망히 보병교위(步兵校尉) 양기(梁冀)와 여러 시종들에게 황무(黃

---

245 《주역(周易)》에 '하늘의 도는 가득 찬 것을 줄이고 덜어내는 사람에게 덧붙여 준다.'고 하였다.

246 안제 건광 원년(121년)에 여러 등씨가 죄를 얻게 되어서 염씨들이 비로소 왕성하기 시작하였다. 연광 4년(125년)에 염씨는 주살되었으니 5년을 넘기지 못하였다.

247 황후 양상의 딸 양납(梁妠)을 말한다.

248 《예제》에 황후의 부모는 신하로 삼을 수 없다고 하였다.

249 후한 2대 황제 유장(劉莊) 및 3대 황제 유달(劉炟)의 시대이다.

門)의 관직으로 돌아가게 하고, 권력을 외척에게서 떠나게 하여 정사를 국가에게로 돌린다면 어찌 아름답지 않겠습니까? 또한 조서를 내려 시중과 상서, 중신들의 자제가 관리가 되어 효렴을 선발하는 자가 될 수 없도록 금해야 하는 까닭은 그들이 위엄과 권세를 잡고 청탁을 받아들이기 연고입니다.

그리고 중상시는 해와 달[250]의 곁에 있기 때문에 그 음성과 기세는 천하를 흔들어 자제들의 봉록과 임용하는 데서는 일찍이 제한이 없었으니, 비록 겉으로는 겸손하고 묵묵한 척하여 주와 군에 간여하지 않으나 아첨하고 거짓말하는 무리들이 넌지시 이르는 바람만 바라보고도 나아가 천거하고 있습니다. 지금 불변의 금령을 설치해서 중신(中臣)[251]들과 마찬가지로 해야 합니다.

예전에 관도공주(館陶公主)[252]가 자식을 위해 낭을 시켜달라고 요구하였으나 명제(明帝)[253]는 허락하지 않고 천만 전을 하사하였는데, 후하게 내려주는 것을 가벼이 여기고 사소한 관직이라도 중히 여긴 까닭은 관직에 있는 자가 인재가 아니라면 그 피해가 백성에게 미치기 때문입니다.

가만히 듣건대 장수사마(長水司馬) 무선(武宣)과 개양성(開陽城)[254]

---

250 황제를 가리킨다. 황제라는 용어를 직접 사용하지 않는 것이 관례이므로 황제를 해와 달로 표현한 것이다.

251 조정에 있는 신하를 말한다.

252 관도는 산동성 관도현 서남쪽에 위치한 고성을 말한다. 후한 명제 때 그 누이를 관도공주에 봉하였다. 이는 명제 영평 18년(75년)의 일이다.

253 후한 2대 황제 유장(劉莊)이다. 이는 명제 영평 18년(75년)의 일로《자치통감》권45에 실려 있다.

의 문후(門候) 양적(羊迪) 등은 별다른 공덕도 없는데, 처음에 곧바로 진 (眞)[255]의 벼슬을 내렸으니 이것은 비록 작은 과실입니다만 점차로 옛 법도를 무너뜨린 것입니다. 먼저 돌아가신 성스러운 분의 법도를 마땅 히 견실하게 지켜야 하였는데 그러므로 정사와 교화가 한 번 그르치게 되면 백 년이 지나도 회복할 수 없으니,《시경》에서 '위로 황제가 거꾸 로 되면 아래로 백성이 마침내 병이 든다.'고 하는 것은 주(周) 왕조의 왕이 선조의 법도를 바꾸었고, 그러므로 아래의 백성들을 다 병들게 하 였다는 것을 풍자한 것입니다.

지금 폐하에게 상서를 둔 것은 하늘에 북두가 있는 것과 같습니다. 북두는 하늘의 목구멍과 혀에 해당되며, 상서 또한 폐하의 목구멍과 혀 에 해당됩니다.[256] 북두는 원기를 내뿜으며 사시를 운행하고 있으며, 상서 또한 왕명을 출납하며 정사를 사해에 펼치니, 권세가 높고 기세가 막중하여 책임이 돌아와서 만일 공평한 마음을 갖지 아니하면 재이가 반드시 이르게 되니 진실로 그 일에 적당한 사람을 심사하여 선택하여 서 성스러운 임금의 정사를 보좌하게 해야 합니다.

지금 폐하와 더불어 천하를 함께 운영하는 사람은 밖으로는 공과 경, 상서가 있으며, 안으로는 상시와 황문이 있으니, 비유하면 하나의 문안에 있는 한 집안의 일과 같아서 평안하게 되면 함께 그 경사를 축 복하고 위태롭게 되면 곧 재난과 실패를 함께 합니다. 자사와 이천석은

---

254 낙양성의 하나이다.

255 한대 제도는 처음에는 수(守)라는 임시직을 주고 1년을 채워야 진(眞)으로 삼았는데 특별한 공덕도 없이 처음부터 진의 벼슬을 내린 것을 문제 삼은 것 이다.

256 이로 인해 상서를 후설의 관이라고 하였다.

밖으로는 직무를 통괄하고 안으로는 법의 규제를 받습니다.

무릇 겉으로 굽은 것은 그림자도 반드시 기울어지며 근원이 맑으면 흐르는 것도 반드시 깨끗하니 마치 나무의 줄기를 두드리면 많은 가지가 흔들리는 것과 같습니다. 이런 입장에서 말씀드리면 본 조정의 호령(號令)에 어찌 차질이 있게 할 수 있겠습니까! 천하의 기강을 세우는 일에 지금 당장 급하게 힘써야 합니다.

무릇 군주의 다스림이 있는 것은 물에 제방이 있는 것과 같아서 제방이 완전하면 비록 비가 내려 장마를 만나도 변경될 수 없으니, 정치와 교화가 일단 서면 잠시 흉년을 만나도 우려할 만한 일이 아닙니다. 진실로 만약 제방이 뚫어져 새게 되면 1만 명의 인부가 힘을 합쳐도 다시금 고칠 수 없으니, 정치와 교화가 일단 무너지면 현명하고 지혜로운 자가 분주히 노력해도 다시 돌이킬 수 없는데, 지금 제방은 비록 견고하나 점차 구멍이 뚫리고 있습니다.

이것을 한 사람의 신체에 비유하자면 본 조정이라는 것은 심장과 배와 같고 주와 군은 사지(四肢)이니 심장과 배가 아프면 사지를 들지 못합니다. 그러므로 신이 근심하는 바는 배와 심장에 있는 질환이지 사지에 있는 병환이 아닙니다. 진실로 제방을 견고히 하는 것은 정치와 교화에 힘쓰는 것으로, 먼저 심장과 배를 편안히 하듯이 본 조정을 가지런히 다스리면 비록 노략질하는 도적이 있거나 수해와 가뭄의 변고가 있다 해도 마음 쓸 만하지는 못하니, 진실로 만약 제방이 파괴되어 새게 되는 것은 심장과 배에 병이 들게 한 것이니 비록 수해나 가뭄의 재해가 없어도 천하에 오로지 근심이 됩니다.

또 마땅히 환관을 배척해 물리쳐서 그들의 막중한 권세를 제거하고 덜어내어 상시 두 명을 두되 반듯하고 올바르고 덕이 있는 자가 좌우에서 사무를 살피게 해야 합니다. 소황문은 5명인데, 재능이 있고 지혜로우며 고상한 자에게 궁중에서 업무를 주십시오. 이와 같이 하면 곧 논하는 자도 만족하여서 승평시대를 이룰 수 있을 것입니다."

부풍(扶風, 섬서성 흥평현)의 공조(功曹)[257] 마융(馬融)이 대답하였다.

"지금의 법률 조문과 관위(官位) 제도, 사시에 금지하는 법령은 하늘을 잇고 백성을 따르기 위하여 갖추어져 있고 완결되어 있으므로 덧붙여서는 안 됩니다. 그러나 하늘은 오히려 불평의 징조를 드러내고 있고 백성들은 오히려 한숨을 쉬며 원한을 가진 자가 있으며, 백성들은 누차 은택을 베푼다는 소리는 들었으나 아직 은혜와 화합의 열매를 보지 못하였습니다.[258]

예전에 백성을 만족시킨 것은 집을 부양시킬 수 있어서 사람들이 만족한 것이 아니라 그들의 재물과 용도를 헤아려서 제도를 만들었기 때문입니다. 그러므로 시집가고 장가드는 예절이 검소하게 되니 곧 혼인은 제때에 하였습니다. 상례와 제례도 간략하게 하니, 죽은 자는 염습하여 매장되었으며 그 시기[259]를 빼앗지 않아 농부에게 유리하였습니다. 무릇 처자는 그들이 마음을 쌓아두고, 산업은 그들의 의지를 중시하게 하니 이를 버리고 잘못된 것을 행하는 사람은 결코 많지 않았습니다."

태사령인 남양(南陽, 하남성 남양현) 사람 장형(張衡)이 대답하였다.

"처음에 효렴을 천거하면서부터 지금까지 200년이 지났는데,[260] 모

---

257 서사(書史)를 관장하는 하급 관리이다.

258 선정을 베푼다는 소리는 들었으나 실제 선정의 은혜를 입지 못하였다는 의미이다.

259 농사철을 말한다.

두에게 먼저 효도를 실행하게 하였으며 그것을 실행하고서 여력이 있
으면 비로소 문장과 법률을 배웠습니다. 신묘일의 조서[261]를 보면 장
주하는 공문을 잘 쓰는 것으로 제한하였습니다. 비록 효행이 지극해도
오히려 천거에 응할 수 없게 되었으니 이는 근본을 버리고 가지를 취
하는 것입니다.

증자(曾子)는 효행에 뛰어났으나 실제로는 아둔하여 문학에서는 자
유(子遊), 자하(子夏)만 못하였고, 정사에서는 염유(冉有), 계로(季路)
만 못하였습니다. 지금 한 사람에게 이것을 겸비하도록 한다면 진실로
밖으로는 보기 좋게 할 수 있지만 안으로는 반드시 결함이 있을 것이
니 효렴을 천거하게 하는 취지에서 벗어납니다.

또 군과 봉국의 태수와 재상은 부부(剖符)[262]를 가지고 자기 지역
을 안정시키고, 나라의 대신이 되었다가 하루아침에 면직되어 쫓겨난
것이 10여 명이 되었으니,[263] 관리와 백성은 이들을 보내고 새 관리를

---

260 전한 무제 원광 원년(기원전 134년)에 처음으로 효렴을 천거하게 하였는데, 이
    일은 《자치통감》 권17에 실려 있다. 《자치통감》을 보면 '원광 원년(丁未, 기원
    전 134년) 겨울, 11월에 처음으로 군국으로 하여금 효렴(孝廉)을 각 1인씩 천
    거하게 하였는데, 동중서의 말을 좇은 것이다.'라고 되어 있다. 그러므로 기원
    전 134년인 무제 원광 원년부터 순제 양가 2년(133년)까지 267년이 되는데,
    200년이라고 한 것도 맞지 않고, 호삼성은 이것을 207년이라고 하였으므로
    이것 또한 맞지 않는다. 왜 이러한 말을 하였는지 알 수 없다.

261 지난해(132년) 11월 19일의 조서를 의미한다.

262 한대에는 길이 6촌의 대나무를 양분하여 쌍방이 각각 절반씩 소지하여 임
    명, 봉작, 계약 등의 증거로 삼았다.

263 이 일은 당시 제음 태수 호광을 비롯한 10여 명의 지방관이 효렴의 천거를
    잘못하였다고 해서 파면당한 것을 말한다.

맞이하는 일로 피로해지고, 새로 온 관리와 이전의 관리가 교대할 때에는 공과 사를 남용하게 내버려두고, 어떤 사람은 정사에 임하여 백성을 편하게 하였으나 조그만 과실로써 면직되니 이는 백성의 부모를 빼앗아 원망을 사게 됩니다.

《역경》에서 말하기를 '멀리 가지 아니하였을 적에 돌아오라.'[264]고 하였으며, 《논어》에서는 '고치기를 꺼리지를 마라.'[265]고 하였습니다. 친구와 교제를 하는 데에도 또한 허물을 묵혀 두지 않는데 하물며 제왕은 하늘을 이어받고 만물을 다스리면서 천하를 공평하게 해야 되는 경우에서이겠습니까!

한 해의 중간쯤 지난 다음에 요상한 별이 위에 나타나고 지진으로 갈라지는 일이 아래에 드러나고 있으니[266] 이는 하늘의 경고가 명확한 것으로 가히 마음을 서늘하게 할 만합니다. 밝은 사람은 화(禍)가 아직 싹트기 전에 녹여버리는데 지금 이미 나타났으니 정치를 하면서 두려운 마음을 갖는다면 화가 된 것을 돌려서 복으로 만들 것입니다."

황상은 여러 사람들의 대답을 살펴보고 이고(李固)를 일등으로 삼아 즉시 유모를 내보내 집으로 돌려보내니 모든 상시가 머리를 조아리며 잘못을 빌어 조정은 숙연해졌다. 이고를 의랑으로 삼았으나 유모와 환관들은 모두 그를 질시하여 비장(飛章)[267]을 올려 죄를 지었다고 모함

---

264 《역경》에서 말하기를 '멀어져서 돌이키지 말고 삼가서 후회하지 마라.'고 하였는데, 이는 잘 못 갔다면 되도록 빨리 돌아오라는 말이다.

265 《논어》 제1권 〈학이〉편에 '허물이 있으면 고치기를 꺼리지 마라.'고 하였다.

266 이 해 4월 임인일에 태백성이 낮에 보였고, 5월 계사일에도 또 낮에 보였으며, 영건 3년에 경사에 지진이 있었다.

267 익명으로 올리는 장주문(章奏文)을 말한다.

하였다.

이 사건은 금중에서부터 내려 보내어 처리하도록 하니[268] 대사농 (大司農)인 남군(南郡, 호북성 강릉현) 사람 황상(黃尙) 등이 양상(梁商)에게 그를 간청하였으며,[269] 복야(僕射) 황경(黃瓊)이 다시 그 일을 밝혀 구원하였다. 한참이 지나서 석방되어 나와 낙양 현령이 되었으나 이고는 관직을 버리고 한중(漢中, 섬서성 남정현)으로 돌아갔다.

마융(馬融)은 경전에 널리 정통하고 문장이 아름다웠으며 대책하는 상주문으로 역시 의랑의 벼슬을 받았다. 장형(張衡)은 문장에 뛰어나고 육예(六藝)[270]에 통달하여 비록 당시에 재능이 뛰어났다 하여도 교만하게 뽐내는 마음이 없었다. 그는 기계에도 능통하고 더욱이 천문과 음양, 역법, 산술을 깊이 연구하여 혼천의(渾天儀)[271]를 제작하였으며, 《영헌(靈憲)》[272]을 저술하였다. 성품은 담백하고 세속적인 것을 동경하지 않았으며 재직하는 관직에서 여러 해가 거듭하였어도 옮기지 않았다.[273]

---

268 이 말은 황제가 양측의 중간에 서서 상서를 거치지 않고 관계자들에게 직접 이 사건을 조사하도록 명을 내린 것으로서 그만큼 사태의 중요성을 말해준다.

269 석방해 주기를 간청한 것이다.

270 예(禮)·악(樂)·사(射)·어(御)·서(書)·수(數)를 말하기도 하며, 시(詩)·서(書) ·역(易)·춘추(春秋)·예기(禮記)·악(樂) 등의 육경을 말하기도 한다.

271 오늘날 지구의에 해당하는 것으로써 일월성신의 운행을 측정하는데 사용하였다.

272 천문학에 관한 서적이다.

273 옮기지 않았다고 하는 것은 승진 욕심이 없어서 한자리에 오래 머물렀다는 의미이다.

6   태위 방삼(龐參)이 삼공 중에서 가장 충직하다고 이름이 나 있어서 자주 좌우[274]의 사람들로부터 헐뜯음을 받았다. 때마침 천거하였던 사람이 황제의 명을 거역하자 사예교위가 풍문과 연결하여 그것을 사건으로 삼았다. 이때 무재(茂才)[275]와 효렴을 모으는[276] 때에 방삼이 상주되었기[277] 때문에 병을 핑계로 회합에 나가지 않았다.

광한(廣漢, 사천성 수녕현)의 상계연(上計掾)[278] 단공(段恭)이 모임을 이용하여 상소를 올렸다.

"엎드려 보건대 노상의 행인이나 농부, 베를 짜는 여인 모두가 말하기를 '태위 방삼은 충직을 다하고 절개를 다하나 단지 곧은길로 가며 마음을 굽힐 수가 없어 여러 사악한 사람들 사이에 고립되어 스스로 중상모략의 지경에 처해졌다.'고 합니다. 무릇 아첨 배들이 충성스럽고 올바른 사람을 비방하고 훼손하고 있으니 이는 하늘과 땅 사이에서 크게 금기하는 것이며 신하로서 지극히 경계해야 할 일입니다.

예전에 백기(白起)가 사약을 받게 되자 제후들은 술을 마시며 서로 축하하였습니다.[279] 계자(季子)가 돌아왔을 때 노(魯)나라 사람들은

---

274 황제의 측근을 말한다.

275 효렴과 더불어 인재등용시험의 하나이다. 원래는 수재(秀才)라고 하였으나 후한 광무제의 휘호를 피하기 위해 무재라고 하였다.

276 한대 군과 봉국에서는 해마다 무재와 효렴을 천거하여 상계리와 더불어 모두 경사에 이르렀다.

277 상주문을 통해 방삼이 탄핵된 것을 말한다.

278 각 군에서 경사에 와서 1년간의 업적을 조정에 보고하는 책임을 진 연리를 말한다.

279 백기의 죽음은 주 난왕(赧王) 50년(기원전 257년)의 일로 《자치통감》 권5에

그가 어려움을 해결해 줄 것이라고 기뻐하였습니다.[280]

무릇 나라는 현명한 사람으로 다스려지고 군주는 충성심을 가진 사람으로 평안해지는 것인데, 지금 천하 사람들은 모두 폐하께 이런 충성스럽고 현명한 사람이 있음을 기뻐하고 있으니 바라건대 끝내 총애하시고 신임하셔서 사직을 편안하게 하십시오."

편지를 올리자 조서를 내려 소황문을 보내어 방삼의 병환을 살피게 하고, 태의가 양고기와 술을 보냈다.

뒤에 방삼의 부인이 전처의 자식들을 싫어하여 우물에 던져서 그들을 죽였더니 낙양 현령 축량(祝良)이 방삼의 죄를 상주하였다. 가을, 7월 기미일(20일)에 방삼은 끝내 재이가 들었기 때문에 면직되었다.

7 8월 기사일(1일)에 대홍려(大鴻臚) 시연(施延)을 태위로 삼았다.

8 선비족이 마성(馬城, 하북성 양안현)을 노략질하자 대군(代郡, 산서성 양고현) 태수가 이를 공격하였으나 이기지 못하였다. 얼마 후 기지건(其至犍)[281]이 죽었다. 선비족은 이로 말미암아 도적질도 점차 줄어들었다.＊

보인다.

280 노나라 공자(公子) 계유(季有)를 말한다. 민공 때 국가가 많은 어려움을 겪게 되었는데, 계자가 충성스럽고 현명하기 때문에 제(齊)나라 제후에게 그를 돌려달라고 하였다.

281 선비족의 우두머리이다. 기지건의 건(犍)을 건(鞬)으로 쓰기도 한다.

권052

한기44

어린 황제들과 양기의 부패

자연재해와 대책

효순황제 양가 3년(甲戌, 134년)

1 여름, 4월에 차사후부(車師後部, 신강성 길목살이현 남쪽)의 사마(司馬)[1]가 차사후왕(車師後王) 가특노(加特奴)를 인솔하고 창오륙곡(閶吾陸谷)[2]에서 북흉노를 습격하여 대파하고 선우의 어머니를 사로잡았다.

2 5월 무술일(4일)에 조서를 내려 봄부터 여름까지 이어지는 가뭄이 들었나 하여 전하에 사면령을 내렸다. 황상이 스스로 덕양전(德陽殿)[3] 동쪽 측실에 있는 노천(露天)에 앉아 비가 내리기를 기원하였다. 상서 주거(周擧)가 재능과 학식이 뛰어나고 깊었으므로 특별한 대책에 대해 물었다.

---

1 한대 둔전병 총사령관에 해당하는 직책이다.

2 현재의 지명이 분명하지 않다.

3 북궁의 액정 안에 있다

주거가 대답하였다.

"신이 듣기에 음양이 닫히고 막히면 두 개의 기가 꽉 막힙니다. 폐하께서 문제(文帝)와 광무제(光武帝) 때의 법도를 폐기하시고, 망한 진(秦)나라의 사치스런 욕망을 좇으시니, 궁궐 안에는 시집을 못가 원망하는 여자들이 쌓여 있고, 궁 밖에는 짝 없는 못난 사내들이 있습니다.

초목이 타는 가뭄이 시작된 이래 해가 거듭되어도 폐하께서 잘못을 고쳤다는 소릴 듣지 못하였는데, 헛되이 수고롭게 지존[4]께서 이슬과 먼지 속에 드러내 계시지만, 참으로 아무 이익이 없습니다. 폐하께서는 단지 화려한 것에만 힘을 쏟고 그 실제를 찾지 않으시지만, 오히려 '연목희어(緣木希魚)'[5] 하는 것과 같아 뒤로 물러나면서 앞으로 가기를 바라고 계십니다.

진실로 마땅히 신의를 갖고 밀고나가 정치를 개혁하시며, 바른 도를 숭상하여서 현혹됨을 고쳐야 하니 후궁 가운데 가까이 하지 않는 여인들은 내보내시고 태관(太官)[6]에서 쓰는 과중한 음식비용은 삭제해야 합니다.

《역전(易傳)》에 이르기를 '천자가 하늘을 감응시키는 데는 하루를 늦추지 않는다.'[7]고 하였습니다. 오로지 폐하께서 마음에 담아두시고

---

4 황제를 말한다.

5 《맹자》의 '猶緣木而求魚也'라는 구절을 인용하였다. 연목구어란 나무에 올라가 물고기를 구한다는 의미로 수고롭기만 하고 소득이 없음을 비유한다. 여기서는 求 대신 希를 썼다.

6 궁중의 음식을 담당하는 기관이다.

7 《역경》의 〈계람도중부전(稽覽圖中孚傳)〉에서 인용하였다. 본문에서 '양감천불선일(陽感天不旋日)'이라 한 것을 푼 것이다. 정현(鄭玄)이 붙인 주에 의하면

결단을 내려서 살피소서!"

황제가 다시 주거를 불러 얼굴을 마주하며 득실을 물었더니 주거가
대답하였다.

"당연히 관리를 신중히 선택하여서 탐욕스럽고 더러운 짓거리를 하
는 자는 내보내고, 요망하고 사악한 자는 멀리해야 합니다."

황제가 말하였다.

"관리 중 탐욕스럽고 더러운 짓을 하며, 요망하고 사악한 자는 누군
가?"

대답하였다.

"신은 하주(下州)[8]에서부터 단계를 뛰어넘어 기밀을 다루는 일에 참
여하였으므로, 여러 신하들을 판별하기에는 부족합니다. 그러나 공경
대신 가운데 자주 직언하는 자는 충성스럽고 곧지만 아첨하며, 비굴하
게 남의 비위를 맞추는 자가 요망하고 사악한 사람입니다."

태사령(太史令)[9] 장형(張衡)이 역시 상소하였다.

"지난해에 경사[10]에 지진이 일어나 땅이 갈라졌는데,[11] 땅이 갈라진
것은 권위가 쪼개진 것이며, 땅이 흔들린 것은 백성이 동요한 것입니

양(陽)은 천자인데, 천자가 하루를 선정(善政)하면 하늘이 즉각 선으로써 감
응하고, 하루를 악정(惡政)하면 하늘이 즉시 악으로 감응한다고 하였다. 또한
일설은 '즉시 반응하는 것'이라고 해설하고 있다.

8 하주는 지명이 아니라 지방의 하급 단위이다. 주거는 기주 자사였다가 상서로
발탁됐다.

9 천문·성력(星曆)·제사 등을 관장하였던 관리들의 장(長)이다.

10 수도인 낙양을 가리킨다.

11 순제 양가 2년(133년)의 일로《자치통감》권51에 실려 있다.

다. 가만히 걱정이 되는 것은 성상께서 염증을 느껴 권태로워져서 통제하는 일에 몸소 전념하지 않으시고, 은덕을 내리면서 차마 잘라내지 못하시니 여러 사람들과 황제의 권위를 공유하는 것입니다.

권위는 나뉠 수 없으며, 은덕을 베푸는 것도 공유할 수 없습니다. 바라건대 폐하께서 오직 옛일을 상고하여 이전의 제도를 따르겠다고 생각하시고, '형덕팔병'(刑德八柄)[12]이 천자에게서 나오지 않는 일이 없게 해야 할 것이며 그런 후에 신성한 덕망이 가득 채워지게 되고 재화(災禍)는 소멸되어 오지 않을 것입니다."

장형이 또 중흥(中興)[13] 이후 학자들이 도위(圖緯)[14]를 다투어 배우고 있어서 상소하였다.

"《춘추원명포(春秋元命包)》[15]에는 공수반(公輸班)과 묵적(墨翟)[16]에 관한 내용이 실려 있어서 전국시대의 일을 알 수 있습니다. 또 별도로 익주(益州)에 대해서도 언급하였는데, 익주는 한나라시대에 설치하였습니다. 또 유향(劉向) 부자는 비서(秘書)[17]로서 교정하는 일을 담당

---

12 《주례》에 나오는 말이다. 팔병이란 통치자가 신하를 부리던 여덟 가지 수단으로 작(爵)·녹(祿)·여(予)·치(置)·생(生)·탈(奪)·폐(廢)·주(誅)이다.

13 후한 왕조가 성립된 것을 말한다.

14 도(圖)는 하도(河圖), 위(緯)는 참위서(讖緯書)로 신비한 예언서를 말하는데, 위서에는 7개가 있다. 역위(易緯)·서위(書緯)·예위(禮緯)·악위(樂緯)·효경위(孝經緯)·춘추위(春秋緯)가 그것이며, 도참서라고도 한다.

15 춘추위에 속한 예언서로 신비한 예언서 가운데 하나라고 전해진다. 춘추위에는 이 책 말고도 연공도(演孔圖)·문요구(文耀拘)·운두추(運斗樞)·감정부(感精符)·합성도(合誠圖)·고이우(考異郵)·보건도(保乾圖)·한합자(漢含孳)·우조기(佑助期)·악성도(握誠圖)·잠담파(潛潭巴)·설제사(說題辭) 등이 있다.

16 묵자(墨子)이다.

하였는데, 9류(九流)[18]를 심사하여 확정하였지만 역시 참록(讖錄)[19]은 없었습니다. 그러므로 도참(圖讖)[20]은 애제(哀帝)와 평제(平帝) 연간에 성행한 것으로 모두 허망 되고 거짓말하는 사람들이 세상 사람들에게 재물을 뺏으려 하였던 것임을 알 수 있으며, 기망함을 비교하면 이와 같으나 이를 살펴서 금지시키지 않았습니다.

또 율력(律曆),[21] 괘후(卦候),[22] 구궁(九宮),[23] 풍각(風角)[24]은 자주

---

17 성제·애제 연간 유향(劉向)과 그의 아들 유흠(劉歆)이 궁중의 비서(도서를 관장하는 관직)로서 경전과 제자(諸子)를 교정하였다.

18 9가 학파의 학설이며, 9가 학파는 유가·도가·음양가·법가·명가·묵가·종횡가·잡가·농가를 말한다.

19 비기서 즉 도참사상을 다룬 책을 말한다.

20 길흉화복을 예언한 서적을 말한다.

21 역법을 말한다. 황제(黃帝)가 영윤(伶倫)에게 명하여 취률(吹律, 바람부는 절기를 관측)하게 하고, 대요(大僥)에게 갑자(甲子)를 만들도록 하였으며, 용성(容成)에게 역법(曆法)을 만들도록 함으로써 율력(律曆)의 학(學)이 전해지게 되었다.

22 팔괘(八卦). 경방(京房)이 64괘로 나누어 날짜에 따라 일을 치리하도록 하였으며, 그럼으로써 풍(風)·우(雨)·한(寒)·온(溫)을 살필 수 있게 되었다.

23 별자리이다. 복희(伏義)시대에 용마(龍馬)가 도(圖)를 등에 싣고 하수(河水)에서 나왔는데, 9를 머리에 이고 1을 발로 밟았으며, 좌에는 3, 우에는 7을, 2와 4는 어깨를 이루며, 6과 7은 다리가 되고, 5가 중앙에 있었다. 복희는 하도(河圖)를 보고 팔괘를 그렸다. 음양가들이 말하는 구궁(九宮)이란 1·6·8을 백(白)·2흑(黑)·3녹(綠)·4벽(碧)·5황(黃)·7적(赤)·9자(紫)를 이른다. 지금까지도 계속 이용하고 있다. 또《역건감도(易乾鑿度)》에 이르기를 '태일(太一)이 수를 취하여 구궁으로 나아간다.'라고 하였는데, 정현(鄭玄)의 주에 의하면 태일은 북극성의 신명(神名)이다. 팔괘의 궁을 하행하여 4궁마다 중앙을 도는데, 지신이 거주하는 곳이 이른바 9궁이다. 천수(天數)는 크게 나누어 양에서 나와 음으로 들어간다. 양은 자(子)에서 시작하고, 음은 오(午)에서 시작한다. 그

효험이 있어도 세상에서 배우기를 원하지 않고, 다투어 점치는 책이 아니라 합니다. 비유컨대 마치 화공이 개나 말은 그리기 싫어하면서 귀신 그리기를 좋아하는 것과 같으니, 참으로 실제 일은 형상으로 표현하기 어렵고, 헛되고 거짓된 일은 끝이 없습니다. 마땅히 도참서를 거두어 감추시고 일체 금지시키고 끊어버리면 주색(朱色)과 자색(紫色)이 현혹시킴이 없듯이 전적(典籍)에도 오점이 없어질 것입니다!"

3   가을, 7월에 종강(鍾羌) 부락의 강족 양봉(良封) 등이 다시 농서(隴西, 감숙성 임조현)와 한양(漢陽, 감숙성 감곡현)에 침구하였다. 전 교위 마현(馬賢)에게 조서를 내려 알자[25]로 삼고, 여러 종족을 진무하도록 하였다. 겨울, 10월에 호강교위 마속이 병사를 파견하여 양봉을 쳐서 깨뜨렸다.

4   11월 임인일(11일)에 사도 유기(劉崎)와 사공 공부(孔扶)가 면직되었는데, 주거(周舉)의 말을 채택한 것이었다. 을사일(14일)에 대사농

────────

래서 태일 아래의 9궁은 감궁(坎宮)에서 시작한다. 여기서부터 곤궁(坤宮)으로, 또 곤궁에서부터 진궁(震宮)으로, 진궁에서부터 손궁(巽宮)으로 따라가므로 반을 따라서 간 것이다. 중앙의 궁에서 돌아 멈추고, 후에 다시 중앙의 궁으로부터 건궁(乾宮)으로, 또 건궁에서 태궁(兌宮)으로, 태궁에서 간궁(艮宮)으로, 간궁에서 이궁(離宮)으로 가며 주위를 돈다. 태일의 별 위에서 놀며 도는 것은 반대의 자궁(紫宮)이다. 자궁에서 감궁으로 나아가기 시작하여 이궁에서 멈춘다. 이것이 비록 《위서(緯書)》의 설(說)이지만 9궁의 위치는 하나이다.

24 풍각(風角)은 사방(四方), 네 모서리의 바람을 살펴 길흉을 점치는 것이다.

25 황제를 대신하여 여러 곳의 사신으로 가는 벼슬로 일종의 예빈관(禮賓官)이다.

황상(黃尙)을 사도로 삼고, 광록훈[26]인 하동(河東, 산서성 하현) 사람 왕탁(王卓)을 사공으로 삼았다.

5   경(耿) 귀인이 자주 경씨들을 위하여 청탁하였는데, 황제가 이에 경보(耿寶)[27]의 아들 경기(耿箕)를 계승시켜 책봉하여 모평후(牟平侯)로 삼았다.

---

26 궁정 경호대 사령관이다.

27 경보는 염현(閻顯)의 시기를 받아 정후(亭侯)로 좌천되어 봉국으로 가는 길에 자살하였다. 안제 연광 4년(125년) 4월의 일로《자치통감》권51에 실려 있다.

대장군 양상과 방자한 아들 양기

효순제 양가 4년(乙亥, 135년)

1   봄에 북흉노의 호연왕(呼衍王)이 차사후부(車師後部)[28]를 침범
하였다. 황제가 돈황 태수에게 병사를 발동하여 구원하도록 하였으나
승리하지 못하였다.

2   2월 병자일(16일)에 처음으로 중관(中官)이 양자를 얻어 작위를
세습할 수 있도록 허락하였다.[29] 애초 황제가 복위하였던 것은 환관들
의 힘이었고,[30] 이로부터 총애를 받아 정사에 참여하였다.
　　어사(御史)[31] 장강(張綱)이 편지를 올렸다.

---

28 차사후국이다. 현재 신강성 길목살이현에 있었다.

29 중관은 금중에 있는 관리라는 말로 환관을 일컫는다. 이들은 후사를 가질 수
　　없었으므로 양자를 두게 하였다. 삼국시대를 연 조조도 환관의 후손이었다.

30 환관 19명이 제음왕을 황제로 등극시키려고 모의하였는데, 이 사건은 연광
　　4년(125년) 11월의 일로《자치통감》권51에 실려 있다.

31 감찰관에 해당하는 직책이다.

"가만히 생각하건대, 문제(文帝)와 명제(明帝), 두 황제가 도덕으로 교화시켰어도 아주 융성하였는데, 중관상시(中官常侍)는 두 명에 불과하였으니 가까이 있어서 총애하여 상을 내리시면서 줄여서 약간의 금[32]을 채웠으며, 비용을 아끼고 백성을 중히 여기셨던 고로 집집마다 사람들이 풍족할 수 있었습니다. 그러나 최근 몇 년간 공로가 없는 소인이 모두 관작을 갖게 되었으니 이는 백성을 사랑하고 그릇[33]을 중히 여기며 하늘의 뜻을 받들고 도리에 순응하는 것이 아닙니다."

편지가 상주되었으나, 살펴보지 않았다. 장강(張綱)은 장호(張皓)[34]의 아들이다.

3 가뭄이 들었다.

4 알자 마현(馬賢)이 종강(鍾羌) 부락의 강족을 습격하여 이를 대파하였다.

5 여름 4월 갑지일(5일)에 태위 시연(施延)이 면직되었다. 무인일(19일)에 집금오[35] 양상(梁商)을 대장군으로 삼았고, 옛 태위였던 방삼(龐參)을 태위로 삼았다.

---

32 단위는 '양(兩)'일 것이다.

33 관직이나 작위 등의 자리이다.

34 장호는 정위로서 태자의 폐위를 반대하였던 인물이다. 이 사건은 안제 연광 3년(124년) 7월에 일어났고,《자치통감》권50에 보인다.

35 낙양 지역 경비 총사령관에 해당하는 직책이다.

양상이 병이 들었다고 하면서 일어나지 아니한 것이 또 일 년이 지났다. 황제가 태상(太常)[36] 환언(桓焉)을 시켜 책서를 가지고 그의 집으로 가서 수여하게 하니, 양상이 마침내 입궐하여 명을 받았다.[37] 양상은 젊어서 경전에 통달하였고 겸허하고 공손하며 선비들을 좋아하였는데, 한양(漢陽, 감숙성 감곡현) 사람 거람(巨覽)과 상당(上黨, 산서성 장자현) 사람 진구(陳龜)를 벽소하여 연속(掾屬)[38]으로 삼았으며, 이고(李固)를 종사중랑(從事中郎)으로 삼고, 양륜(楊倫)을 장사(長史)로 삼았다.

---

36 제사를 관장하는 부의 장이다.

37 두우(杜佑)에 의하면 후한대에 여러 왕후와 삼공에게 벼슬을 내릴 때의 의례는 백관이 모여 위계에 따라 자리를 잡은 후 알자(謁者, 예빈관)가 광록훈을 앞으로 인도하고, 다음으로 벼슬 받는 자를 인도하여 전하(殿下)에서 엎드리게 하였다. 광록훈이 한 번 절을 올린 후 손을 들고 말하기를 '황제가 내린 조서에 따라 아무개를 어떤 자리에 임명한다.'고 한다. 책서(策書, 임명장)를 낭독하고 나면, 벼슬을 받은 자는 '신(臣)'이라 칭하며 두 번 절한다. 상서령이 인새(印璽, 관인)와 인수(印綬, 관인을 묶은 끈)를 시어사(侍御史)에게 넘기는데, 시어사가 벼슬을 받는 자 앞으로 나가면 일어서서 인새와 인수를 받는다. 벼슬을 받는 자는 두 번 절하고 한 번 머리를 조아리는데 이를 3차례 하였다. 그런 후 알자가 말하기를 "아무개 왕신이 어떤 자리에 새롭게 봉하여졌습니다. 아무개 공이 어떤 자리에 처음으로 제수되었으니 감사하옵니다."라고 하면, 중알자(中謁者, 다음의 알자)가 "삼가 감사하옵니다."라고 보고한다. 찬자(贊者, 의례를 진행하는 관리를 일컬음)가 일어서서 말하기를 "황제께서 공을 위해 일어나십니다."라고 하면 황제가 일어섰다가 다시 자리에 앉는다. 책서를 받은 자는 감사의 절을 하며 일어나 벼슬자리에 취임하였다. 이것으로 예를 마쳤다. 한대 이래 오로지 위청(衛靑)만이 공을 세워 군중에서 대장군의 벼슬을 받았고 직무 현장에서 벼슬을 받았다는 자를 듣지 못하였다. 하물며 황후의 아버지라 하여 다를 것이 없었다.

38 하급 관리를 말하는데, 연리는 정관(正官)이고 속리는 부관(副官)이다.

이고는 양상이 유순하며 조화로우면서 스스로의 위치를 지키니, 국사를 조정하고 결재할 수 없어서 양상에게 주문으로 올릴 것을 기록하여 아뢰었다.

"수년 전부터 재앙과 괴이한 일이 여러 차례 보였습니다. 공자가 말하기를 '지혜로운 자는 변화하는 모습을 보면 어떤 모양으로 될지를 생각하며, 어리석은 자는 괴이한 일을 보면 이름 대기를 꺼린다.'라고 하였습니다. 하늘의 도리란 가까운 사람을 두는 일이 없으니[39] 가히 두려워하여 존경할 만하다 할 것입니다.

진실로 왕도의 기강을 한 번 정리하시어 도가 실천되고 충의가 세워지게 하시며, 밝으신 공께서 백성자고(伯成子高)[40]의 높은 덕행을 이으셔서 썩지 않는 영예를 온전히 하셔야 할 터인데, 어찌 이들 외척인 평범한 무리들이 영화나 지위를 탐내는 것을 함께 같은 태양 아래에서 의논하고 계십니까!"

양상은 채용할 수 없었다.

6   기을, 윤8월 초하루 정해일에 일식이 있었다.

7   겨울, 10월에 오환(烏桓)족이 운중(雲中, 내몽고 탁극탁현)을 침구하였다. 도요(度遼)장군[41] 경엽(耿曄)이 추격하였으나 승리하지 못하

---

39 하늘의 도리는 가까운 사람이라든가 소원한 사람이라든가 하는 구별을 하지 않고 오직 선한 일을 하는 사람과만 더불어 한다는 말이다.

40 《장자(莊子)》에 이르기를 '백성자고(伯成子高)는 당(唐)·우(虞)시대의 제후이다. 우(禹)에 이르러 물러나 들에서 농사를 지었다'고 하였다.

41 북방 국경의 방위사령관에 해당하는 직책이다.

였다. 11월에 오환족이 경엽을 난지성(蘭池城, 탁극탁현 북방)에서 포위하니, 군사 수천 명을 발동하여 이들을 구원하였고, 오환족은 이에 퇴각하였다.

8   12월, 병인일(30일)에 경사에 지진이 났다.

효순제 영화 원년(丙子, 136년)

1   봄, 정월 기사일(15일)에 기원을 바꾸고, 천하를 사면하였다.

2   겨울, 10월 정해일(7일)에 승복전(承福殿)에 화재가 났다.

3   11월 병자일(27일)에 태위 방삼을 파직시켰다.

4   12월 상림(象林, 베트남 유천현)에 사는 만이가 반란을 일으켰다.

5   을사일(26일)에 전에 사공이었던 왕공(王龔)을 태위로 삼았다.
   왕공은 환관이 권력을 전횡하는 것이 싫어 편지를 올려 그 상황을 극단적으로 말하였다. 여러 황문[42]들이 빈객들을 시켜 왕공의 죄를 무고하여 상주하였다. 황상은 왕공에게 빨리 스스로 사실을 말하도록 명하였다.

---

42 환관이 기거하는 곳으로 환관을 가리키는 말이다.

이고는 양상에게 상주할 글을 올렸다.

"왕공(王公)[43]이 굳고 곧은 지조를 가졌기 때문에 가로질러 참소하는 사람들에게 얽매여졌다는 것을 여러 사람들이 알아들어 알고는 탄식하고 떨지 않는 사람이 없습니다. 무릇 삼공은 높고 중하지만 나아가서 억울한 뜻을 호소할 수 없고[44] 조그만 것이 느껴지기만 해도 번번이 책임을 지고 자살하도록 하였으니, 이리하여서 옛날의 전장(典章)에는 대죄가 아니면 무겁게 심문하지 않도록 하였습니다.[45]

왕공에게 갑자기 다른 변고라도 생기게 되면 조정은 현명한 신하를 해쳤다는 이름을 얻게 될 것이며, 여러 신하들은 그를 구호하는 절개를 갖지 못하였다 할 것입니다.《논어》에 '선인(善人)이 환난을 당하였다면, 배가 고파도 식사를 하지 않는다.'[46]라고 하였으니 지금이 그 시기입니다."

양상이 즉시 이것을 황제에게 말하니 이 일은 이내 풀어졌다.

6   이 해에 집금오 양기(梁冀)를 하남윤(河南尹)으로 삼았다. 양기의

---

43 왕공(王龔)을 높여 부른 것이다.

44 애제(哀帝)시기에 승상 왕가(王嘉)가 정위(廷尉)를 탄핵하고자 소환하였다. 주부(主簿)가 이르기를 "장상이 억울한 일을 진술하는 것은 이치에 맞지 않다. 승상이 따라야 할 것은 고사(故事)라고 생각한다. 군후는 마땅히 자결하는 것이다."라고 하였다.

45 대신이 옥에 갇혀 심문 받는 것을 말한다. 성제(成帝)시기, 승상 설선(薛宣)·어사대부 적방진(翟方進)이 죄를 지었다. 황상은 5명의 이천석에게 여러 가지를 심문하도록 하였다.

46 현인이 어려움을 당하였다면 빨리 구원하여야 하기에 밥을 먹지 않고 달려간다는 뜻이다.

성격은 술을 좋아하고 안일하고 방탕하며 제멋대로 굴며, 직무를 처리할 때 대부분 멋대로 폭압과 불법을 저질렀다. 부친 양상과 친하게 지내는 빈객인 낙양(雒陽) 현령 여방(呂放)이 양상에게 이 사실을 알리니, 양상이 양기를 꾸짖었다.

양기가 사람을 시켜 길에서 여방을 칼로 찔러 살해하고 양상이 이를 알까 두려워하여서 마침내 여방의 원수에게 미루어 혐의를 씌우고, 여방의 동생 여우(呂禹)를 낙양 현령을 시켜 달라고 청탁하고 그를 체포하게 하였다. 그리고 그의 종친과 빈객 100여 명을 다 없앴다.[47]

---

47 이에 대한 해석은 두 가지이다. 하나는 양기는 자기가 죽인 여방의 동생을 안위하는 척하면서 다 죽여 입을 못 열게 하였다는 것이고, 다른 하나는 양기가 그의 아버지 양상에게 죽은 여방의 동생 여우가 그의 형 여방의 뒤를 이어 낙양현령으로 삼게 하여서 급히 형 여방을 죽인 범인을 체포하게 하면서 속으로는 여우로 하여금 그 형 여방의 종친과 빈객을 다 죽이게 하여 속 시원하게 하려는 것이라는 것이다.

만족의 반란과 이고의 대책

7 　무릉(武陵, 호남성 상덕시) 태수가 편지를 올려서 만이가 귀속해오면 한인과 비등하게 하여 그 부세를 증가시킬 수 있다[48]고 하였다. 논의하는 자들은 모두가 옳다고 하였다.

상서령 우후(虞詡)가 말하였다.

"옛날부터 성스러운 임금은 다른 풍속을 가진 자를 신하로 삼지 않았습니다. 먼저 돌아가신 황제 때의 옛 법전에 있는 공부(貢賦)의 수량은 유래가 오래 되었습니다.[49] 그런데 지금 함부로 부세를 올리면 반드시 원망하여 반란을 일으킬 것입니다. 그들의 소득을 계산하여 들어간 비용을 보상하지 않으면 반드시 후회할 일이 있을 것입니다."

황제가 좇지 않았다.

풍중(灃中, 풍수 양안)과 누중(漊中)에 사는 만족들이 각각 다투듯 공물로 바치는 포가 예전의 약속과 같지 않다고 하다가 드디어 향리를

---

48 만족에게는 특별히 대우하여 부세를 적게 받았었다.

49 한나라가 세워지고 나서 정해졌는데, 무릉 지역에 사는 여러 만족들에게 대인은 1년에 포(布) 1필(匹), 어린아이는 2장(丈)를 내게 하였는데 이를 종포(賨布)라고 하였다.

살해하고 종족을 이끌고 반란을 일으켰다.

효순제 영화 2년(丁丑, 137년)

1   봄, 무릉(武陵, 호남성 상덕시)에 사는 만족 2만 명이 충성(充城, 호남성 상식현)을 포위하고, 8천 명이 이도(夷道, 호북성 지성시)를 침구하였다.

2   2월에 광한(廣漢, 감숙성 문현) 지역의 속국도위(屬國都尉)[50]가 백마(白馬) 부락의 강족을 격파하였다.

3   황제가 무릉 태수 이진(李進)을 파견하여 반란을 일으킨 만족을 공격하여 이를 깨뜨리고 평정시켰다. 이진이 또 양리(良吏)를 선발하여 만이들을 위로하고 보살피니, 군의 경계 지역 안이 마침내 안정되었다.

4   3월에 사공 왕탁(王卓)이 사망하였다. 정축일(30일)에 광록훈 곽건(郭虔)을 사공으로 삼았다.

5   여름, 4월 병신일(19일)에 경사에 지진이 났다.

---

50 광한의 민병대 사령관이다. 안제 때 촉군 북부도위를 고쳐 광한속국도위라 하고, 별도로 음평(陰平)과 전저(甸氐), 강저(剛氐) 세 도를 관장하게 하고, 익주(益州)에 귀속시켰다.

6   5월 계축일(6일)에 산양군(山陽君) 송아(宋娥)가 간신들의 무고에 걸려들어 인수를 몰수당하고 향리로 돌아갔다. 황룡(黃龍)·양타(楊佗)·맹숙(孟叔)·이건(李建)·장현(張賢)·사범(史汎)·왕도(王道)·이원(李元)·이강(李剛) 등 아홉 명의 열후가 송아와 함께 서로에게 뇌물을 보내어 높은 관직과 봉읍을 증가시켜 줄 것을 요구하였던 일에 연좌되었는데, 곧 봉국으로 가게하고 조세의 4분의 1을 감액시켰다.

7   상림(象林, 베트남 유천현)의 만족 구연(區憐)[51] 등이 현의 관아를 공격하고 장사(長史)[52]를 살해하였다. 교지(交趾, 광동성 광주시) 자사 번연(樊演)이 교지와 구진(九眞, 베트남 의안성 주변 지역)의 병사 1만여 명을 발동하여 이들을 구원하였는데, 병사들은 멀리 전역(戰役)에 나가는 것을 꺼려하다가 가을, 7월에 두 군[53]에 속한 병사들이 반란을 일으켜 그들의 군부(郡府)를 공격하였다. 군부에서 비록 반란한 자들을 격파하였지만, 만족의 세력은 더욱 왕성하게 되었다.

8   겨울, 10월 갑신일(10일)에 황상이 장안에 행차하였다. 부풍(扶風, 섬서성 홍평현) 사람 전약(田弱)이 같은 군의 사람인 법진(法眞)이 내힉

---

51 호삼성이 區는 성(姓)이며, 烏侯의 번자라고 하였으므로 '우'로 읽는다. 오늘날 광중(廣中)에는 아직도 이 성이 있다. 성보(姓譜)에 따르면 "오늘날 장사(長沙)에 이 성씨가 있는데, 음은 豈俱의 번자라고 하였으므로 '구'로 읽으라."고 하였다.

52 관부에서 수장 다음 가는 모든 관리의 우두머리로 여기서는 상림의 장사이다.

53 교지와 구진을 말한다.

(內學)과 외학(外學)을 널리 익혔다고 천거하였으나[54] 은거하며 벼슬에 나오지 않자 의당 바로 곤직(袞職)[55]을 내려야 한다고 하였다.

황제가 마음을 비우고 그를 오게 하려고 전후 네 차례를 징소하였지만 결국 뜻을 굽히지 않았다. 친구 곽정(郭正)이 그를 칭찬하며 말하였다.

"법진의 이름은 들을 수 있어도 모습은 보기가 어렵구나! 명성에서 도망치니 명성이 나를 따르고, 명성에서 피하려하니 명성이 나를 쫓는구나! 가히 백세(百世)의 스승이라 할 만하다."

법진은 법웅(法雄)[56]의 아들이다.

9   정묘일(23일)에 경사에 지진이 났다.

10   태위 왕공(王龔)은 중상시 장방(張昉) 등이 국가의 권력을 전횡하고 농단하여서 상주하여 그들을 주살하고자 하였다. 종친 가운데 양진(楊震)의 일을 처리하였던 예를 가지고 그에게 간언하는 자가 있자[57] 왕공이 마침내 그만두었다.

---

54 후한시대에는 유학자들이 칠위(七緯)를 내학이라고 하고, 6경(經)을 외학이라고 하였다. 칠위는 역위(易緯), 서위(書緯), 시위(詩緯), 악위(樂緯), 춘추위(春秋緯), 효경위(孝經緯)이고, 6경은 시경, 서경, 예경, 역경, 악경, 춘추이다.

55 임금을 보좌하는 사람으로 삼공의 직위를 말한다.

56 법웅이 안제 영초 4년(110년)에 왕종과 함께 해적 장백로를 물리쳤는데, 이는 《자치통감》 권49에 실려 있다.

57 양진은 참소를 받고 비탄해 하다가 짐독을 마시고 죽었는데, 이 사건은 안제(安帝) 연광(延光) 3년에 있었던 일로, 《자치통감》 권50에 실려 있다.

11   12월 을해일(2일)에 황상이 장안에서 돌아왔다.

효순제 영화 3년(戊寅, 138년)

1   봄, 2월 을해일(2일)에 경사와 금성(金城, 감숙성 난주시), 농서(隴西, 감숙성 임조현)에 지진이 있었는데, 두 군에서는 산이 무너졌다.

2   여름, 윤4월 기유일(8일)에 경사에 지진이 일어났다.

3   5월에 오군(吳郡, 강소성 소주시)의 군승(郡丞)[58] 양진(羊珍)이 반란을 일으켜, 군부(郡府)를 공격하였는데 태수 왕형(王衡)이 이를 격파하고 목을 베었다.

4   시어사(侍御史)[59] 가창(賈昌)이 주와 군과 힘을 합쳐 구연(區憐)을 토벌하였으나 이기지 못하고 포위되어 공격을 받게 되었는데, 1년이 넘자 군사와 곡식이 계속 지원되지 않았다. 황제가 공경과 백관, 네 부(府)의 연속(掾屬)[60]들을 소집하여 방략을 물었더니 모두 대장을 파견하고, 형주(荊州, 호북성과 호남성)·양주(揚州, 안휘성과 강서성)·연주

---

58 군 정부의 주임비서에 해당한다.

59 법의 집행을 감시하는 감찰관에 해당하는 직책이다.

60 4부는 대장군부·태위부·사도부·사공부를 말하며, 대장군부에는 연속이 29인이고, 태위부에는 24인이며, 사도부에는 31인이고, 사공부에는 29인이었다.

(兗州, 산서성 서부)·예주(豫州, 하남성)에서 4만 명을 징발하여 그곳에 보내자고 의견을 냈다.

이고(李固)가 반박하였다.

"만일 형주와 양주에 아무 일이 없다면 이들을 징발하여도 좋습니다. 지금 두 주[61]에는 도적들이 자리를 잡고 해산되지 않고 있으며, 무릉(武陵)과 남군(南郡, 호북성 강릉현)의 만이는 아직도 평정되지 못하였고, 장사(長沙)와 계양(桂陽, 호남성 침현)에서는 자주 징발되었으므로 만일 또 다시 소란스럽게 움직인다면 반드시 다시 환난을 낳는 것이니, 이것이 안 되는 첫 번째입니다.

또 연주와 예주의 사람들은 갑자기 징발되면 만 리나 떨어진 먼 곳으로 가서 언제 돌아올 줄 모르는데, 조서를 내려 압박하며 재촉한다면 반드시 배반하여 도망하기에 이를 것이니, 이것이 될 수 없는 두 번째입니다.

남주(南州, 베트남 광치현)은 물과 풍토가 따뜻하고 더운데다 장기(瘴氣)[62]까지 있어서 사망에 이르는 사람이 열 명 가운데 반드시 네댓 명은 될 것이니, 그것이 될 수 없는 세 번째입니다.

멀리 만 리를 건너가면 사졸들이 피로하여 영남(嶺南)에 이를 때쯤에는 다시 전투를 감당할 수 없게 될 것이니, 그것이 될 수 없는 네 번째입니다.

군사가 움직이는 것은 하루 30리 정도인데, 일남(日南, 베트남 광치현)까지의 거리는 9천여 리이니, 300일이 지나서야 도착하게 되고, 한 사

---

61 형주와 양주를 말한다.

62 풍토병을 말한다.

람 당 5승(升)의 곡식을 공급하는 것으로 계산하면 쌀이 60만 곡(斛)[63]
이 소용되는데, 장리(將吏)[64]와 여마(驢馬)[65]의 식량은 계산에 넣지
않은 것이며 다만 갑옷을 스스로 짊어지고 가도 비용이 이와 같을 것
인데, 그것이 될 수 없는 다섯 번째입니다.

군대를 주둔시킨 곳에서는 사망자가 반드시 많이 생기게 되므로 적
을 방어하기에 부족하면 다시 병사를 징발해야 하는데, 이는 가슴이나
배를 잘라내어 사지(四支)를 보호하는 것과 같으니, 그것이 될 수 없는
여섯 번째입니다.

구진과 일남은 서로 천 리나 떨어져 있어서 그곳의 관리와 백성들을
징발하여도 견딜 수 없는데, 하물며 어찌 네 주(州)[66]의 병졸들을 고생
시켜서 만 리나 떨어진 어려운 곳에 보내야 하겠습니까? 그것이 될 수
없는 일곱 번째입니다.

옛날 중랑장[67]이었던 윤취(尹就)가 익주(益州, 사천성과 운남성)에서
반란을 일으킨 강족을 토벌한 적이 있었는데, 익주에 상말로 '야만인이
오면 그래도 괜찮지만, 윤취가 오면 나를 죽이네.'라는 말이 있어서 이
후 윤취가 소환되어 돌아오고 병사들을 자사 장교(張喬)에게 귀속시켰

---

63 승(升)은 두(斗)의 10분의 1로 되며, 곡은 10두이니 1곡은 100승이다. 50만
   곡은 4만 명의 군사가 하루에 5승의 곡식을 먹으며 300일을 가는데 드는 곡
   식의 양이다. 그러나 고대의 승(升)은 오늘날의 1.8리터가 아니고 이보다 훨씬
   적은 양이었다.

64 장령(將領)과 군관(軍官)을 말한다.

65 짐을 운반하는데 필요한 당나귀와 말이다.

66 앞에서 논의하였던 형주·양주·연주·예주를 말한다.

67 궁정을 호위하는 군대의 부사령관에 해당한다.

더니, 장교는 익주의 장리(將吏)였던 까닭에 순월(旬月) 사이에 강족을 격파하였습니다.[68] 이는 장수를 징발하는 것이 무익하다는 본보기이 며, 해당 주군에 맡겨야 한다는 증거입니다. 마땅히 다시 용기와 지략과 인자하며 은혜를 베풀만한 사람이 있어서 장수를 맡길 사람을 선발하 여 자사와 태수로 임명하고, 모두 교지(交趾)에 함께 가 있게 하십시오.

지금 일남의 병사는 고립되어 곡식이 없어서 방어하기에는 이미 부 족해졌고 전투 또한 불가능하니, 관리와 백성을 모두 이사시켜 북쪽으 로 가서 교지에 의지하였다가 일이 진정된 후에 본래 살던 곳으로 귀 환하도록 명령하시고, 다시 만이족을 모집하여 서로 공격하도록 하는 데, 금과 비단을 운반하여 그 자금으로 쓰도록 하십시오. 능력 있는 반 간(反間)을 그 우두머리들에게 가게 하여 열후로 책봉하고 토지를 나 누어 상으로 주도록 하십시오.

예전에 병주 자사였던 장사(長沙) 사람 축량(祝良)은 성격이 용감하 고 결단력을 갖고 있고, 또 남양(南陽, 하남성 남양시) 사람 장교(張喬)는 이전에 익주에서 강족을 물리친 공이 있으니, 모두 임용할 만합니다.

옛날 태종(太宗)[69]은 위상(魏尙)에게 운중(雲中, 내몽고 탁극탁현) 태 수를 덧붙여주었고[70] 애제(哀帝)는 즉시 공사(龔舍)를 태산(泰山) 태 수로 삼았으니[71] 마땅히 즉시 축량 등에게 벼슬을 내리고, 그 길로 관

---

68 이 사건은 안제(安帝) 원초(元初) 2년(117년)에 일어나 5년까지 계속되었고 이 내용은 《자치통감》 권49에 실려 있다.

69 전한의 문제이다.

70 위상(魏尙)에 관한 사건은 《자치통감》 권14 문제 14년조에 보이지만 그에게 관직을 제수한 사건은 보이지 않는다.

71 공사(龔舍)는 초나라 출신이다. 처음에 간의대부로 임용되었으나, 병으로 사

부(官府)[72]로 가도록 하십시오."

네 부(府)에서는 모두 이고의 건의를 좇아서 즉시 축량에게 벼슬을 주어 구진 태수로 삼고, 장교를 교지 자사로 삼았다.

장교가 도착하여 위로하고 유혹하는 정책을 펼쳐 보이니 모두 항복하거나 해산하였다. 축량이 구진에 도착하여, 혼자 수레를 타고 도적들이 사는 가운데로 들어가서 방략을 세우고 위엄과 신의를 가지고 불러들이니, 항복하는 자가 수만 명이었는데, 모두 축량을 위하여 부시(府寺)[73]를 수축하였다. 이로부터 영외(嶺外)[74] 지역이 다시 평정을 되찾았다.

5   가을, 8월 기미일(20일)에 사도 황상(黃尙)이 면직되었다. 9월 기유일(17일)에 광록훈인 장사 사람 유수(劉壽)를 사도로 임명하였다.

직하였다. 다시 박사로 임용하였으나 또 병으로 물러났다. 잠시 지난 뒤 애제(哀帝)가 사신을 초나라에 파견하여 공사를 태산 태수의 벼슬을 내렸다.

72 관직을 받으려고 경사에 오면 시간이 많이 걸리므로 시간을 헛되이 버리지 못하게 하기 위해 관직을 가지고 바로 임지로 갈 수 있게 하자는 것이다.

73 군 정부관사이다.

74 영(嶺)은 호남성과 광동성·광서성 두 성의 경계에 있는 산맥 이름이다. 여기서의 영외(嶺外)란 광동·광서 지방을 비롯한 베트남 북부 지방까지 포함하는 지역을 말한다.

사람을 천거한 좌웅과 중심을 잡은 양상

6   병술일(17일)에 대장군과 삼공에게 명령하여 의지가 단단하고 강하며 굳세고 용맹하며 지략을 갖추어서 장수로 임용할 사람들 각기 두 사람씩 천거하게 하고, 특진[75]과 경, 교위들에게는 각기 한 사람씩 천거하도록 하였다.

애초에 상서령 좌웅(左雄)이 기주 자사 주거(周擧)를 천거하여 상서가 되게 하였다. 이미 그리하고서 좌웅이 사예교위가 되자 예전에 기주 자사였던 풍직(馮直)을 천거하여 장수로 임용시켰다. 풍직은 일찍이 뇌물을 받은 죄에 연루된 일이 있었는데 주거가 이 문제로 좌웅을 탄핵하였다.[76]

좌웅이 말하였다.

"조서를 보면 나에게 굳세고 용맹한 자를 선발하라고 하였지, 청렴하며 고상한 자를 선발하라고 하지 않았소."

---

75 일종의 관직 명칭으로 전한 말에 처음 설치되었고, 열후 가운데 특수한 지위에 있는 사람에게 주어졌다.

76 천거된 사람이 그 자리에 적당하지 않다면 추천한 사람이 탄핵을 받는다.

주거가 말하였다.

"조서에서 그대에게 굳세고 용맹한 자를 천거하라고 하였지, 탐욕스럽고 더러운 사람을 천거하라고 하지 않았습니다!"

좌웅이 말하였다.

"그대를 나아가게 하였더니 바로 나 자신을 치게 한 것이었구려."

주거가 말하였다.

"옛날에 조선자(趙宣子)가 한궐(韓厥)을 사마로 임용하였으나, 한궐이 군법을 가지고 조선자의 노복을 처형하였소. 조선자는 여러 대부에게 '가히 나는 축하 받을 만하다! 내가 한궐을 선발하였는데, 그가 맡은 바 일을 수행하였다'[77]라고 말하였소.

지금 그대가 나 주거를 재능이 없는데도 조정에 오르게 한 잘못을 저지르지 않았다면, 감히 그대에게 아부하여 그대의 수치가 되게 하지는 않는 것이오. 그대의 생각이 조선자와 다른 것을 깨닫지 못하였다는 말이오!"

좌웅이 기뻐하며 사과하였다.

"내가 일찍이 풍직의 부친을 섬겼으며, 또한 풍직과 잘 지냈소. 지금 선광(宣光)[78]이 이 문제를 가지고 나의 문제를 상주하는데, 이는 나의

---

77 《국어》의 한궐(韓厥)의 사건에 나오는 고사이다. 진(秦)과 진(晉)이 하곡(河曲)에서 전투를 하고 있었다. 조선자는 중군의 장군이었고 한궐은 사마가 되었다. 조선자가 수레를 타면서 법을 위반하자 한궐은 수레를 모는 노복을 참살하였다. 사람들이 "한궐은 죽지 않을 것이다. 그의 주인이 아침에 승진시켰는데 저녁에는 주인의 수레를 모는 노복을 처형하였다."고 말하였다. 조선자가 여러 대부에게 "가히 내가 축하를 받을 만하다. 내가 한궐을 천거하였는데, 맡은 바 일을 수행하였다. 나는 또한 죄에서 면제되었음을 알았다."라고 말하였다.

허물입니다."

천하 사람들은 이 사건으로 더욱 그를 현명하다고 하였다.

이때 환관들이 경쟁적으로 세력이나 은혜 베푸는 일을 가지고 팔아먹고 있었지만 오로지 대장추(大長秋)[79] 양하(良賀)만이 청렴하고 검소하며 뒤로 빠지면서 후덕하였다. 조서로 굳세고 용맹한 자를 천거하라고 하였는데, 양하만이 홀로 아무도 천거하지 않았다.

황제가 그 연고를 물었더니 양하가 대답하였다.

"신은 초막에서 태어나 궁정에서 성장하였으니 이미 사람을 알아보는 현명함을 갖지 못하였고, 또 아직은 일찍이 선비들과 교류한 바가 없습니다. 옛날에 위앙(衛鞅)[80]이 경감(景監)을 통하여 나타났으나, 그는 끝이 좋지 않을 것임을 알았습니다.[81] 지금 신의 천거를 받을 사람은 영예가 아니고 수치스러운 일일 것이니, 이런 까닭으로 감히 못하였습니다."

황제가 이로 말미암아 그에게 상을 내렸다.

---

78 주거의 자이다.

79 황후의 궁을 총관리하는 직책을 말한다.

80 위앙은 위(衛)나라의 귀족 출신으로 성이 공손(公孫)씨이며 이름이 앙(鞅)이다. 따라서 원래의 성명은 공손앙인데, 진(秦)에서 관리가 된 후 상(商: 섬서성)을 봉지(封地)로 받아 일반적으로 상앙(商鞅)이라고 불린다. 공손앙이 위나라 출신이기 때문에 위앙이라고도 하였다. 상앙이 위나라에서 법률을 배우고 이괴(李悝)의 개혁을 연구한 후 효공(孝公)의 구현령(求賢令)으로 진에 들어가 경감(景監)의 천거로 재상의 지위에까지 올랐다.

81 이 사건은 주 현왕 31년(기원전 338년)에 일어났고 《자치통감》 권2에 실려 있다.

7 겨울, 10월에 소당(燒當)의 강족(羌族)인 나리(那離) 등 3천여 기
병이 금성(金城, 감숙성 농서현)을 침구하였으나, 교위 마현(馬賢)이 이
들을 격파하였다.

8 12월 초하루 무술일에 일식이 있었다.

9 대장군 양상(梁商)이 소황문(小黃門)인 남양(南陽, 하남성 남양시)
사람 조절(曹節) 등이 궁중에서 멋대로 일을 처리하였으므로 아들 양
기(梁冀)와 양불의(梁不疑)를 파견하여 벗으로 지내도록 하니, 환관들
이 그가 총애를 받고 있음을 시기하여 반대로 그를 모함하고자 하였다.

  중상시 장규(張逵), 거정(蘧政), 양정(楊定) 등이 주위 사람들과 더불
어 연결하여 모의하여 공동으로 양상과 중상시 조등(曹騰), 맹분(孟賁)
을 참소하여 말하였다.

  "여러 왕자를 불러들여 황제를 폐위시키고 다시 세우고자 도모하려
고 하였으니 청하건대 양상 등을 체포하여 죄를 심문하시기 바랍니다."

  황제가 말하였다.

  "대장군 부자는 나와 친한 사이이며, 조등과 맹분은 내가 아끼는 사
람이니 결코 그런 일이 없다. 단지 너희들이 공동으로 그들을 투기하는
것일 뿐이다."

  장규 등이 말을 하여도 수용되지 않음을 알자 두렵고 다급하여 드디
어 밖으로 나와 조서를 고쳐서 조등과 맹분을 궁중에서 체포하였다.

  황제가 이 소식을 듣고 진노하여 환관 이흡(李歙)에게 칙령을 내려
급히 조등과 맹분을 불러서 석방하라고 명령하고, 장규 등을 잡아들여
감옥에 넣었다.

효순제 영화 4년(己卯, 139년)

1   봄, 정월 경진일(13일)에 장규 등이 주살되었으며, 이 사건은 홍농 (弘農, 하남성 영보현) 태수 장봉(張鳳)과 안평(安平, 하남성 기현) 재상 양 호(楊皓)에게까지 이어져서 모두 연루되어 죽었는데, 물들어 연루되었 다는 말은 지위가 대신인 자에게까지 미쳤다.

양상은 많은 억울한 사람들에게 일이 미칠 것을 염려하여서 상소하 였다.

"《춘추》에서 밝힌 뜻을 보면, 공로는 원수(元帥)에게 있고, 죄를 주는 것도 우두머리인 악한 자에게서 그쳐야 한다고 하였습니다. 대옥사가 한 번 일어나면 허물이 없는데도 걸려드는 사람이 많고, 죽을죄를 진 죄수도 오랫동안 구금되어 있으면 작은 일이 크게 되니, 이는 화합하는 기운에 순응하고 정치를 평화롭게 하고 교화를 이룩하는 것이 되지 못 합니다. 마땅히 조속하게 일을 매듭지음으로써 체포하는 번거로움을 그치십시오."

황제가 상소를 받아들여, 연루된 자들에게만 죄를 주는데 그쳤다.

2월에 황제가 양상의 어린 아들인 호분중랑장(虎賁中郎將) 양불의 (梁不疑)를 보병교위로 삼았다. 양상이 편지를 올려서 사양하며 말하 였다.

"양불의는 어린데 외람되게 어른이 맡는 직위에 올라 자리를 더럽히 고 있습니다. 옛날에 안평중(晏平仲)[82]은 패전(邶殿)을 사양하여 그의 부유함을 편안히 할 수 있었고,[83] 공의휴(公儀休)는 상납된 생선을 받

---

82 안영(晏嬰)을 이른다. 평중(平仲)은 안영의 자이다.

지 않아 그 지위를 안정시킬 수 있었는데,[84] 신이 비록 재능이 없으니,
역시 바라건대 성스러운 세상에서 굳게 복록을 누렸으면 합니다."

황상은 이에 양불의를 시중 겸 봉거도위[85]로 삼았다.

---

83 패(郿)는 고대의 읍명(邑名)으로 현재의 산동성 창읍현이다. 《좌전》에 의하면
제(齊)나라가 권신 경봉(慶封)을 토벌하고, 패전(郿殿) 지역 60개 촌락을 안영
(晏嬰)에게 하사하였지만 안영이 거절하였다. 자미(子尾)가 안영에게 물었다.
"재부는 사람의 욕망인데 그대는 어찌하여 거절합니까?" 안영이 대답하였다.
"경봉의 채읍은 그의 욕망을 만족시켰지만, 그래서 패망하였다. 나의 채읍도
나의 욕망을 채울 수 없어서 여기에다 더 패전을 보탠다면 욕망이 충족될 것
이나, 패망도 곧 따라올 것이다. 나는 패전을 받지 않았지만, 재부를 거절한
것이 아니라 재부를 잃기가 두려운 것이다."라고 하였다. 본문은 이 고사를 인
용한 것이다.

84 공의휴가 전국시기 노(魯) 목공(穆公)의 재상이 되었을 때, 어떤 사람이 물고
기를 주자 받지 않았다. 어떤 사람이 물었다. "듣자하니 당신은 물고기를 즐
겨 먹는다고 해서, 물고기를 보냅니다. 어찌해서 받지 않으시는지요?" 공의휴
가 대답하였다. "물고기를 즐겨 먹기 때문에 받지 않습니다. 지금 재상이 되었
으니 물고기는 스스로 구할 수가 있는데, 물고기를 받아서 면직이 되면, 누가
다시 나에게 물고기를 주겠습니까?"라고 하였다고 한다.

85 황제의 수레를 감독하는 직책이다.

2   3월 을해일(9일)에 경사에 지진이 났다.

3   소당(燒當)의 강(羌)족인 나리(那離) 등이 다시 반란을 일으키자 여름, 4월 계묘일(8일)에 호강(護羌)교위 마현이 이를 토벌하여 목을 베었는데, 목을 베거나 포로로 잡은 사람이 1천200여 급이었다.

4   무오일(23일)에 천하를 사면하였다.

5   5월 무진일(3일)에 옛 제북혜왕(濟北惠王)[86] 유수(劉壽)의 아들 유안(劉安)을 책봉하여 제북왕으로 삼았다.[87]

6   가을, 8월에 태원(太原, 산서성 태원시) 지역이 가물었다.

---

86 유수는 제북왕이었는데 그가 죽자 시호를 혜왕이라 하였다.

87 지난해 제북왕 유다가 죽었는데 아들이 없었다. 이때 유안이 그 뒤를 이었다.

효순제 영화 5년(庚辰, 140년)

1   봄 2월 무신일(17일)에 경사에 지진이 있었다.

2   남흉노의 구룡왕(句龍王) 오사(吾斯)와 거뉴(車紐) 등이 반란을 일으켜 서하(西河, 내몽고 준가루치 지방)를 침구하면서 우현왕(右賢王)을 유혹하여 불러들여 병사를 합쳐서 미직(美稷, 내몽고 준가루치)을 포위하고 삭방(朔方, 내몽고 이맹 서북부)과 대군(代郡, 산서성 대동시 동부)의 장리(長史)를 살해하였다.

여름, 5월에 도요장군 마속과 중랑장[88] 양병(梁並) 등이 변경에 있는 병사와 강족과 호족을 합하여 2만여 명을 징발하여 이들을 습격하여 깨뜨렸다. 오사 등이 다시 떼를 지어 주둔지에 모였다가 성읍을 공격하여 함락시켰다.

천자가 사신을 파견하여 선우[89]를 책망하였더니, 선우는 본래 모의에 참여하지 아니하였으므로 이에 관모를 벗고 장막에서 자리를 옮겨[90] 양병에게 가서 사죄하였다. 양병이 병이 있어서 오위(五原) 태수 진구(陳龜)를 징소하여 대신 중랑장으로 삼았다.

진구는 선우가 아랫사람을 통제하지 못하였으므로[91] 선우와 그의

---

88 호흉노중랑장을 말한다.

89 흉노족 우두머리를 말한다.

90 선우가 후한의 사신을 만날 때는 자기가 거처하는 곳에서 접견해야 하지만 이 경우에는 사죄의 의미로 이를 피한 것이다.

91 오사 등이 성읍을 공격하였는데, 이때 선우가 이 일을 모의하는데 같이 참여하지는 아니하지만, 이들을 통제할 위치에 있으면서도 통제하지 못하였으므

동생 좌현왕(左賢王)을 압박하여 모두 자살하도록 하였다. 진구는 또 선우의 친척들을 내지(內地)의 군으로 이주시키고자 하였으나 항복한 자들이 드디어 다시 여우처럼 의심하였다. 진구가 연루되어[92] 감옥에 갇혔고 면직되었다.

대장군 양상이 표문을 올렸다.

"흉노가 침구하고 배반하여서 스스로 죄가 극에 달한 것을 알고 있습니다. 궁지에 몰린 새와 곤란에 처한 야수도 모두 죽음에서 벗어날 길을 아는데, 하물며 종족이 번성하고 치열한데 단번에 다 없앨 수는 없습니다. 지금 곡식을 운반해야 하는 양이 날로 늘어나고, 삼군(三軍)은 피로하여 괴로워하고 있으며, 내지를 텅 비워 외지에 군량미를 공급해야하는 것은 중원 지역에 유익하지 않습니다.

도요장군 마속은 본디 지모를 갖추었고 게다가 변방에서 일을 처리하였던 날이 오래되어 병사문제의 요점을 깊이 알고 있는데 매번 마속의 서신을 받을 때마다 신의 책략과 맞아떨어졌습니다. 의당 마속에게 성곽에 도랑을 깊이 파고 보루를 높이도록 하고, 은혜와 믿음으로써 불러 투항하도록 하고, 그들을 구매하겠다고 선포하고[93] 명백히 약속하십시오. 이와 같이 하면 추한 무리[94]라 할지라도 복종시킬 수 있으며 국가는 무사할 것입니다."

황제가 이를 좇아서 마속에게 조서를 내려 배반한 야만인들을 불러

로 그 업무를 감당하지 못한 것이다.

92 진구가 시행하려 한 것이 끝내 시행될 수 없었으므로 그 책임을 물은 것이다.

93 현상금을 내거는 것이다. 현상금을 구매한다고 표현하였다.

94 더럽거나 흉측한 무리를 일컫는 말로 흉노를 가리킨다.

투항시키게 하였다.

양상이 또 마속 등에게 서신을 보냈다.

"중원 지역에 있는 나라가 편안하여 전쟁을 잊은 지 오래 되었소. 좋은 말을 타고 밤중에[95] 만나서 칼날을 교환하고 화살을 맞으면서 당장에 승리를 결정짓는 일은 융적(戎狄)들이 잘하고 중국 사람들은 못하오. 강한 노(弩)[96]를 가지고 성에 올라가 군영을 굳게 지키며, 그들이 쇠약해지기를 기다리는 것은 중국 사람들이 잘하고 융적들은 잘 못하오.

마땅히 먼저 우리가 잘하는 것을 힘써 해보면서 그들의 변화를 살피고, 구입하는 방법이나 상주는 방법을 만들어서 돌이켜 후회하도록 널리 알리며, 작은 공로를 탐하다가 큰 계획을 어지럽히지 마십시오."

이에 우현왕부(右賢王部)의 억제(抑鞮) 등 1만3천 명이 모두 마속에게 와서 항복하였다.

3   그믐 기축일(30일)에 일식이 있었다.

4   처음에 나리(那離) 등이 이미 평정되자, 조정에서는 내기(來機)를 병주(幷州, 산서성) 자사로 삼고, 유병(劉秉)을 양수(涼州, 감숙성) 자사로 삼았다. 내기 등은 천성이 각박하고 포학하여 소요를 일으키는 일이 많았는데 차동(且凍)과 부난종(傅難種)에 속한 강족이 드디어 반란을 일으켜 금성(金城, 감숙성 난주시)을 공격하고 잡종인 강족과 호족들과

---

95 다른 판본에는 야(夜)가 야(野)로 되어 있는 것도 있다. 야(野)로 한다면 들판에서 만나서로 해야 할 것이다.

96 쇠뇌를 말한다. 활은 두 손을 밀고 잡아당기지만 이것은 쇠뇌의 대(臺)를 고정시켜서 두 손으로 시위를 당겨 화살을 발사하는 무기이다.

더불어 삼보(三輔, 대장안) 지역을 대대적으로 침략하여 장리(長吏)를 살해하였다.

내기 등이 나란히 이 죄에 연루되어 소환되었다. 이에 마속을 정서(征西)장군으로 임명하고, 기도위 경숙(耿叔)을 부장으로 삼아 좌우우림(左右羽林)군의 오교사(五校士)와 여러 주와 군의 군사 10만 명을 인솔하고 한양(漢陽, 감숙성 감곡현)에 주둔하게 하였다.

5 9월에 부풍(扶風)과 한양(漢陽)에 명령을 내려 농도(隴道)[97]의 300개소에 작은 보루를 쌓게 하고 둔병(屯兵)[98]을 두었다.

6 신미일(14일)에 태위 왕공(王龔)이 늙고 병들어서 파직되었다.

7 차동(且凍)의 강족이 무도(武都, 감숙성 성현)를 침구하여 농관(隴關, 섬서성 청수현 동쪽)[99]을 불태웠다.

8 임오일(25일)에 태상 환언(桓焉)을 태위로 삼았다.

9 흉노족의 구룡왕(句龍王) 오사(吾斯) 등이 거뉴(車紐)를 옹립하여 선우로 삼고, 동쪽으로는 오환(烏桓)을 끌어들이고, 서쪽의 강족과 호

---

97 농도(隴道)는 섬서성과 감숙성의 경계의 도로를 말한다.

98 작은 보루란 오(塢)라는 둑이나 작은 성채를 말하며, 둔병이란 한 곳에 머물러 있으면서 방어와 농사일을 하게 하는 병사이다.

99 섬서성 농서현의 농산(隴山)에 있는 관문을 말한다.

족 등 수 만 명을 받아들여서 경조(京兆, 섬서성 서안시)의 호아영(虎牙營)[100]을 공격하여 깨뜨리고, 상군(上郡, 섬서성 유림시 남쪽 어하보)의 도위와 군사마[101]를 살해하였고, 드디어 병주·양주·유주·기주의 네 주를 침구하여 약탈하였다.

이에 서하의 치소를 이석(離石, 산서성 이석현)으로 옮기고, 상군의 치소를 하양(夏陽, 섬서성 한성현)으로, 삭방의 치소를 오원(五原, 내몽고 포두시 서북)으로 옮겼다. 12월에 사자인 흉노중랑장인 장탐(張耽)을 파견하여 유주와 오환 지역의 여러 군에 있는 군사를 거느리고 거뉴 등을 공격하여 마읍(馬邑, 산서성 삭주시)에서 싸웠는데, 참수한 것이 3천 급이며 산 채로 포로로 잡은 것도 아주 많았다. 거뉴가 항복하겠다고 빌었으나, 오사는 오히려 그의 부곡과 오환족을 인솔하고 노략질하였다.

10   처음에 황상이 마현에게 명령하여 서강(西羌)족을 토벌하도록 하였는데, 대장군 양상은 마현이 늙어서 태중대부 송한(宋漢)만 못하다고 하였지만 황제가 따르지 않았다. 송한은 송유(宋由)[102]의 아들이다. 마현이 군영에 도착하여서는 머물러 있기만 하고 앞으로 나아가지 않았다.

무도(武都, 감숙성 성현) 태수 마융(馬融)이 상소문을 올렸다.

"지금 잡종(雜種)인 여러 강족이 서로 돌아가면서 노략질하니, 마땅히 그들이 병합되기 전에 빨리 병사를 깊숙이 보내 지당(支黨)[103]을 격

---

100 당시 경조(京兆)를 수비하던 군단을 말한다.

101 군 정부의 군정관(軍政官)이다.

102 송유가 삼공의 자리에 있었던 것은 장제와 화제 시절이었다.

파해야 하는데 마현은 곳곳에서 머물거나 지체하고 있습니다. 강족과 호족이 날리는 먼지를 백 리 밖에서 볼 수 있으며, 천 리 밖에서는 소리를 들을 수 있는데, 지금 도망가 숨으며 피하다가 그 뒤로 스며들어 오게 되면 반드시 삼보 지역을 침략하여 백성에게 커다란 재해가 될 것입니다.

신이 바라건대, 마현이 쓸 수 없는 관동 지역의 병사 5천 명을 잘라서 임시로 부대의 명칭을 저에게 빌려주시면 힘을 다하여 군대를 매섭게 이끌고, 매근(埋根)[104]하는 일과 행수(行首)[105]하는 일에서 관리와 병사들보다 앞장설 것인데, 30일 내에 반드시 그들을 이겨 깨뜨리겠습니다.

신이 또 듣기에 오기(吳起)는 장군이 되자 더워도 덮개를 치지 않았고, 추위도 가죽으로 된 옷을 입지 않았다고 합니다. 지금 마현은 들판에 막사를 치고, 진귀한 술안주를 번잡하게 늘어놓고 자식과 첩의 시중을 받고 있으니 이러한 일은 옛날의 경우와 상반됩니다.

신이 걱정하는 것은 마현 등이 오로지 성 하나만을 수비하면서 서쪽을 공략한다고 말하지만, 강족을 동쪽으로 빠져나가게 하고 있고 또한 그의 장군과 사졸들이 장차 명령을 감당할 수 없게 되어 반드시 고극(高克)[106]이 붕괴되고 배반하였던 것과 같은 변고가 있게 될 것입니다.”

---

103 여러 갈래로 나눠진 강족의 소수 집단을 말한다.

104 뿌리를 파묻는다는 뜻으로 물러나지 않음을 의미한다.

105 작전이나 행군을 하는 군대의 선두를 말한다.

106 정(鄭)나라 고극은 이(利)를 좋아하여 자신의 주군을 돌아보지 않았다. 문공(文公)이 고극을 장군으로 삼아 적족(狄族)을 변경에서 방어하도록 하였는데, 고극은 군대를 이끌고 황하 위에서 머뭇거리며 앞으로 나아가지 아니하였다.

안정(安定, 감숙성 진원현) 사람 황보규(皇甫規)[107]도 또한 마현이 군사에 관한 일을 돌보지 않는 것을 보고 반드시 패할 것으로 알고 편지를 올려 상황을 말하였으나 조정에서는 모두 따르지 않았다.

군대가 스스로 붕괴되어 귀환하였다.

107 황보(皇甫)가 성이고 이름이 규(規)이다.

양상의 아들 양기의 부패

효순제 영화 6년(辛巳, 141년)

1 　봄, 정월 병자일(21일)에 정서(征西)장군 마현과 차동(且凍)의 강족이 야고산(射姑山, 감숙성 경양현 북부)에서 전투하였는데, 마현의 군이 패배하여 마현과 두 아들이 모두 전사하였고, 동부와 서부 지역에 있던 강족이 마침내 대연합을 하였다. 윤월(윤정월), 공당(鞏唐)에 사는 강족이 농서를 침구하였고, 드디어 삼보에까지 이르러서 원릉(園陵)[108]을 불태우고 관리와 백성을 살해하며 약탈하였다.

2 　2월 정사일(3일)에 패성이 영실(營室)[109]에 출현하였다.

3 　3월 상사(上巳)일[110]에 대장군 양상이 빈객을 많이 모이게 하고,

---

108 전한시대 역대 제왕의 묘지가 있는 곳으로 지금의 섬서성 함양시 북쪽 언덕 일대에 집중되어 있다.
109 《진서(晉書)》〈천문지〉에서 영실에 있는 두 별이 천자의 별자리라고 하였다.

낙수(雒水)에서 대연회를 열었다. 술자리가 무르익자 계속하여 〈해로
가(薤露歌)〉[111]를 불렀다. 종사중랑 주거(周舉)가 이 소식을 듣고 탄식
하였다.

"이것이 이른바, 슬픔과 즐거움을 표현하는 것에서 적절한 시기를
잃었고, 장소도 적당하지 않으니, 장차 재앙이 다가올 것이다!"

4 무도(武都) 태수 조충(趙沖)이 공당의 강족을 추격하여 참수한 것
이 400여 급이고 투항한 사람이 2천여 명이었다. 조충에게 조서를 내
려 하서 지역에 속한 네 군[112]의 군사를 감독하여 절도(節度)[113]하도
록 하였다.

안정(安定, 감숙성 진원현)의 상계연(上計掾)[114] 황보규(皇甫規)가 상
소문을 올렸다.

---

110 음력 3월의 첫 번째 사일(巳日)을 상사(上巳)일이라 한다. 예전에는 계제사(禊
祭祀)를 지내어 상서롭지 못한 기운을 떨쳐버리는 풍습이 있었고, 또한 곡수
연(曲水宴)도 베풀었다. 후대에는 3월 3일 즉 삼짇날을 상사일로 하였다. 사마
표(司馬彪)에 의하면 "상사일에는 궁인들이 모두 동류(東流)의 상류에서 몸
을 닦아 깨끗이 하였는데, 깨끗이 씻음으로써 재액을 떨쳐버려는 대결(大潔)
이었다"고 한다.

111 찬문(纂文)에는 해로(薤露)를 오늘날의 만가(挽歌 : 죽은 사람을 슬퍼하는 가
사, 또는 상여를 매고 갈 때 하는 노래)라고 하였다. 내용은 '풀에 맺힌 이슬아, 태
양이 나와 비추면 말라버리는구나. 말라버리면 어떠리, 내일 이슬은 또 생길
텐데, 다만 사람아 한 번 가면 언제 다시 돌아올꼬.' 이다.

112 무도군(武都郡), 한양군(漢陽郡), 부풍군(扶風郡), 한중군(漢中郡)을 말한다.

113 '절도'란 통제한다는 의미인데, 후대에 관직명으로 바뀐다.

114 군 정부의 행정비서직이다.

"신은 최근 몇 년 이래로 편리하고 마땅히 해야 할 일을 자주 진술하여 올렸습니다. 강족 야만인이 아직 움직이지는 않았지만 그들이 장차 반란을 일으킬 것에 대한 대책이었습니다. 마현이 처음 출병하였을 때 그가 반드시 패할 것임을 알았습니다. 제 말이 틀렸는지 맞았는지는 조사해 보실 수 있습니다.

신이 매번 생각하건대, 마현 등이 무리를 가지고 있은 지 4년이지만 아직 공적을 세운 바가 없고, 또한 현사(縣師)[115]에 소모되는 비용이 또 백 억 정도로 계산되는데, 이 돈은 평민으로부터 나와서 간악한 관리에게로 돌아 들어갔으므로 강호(江湖)에 사는 사람들이 무리를 지어 도적이 되었으며, 청주(靑州, 산동반도)와 서주(徐州, 강소성)에는 황폐하고 기근이 들어 어린아이를 안고, 노인을 업고 이리저리 흩어졌습니다.

무릇 강족과 융족이 무너지고 반란을 일으키는 것은 평화를 이어받아 나온 것이 아니고 모두 변방에 있는 장수가 다스리고 통제하는 것에서 실패하였기 때문이니, 평상시를 이어서 안정을 지키려고 하면 더욱 침탈하며 횡포를 부렸고,[116] 구차하게 작은 이익을 다투다가 큰 손해를 보게 되었으며, 작은 승리라도 하면 급수(級數)[117]를 과장하였고,

---

115 출동하여 멀리 정벌을 떠난 군대를 말하는데, 그 형세로 보아 보급로가 길고 멀어서 마치 가늘게 매달려 끊어질듯 하여 서로 미치지 않는 상태이므로 현사(懸師)라고 한 것이며, 대부분 현군(懸軍)이라고 쓴다.

116 강족에 대한 횡포를 말한다.

117 적군의 목을 벤 숫자이다. 진(秦)나라 때 전투를 독려하기 위하여 적군의 목을 벤 숫자로 직급을 올려주면서 적군의 목을 벤 숫자의 단위가 급(級)으로 되었다.

군대가 패하면 이를 은닉하고 말을 하지 않았습니다.

군사는 수고롭고 원망스러워 하는데, 교활한 관리들에게 괴로움을 당하고 있으니 전진하여도 전장에서 유쾌하게 전투하여 전공을 세우는 일이 없었고, 후퇴하여도 따뜻하게 입고 배불리 먹으며 생명을 온전하게 유지할 수 없었으니, 구덩이에는 굶어 죽은 자가 쌓이고 중원에는 해골이 굴러다녔으나, 왕사(王師)가 헛되이 출정하는 것은 보았지만, 군대를 거두어 가지런히 하였다는 소리를 들어보지 못하였습니다.

추장과 호족들은 피눈물을 흘리며 변고가 일어날까 놀라고 두려워하고 있으니 이리하여서는 안정이 오래갈 수 없으며, 반란이 일어나면 몇 해나 계속되지만 신은 손이 묶이고 마음을 펼 수 없어서 탄식만 쌓여가고 있습니다.

바라건대 신에게 두 군영[118]과 두 군[119]에 주둔하며 늘어앉아서 밥만 먹고 있는 둔전병 5천 명을 빌려주시면 저들이 생각하지 못한 곳으로 나아가 조충과 더불어 서로 앞뒤가 되겠습니다. 토지와 산골짜기는 신이 익히 잘 알고 있습니다. 군사의 형세도 교묘하고 유리한 것은 신이 이미 경험하였습니다. 빈거롭게 네모난 인장과 한 자 정도 되는 비단으로 짠 끈[120]을 하사하시지 않아도 괜찮으니, 잘 될 경우에는 우환을 쓸어버리는 것이며, 안 되더라도 투항을 받아들일 수 있을 것입니다.

만약 신의 나이가 어리고 관직이 낮아 등용시키기가 어렵다고 말씀하신다면, 무릇 여러 실패한 장수들의 관직이 높지 않거나 나이가 먹

---

118 두 군영은 마현군과 조충군의 군영을 말한다.

119 안정군과 농서군을 말한다.

120 관직을 말한다. 관직을 제수하면 그 관직에 따른 네모진 관인과 인수를 준다.

을 만큼 먹지 않았던 것도 아니었습니다. 신은 지극한 정성을 이기지 못하여 죽음을 무릅쓰고 스스로 아룁니다."

황제는 등용할 수 없었다.

5   경자일(16일)에 사공 곽건(郭虔)이 면직되었다. 병오일(22일)에 태복 조계(趙戒)를 사공으로 삼았다.

6   여름에 흉노중랑장 장탐과 도요장군 마속에게 선비족을 이끌고 곡성(穀城, 하서군 곡라현에 있는 성)으로 가서 오환족을 통천산(通天山, 산서성 석루현)[121]에서 공격하게 하여 이를 대파하였다.

7   공당의 강족이 북지(北地, 영하성 금적진)를 침구하였다. 북지 태수 가복(賈福)과 조충(趙沖)이 이들을 공격하였으나 이기지 못하였다.

8   가을, 8월에 승지충후(乘氏忠侯)[122] 양상(梁商)이 병이 위독해지자 아들 양기(梁冀) 등에게 타이르며 말하였다.

"나는 살아서 조정에 도움이 되지 못하였는데, 죽어서 어찌 나라의 재화를 소비할 수 있다는 말인가! 의금(衣衾)[123]·반함(飯含)[124]·옥갑

---

121 산이 높고 깎아지른 절벽으로 이루어져서 통천산이라고 한다.

122 양상의 작위는 승지후였으며 죽은 다음에 시호를 충후라고 하였다. 이 기사는 양상이 죽음에 관해 쓴 것이므로 양상의 작위와 시호를 연결하여 썼다.

123 의복을 말한다.

124 상례로 염습하기 전에 돌가루와 쌀가루를 섞어 사자의 입을 막는 것을 반함 이라 한다.

(玉匣)[125]·주패(珠貝)[126] 같은 물건들이 뼈가 썩는데 무슨 도움이 되겠는가! 많은 관리가 수고하고 소란스럽게 하며, 도로를 화려하게 장식하는 것은 단지 티끌과 더러운 때를 더할 뿐이다. 마땅히 이러한 것들을 모두 사양하라."

병진일(4일)에 사망하였는데, 황제가 친히 문상하였다.

여러 아들이 그의 가르침을 따르고자 하였으나 조정에서 듣지 않고, 동원(東園)의 비기(秘器)[127]·은루(銀鏤)[128]·황장(黃腸)[129]·옥갑을 내렸다. 장례를 치르게 되자 경거(輕車)[130]와 갑옷을 입은 병사까지 하사하였고, 중궁(中宮)은 친히 영구를 전송하였다. 황제가 선양정(宣陽亭)까지 가서 거기(車騎)를 멀리 바라보았다.[131] 임술일(10일)에 하남윤이며 승지후(乘氏侯)인 양기를 대장군으로 삼았고, 양기의 동생인 시중 양불의를 하남윤으로 삼았다.

❖ 신 사마광이 말씀드립니다.

---

125 한대(漢代) 제왕의 장례용품이다.

126 진주로 된 보석의 범칭으로 부장품을 말한다.

127 동원의 비기는 황제가 사망한 후 사용하였던 관목(棺木)을 말한다.

128 관을 치장하기 위해 백은(白銀)으로 만들어 새겨 넣은 꽃문양이다.

129 외관용(外棺用)으로 속이 황색인 측백나무이다.

130 병거(兵車)를 말한다.

131 중궁은 황후이고, 선양정은 성문에 달려 있는 정(亭)이다. 여기서 거기란 운구하고 호위하는 군사를 말한다.

"성제(成帝)는 현명하고 뛰어난 인재를 선임하지 못하고 외가에 정치를 위임하였으니, 가히 아둔하였다고 말할 수 있지만 오히려 왕립(王立)이 인물이 아님을 알고 등용시키지 않았습니다.[132]

순제는 대권을 잡아서 이것을 후족(后族)에게 주면서 양기가 우매하고 간사하며 흉포하였던 것이 평상시에도 잘 드러났는데, 그에게 부친의 지위를 이어받게 하였으니 패역(悖逆)의 일로 끝내어 한실(漢室)을 전복시켜 없앴습니다. 성제와 비교하여 아둔함이 더욱 심하였습니다."

9 처음에 양상의 병이 위독해지자 황제가 친히 행차하여 유언을 물었다. 대답하였다.

"신의 종사중랑(從事中郞)인 주거(周擧)가 맑고 뜻이 높고 충성스럽고 올바른 사람이니, 중요한 책임을 맡을 만합니다."

이리하여서 주거를 간의대부(諫議大夫)로 삼았다.

10 9월에 여러 강족이 무위(武威, 감숙성 무위현)를 침구하였다.

11 그믐 신해일(30일)에 일식이 있었다.

12 겨울, 10월 계축일(2일)에 강족의 노략질이 자꾸 늘어나자 양부(涼部, 감숙성) 사람들이 공포에 떨어서 안정에서 다시 옮겨서 부풍에 있게 하고, 북지는 풍익에 두었다.[133] 11월 경자일(20일)에 집금오 장교

---

132 성제 원연 원년(기원전 12년)의 일로, 《자치통감》 권32에 실려 있다.

(張喬)를 거기장군의 일을 대행하도록 하여,[134] 군사 1만5천 명을 거느리고 삼보에 주둔하게 하였다.

13 형주(荊州)에 도적떼가 일어나서 여러 해 동안 불안정하니 대장군부의 종사중랑 이고(李固)를 형주 자사로 삼았다. 이고가 도착해서 관리를 파견하여 경내에 있는 사람들을 위문하게 하고, 노략질한 도적들에게는 이전의 죄과를 사면하며 이와 더불어 새롭게 시작하도록 하였다.

이에 도적의 우두머리인 하밀(夏密) 등이 그 괴수가 되는 무리 600여 명을 인솔하고 스스로를 포박하고서 귀부하니, 이고가 이들을 모두 용서하여 고향으로 돌려보내자, 스스로 서로서로 불러 모아 조정의 권위와 법령을 펼쳐 보였다. 반년 동안에 나머지의 무리들이 모두 투항하여 주의 경내가 깨끗이 평정되었다.

남양(南陽) 태수 고사(高賜) 등이 뇌물을 받았다고 상주문을 올렸는데, 고사 등이 대장군 양기에게 많은 뇌물을 바치니 양기가 드디어 이를 위하여 하루 동안 천 리에 이르는 격문[135]을 보냈다. 그러나 이고는 이러한 태도를 견지하면서 더욱 급히 일을 처리하니, 양기가 드디어 이고를 태산(泰山) 태수로 옮겼다.

그때 태산에는 도적들이 모여 있는 것이 여러 해가 되었는데 군에

---

133 영건 4년 (129년)에 옛날의 치소로 돌아갔다가 이번에 다시 치소를 옮긴 것이다.

134 대리직인 행직인데, 관명은 행거기장군사이다.

135 격문은 공개된 편지를 말하는데, 이것이 하루에 1천 리를 가도록 하는 경우에는 화급을 다투는 경우에 시행하는 제도이다.

있는 군사가 항상 천여 명으로 추격하며 토벌하였지만 제압할 수 없었다. 이고가 도착하자 모두 철폐하고 보내어 농사를 짓도록 하고, 단지 전투를 담당할 사람 100여 명만 뽑아서 남기고 은혜를 베풀고 믿음을 주면서 이들을 불러 유인하였다. 일 년이 채 되지 않아서 도적떼는 모두 해산되었다.

유능한 관리들을 알아주지 않는 조정

효순제 한안 원년(壬午, 142년)

1 봄, 정월 계사일(14일)에 천하를 사면하고, 기원을 바꾸었다.

2 가을, 8월에 남흉노의 구룡왕(句龍王) 오사(吾斯)와 욱건(薁鞬), 대기(臺耆) 등이 다시 반란을 일으켜 병주(幷州)부로 쳐들어와 노략질하였다.

3 정묘일(21일)에 시중인 하내(河內, 하남성 부보현) 사람 두교(杜喬)와 주거, 수(守)광록대부[136] 주허(周栩)와 풍선(馮羨), 위군 사람인 난파(欒巴)와 장강(張綱) 그리고 곽준(郭遵)과 유반(劉班)을 파견하여 각기 주군(州郡)으로 나누어 가게 하여 현량한 자를 표창하고, 충성스럽고 근면한 관리는 드러내 칭찬하게 하였다. 그리고 탐욕스럽고 부패하

---

136 수직이다. 수직은 본직에 임명되기 전에 먼저 업무를 맡겨보는 제도로 쓰일 경우가 있다. 광록대부대리에 해당하는 직책이다.

여 죄를 지은 사람 가운데 자사나 이천석 관리는 역마를 이용하여 이 사항을 위에 보고하고, 검은 인수를 차는 사람[137] 이하의 관리는 바로 잡아들여 들어내도록 하였다.

두교 등은 명령을 받들어 해당 부로 갔으나, 장강만이 홀로 거륜(車輪)을 낙양의 도정(都亭)[138]에 파묻고 말하였다.

"승냥이와 이리가 길에 널려 있는데, 어찌 여우와 너구리만을 문책하라는 말인가!"[139]

마침내 탄핵하는 상주문을 올렸다.

"대장군 양기와 하남윤 양불의는 황실의 외척으로 성상의 은덕을 입어 아형(阿衡)[140]의 임무에 머무르며 오로지 거리낌 없이 재물을 탐하며 방자하기 이를 데 없으며,[141] 삼가 그가 군주를 무시하는 마음으로 저지른 열다섯 가지 일을 조목조목 올리오니 이 모두가 신하들이 절치부심한 것들입니다."

이 편지가 올라가자 경사에 있는 사람들이 벌벌 떨었다.

---

137 관리는 관직을 증명하는 관인과 그 품급에 해당하는 인수를 차게 하였는데, 인수는 직급에 따라 색깔이 다르다. 검은색 인수는 현령 이하의 관직을 맡은 사람이 찬다.

138 군·현 소재지에 둔 여인숙을 말한다.

139 전한의 경조도우 후문(侯文)이 손보(孫寶)에게 한 말이다. 더 큰 도적이 정치를 도맡고 있다는 뜻이다.

140 관직명으로, 탕(湯)임금이 이윤(伊尹)에 의지하여 공평한 정치를 하였다는 데서 유래되었다. 황제를 보좌하는 자리를 말한다.

141 다른 판본에는 이 아래에 '아첨하는 사람을 다수 세워놓아 충성스럽고 선량한 사람을 해치니 진실로 하늘의 위엄으로도 사면할 수 없어서 대벽(大辟)의 형벌을 주어야 합니다.'라는 말이 들어 있다.

　　당시 황후의 총애가 바야흐로 왕성하였고 여러 양씨의 인척들이 조정에 가득하여서 황제는 비록 장강이 직언한 것을 알았지만 받아들일 수가 없었다. 두교가 연주(兗州)에 이르러 태산 태수 이고의 치적이 천하제일이라는 상주문을 올리니, 황상이 이고를 징소하여 장작대장(將作大匠)[142]으로 삼았다.

　　여덟 명의 사자가 탄핵하여 상주한 자들은 대부분 양기와 환관들이 친하게 지낸 무리들이었는데, 이들은 서로 구원해 달라고 청탁하여 이 사건은 모두 그냥 내버려두거나 중간에 막혀버렸다.[143] 시어사인 하남 사람 충고(种暠)가 이러한 것을 싫어하여 다시 탄핵안을 거론하였다.

　　정위 오웅(吳雄)과 장작대장 이고가 역시 말씀을 올렸다.

　　"여덟 명의 사자가 규탄한 사건에 대해 마땅히 서둘러 주살하는 벌을 내리셔야 합니다."

　　황제는 여덟 명의 사자가 올린 상주문을 다시 내려 보내어 그들의 죄를 심사하여 바로잡도록 명하였다.

　　양기가 장강(張綱)에게 원한을 품고 마음속으로 그를 중상 모략할 생각을 가졌다. 그때 광릉에서 일어난 도적 장영(張嬰)이 양주(揚州)와 서주 사이에서 침구하며 혼란을 일으킨 지 십여 년이 되었는데, 이천석의 관리가 제압하지 못하자 이에 양기는 장강을 광릉 태수로 보냈다.

　　이전의 태수들은 대부분 많은 사람을 거느리고서도 병마를 요구하

---

142 국가의 공정을 총괄하여 감시하는 직책이다.

143 주장(奏章)이 황제에게 갔으나 이를 내버려두고 처리하지 않는 경우와 상주문이 황제에게도 도달하지 않는 경우를 말한다.

였으나, 장강은 홀로 단지 수레 하나만을 타고 직무를 수행하러 갔다. 도착하여서 지름길로 장영이 있는 보루의 정문으로 갔다. 장영이 크게 놀라 재빨리 도주하며 보루의 문을 닫았다. 장강은 문에서 수행하던 관리와 백성들을 다 보내고, 단지 가깝게 지내는 십여 명만 남게 한 다음 편지를 써서 장영을 타이르며 서로 만나자고 청하였다. 장영은 장강이 성의를 다하고 있음을 보고, 이에 진영 밖으로 나와 배알하였다.

장강은 장영을 이끌어 상좌로 맞이하면서 비유하여 말하였다.

"앞뒤로 있었던 이천석 관리들이 대부분 방자하고 탐욕과 폭정을 저질렀으므로 공 같은 분들이 분노를 품고 서로 모이게 된 것입니다. 이천석의 관리들의 신의에는 죄가 있지만 그러나 이렇게 하는 것도 또한 의로운 일이 아닙니다.

지금 주상께서는 인자하시고 성스러우우셔서 은혜와 덕으로써 반란한 사람을 복종시키고자 하시니 이런 이유로 나 같은 태수를 파견해 오게 하여 작위와 봉록으로 서로 영예롭게 되기를 생각하시지, 형벌을 내리길 원하지 않고 계시니, 지금이 참으로 전화위복의 시점입니다.

만약 의롭다는 소문을 듣고도 불복하게 되면 천자께서는 몹시 진노하시어, 형주·양주·연주·예주의 많은 군사를 구름처럼 모아 몸과 머리는 가로로 나눠지며, 혈사(血嗣)는 모두 끊어질 것입니다.[144] 이 두 가지의 이로움과 해로움을 공은 깊이 계산하십시오."

장영이 듣고 눈물을 흘리며 말하였다.

"황야에 살던 사람의 후예이며 어리석은 백성이니 스스로는 조정과

---

144 제사를 말한다. 제사지낼 때에는 희생을 사용하기 때문에 혈사라는 말을 사용한다. 혹은 부자간에는 기혈(氣血)이 전해지기 때문에 후손을 가리켜서 혈사라고도 한다.

말을 통할 수 없고, 억울하게 침해당하는 일을 참지 못하고 마침내 서로 뭉쳐 살아남기를 훔쳤으나 마치 물고기가 솥 안에서 헤엄치는 것 같아 그것이 오래 갈 수 없으며, 또한 숨을 쉬는 것도 극히 짧은 시간일 뿐이라는 것을 알았습니다! 지금 밝으신 부군(府君)[145]의 말씀을 들었으니 마침내 저 장영 등에게는 갱생의 시각입니다!"

마침내 인사를 하고 진영으로 돌아갔다.

다음날, 자기 부하 1만 여 명을 거느리고 처자와 더불어 면박(面縛)[146]을 한 채 귀부하여 투항하였다. 장강이 수레 하나를 타고 장영의 보루에 들어가서 대연회를 열어 술을 차려놓고 즐거워하며, 그 부에 소속된 무리를 해산시켜 보내면서 마음대로 가게 하였다. 친히 살만한 집을 가려주고 논과 밭을 일굴 곳을 보아 주었으며 자손 가운데 관리가 되고자 하는 자는 모두 이끌어 불러들였다.

사람들은 마음으로 기뻐하며 복종하니 남주(南州)[147]가 편안하게 되었다. 조정에서는 공적을 평가하여 마땅히 책봉하여야 한다고 하였으나 양기가 이를 막았다. 군에서 일 년 있다가 사망하자, 장영 등 500여 명은 그를 위하여 상복을 입고 장사를 치렀는데, 건위에 이르기까지 영구를 호송하고 흙을 져다가 봉분을 만들었다. 조서를 내려 그의 아들 장속(張續)에게 벼슬을 주어 낭중으로 삼고, 백만 전을 하사하였다.

이때 이천석의 장리(長吏)[148] 가운데 유능하게 정사를 잘 할 수 있었

---

145 태수를 높여서 부른 말이다.

146 두 손을 등 뒤로 묶고 얼굴을 앞으로 향하게 하는, 투항할 때 취하는 모습이다.

147 장강에 의하여 안정을 되찾은 광릉군은 서주 최남단의 한 군이다.

던 사람은 낙양 현령 임준(任峻), 기주 자사인 경조(京兆, 섬서성 서안시) 사람 소장(蘇章), 교동(膠東, 산서성 평도현) 재상[149]인 진류(陳留, 하남성 개봉시 동남쪽) 사람 오우(吳祐)였다.

낙양 현령은 왕환(王渙) 이후로는 모두 자기의 직책을 제대로 수행하지 못하였는데,[150] 임준은 문무의 관리를 잘 선임하여 각각 그 쓰임을 다하도록 하였으며 간사한 사람을 적발하여 같은 일이 뒤따르지 못하게 하여 민간에서 관리를 두려워하지 않았는데, 그 위엄과 금령이 왕환에 비해 엄격하였으나, 법조문의 이치나 정치의 교화에서는 그만 못하였다.

소장이 기주 자사가 되었더니, 옛 친구 가운데 청하 태수를 하는 사람이 있었지만 소장이 관부(官部)로 나아가서 그가 관청의 재물을 횡령한 것을 심문하려고 하면서 마침내 태수를 초청하여 술과 안주를 갖추어놓고 평생 지내온 우의를 이야기하며 아주 즐거워하였다.

태수가 기뻐하며 말하였다.

"사람들은 모두 하루를 갖고 있지만 나만 홀로 이틀을 가졌습니

---

148 이천석은 직급이며 태수급에 해당하는 관직이다. 장리(長吏)란 장급 관리로 현령·태수·자사 같은 사람이다. 여기서는 이천석 장리라고 하였으므로 태수급을 지칭한다.

149 교동은 제후국이다. 친왕의 봉지이므로 이 지역에는 태수가 올 수 없고, 실제로 정사를 시행하는 사람은 그 봉국의 재상이다. 따라서 봉국의 재상은 태수와 같은 급이다.

150 낙양 현령 왕환은 정직한 사람으로 간사한 사람들을 적발하는 등 겉으로는 무서운 정치를 하였으나 안으로는 인자한 생각을 갖고 있어서 그가 다스리는 데 복종하지 않는 이가 없었다. 화제 원흥 원년(105년)의 일로《자치통감》권 48에 실려 있다.

다."[151]

소장이 말하였다.

"오늘 저녁 저 소유문(蘇孺文)[152]이 오랜 친구와 술을 마시는 것은 사적인 온정이요, 내일 기주 자사가 심문하는 일은 공적인 법이오."

마침내 그 죄를 올바로 들추어내자 주의 경내에서는 숙연하였다.

이후에는 권문세족을 꺾고 부러뜨림으로써 황상의 뜻에 거슬러서 죄에 연좌되어 면직되었다. 당시 천하는 날로 피폐해져서 백성들은 많은 시름과 고통을 받고 있었는데, 평론하는 자들이 밤낮으로 소장을 칭송하였으나 조정에서는 끝내 다시 임용하지 않았다.

오우가 교동(膠東)의 재상이 되어 정무를 처리하면서, 인의와 간결함을 높게 생각하니 백성들이 차마 속이려 하지 못하였다. 색부(嗇夫)[153]인 손성(孫性)이 사사롭게 민간의 돈을 부세로 걷고, 옷을 사서 부친에게 보냈더니 아버지가 받아보고 화를 내며 말하였다.

"군장(君長)[154]이 이와 같은데, 어찌 차마 그를 속이려는가!"

돌아가 엎드려 죄를 자복하라고 재촉하였다.

손성은 **부끄러움**과 **두려움**에 떨며 합문(閤門)에 나아가 옷을 들고 자수하였다. 오우가 좌우 사람들을 물리치고 그 연고를 묻자 손성은 부친이 한 말을 모두 말하였다. 오우가 말하였다.

---

151 이는 소장의 친구가 자신의 비리를 반드시 덮어줄 것으로 생각하고 한 말이다.

152 소장의 자(字)가 유문(孺文)이다.

153 현에 색부 한 명을 두어 백성들의 선악을 알아내서 부역의 선후를 결정하고, 백성들이 빈부를 알아내 부세의 양을 결정하는 일을 맡는다. 지방의 향관(鄕官)이다.

154 오우를 가리키는 말이다.

"연리가 부친을 위해 오명(汚名)을 받으니, 이른바 '과오를 보고 어짊을 알 수가 있다.'[155]는 말이구나!"

돌아가 그 부친에게 사과하도록 하고, 또한 옷을 그에게 남겨주었다.

4   겨울, 10월 신미일(26일)에 태위 환언(桓焉)과 사도 유수(劉壽)가 면직되었다.

5   한강(罕羌)족의 읍락(邑落) 5천여 호가 조충(趙沖)에게 와서 항복하였으나, 오로지 소하(燒何)에 사는 종족만이 참연(參戀, 감숙성 경양현 서북)을 점거하고 있어서 아직 떨어뜨리지 못하였다. 갑술일(29일)에 장교(張喬)의 군대를 주둔지에서 철수하였다.

6   11월 임오일(7일)에 사예(司隸)교위인 하비(下邳, 강소성 숙천현 서북) 사람 조준(趙峻)을 태위로 삼고, 대사농 호광(胡廣)을 사도로 삼았다.

효순제 한안 2년(癸未, 143년)

1   여름, 4월 경술일(8일)에 호강교위 조충과 한양 태수 장공(張貢)이 소당에 사는 강족을 참연에서 공격하여 깨뜨렸다.

---

155 《논어》에 나오는 말이다. 여기서는 손성의 허물이 백성에게서 빼앗은 것에 있다는 것을 보았다면, 그 마음에는 아버지를 봉양하는 것이 주였음을 안다는 의미이다.

2   6월 병인일(25일)에 남흉노의 수의왕(守義王) 두루저(兜樓儲)
를 세워서 호란약시축취(呼蘭若尸逐就)[156] 선우로 삼았다. 당시 두
루저는 경사에 있었는데 황상이 친히 그의 집에 가서 인새와 인수를
주었으며, 그를 전각 위로 이끌어 올라오게 하여 거마(車馬)·기복(器
服)[157]·금백(金帛)[158]을 매우 후하게 하사하였다.

태상(太常)과 대홍려(大鴻臚)에게 조서를 내려 여러 나라에서 온 시
자(侍子)[159]들과 더불어 광양문(廣陽門)[160] 밖에 모여 두루저의 귀국
을 위한 조도(祖道)[161]의 향연을 베풀었으며, 작악(作樂)[162]과 각저(角
抵)[163] 그리고 백희(百戱)[164]를 하도록 내려주었다.

3   겨울, 윤10월에 조충이 소당의 강족을 아양(阿陽, 감숙성 정령현)에
서 공격하여 깨뜨렸다.

---

156 흉노의 제36대 선우이다.

157 기구(器具)와 의복을 말한다.

158 금은과 비단을 말한다.

159 속국의 왕이나 제후의 아들들로서 인질로 조정에 보내져 황제를 시중들던
사람이다.

160 낙양의 서성(西城) 남쪽의 첫 번째 관문이다.

161 여행을 떠나는 자를 위하여 노신(路神)에게 제사지내고 송별연을 베푸는 일
이다.

162 음악을 연주하는 것을 말한다.

163 씨름과 비슷한 고대의 기예이다.

164 광대가 하는 여러 가지 곡예이다.

4   11월에 흉노중랑장인 부풍 사람 마식(馬寔)에게 사람을 보내어 구룡왕(句龍王) 오사(吳斯)를 칼로 찔러 죽이게 하였다.

5   양주(涼州)에서는 9월 이래로 180차례나 지진이 있어서 산과 계곡이 터지고 갈라졌으며, 성곽과 관청을 무너뜨렸고, 백성 가운데 압사당한 사람들이 매우 많았다.

6   상서령 황경(黃瓊)은 전에 좌웅(左雄)이 올린 바대로 효렴(孝廉)으로 인재를 선출하는 것은 유학(儒學)과 문리(文吏)[165]만 오로지 임용하도록 되어 있으니 인재를 선발한다는 취지에서는 오히려 남겨진 분야가 있다면서 상주문을 올려 효제(孝悌)[166]와 능종정(能從政)[167]을 더하여 4과(科)가 되도록 하니 황제가 이를 좇았다.

---

165 문리(文吏)란 공문의 법식에 능통한 관리를 말하며, 이전에 상서령 좌웅이 편지를 올린 것은 순제 양가 원년(132년)의 일로《자치통감》권51에 실려 있다.

166 부모에게 효도하고, 형이나 어른을 공경하는 인물을 말한다.

167 정사(政事)를 관장할 수 있는 능력을 가진 인물을 말한다.

두 살짜리 황제의 등극과 양기의 전횡

효순제 건강[168] 원년(甲申, 144년)

1   봄, 호강도위부의 종사 마현(馬玄)이 여러 강족의 유혹에 빠져 강족의 무리를 거느리고 도망하여 요새 밖으로 나갔는데, 영호강(領護羌)교위[169] 위거(衛琚)가 마현 등을 추격하여 참수한 것이 800여 급이었다.

조충이 다시 반란을 일으킨 강족을 뒤쫓아 건위(建威)의 전음하(鸇陰河, 김숙성 정원현)까지 갔는데, 군대가 물을 다 건넜을 즈음에는 거느리고 있었던 항복한 호족(胡族) 600여 명이 배반하고 도주하였다. 조충이 수백 명을 거느리고 그들을 뒤쫓다가 강족의 복병을 만나 그들과 전투하다가 죽었다.

조충은 비록 사망하였지만 이 일을 전후로 많은 강족을 참수하고 붙

---

168 4월에야 연호를 바꾸었다. 그러나 기년을 할 경우 역사에서는 정월부터 이 연호를 쓴다.

169 영은 임시직이다. 호강교위가 하는 업무를 관장하였다.

잡으니 강족이 마침내 쇠약해져서 없어졌다. 조서를 내려 조충의 아들을 책봉하여 의양정후(義陽亭侯)로 삼았다.

2   여름, 4월에 흉노중랑장 마식에게 남흉노의 좌부를 공격하게 하여 이를 격파하였다. 이에 호족·강족·오환족이 모두 마식에게 와서 항복하였다.

3   신사일(15일)에 황제의 아들 유병(劉炳)을 세워 태자로 삼고 기원을 바꾸고 천하를 사면하였다. 태자는 승광궁(承光宮)에서 거처하였는데, 황제는 시어사 충고(种暠)에게 태자의 집을 총괄하도록[170] 하였다.

중상시 고범(高梵)이 중궁에서 나와 단 하나의 가마만으로 태자를 영접하였는데, 이때 태부 두교 등이 의심하며 따라갈 생각을 하지 않은 채 결정을 내리지 못하고 있었다. 충고가 이내 칼을 손에 들고 수레를 만나자 말하였다.

"태자는 국가의 저부(儲副)[171]로 사람들의 목숨에 관계되어 있다. 지금 상시가 왔지만 조서의 신표도 없으니, 어찌 간사함이 아니라는 것을 알겠느냐? 오늘 죽음만 있을 뿐이다!"

고범은 말이 막혀 감히 대답하지 못하고 급히 말을 달려 돌아가서 황제에게 아뢰었다.

---

170 태자가 거처하는 궁실의 총관(總管)을 말한다. 감직(監職)이다. 관직명을 그대로 쓴다면 감태자가(監太子家)로 태자 집안의 모든 일을 감독하는 직책이라는 뜻이다.

171 저(儲)도 버금 또는 둘째라는 뜻이고, 부(副)도 같은 뜻이므로 이는 국가의 두 번째 가는 사람이라는 의미로 쓰이는 것이므로 황태자를 말한다.

조서를 내려 회보하여 태자가 이에 갈 수 있었다. 두교가 물러나와 탄식하면서 충고가 일을 당하여서도 미혹되지 않음을 보고 부끄러워 하였다. 황제 또한 그가 진중함을 지킨 것을 가상히 여겨 오랫동안 그를 칭찬하였다.

4   양주와 서주에 도적들이 떼 지어 일어나 서로 결탁하며 여러 해를 이어갔다. 가을, 8월에 구강(九江) 사람 범용(范容)과 주생(周生) 등이 성읍을 침범하여 약탈하고, 역양(歷陽)에 주둔하여 점거하니, 장강과 회하(淮河) 지역에 커다란 근심거리가 되었다. 어사중승 풍곤(馮緄)을 파견하여 주의 병력을 독려하여 이를 토벌하게 하였다.

5   경오일(6일)에 황제가 옥당전(玉堂殿) 앞에 있는 전각에서 붕어하였다.[172] 태자가 황제로 즉위하였는데 나이가 두 살이었다. 황후를 높여 황태후라고 하였고, 태후가 조회에 임석하였다. 정축일(13일)에 태위 조준을 태부로 삼고, 대사농 이고를 태위로 삼아 상서에서 할 일을 처리하는데 참여하도록 하였다.[173]

6   9월 병오일(17일)에 효순황제를 헌릉(憲陵)에 장사지냈는데, 묘호(廟號)[174]를 경종(敬宗)이라 하였다.

---

172 향년 30세였다.

173 관직명은 상록상서사이다. 상서성의 제일 높은 관직은 상서령이지만 상서성의 업무를 총괄하는 직책은 녹상서사이다. 그런데 이 직책을 여러 사람, 여기서는 조준과 이고가 똑같이 참여하도록 하였으므로 참록상서사가 된 것이다.

174 임금의 시호를 말한다.

7 이날 경사와 태원(太原, 산서성 태원시)과 안문(鴈門, 산서성 대현)에 지진이 났다.

8 경술일(16일)에 조서를 내려서 현량하고 방정한 인재를 천거하도록 하여 이들에게 대책을 물었다. 황보규(黃甫規)가 대답하였다.

"엎드려 생각하건대, 효순황제께서 처음에 제왕의 정사에 힘을 쓰시니 사방에 기강을 세워 거의 안정을 얻었습니다. 그 이후에 간사하고 거짓된 자들을 만나서 권위가 측근들에게 나누어지니, 뇌물을 받고 작위를 팔고 빈객이 끊임없이 왕래하니, 천하가 시끄럽고, 어지러움을 따라 돌아가고, 관부와 백성들이 함께 고갈되고 위아래가 텅 비었습니다.

폐하께서 몸소 건곤(乾坤)을 겸하시고,[175] 총명하시고 순박함이 무성하시어, 섭정을 하던 초기에 충성스럽고 곧은 인재를 선발하여 등용하시니, 그 밖의 기강은 대부분 바르게 고쳐서 멀고 가까운 곳에 있는 사람들이 일치하여 태평시대를 멀리 바라보게 되었습니다. 그러나 재이가 끊이지 않고 도적이 떼 지어 횡행하니, 아무래도 간신이 중요한 권력을 차지하고 있는 데서 온 것입니다.

그 중에서 상시는 더욱 그 죄상을 무어라 형용할 수 없을 정도이므로 마땅히 서둘러 쫓아 내보내시고, 흉악한 무리를 헤쳐 내어 쓸어버리

---

175 폐하란 임조하여 섭정하는 황태후를 말한다. 건곤(乾坤)은 황제와 황후의 또다른 표현이다. '체겸건곤(體兼乾坤)'이란 황제가 연소하여 황후가 섭정하는 통치 행위를 의미한다. 건덕(乾德)은 천자의 덕으로 즉 강건하여 백성을 돌보는데 있어서 조금도 쉬지 않고 부지런히 힘쓰는 덕목을 말하며, 곤덕(坤德)은 황후의 덕으로 유순하여 거스르지 않는 덕목을 말한다. 곤덕이 충만한 황후가 조정에 참석하여 천하를 다스리니, 이는 천자의 덕 즉 건덕을 행한 것이다. 그러므로 '체겸건곤(體兼乾坤)'이라고 표현하였다.

시며, 뇌물로 받은 재물은 몰수하시어 백성들의 고통과 원한을 막아서 하늘의 경고에 응답을 하십시오.

대장군 양기와 하남윤(河南尹) 양불의는 또한 마땅히 겸양과 절도를 더욱 수양하여야 하오니, 유학에서 도움을 받게 하고, 놀거나 오락하는 급하지 않은 일은 줄여 없애며, 무익한 저택의 치장은 잘라 줄여야 합니다.

무릇 군왕이 배라면 백성은 물이며 여러 신하들은 배에 타고 있는 자이며, 장군의 형제들은 노를 잡고 있는 사람입니다. 만약 의지를 평상적으로 유지할 수 있어서 힘을 다해 백성들을 건너게 한다면 이른바 복이라 할 것입니다. 만약에 나태하고 해이하다면 장차 파도에 빠지게 될 것이니, 신중하게 하지 않을 수가 있겠습니까?

무릇 사람의 덕스러움이 작록(爵祿)에 걸맞지 않는다면 마치 담 아래 구멍을 뚫으면서 담 높이를 한층 더 높이고자 하는 것과 같으니 어떻게 힘을 헤아리고 공력(功力)[176]을 심사하건대 어찌 견고한 길이겠습니까?

무릇 여러 숙활(宿猾)[177]과 주도(酒徒)[178]와 희객(戱客)[179]은 모두 마땅히 깎아내리고 배척하여서 법도에 어긋난 자는 성치해야 하며, 앙기 등에게 현명한 인재를 선발하는 복록과 인재를 잃어서 오는 폐해를 심사숙고하도록 하십시오."

---

176 담을 유지시키는데 들어가는 힘이다.

177 원래부터 교활한 사람을 말한다.

178 술꾼, 즉 술을 즐겨 마시는 무리를 말한다.

179 익살꾼을 말한다.

양기가 이를 분해하면서 황보규의 등급을 낮춰 낭중에 임명하니 병을 핑계로 면직되어 귀향하였는데, 주와 군에서는 양기의 뜻을 이어 받아 거의 죽음에 몰아넣었던 것이 두 세 차례였고 마침내 집에 숨어 엎드려 있은 것이 십여 년이나 되었다.

9   양주(揚州) 자사 윤요(尹耀)와 구강 태수 등현(鄧顯) 등이 범용(范容)[180] 등을 역양(歷陽, 안휘성 화현)에서 토벌하였으나 패배하여 죽었다.

10   겨울, 10월에 일남(日南)의 만이(蠻夷)족이 다시 반란을 일으켜 현읍(縣邑)을 공격하여 불태웠다. 교지(交趾) 자사이며 구강(九江) 사람인 하방(夏方)이 이들을 불러서 권유하여 항복시켰다.

11   11월에 구강의 도적인 서봉(徐鳳)과 마면(馬勉)이 성읍을 공격하고 불태우고, 서봉은 무상(無上)장군이라고 칭하고, 마면은 황제라 칭하면서 당도(當塗, 안휘성 회원현)에 있는 산 속에 영루(營壘)를 짓고 연호를 세우고, 백관을 두었다.

12   12월에 구강의 도적 황호(黃虎) 등이 합비(合肥, 안휘성 합비시)를 공격하였다.

13   이 해에 도적 떼가 헌릉(憲陵)[181]을 파헤쳤다.

---

180 반란세력 가운데 하나이다.

181 순제 유보(劉保)의 분묘이다.

다시 여덟 살짜리 황제를 세운 양기

효충황제 영가 원년(乙酉, 145년)

1 봄, 정월 무술일(6일)에 황제가 옥당(玉堂)의 전전(前殿)에서 붕어
하였다.[182] 양(梁)태후는 양주(揚州)와 서주(徐州)에서 도적들이 바야
흐로 왕성하자 불러들인 여러 왕과 제후가 도착하기를 기다려서 국상
을 발표하고자 하였다.

태위 이고가 말하였다.

"황제가 비록 어리고 연소하였으나 오히려 천하의 군부이셨습니다.
오늘 붕어하셔서 사람과 신이 감동하였는데 어찌 자식 된 사람이 도리
어 다 같이 감추어 숨기는 일이 있겠습니까? 옛날 진시황제가 사망한
후 사구(沙丘)에서 음모[183]를 꾸민 것과 최근의 북향후(北鄕侯) 사건
[184]에서 모두 비밀에 붙여 국상이 난 것을 발표하지 아니하였는데, 이

---

182 당시 황제의 나이가 3세였다.

183 진시황제가 진시황 37년(기원전 210년)에 사구에서 죽자 이를 숨기고 그 제서
   를 바꾸어 호해를 황제로 세운 일을 말하며 이 내용은 《자치통감》 권7에 실
   려 있다.

는 천하에서 가장 크게 금기로 하는 일 가운데 절대로 해서는 안 될 일입니다."

태후가 이 말을 좇아서 즉시 저녁에 황제의 상사를 발표하였다.

청하왕(淸河, 하북성 청하현) 유산(劉蒜)과 발해효왕(渤海孝王)[185] 유홍(劉鴻)의 아들 유찬(劉纘)을 불러들이니 모두 경사에 도착하였다. 유산의 부친은 청하공왕(淸河恭王) 유연평(劉延平)이고, 유연평과 유홍은 모두 낙안이왕(樂安夷王) 유총(劉寵)의 아들이며, 천승정왕(千乘貞王) 유항(劉伉)의 손자이다.[186] 청하왕은 사람됨이 엄격하고 무거웠고 행동거지가 법도에 맞아서 공경들이 모두 마음을 그에게 돌렸다.

이고가 대장군 양기에게 말하였다.

"지금 황제를 세워야 하는 마당에 마땅히 나이가 많고, 고명함을 가져서 스스로 정사를 맡을 수 있는 분을 선택해야 하니 바라건대 장군께서 큰 계책을 상세하게 조사해보시어서 주발(周勃)[187]과 곽광(霍光)[188]이 문제(文帝)와 선제(宣帝)를 세운 바를 살피시고, 등씨(鄧

---

184 이 일은《자치통감》권51 안제(安帝) 연광(延光) 4년(125년)에 실려 있다.

185 유홍은 발해왕이었다. 그가 죽은 후 시호를 효왕이라 하였다.

186 천승정왕은 장제 건초 4년(서기 79년)에 책봉되었고, 죽자 아들 유총이 뒤를 이었다. 화제 영원 7년(서기 95년)에 천승국을 낙안(樂安)으로 고쳤으며, 죽자 아들 유홍(劉鴻)이 뒤를 이었고, 질제(質帝)를 낳았다. 질제가 즉위하자 양태후는 낙안국이 낮고 습하여 조세가 적어 유홍을 발해왕으로 책봉하였다. 청하왕 유경(劉慶)의 아들 유호위(劉虎威)가 나라를 이어받고 3년이 되어 죽었는데 아들이 없었으며 등태후는 유연평을 세워서 청하왕으로 삼았다. 시법을 보면 이(夷)란 마음을 편안히 하고 조용한 것을 좋아하였다는 의미를 갖고 있다.

187 주발의 고사는《자치통감》권13 고후 8년(기원전 180년)에 실려 있다.

188 곽광의 고사는《자치통감》권24 소제 원평 원년(기원전 74년)에 실려 있다.

氏)[189]와 염씨(閻氏)[190]가 유약한 자를 세우는 것이 유리하다고 한 것을 경계하십시오!"

양기가 이 말을 따르지 않고 태후와 궁중에서 계책을 결정하였다.

병진일(24일)에 양기는 부절을 지니고 왕이 사용하는 덮개가 푸른 수레를 가지고 나가 유찬(劉纘)을 영접하여 남궁으로 들어왔다. 정사일(25일)에 유찬을 건평후(建平侯)로 봉하였다. 그날로 황제에 즉위하였는데 나이가 8세였다. 유산은 일이 끝나자 그의 봉국으로 돌아갔다.[191]

2   장차 황제의 능이 들어설 만한 산을 점치려 하자 이고가 말하였다. "지금 도처에 도적이 있어, 군사를 일으키고 비용이 늘어났는데 새로 헌릉을 만든다면 부세를 부과하는 것이 한 번만이 아닐 것입니다. 황제가 아직 연소하니 건릉(建陵)의 묘역에 능을 조성하는 것이 좋을 듯 하고 강릉(康陵)[192]을 만들었던 선례에 의거하십시오."

태후가 이 말을 따랐다. 기미일(27일)에 효충황제를 회릉(懷陵)에 장사지냈다.

---

189 등씨 가족의 사건은《자치통감》권48 화제(和帝) 원흥(元興) 원년(105년)과 《자치통감》권49 상제(殤帝) 연평(延平) 원년(106년)에 실려 있다.

190 염씨 가족의 사건은《자치통감》권51 안제(安帝) 연광(延光) 4년(125년)에 실려 있다.

191 황제 후보로 유산과 유찬을 불렀다가 유찬으로 결정하자 유산이 경사를 떠난 것이다.

192 상제인 유륭(劉隆)의 능으로 신릉(愼陵) 안에 만들었다. 유륭은 겨우 난 지 석 달만에 죽었으므로 아버지 유조(劉肇)의 능 묘역 안에다가 장사지냈다.

3 태후가 정사를 보필하는 재상에게 정무를 맡겼는데, 이고가 말하는 것은 태후가 대부분 따라서 환관으로서 악행을 저지른 자는 하나같이 모두 제거하였더니 천하의 사람들이 모두가 태평시대를 바라보게 되었다. 그러나 양기는 이것을 심하게 투기하며 질시하였다.

애초에 순제(順帝)시기에 관리를 제수하면서 대부분이 순서를 따르지 않았었는데 이고가 국사를 담당하자, 상주하여 100여 명을 면직시켰다. 이들은 이미 원망을 하였고 또한 양기의 뜻에 영합하여 마침내 공동으로 비장(飛章)[193]을 만들어서 이고를 무고하여 상주하였다.

"태위 이고는 공적인 일을 이용하여 사적인 일을 빌려하며, 바른 일에 기대어 사악함을 행하여 황제의 가까운 인척을 이간시키며, 스스로 당파를 일으키고 있습니다. 대행(大行)[194]이 아직 빈소에 있어서 길 위의 사람들이 얼굴을 가리고 우는데, 이고는 홀로 호분(胡粉)[195]으로 얼굴을 가다듬고, 비녀가 머리를 긁적이며 자태를 농락하고, 주위를 선회하거나 앞뒤로 나아감에 있어 조용하게 규칙대로 걸으니 조금도 참담하고 상심한 마음이 없었습니다.

산릉이 채 완성되지도 않았는데, 옛 정령(政令)을 어기고 속여서 잘된 일은 자기가 한 것으로 하고 잘못된 일은 임금에게 돌리며 근신(近臣)을 배척하여 모시고 송별하지 못하게 하였습니다. 위세와 복록을 만듦에 있어서 이고보다 심한 적이 없었습니다.

---

193 익명으로 만든 무고하는 문서이다.

194 황제의 영구이다.

195 중앙아시아의 구자국(龜玆國)에서 생산되었다고 하는 얼굴에 바르는 하얀 분가루이며, 연(鉛)을 태워서 만들었다. 이 호분이라는 말은 《북사(北史)》에 나온다.

무릇 자식의 죄 가운데 아버지에게 누를 끼치는 것보다 더 큰 죄가 없고, 신하의 악행 가운데 주군을 훼손시키는 것보다 더 깊은 것이 없으니 이고의 허물은 주살시켜야 합당한 일입니다."

편지가 올라가자 양기는 태후(太后)에게 이 일을 말하고 그 편지를 내려 보내게 하였으나 태후가 듣지 않았다.

4   광릉(廣陵, 강소성 양주시) 지역에서 일어난 도적인 장영(張嬰)이 다시 무리 수천 명을 취합하여 반란을 일으키고, 광릉을 점거하였다.

5   2월 을유일(24일)에 천하를 사면하였다.

6   서강(西羌)족이 반란을 일으킨 지 여러 해가 되자, 그 비용이 80여 억이었다. 제장들 대부분이 공급되는 군비를 잘라 도둑질하여 사사로이 자기의 이익을 챙기고, 모두 진귀한 보화를 조정의 주위 사람들에게 뇌물로 바쳤다.

위아래 사람들이 제멋대로 하며 군대의 일을 돌보지 않으니 사졸 가운데 죽지 못한 자들은 들판에서 백골이 서로 바라보고 있었다. 좌풍익(左馮翊) 양병(梁並)이 은혜와 신의를 가지고 반란을 일으킨 강족을 불러 회유하였더니 이남(離湳)과 호노(狐奴) 등의 5만여 호가 모두 양병에게 와서 항복하여 농우(隴右, 섬서성 서부) 지역이 다시 평정되었다.

7   태후는 서주(徐州)와 양주(揚州)의 도적의 기세가 더욱 성해지자 널리 장수를 구하였다. 삼공이 탁현(涿縣) 현령인 북해(北海, 산동성 창락현) 사람 등무(滕撫)[196]를 천거하였는데 문무에 재능이 있어서 조서

를 내려 등무를 구강도위로 임명하고, 중랑장 조서(趙序)와 더불어 풍곤(馮緄)을 돕도록 하여 주와 군의 병력 수만 명을 합쳐 공동으로 그들을 토벌하게 하였다.

또 널리 상금을 내걸고 모병하였는데 상으로 준 금전이나 책봉하는 성읍을 차등 있게 하였다.[197] 또한 논의하여 태위 이고를 파견하기로 하였으나 이고는 아직 떠나지 않았다. 3월에 등무 등이 나아가 많은 도적을 쳐서 대파하고, 마면(馬勉)과 범용(范容), 주생(周生) 등 1천 5백여 급을 참수하였다.

서봉(徐鳳)이 나머지 무리를 데리고서 동성현(東城縣, 안휘성 정원현)에 불을 질렀다. 여름, 5월에 하비(下邳) 사람 사안(謝安)이 응모하여 그의 종친을 이끌고 매복하였다가 서봉을 공격하여 참수하였다. 사안을 책봉하여 평향후(平鄕侯)로 삼았다. 등무에게 벼슬을 내려서 중랑장으로 삼고, 양주와 서주 두 주의 일을 감독[198]하도록 하였다.

8   병진일(26일)에 조서를 내렸다.

"효상황제(孝殤皇帝)가 즉위하고 해를 넘겼으니, 군신 간의 의식이 끝났다. 효안(孝安)황제께서 대통의 업을 계승하셨으나 이전 세대의 공릉(恭陵)이 마침내 강릉(康陵) 위에 있게 함으로써 선후가 서로 뛰어

---

196 《성보(姓譜)》에 의하면 등후(滕侯)의 후예가 나라의 이름을 씨(氏)로 하였다.

197 상을 주는 상격(賞格)을 세웠는데, 전(錢)과 읍(邑)을 공로의 높낮이에 따라서 차등있게 하였다는 말이며, 전(錢)은 하사하는 전(錢)이고 읍은 봉읍을 말한다.

198 관직명은 독양서이주사(督楊徐二州事)이다. 양주와 서주의 자사가 할 일을 맡긴 것이다.

넘게 되었으니 순서가 잘못되었다.[199] 지금 그것을 바로잡도록 하라!"

9 6월에 선비족이 대군(代郡, 산서성 대동시 동쪽지역)을 침구하였다.

10 가을에 여강(廬江, 안휘성 초현 남부) 지역의 도적이 심양(尋陽, 호북성 황매현)을 공격하고, 또 우태(旴台, 안휘성 우태현)를 공격하였다. 등무가 사마 왕장(王章)을 파견하여 이들을 격파하였다.

11 9월 경술일(22일)에 태부 조준(趙峻)이 죽었다.

12 등무가 나아가 장영(張嬰)을 쳤는데, 겨울, 11월 병오일(19일)에 장영을 격파하고 목을 베거나 포로로 잡은 것이 1천여 명이었다. 정미일(20일)에 중랑장 조서(趙序)가 겁이 많고 나약하며 수급을 속여 늘린 죄에 걸려서[200] 목이 베이어 저자에 걸렸다.

13 역양(歷陽, 안휘성 회현)에서 일어난 도적인 화맹(華孟)이 스스로 흑제(黑帝)라 칭하고 구강 태수 양잠(楊岑)을 공격하여 살해하였다. 등무가 진격하여 이를 격파하고, 화맹 등 3천8백급을 베고 포로로 700여

---

199 공릉은 6대 황제인 안제 유호의 능묘이고, 강릉은 5대 황제인 상제 유륭의 묘인데 공릉의 위치가 강릉의 위에 있게 되자, 이는 후손의 묘는 선조의 묘 아래에 매장하게 되어 있는 순서를 어긴 것이라는 뜻이다.

200 수급이란 전쟁에서 적의 목을 자른 수를 말한다. 진(秦)대에 적군의 목을 벤 숫자에 따라서 직급을 올려 주었던 데서 유래하였으며,《동관한기》에 의하면 전(錢)과 겸(縑) 375만을 빼앗았다고 되어 있다.

명을 잡았다. 이에 동남방 지역이 모두 평정되었고 무위를 떨치고 귀환하였다. 등무를 좌풍익(左馮翊)[201]으로 삼았다.

14   영창(永昌, 운남성 보산현) 태수 유군세(劉君世)가 황금으로 문사(文蛇)[202]를 주조하여 대장군 양기에게 바쳤다. 익주 자사 충고(沖暠)가 이를 들추어내서 체포하고 역참을 통해 말씀을 올렸다. 양기는 이로 말미암아서 충고에게 한을 품었다.

마침 파군(巴郡, 사천성 중경시) 사람 복직(服直)이 수백 명의 무리를 모아 스스로 천왕(天王)이라 하였는데, 충고와 태수 응승(應承)이 토벌하여 사로잡으려고 하였으나 이기지 못하여 많은 관리와 백성이 상해를 입자 양기는 이를 이용하여 그를 모함하였고, 충숭과 응승을 체포하여 경사로 데려오도록 하였다.

이고가 상소문을 올렸다.

"신이 삼가 엎드려 듣건대, 토벌하며 사로잡다가 상해를 입힌 것은 본래 충고와 응승의 뜻이 아니고, 실제로는 현리(縣史)가 법을 무서워하고 죄짓는 것을 두려워하여 압박하며 쫓다가 매우 힘들게 한 것인데, 자세히 알지 못하여 이 상황에 이르게 된 것입니다.[203]

근래 도적이 무리를 지어 일어나는 것이 도처에서 끊이질 않고 있습니다. 충고와 응승이 처음으로 크게 간악한 사람을 검거하려 하였는데

---

201 좌풍익은 대장안 지역의 왼쪽을 말하는데 대장안 지역은 좌풍익 외에 우부풍과 장안 세 지역으로 되어 있으며 여기서는 좌풍익 태수이다.

202 뱀을 이용한 문구로 길상(吉祥)을 형상화한 것이다.

203 도적의 형세를 잘 알 수 없어서 백성들을 몰아서 전투에 나아가게 하여 죽거나 다치게 하였다는 뜻이다.

이를 좇아 죄를 받는다면, 신은 주현(州縣)에서 도적을 발견해내려는 뜻을 막고 상하게 하며, 더욱이 함께 겉치레만 하고 숨기면서 다시는 마음을 다하지 않게 될까 두렵습니다."

태후가 상주문을 살펴보고 마침내 충고와 응승의 죄를 사면하고 관직만을 면직시켰을 뿐이다.

금사(金蛇)는 대사농(大司農)으로 보내졌는데 양기가 대사농 두교(杜喬)에게 이것을 빌려보자고 하였으나 두교가 주려고 하지 않았고, 양기의 어린 딸이 죽자 공경들에게 모여 장례를 치르도록 하였지만 두교만이 홀로 가지 않았다. 양기가 이로 말미암아서 그에게 이를 악물었다.＊

한기45

양태후와 대장군 양기의 전횡

질제를 독살하고 전횡하는 양기

효¹질황제 본초 원년(丙戌, 146년)

1   여름, 4월 경진일(25일)에 군과 봉국에서 경학(經學)에 밝은 사람을 천거하여 태학에 보내도록 하고, 대장군 이하는 모두 자식을 보내어 수업하도록 하였는데, 기한이 차면 시험을 치러 차등 있게 관직에 임명하였다.

또 1천 석과 600석²의 관리와 사부(四府)에 속한 연속(掾屬),³ 삼서랑(三署郎),⁴ 사성소후(四姓小侯)⁵ 중에서 먼저 경서를 통달한 자는

---

1   시호에 '효'를 붙인 것은 원만히 천하를 보호하고 선조의 제사를 끊임없이 꾸준히 계승하기 위한 뜻이다.

2   한나라시대 관품의 높고 낮음은 관리들이 받는 봉록(俸祿)에 따라 결정되는데, 2천 석에서 100석까지 있으며, 1천 석에는 태위장사(太尉長史), 600석에는 태사령(太史令)과 태재령(太宰令) 등의 관직이 있다.

3   대장군부(大將軍府), 태위부, 사도부, 사공부의 연리와 속관을 말한다.

4   삼서랑은 오관(五官)서랑, 좌·우서랑으로 광록훈에 속한다.

5   사성소후는 원래 명제(明帝) 때 외척인 번씨(樊氏)·곽씨(郭氏)·음씨(陰氏)·

각각 그 가법(家法)[6]을 따르도록 하고, 최고 급제자는 명첩(名牒)에 올려놓고 차례에 따라 상을 주고 진급시켰다. 이때부터 유학(遊學)[7]하는 일이 더욱 성행하여 3만여 명에 달하였다.

2   5월 경인일(6일)에 낙안왕(樂安王) 유홍(劉鴻)을 옮겨서 발해왕(渤海王)으로 삼았다.

3   바닷물이 넘쳐 백성들의 주거지를 덮쳤다.

4   6월 정사일(3일)에 천하를 사면하였다.

5   황제는 어리지만 총명하고 지혜로웠는데, 일찍이 조회에서 양기(梁冀)를 쏘아보며 말하였다.
  "이 사람이 발호장군(跋扈將軍)[8]이군!"
  양기가 이를 듣고 몹시 싫어하였다.

───────

마씨(馬氏)의 모든 자제들을 가리키는데, 여기서 이 4성을 가리키는지는 정확하지 않다. 당시 양씨가문이 사성소후 중의 하나인 것은 분명하지만 나머지 3가(家)는 확실하지 않다. 소후는 나이가 어린데도 책봉을 받은 자를 말한다.

6 사제전승(師弟傳承)의 학문으로, 한 가문의 학문을 가법이라고 한다.

7 일종의 유학(留學) 같은 의미로 고향을 떠나서 다른 곳에서 공부하는 것을 말한다.

8 발호란 강한 사람이 바른 길로 가지 않고, 산이 낮거나 크면 이를 뽑아버리고 이를 넘으려는 것을 가리키는 말로, 양기는 대장군인데 발호장군이라고 부른 것은 그가 패도를 멋대로 부리기 때문에 붙였을 것이다.

윤월(윤6월) 갑신일(1일)에 양기가 주위에 있는 사람을 시켜 자병(煮餠)[9]에 독을 넣어 이를 올리게 하였는데, 황제가 고통과 답답함이 심하여 급히 태위(太尉) 이고(李固)를 불렀다. 이고가 입궁하여 앞으로 나아가 황제에게 병을 얻은 연유를 물으니, 황제가 여전히 말을 할 수 있어서 말하였다.

"자병을 먹었소. 지금 뱃속이 아프고 답답하여 물을 마실 수 있다면 오히려 살 것 같소."

이때 양기도 역시 곁에서 말하였다.

"토할까 두려우니 물을 마셔서는 아니 됩니다."

말이 아직 끝나지도 않았는데 이미 붕어하였다.[10] 이고가 시신 앞에 엎드려 소리 내 통곡하고 나서 시의를 추궁하고 조사하려고 하자, 양기가 그 일이 누설될까 염려하여 이고를 몹시 증오하였다.

장차 뒤이을 사람 세우는 것을 의논하게 되자, 이고가 사도 호광(胡廣)과 사공 조계(趙戒)와 함께 우선 양기에게 편지를 보내어 말하였다.

"천하는 불행하게도 몇 년 사이에 나라의 후사가 3차례나 단절되었습니다.[11] 지금 외당 황제를 세워야 하는데, 천하의 중기(重器)[12]이니

---

9 끓인 떡이다. 예기에 보면 중춘(仲春)에는 밀로 국수를 만들어서 먹도록 되어 있는데, 여기서 끓인 떡이라 한 것은 삶은 국수를 말하는 것 같다.

10 이때 황제의 나이는 9살이었다.

11 순제(順帝)가 죽고 후사가 없어서 충제를 데려다 세웠는데, 두 살의 충제(沖帝)가 1년 만에 죽어 후사가 없어서 질제(質帝)를 데려다 다시 세웠으며, 9살 밖에 안 된 질제 역시 1년 만에 또 죽으니 이번에도 후사가 없으므로 세 번 후사가 끊겼다.

12 황제를 가리킨다.

진실로 태후께서 마음 두고 계신 것과 장군께서 수고롭게 생각하시는 것을 알아서 그에 합당한 사람을 신중히 선택하여 그 성명(聖明)[13]을 보존하도록 힘써야 할 것입니다. 그러나 어리석은 우리의 마음으로 뒤돌아 생각해 보니 가만히 마음속에 유독 생각되는 바가 있습니다.

멀리는 옛날에 황제를 폐위하고 등극하였던 구제도를 살펴보고, 가까이는 국가(國家)가 천조(踐祚)[14]하였던 전의 일을 본다면 일찍이 공경들을 찾아 자문을 구하지 아니한 일이 없었으며, 널리 여러 신하들의 의견을 구하여 위로는 하늘의 뜻에 부응하고 아래로는 많은 사람들이 바라는 바에 부합하도록 하였습니다.

전해오는 말에 '천하를 다른 사람에게 주는 것은 쉬우나 천하를 위하여 합당한 사람을 얻기란 어렵다.'[15]고 하였습니다. 예전에 창읍왕(昌邑王)[16]을 세웠는데, 혼란이 날로 더해지자 곽광(霍光)이 근심과 부끄러움으로 분노가 치밀어 이를 후회함이 뼈를 깎았습니다.[17] 박육(博陸)의 충성과 용기, 전연년(田延年)의 분발함이 없었더라면 위대한 한나라의 종묘사직은 거의 기울어졌을 것입니다.[18]

---

13 황제가 지녀야 할 고명한 덕을 말한다.

14 국가란 황제를 말하며, 천조는 황제의 자리에 오른다는 뜻이다.

15 《맹자》의 말이다.

16 전한의 9대 황제 유하(劉賀)이다.

17 당시 곽광은 주공(周公)에 비견될 정도의 충신이었으며, 소제(昭帝)를 대신하여 청하왕을 황제로 세웠으나, 그의 음란한 행위와 광적인 소행으로 실망과 분노를 자아냈다.

18 곽광이 박육후였으므로 그의 작위를 부른 것이다. 전언년은 곽광의 친구로서 옛날 곽광의 막하에 있었던 적이 있으며, 당시 벼슬이 대사농으로 곽광과 함

지극히 근심스럽고도 지극히 중요하니 깊이 생각하지 않을 수 있겠습니까? 많고 많은 일 중에 오직 이 일만이 큰 것이니 국가의 흥망성쇠가 이 한 번의 일에 달려 있습니다."

양기가 편지를 받자, 마침내 삼공과 중이천석의 관리, 열후를 소집하여 후사 세우는 일을 대대적으로 논의하였다.

이고, 호광, 조계와 대홍려 두교(杜喬)다 모두 청하왕(淸河王) 유산(劉蒜)이 밝은 덕을 행하여 소문이 자자하고, 또 가장 가까운 존친(尊親)[19]이라고 생각하며 마땅히 그를 세워 후사로 삼아야 한다고 하니, 조정에서는 그에게 마음을 두지 않는 사람이 없었다. 그러나 중상시(中常侍) 조등(曹騰)이 일찍이 유산을 알현하였었는데, 유산이 그를 예로 대하지 아니하였는데, 환관들은 이로 말미암아서 그를 싫어하였다.

애초 평원왕(平原王) 유익(劉翼)이 이미 강등되어 하간(河間은 나라 이름이며, 하북성 하간현)으로 돌아갔는데,[20] 그의 아버지는 여오현(蠡吾縣, 하북성 박야현)을 나누어서 그를 열후로 삼아줄 것을 청하였고, 순제(順帝)[21]가 이를 허락하였었다. 유익이 세상을 떠나자 아들 유지(劉志)

께 창읍왕 폐위를 주도한 인물이다. 이 사건은 소제 원평 원년(74년)의 일로 《자치통감》 권24에 실려 있다.

19 청하왕 유산은 질제(質帝)의 형으로, 함께 낙안왕(樂安王) 유총(劉寵)의 소생이다.

20 이 일은 안제 건광 원년(121년)에 있었고, 《자치통감》 권50에 실려 있다. 유익은 하간왕 유개(劉開)의 아들로 황태후 등수(鄧綏)가 그를 평원왕의 작위를 계승하도록 하였다. 그런데 안제(安帝) 유호(劉祜)는 황태후가 자기를 축출하고 유익을 황제로 등극시키려 한다고 의심하여 유익을 도향후(都鄉侯)로 낮춰 하간으로 축출하였다.

21 순제 유보(劉保, 재위 : 125~144)는 11살에 등극하여 30살에 붕어하였다.

가 뒤를 이었는데, 양태후(梁太后)가 여동생을 유지의 처로 삼고자 하여 불러서 하문정(夏門亭)²²으로 오게 하였다.

때마침 황제가 붕어하자 양기가 유지를 황제로 세우고자 하였다. 여러 사람들이 논의한 것이 이미 다르고, 마음대로 되지 아니하여 분한 마음을 품고 있었으나 아직은 억지로 중론을 빼앗으려 하지는 않았다.

조등 등이 이 소식을 듣고 밤중에 가서 양기를 설득하였다.

"장군이 여러 세대 동안 초방(椒房)²³의 근친으로 만기(萬機)²⁴를 잡고 있었는데, 빈객들이 제멋대로 날뛰어서 많은 허물과 과실이 있었습니다. 청하왕은 엄격하고 분명하여, 만약 결과적으로 그를 세운다면 장군이 화를 입게 되는 것이 멀지 않습니다. 여오후(蠡吾侯)를 세워 부귀를 오랫동안 보존하는 것만 못합니다."

양기가 그러할 것이라고 여기고 다음날 다시 공경을 모아 회합을 가졌는데, 양기의 기세가 흉악하고 말씨가 격절(激切)하자 호광과 조계 이하의 관료들은 두려움에 떨지 않는 자가 없었으며 모두 말하였다.

"오직 대장군께서 명령만 내려주십시오."

이고와 두교만이 오직 원래 건의한 내용²⁵을 굳게 지켰다.

양기가 성난 목소리로 말하였다.

"회의를 끝내시오."

---

22 낙양 북성(北城) 밖에 있다.

23 황후가 거처하는 방이다. 황후가 거처하는 방은 초나무를 바르고 불을 때 향기가 나게 하였다. 여기서는 화제(和帝) 유조(劉肇)의 모친 공회후(恭懷后)와 태후 양납(梁妠)을 말한다.

24 만 가지나 되는 일이라는 말로 국가의 업무 전체를 말한다.

25 청하왕 유산을 옹립하자는 건의이다.

이고는 그래도 여러 사람들이 마음으로 바라는 사람[26]이 세워질 수 있기를 바라면서 다시 편지로 양기에게 권고하자, 양기가 더욱 분노하였다.

정해일(4일)에 양기가 태후를 유세하여 먼저 이고의 관직을 면직시켰다. 무자일(5일)에 사도 호광을 태위로 삼고, 사공 조계를 사도로 삼아서 대장군 양기와 더불어 상서의 일에 참여[27]하도록 하였고, 태복 원탕(袁湯)을 사공으로 삼았는데, 원탕은 원안(袁安)[28]의 손자이다.

경인일(7일)에 대장군 양기에게 부절를 가지고 왕이 사용하는 청개거(青蓋車)로 여오후 유지를 영접하여 남궁으로 들어오게 하였으며 그 날로 황제에 즉위하였으니, 그때 나이가 15살이었다. 양태후는 여전히 조정에 임석하여 정치를 하였다.

6   가을, 7월 을묘일(2일)에 효질황제(孝質皇帝)를 정릉(靜陵, 낙양 동남쪽 30리 지점)에 장사지냈다.

7   대장군부익 연리 주목(朱穆)이 양기에게 권하며 경계하는 글을 써서 올렸다.

"내년은 정해년(丁亥年)이어서 세형(歲刑)과 세덕(歲德)이 건위(乾位)에서 합치됩니다.[29] 《역경》에 기재된 용전(龍戰)[30]의 회합에서 양

---

26 여러 사람들은 청하왕에게 마음을 두고 있었다.

27 관직명은 참록상서사(參錄尙書事)이다.

28 장제 장화 원년(87년) 6월에 사도가 되었고, 이 일은 《자치통감》 권47에 실려 있다.

도(陽道)는 장차 승리하고 음도(陰道)는 장차 패배한다고 하였습니다.

바라건대 장군께서는 오로지 조정의 공적인 일에만 전념하고 사사로운 욕심은 잘라내 버리며, 현명하고 능력 있는 인재를 널리 구하고, 아첨하고 악한 자는 멀리 배척하시고, 황제를 위하여 사부(師傅)를 두고, 조심하는 마음으로 충성스럽고 돈독하며 예의 있는 선비를 얻을 수 있다면 장군께서는 이들과 함께 들어가 참석하여서 강의를 받도록 권고하며, 현인을 스승으로 삼고 옛 것을 본받기를 바라니, 이는 마치 남산(南山)에 기대어 평원에 앉는 것과 같으니, 누가 능히 이를 기울일 수 있겠습니까?

의랑대부(議郎大夫)의 자리는 본래 유술(儒術)을 통달하고 고상하며 우아한 행위를 하는 선비들을 차례로 등용해야 하는 것인데, 지금은 대부분 그것에 적합한 사람이 아니며 9경 가운데 역시 임무를 맡기에는 어그러지는 사람이 있으니, 오직 장군께서 살피시기 바랍니다."

또 충고(沖翯)와 난파(欒巴) 등을 추천하였으나 양기는 등용할 수 없었다. 주목(朱穆)은 주휘(朱暉)[31]의 손자였다.

---

29 건위는 방위로 북쪽이다. 형벌과 품덕을 4계절에 배합시켜서 설명하는데 이 형벌과 품덕이 합치되면 복이 있다고 알려져 있다. 그런데 그 해의 간지가 '정(丁)'과 '임(壬)'에 있으면 그 해의 품덕은 북궁(北宮)에 있고, 그 해의 간지가 '해(亥)'와 '묘(卯)'에 있으면, 그 해의 형벌 역시 북궁에 있게 되는데 다음 해는 정해년이므로, 세덕(歲德)과 세형(歲刑)이 모두 북방에 있게 되고, 따라서 건위 즉 북방에서 세덕과 세형이 합치된다.

30 《역경(易經)》〈곤괘(坤卦)〉의 상육(上六)효는 '용이 들에서 싸우니 그 피가 검고 누렇다.(上六 龍戰于野 其血玄黃)'고 하였는데, 이는 음양이 모두 다쳐서 피를 흘리게 될 것이라는 뜻이다. 그런데 이 인용문은 본문에서 의도한 바와 다르다고 보인다.

31 주휘는 장제(章帝)를 모신 신하이다.

8 　9월 무술일[32]에 하간효왕(河間孝王)[33]을 추존하여 효목황(孝穆
皇)이라 하고, 부인 조씨(趙氏)는 효목후라 하고, 묘호를 청묘(淸廟)라
하며, 능을 낙성릉(樂成陵)이라 하였다.

　여오후의 앞선 후[34]를 효숭황(孝崇皇)이라 하고, 묘호를 열묘(烈廟)
라 하고, 능을 박릉(博陵)[35]이라 하면서, 이 모든 곳에 영(令)과 승(丞)
을 두었고 사도에게 부절을 소지하고 책서와 새수를 받들고서 태뢰(太
牢)[36]로 제사를 지내도록 하였다.

9 　겨울, 10월 갑오일(12일)에 황제의 어머니 언씨(匽氏)[37]를 높여
박원귀인(博園貴人)으로 삼았다.

10 　등무(滕撫)는 성품이 바르고 곧아서 권세 있는 사람과 교류하지
아니하니 환관들이 싫어하게 되었는데, 도적[38]을 토벌한 전공으로 말

---

32 9월 1일이 계축일이므로 9월에는 무술일이 없다. 무진(戊辰)의 잘못이라면
　16일이다.

33 하간왕 유개(劉開)는 죽은 후 시호를 효왕이라고 하였으며, 그의 손자 유지가
　황제가 되었으므로 추존한 것이다.

34 여오후를 물려받는 유지가 황제가 되었으므로 아버지 여오후 유익(劉翼)을
　추존하였다.

35 원래는 여오현에 속한 땅이었으며 능은 영주(瀛州) 박야현(博野縣) 서쪽이다.

36 소·양·돼지의 3가지 희생을 갖춘 제수이다.

37 아버지 유익의 첩이다.

38 순제 말에 양주(揚州)·서주(徐州) 주변에서 난을 일으킨 범용(范容)과 주생
　(周生)이다.

한다면 마땅히 제후로 책봉되어야 하였으나, 태위 호광이 황제의 뜻을 받들어 상주문을 올려 그를 쫓아내니 집에서 죽었다.

효환제 건화 원년(丁亥, 147년)

1   봄, 정월 초하루 신해일에 일식이 있었다.

2   무오일(8일)에 천하를 사면하였다.

3   3월, 용이 초(譙, 안휘성 박현)에 나타났다.

4   여름, 4월 경인일(11일)에 경사에 지진이 일어났다.

5   부릉왕(阜陵王) 유대(劉代)의 형인 발주정후(勃遒亭侯) 유편(劉便)을 부릉왕으로 세웠다.[39]

---

39 부릉(阜陵, 안휘성 전숙현)왕 유연은 봉국을 5세(世) 동안 전해오다가 유대에 이르렀는데, 유대가 죽고 후사가 없었으므로 나라의 명맥이 끊어졌다. 그런데 이때 그의 형 유편으로 하여금 이를 잇게 하여 후왕으로 책봉한 것이다.

양기에게 죽은 이고와 두교

6   6월에 태위 호광이 파직되고, 광록훈 두교를 태위로 삼았다. 이고가 폐출되면서부터 조야(朝野)에서는 활기가 저상(沮喪)되어서 여러 신하들은 발을 옆으로 비켜 서 있기만 하였는데, 오직 두교만이 정색을 하며 굽히지 않았고 이로 말미암아 조야에서는 모두 그를 의지하고 우러러보았다.

7   가을, 7월에 발해효왕(渤海孝王) 유홍(劉鴻)[40]이 죽었는데, 자식이 없지 태후는 황제의 동생인 여오후 유괴(劉悝)를 발해왕으로 삼고, 유홍의 제사를 받들도록 하였다.

8   조서를 내려 책공(策功)을 정하였는데,[41] 양기에게는 1만3천 호를 덧붙여 책봉하고, 양기의 동생 양불의(梁不疑)를 책봉하여 영양(穎

---

40 질제(質帝) 유찬(劉纘)의 부친인데, 죽자 시호를 효왕으로 하였다.

41 책이란 정책을 말하는 것이지만 여기서는 황제를 새로 세우는 정책을 말한다. 결국 황제를 옹립한 공로를 표창하였다.

陽, 하남성 허탕현 서남쪽)후로 삼고, 양몽(梁蒙)을 서평(西平, 하남성 서평현)후로 삼고, 양기의 아들 양윤(梁胤)을 양읍(襄邑, 하남성 양성현)후로 삼고, 호광을 안락(安樂, 하남성 남소현)후로 삼고, 조계(趙戒)를 주정후(廚亭侯)로 삼고, 원탕(袁湯)을 안국(安國, 하북성 안국현 경계)후로 삼았다. 또 중상시 유광(劉廣) 등을 책봉하여 모두 열후로 삼았다.[42]

두교가 간하였다.

"옛날의 밝은 임금은 현명한 인재를 등용하고 상을 주고 벌을 내리는 일에 힘썼습니다. 나라를 잃은 군주라 해도 그 조정에 어찌 곧으며 중심이 되는 신하와 전고(典誥)의 편(篇)[43]이 없겠습니까?

근심스러운 것은 현명한 사람을 얻어도 그 계책을 쓰지 않고, 법령집이 갖추어져 있으나 그 교령이 시행되지 못하며, 훌륭한 말을 들어도 그 뜻을 신뢰하지 못하고, 참소를 들어도 그 이유를 살피지 않는 것입니다.

폐하께서는 번신(藩臣)에서 황제의 자리에 오르셨으므로 하늘과 사람들이 한마음으로 귀속하려 하는데, 충성스럽고 현명한 사람에 대한 예의를 급히 차리지 않고, 주위의 측근들을 책봉하는 일을 우선적으로 하시니, 양씨 한 집안과 환관 가운데 보잘 것 없는 자들이 나란히 공로를 세우지 않은 채 인수를 차고 있으며, 수고한 공신들의 채읍을 갈기갈기 찢었습니다. 그 어그러지고 참람(僭濫)함을 어찌 다 말로 표현할 수 있겠습니까?

---

42 《후한서》 권78 〈조등전(曹騰傳)〉을 보면 유광과 조등, 주보(州輔) 등 7명을 모두 정후(亭侯)로 책봉하였다.

43 작위를 책봉하는 전책조고(典策詔誥)를 가리키며 공로를 세운 사람에게 주는 것은 모두 고사(故事)에 나와 있다는 말이다.

무릇 공이 있으나 상을 주지 아니하니 선행을 행하고도 희망을 잃었으며, 간사하여도 힐난을 받지 아니하니 악을 행하고도 흉악한 일을 자행합니다. 그런 까닭에 예리한 도끼[44]를 진열하여도 사람들이 두려워하지 않고, 작위를 나누어 준다 해도 사람들이 권고하지 못합니다. 진실로 이러한 길이 끝까지 간다면, 정사를 상하게 하여 어지럽게 할 뿐이고, 몸을 죽게 하고 나라를 망하게 할 것이니 어찌 신중하지 않을 수 있겠습니까?"

편지가 올라갔지만 살펴보지 아니하였다.

9 8월 을미일(18일)에 황후 양씨를 책립하였다.[45] 양기가 후하게 예를 갖추어 이를 맞이하려고 하였지만, 두교가 예부터 내려오는 법도를 가지고 들어주지 않았다. 양기가 또 두교에게 부탁하여 범궁(氾宮)[46]을 상서로 삼고자 하였으나 두교는 범궁이 뇌물을 받은 죄가 있다고 하며 등용하지 아니하였다. 이 일로 말미암아 날로 양기에게 거슬리게 되었다.

9월 정묘일(9일)에 경사에 지진이 있었다. 두교는 재이가 있었다고 하여서 면직되었다. 겨울, 10월에 사도 조계(趙戒)를 태위로 삼고, 사공 원탕(袁湯)을 사도로 삼았으며, 옛 태위였던 호광을 사공으로 삼았다.

10 환관 당형(唐衡)과 좌관(左悺)이 함께 두교를 황제에게 참소했다.

---

44 황제가 형벌에 사용하는 부월(斧鉞)을 말한다.

45 황후 양씨는 양여영(梁女瑩)으로 황태후 양납(梁妠)의 동생이다.

46 본래의 성은 '凡'씨인데, 난을 피해 범수(氾水)에 머무른 데서 '氾'으로 부른다.

"폐하께서 전에 황제에 오르시게 되면서 두교와 이고가 논의를 일으켜서 한나라 종실의 제사 받드는 일을 감당하지 못한다[47]고 하였습니다."

황제 역시 그에게 원한을 갖게 되었다.

11월에 청하(淸河, 하북성 청하현) 사람 유문(劉文)이 남군(南郡, 호북성 강릉현)의 요적(妖賊) 유유(劉鮪)와 서로 왕래하며 망령스런 말을 하였다.

"청하왕이 마땅히 천하를 통치하여야 한다."

함께 유산(劉蒜)을 옹립하고자 하였다. 일이 발각되자 유문 등은 마침내 청하국(淸河國)의 재상 사고(謝暠)를 위협하며 말하였다.

"마땅히 왕을 세워 천자로 삼고 사고를 삼공으로 삼아야 할 것이오."

사고가 그들을 욕하니, 유문이 사고를 찔러 죽였다.

이에 유문과 유유를 체포하여 죽였다. 유사가 유산을 탄핵하는 상주문을 올리니, 작위를 깎아내려 위지후(尉氏侯)로 삼고 계양(桂陽, 호남성 빈현)으로 유배시키니 자살하였다.

양기가 이 사건을 이용하여 이고와 두교를 무고하여 말하기를 '유문과 유유 등과 더불어 서로 왕래하였으므로 청컨대 체포하여 죄과를 규명하십시오.'라고 하였는데, 태후가 평소 두교의 충성심을 알고 있어서 허락하지 아니하였다.

양기가 마침내 이고를 체포하여 하옥시켰더니, 문생인 발해 사람 왕조(王調)가 형구를 짊어지고 편지를 올려 이고의 억울함을 증명하였으

---

47 이 내용은 효질황제 본초 원년(146년)에 효질제가 죽었을 때의 이야기이다. 당시에 이고 등은 청하왕 유산을 황제로 세우고자 하였다.

며, 하내(河內, 하남성 무척현) 사람 조승(趙承) 등 수십 명이 역시 부질
(鈇鑕)[48]을 허리에 차고 대궐에 와서 호소하자, 태후가 조서를 내려 그
를 사면하였다. 옥에서 나오자 경사의 시가지와 작은 골목에 있는 모든
사람이 만세를 불렀다.

양기가 이 소식을 듣고 크게 놀랐으며, 이고의 명성과 덕망이 끝내
는 자기를 해칠 것이 두려워서 근거를 바꾸어서 전에 있었던 사건[49]을
주청하였다. 대장군부의 장사(長史) 오우(吳祐)가 이고를 해친 억울한
일로 양기와 다투니, 양기가 화를 내지만 따르지 아니하였다.

종사중랑(從事中郞) 마융(馬融)이 주로 양기를 위하여 장표문(章表
文)를 지었는데, 마융이 당시 그 자리에 앉아 있자 오우가 마융에게 말
하였다.

"이공[50]의 죄는 경의 손에서 이루어질 것이오. 이공이 만약 주살된
다면 무슨 면목으로 천하의 사람들을 보겠소?"[51]

양기는 화가 나서 일어나 방으로 들어갔고 오우도 자리를 떴다.

이고가 마침내 옥중에서 죽었는데, 죽음에 임박하여 호광과 조계에
게 편지를 써서 말하였다.

"나 이고는 나라의 두터운 은혜를 받았으며, 이로써 쌀 다리와 같은
역할을 다하며 죽음을 돌아보지 아니하였고, 뜻으로는 왕실을 보존하

---

48 허리를 베는 형벌의 형구(刑具)로써 도끼를 말한다.

49 유유와 유문의 일을 말한다.

50 이고를 말한다.

51 양기가 죄 없고 충성스럽고 훌륭한 사람을 무고하는 일에 문장으로 돕는 결
   과가 되므로 장차 사람들을 볼 낯이 없게 될 것이라는 말이다.

여 문제(文帝)·선제(宣帝)[52] 때보다 융성하게 하도록 하려고 하였소.

어찌하여 하루아침에 양씨에게 미혹되어 공 등이 굽혀 좇음으로써 길할 것이 흉하게 되고, 이루어질 일이 실패하도록 도모하였단 말이오? 한 왕조의 쇠미는 여기에서부터 시작될 것이오.

공 등은 주군에게 넉넉한 봉록을 받았지만 넘어져도 부축하지 못하여서 큰일을 기울어지고 무너지게 하였으니, 후세의 훌륭한 역사가가 어찌 사사롭게 처리할 리가 있겠소. 나 이고의 몸은 끝나고 있으나 의로움에서는 얻은 것이 있으니, 무릇 다시 무슨 말을 하겠소."

호광과 조계가 편지를 다 읽고 비통해 하며 모두 오랫동안 탄식하며 눈물만 흘릴 뿐이었다.

양기가 사람을 시켜서 두교를 위협하며 말하였다.

"일찌감치 마땅함을 좇는다면[53] 처자는 온전할 수 있을 것이다."

두교는 그렇게 하지 아니하였다. 다음날 양기가 기병을 파견하여 두교의 집 문 앞에 가게 하였으나 곡하는 소리를 듣지 못하자[54] 마침내 태후에게 아뢰고 그를 체포하여 옥에 가두었는데, 역시 옥중에서 죽었다.

양기는 이고와 두교의 시신을 성 북쪽 사거리에 드러나게 버려두고, 명령하였다.

"감히 이곳에 가서 곡하는 자가 있으면 그 죄를 덧붙일 것이다."

이고의 제자인 여남(汝南, 하남성 여남현) 사람 곽량(郭亮)은 아직 미

---

52 문제(기원전 180년~157년)와 선제(기원전 74년~49년)는 군신들에 의해서 옹립되고, 한나라를 융성시킨 황제들이다.

53 호삼성의 주에는 마땅함을 좇는다는 것은 자진(自盡)하도록 한 것이라고 해설하였다.

54 두교가 자진하지 않았음을 알 수 있다.

성년이었는데, 왼손에는 주장(奏章)과 도끼를 가지고, 오른손에는 부질(鈇鑕)을 잡고 대궐로 가서 편지를 올려 이고의 시신을 수습하게 해달라고 간청하였지만 회보가 없었으며, 남양(南陽, 하남성 하양시) 사람 동반(董班)과 함께 가서 곡을 하고 시신을 지키며 떠나지 아니하였다.

하문정장(夏門亭長)이 이를 꾸짖어 말하였다.

"경들은 무슨 썩어빠진 유생이란 말이오? 공공연히 조서를 범하며 유사를 시험하고자 한단 말이오?"

곽량이 말하였다.

"대의로 움직이는데 어찌 생명을 돌아볼 것이며, 어찌하여 죽는 것을 두려워하겠는가?"

태후가 이 소식을 듣고 모두 사면하고 죽이지 아니하였다.

두교의 옛 부하로 연리(掾吏)였던 진류(陳留, 하남성 진류현) 사람 양광(楊匡)은 부르짖고 울며 밤새도록 길을 가서 낙양(雒陽)에 이르러 옛날에 입던 붉은 두건을 머리에 두르고 부탁하여 하문정이(夏門亭吏)[55]가 되어서 시신을 수호하였는데, 12일이나 지났다. 도관종사(都官從事)[56]가 그를 잡아서 보고하니, 태후가 그를 사면해 주었다.

양광이 이어서 대궐로 가서 편지를 올리고 아울러 이고와 두교 누 사람의 해골을 수습하여 고향에 돌아가서 장사지내게 해달라고 청하니, 태후가 이를 허락하였다. 양광은 두교의 영구를 호송하여 고향집으로 돌아와 장례를 마치고 복례(服禮)를 행하였고 마침내 곽량과 동반

55 성의 북쪽에 있는 정(亭)이 하문정이다. 이고와 두교의 시신을 버려둔 곳의 관리를 책임진 이곳의 관리를 말한다.
56 사예교위의 속관으로 도관들의 불법을 들추어내는 일을 관장한다.

과 더불어 모두 은거하며 종신토록 벼슬을 하지 아니하였다.

　양기는 오우(吳祐)를 내쳐서 하간국(河間國, 하북성 헌현)의 재상으로 삼았으나 오우는 사직하고 고향으로 돌아가 집에서 죽었다.

　양기는 유유의 난 때문에 주목(朱穆)이 이전에 건의한 말[57]을 생각하여, 이에 충고(种暠)를 종사중랑(從事中郞)으로 삼고, 난파(欒巴)를 천거하여 의랑으로 삼았으며, 주목을 뛰어난 인재로 천거하여[58] 시어사(侍御史)로 삼겠다고 청하였다.

11　이 해에 남선우(南單于) 두루저(兜樓儲)가 죽었고, 이릉시축취(伊陵尸逐就) 선우[59]인 난제차아(欒提車兒)가 즉위하였다.

효환제 건화 2년(戊子, 148년)

1　봄, 정월 갑자일(19일)에 황제가 원복(元服)[60]을 입었다. 경오일(25일)에 천하를 사면하였다.

2　3월 무진일(24일)에 황제는 황태후를 좇아서 대장군 양기의 저택

57　효질황제 본초 원년조(146년)에서 대장군부의 속관 주목이 양기에게 권계한 내용이다.

58　주목은 대장군부의 연리 가운데 고제(高第)가 되었다.

59　36대 선우이다.

60　관례를 치른 것을 말한다. 원은 머리이므로 원복은 모자가 되는 셈이어서 관례를 의미한다. 이때 황제 유지의 나이는 17살이었다.

에 행차하였다.

3   백마(白馬) 부락에 사는 강족이 광한속국(廣漢屬國, 감숙성 문현 일
대)을 침략하여 장리(長吏)를 살해하였다.[61] 익주(益州) 자사는 판순
(板楯) 부락의 만족[62]을 거느리고 이들을 토벌하여 깨뜨렸다.

4   여름, 4월 병자일(3일)에 황제의 동생 유고(劉顧)를 책봉하여 평
원왕(平原王)으로 삼고 효숭황(孝崇皇)의 제사를 받들게 하였으며, 효
순황부인(孝崇皇夫人)을 높여서 효숭원귀인(孝崇園貴人)으로 삼았다.

5   5월 계축일(10일)에 북궁의 액정(掖庭)에 있는 덕양전(德陽殿)과
좌액문(左掖門)에 화재가 발생하여 거가가 남궁으로 옮겨갔다.

6   6월에 청하(清河)를 고쳐서 감릉(甘陵)이라 하였다.[63] 안평효왕
(安平孝王)[64] 유득(劉得)의 아들인 경후(經侯, 경은 하북성 광종현) 유리
(劉理)를 세워서 감릉왕(甘陵王)으로 삼고 효덕황(孝德皇)의 제사를 받
들도록 하였다.

---

61 안제(安帝)가 촉군(蜀郡)북부도위를 광한속국도위로 고쳤다.

62 판순(板楯)은 서남만(西南蠻)의 호칭이다.

63 유산(劉蒜)이 청하왕이었는데 양기가 '청하(清河)' 두 글자에 특별히 민감하
여 유경(劉慶) 즉 효덕황의 능묘 이름을 가지고 봉국의 이름을 지은 것이다.

64 유득은 안평왕이었는데, 죽은 후에 시호를 효왕으로 하였다.

7   가을, 7월에 경사에 큰 홍수가 났다.

효환제 건화 3년(己丑, 149년)

1   여름, 4월 그믐 정묘일(30일)에 일식이 있었다.

2   가을, 8월 을축일(30일)에 천시(天市) 옆에 패성이 나타났다.[65]

3   경사에 큰 홍수가 있었다.

4   9월 기묘일(14일)에 지진이 일어났다. 경인일(25일)에도 또 지진
이 일어났다.

5   군과 봉국에 있는 5개의 산이 붕괴되었다.

6   겨울, 10월에 태위 조계(趙戒)가 면직되고, 사도 원탕(袁湯)을 태
위로 삼았으며, 대사농(大司農)인 하내(河內, 하남성 무릉현) 사람 장흠
(張歆)을 사도로 삼았다.

---

65 《진서》천문지에 보면 천시의 단장에는 22개의 별이 있는데 방(房)과 심(心)의
   동쪽에 혜성이 있는 것을 없애면 시(市)나 도읍(都邑)을 옮긴다고 되어 있다.

뛰어난 인품의 순숙과 그 주변

7 이 해에 예전 낭릉후국(朗陵侯國)의 재상 순숙(荀淑)이 죽었다. 순숙은 어려서부터 널리 학문을 익히고 높은 수행을 하였는데, 그 시대 명현(名賢)인 이고(李固)와 이응(李膺) 모두가 그를 스승의 으뜸으로 하였다.

낭릉(朗陵, 하남성 확산현)에 있으면서 정사를 보는데 일을 밝게 처리하여 신군(神君)이라 불렸다. 아들이 여덟 명인데, 순검(荀儉)·순곤(荀緄)·순정(荀靖)·순도(荀燾)·순왕(荀汪)·순상(荀爽)·순숙(荀肅)·순전(荀專)으로 나란히 명성과 칭찬이 자자해서 당시 사람들이 8용(龍)이라고 불렀다.

이들이 살았던 마을은 옛 이름이 서호(西豪)였는데, 영음(潁陰, 하남성 허창시) 현령인 발해(渤海, 하북성 남피현) 사람 원강(苑康)이 옛 고양씨(高陽氏)에게 재주가 뛰어난 아들 여덟 명이 있었던 것을 생각하여 [66] 그 마을을 고쳐 이름 하여 '고양리'라고 하였다.

---

66 5제(帝) 가운데 전욱(顓頊)을 말한다. 《좌전》에 의하면 옛날 고양씨가 재주가 있는 여덟 명의 아들인 창서, 퇴애, 도연, 대림, 방항, 정견, 중용, 숙달을 두었다고 하였다.

이응(李膺)의 성품은 간결하지만 고매하여 다른 사람과 교류함이 없이 오직 순숙만을 스승으로 삼았으며, 같은 군의 진식(陳寔)을 친구로 삼았다. 순상(荀爽)이 일찍이 이응을 찾아뵙고 그 기회에 손수레로 모시고 돌아와 기뻐하면서 말하였다.

"오늘, 이군(李君)[67]을 모실 수 있었다."

그가 사모함을 보면 이와 같았다.

진식은 외롭고 한미한 집안 출신으로 군의 서문정장(西門亭長)이 되었다. 같은 군에 사는 종호(鍾皓)가 독실한 행실로 칭찬을 받자 전후 9차례나 공부(公府)에 벽소되었는데, 연배가 진식보다 아주 많았지만 끌어들여 친구로 삼았다.

종호가 군의 공조(功曹)가 되니 사도부(司徒府)에 벽소되었는데, 작별하게 되자 태수가 물었다.

"누가 경을 대신할 수 있는 사람인가?"

종호가 말하였다.

"명부(明府)[68]께서 반드시 그에 적당한 사람을 기용하고자 한다면 서문정장 진식이면 좋을 것입니다."

진식이 이를 듣고 말하였다.

"종군이 사람을 주의 깊게 살피지 아니하는 것 같았는데, 어찌 나만을 안다고 하는지 모르겠다."

태수는 마침내 진식을 공조로 삼았다.

---

67 이응을 높여 부른 것이다.

68 태수와 목(牧), 영(令)을 부군(府君)이라고 하고, 밝으신 부군이라는 뜻의 명부군(明府君), 약칭으로 명부라 하며 밝으신 군주라는 뜻이다. 여기서는 태수를 가리킨다.

그때 중상시(中常侍) 후람(侯覽)이 태수 고륜(高倫)에게 관리로 기용해 줄 것을 부탁하자, 고륜이 교서(敎書)[69]로 문학연(文學掾)으로 삼았는데, 진식이 그가 적당한 사람이 아니라는 것을 알고 격서(檄書)[70]을 품고 뵙기를 청하여 말하였다.

"이 사람은 마땅히 기용해서는 안 되지만 그러나 후상시의 부탁을 어길 수는 없을 것이니 청컨대 저 진식이 밖에서 임용하겠다고 요청한 것처럼 해주시면 족히 밝으신 덕을 더럽히지는 않을 것입니다."

고륜이 이를 따랐다.

이에 향론에서는 그가 천거되지 않았음에도 그렇게 된 것을 괴이하게 여겼으나 진식은 끝내 아무 말도 하지 않았다. 고륜은 이후에 징소되어 상서가 되었으며, 그 군에 살던 사대부들이 환송하여 윤지현(綸氏縣, 하남성 등봉현)에까지 이르렀다.

고륜이 여러 사람들에게 말하였다.

"나는 전에 후상시[71]가 관리로 임용해 달라고 부탁하였는데, 진군(陳君)이 은밀히 교서를 가지고 돌아와서 밖에서 그가 임명을 주동한 것처럼 알렸더니, 근래에 듣건대 의논하는 자들은 이것 때문에 그를 경시한다고 하니, 이 허물은 고인(故人)[72]이 그 강하게 막는 것을 두려워하고 꺼렸으므로 말미암은 것이오. 진군은 '가히 좋은 일은 주군이 하

---

69 군수가 내리는 명령을 '교(敎)'라 한다.

70 고윤이 교서를 격(檄)에다 썼으므로 임명장에 해당되는 것이다.

71 후람을 말한다.

72 고윤이 자신을 가리키는 말이다. 태수의 자리가 옛날 직책이었으므로 이같이 말하였다.

였다고 하고, 허물이 있는 일은 자기가 한 것'이라고 할 사람이오."

진식이 진실로 허물은 자기가 한 것이라고 하였으므로 듣는 사람들이 바야흐로 탄복하였고 이로 말미암아 천하 사람들은 그의 덕에 감복하였다. 훗날, 태구(太丘, 하남성 영성현) 현장이 되어서 덕을 닦아 청정해지니, 백성들이 편안해 하였다.

이웃 현에 사는 백성들 가운데 귀부하려는 사람들을 진식이 번번이 가르쳐서 깨닫게 하고 각각 본래의 고향으로 돌아가게 하였다. 사관(司官)[73]들이 자기 부서로 업무를 수행하러 가게 되면 관리들은 백성들 가운데 소송하는 사람이 있을까 염려하여 이를 금지시키겠다고 아뢰니, 진식이 말하였다.

"소송이란 올바름을 찾으려는 것인데 이를 금지시키면 옳은 이치가 장차 어떻게 펼쳐지겠는가? 그러니 얽매이는 바를 갖지 마시오."

사관이 듣고 탄식하며 말하였다.

"진군이 말한 바가 이와 같으니 어찌 사람들에게 억울함이 있으리오."

역시 끝내 소송하는 자가 없었다. 패국(沛國, 안휘성 수계현)의 재상으로서 부렴(賦斂)하다가 법을 어기자 인수를 풀어놓고[74] 떠나버리니, 관리와 백성들이 그를 추모하며 생각하였다.

종호는 평소 순숙과 비슷한 명성을 갖고 있었는데, 이응이 항상 감탄하며 말하였다.

"순군(荀君)의 맑은 식견은 숭상하기가 어렵고, 종군의 지극한 덕은 가히 본받을 만하다."

---

73 사(司)란 관사(官司)를 말하고, 사관이란 그 관서의 업무를 주관하는 관리이다.
74 사직을 말한다.

종호의 조카 종근(鍾瑾)의 모친이 이응의 고모이다. 종근은 학문을 좋아하고 옛 것을 사모하며 양보하고 물러나는 기풍이 있었는데, 이응과는 동갑으로 함께 명성을 갖고 있었다.

이응의 조부인 태위 이수(李脩)가 늘 말하였다.

"종근은 우리 집안사람들의 성품과 비슷하여, '나라에 법도가 있으면 그를 버리지 않을 것이고, 나라에 법도가 없어도 형륙(刑戮)을 면할 것이다.'[75]라고 하였다."

다시 이응의 누이동생을 아내로 맞았다.

이응이 종근에게 일러 말하였다.

"맹자가 이르기를 '사람이 되어 시비지심(是非之心)이 없으면 사람이 아니다.'라고 하였네. 아우[76]가 이에 어찌 흑백의 구별을 못하겠는가?"

종근이 일찍이 이응이 한 말로 종호에게 아뢰었다. 종호가 말하였다.

"원례(元禮)의 할아버지와 아버지[77]가 관직에 있을 때 모든 종친들이 나란히 번성하게 되었는데, 그런 까닭에 그렇게 될 수 있었을 것이오! 옛날 국자(國子)[78]가 남의 허물 들추어내는 것을 좋아하여 원망과 미움을 샀는데, 지금이 어찌 그런 시대란 말인가? 반드시 자신을 보호하고 가문을 보전하고자 한다면, 자네의 이 방법은 귀한 것일세."

---

75 《논어》〈공야장(公冶章)〉편에서 공자가 제자 남용(南容)에게 한 말이다.

76 이응 자신을 가리킨다.

77 원례는 이응의 자로, 할아버지는 태위 이수(李脩), 아버지는 조나라 재상 이익(李益)이다.

78 제(齊)나라의 대부 국좌(國佐)를 말한다.

양기와 그의 처 손수의 만행

효환제 화평 원년(庚寅, 150년)

1　봄, 정월 갑자일(1일)에 천하를 사면하고 기원을 고쳤다.

2　을축일(2일)에 태후가 조서를 내려서 황제에게 정치를 되돌려 주어 비로소 칭제(稱制)⁷⁹를 폐지하였다. 2월 갑인일(22일)에 태후 양씨가 붕어하였다.

3　3월에 황제가 이사하여 북궁으로 행차하였다.⁸⁰

4　갑오일⁸¹에 순열황후(順烈皇后)를 장사지냈다. 대장군 양기에게

---

79 제란 황제의 명(命)이다. 황제 이외의 사람이 황제를 대신하여 일을 처리할 때를 칭제라 한다. 여기서는 그동안 황태후가 조회에 임석하여 황제를 대신하여 정사를 수행하며 일을 처리하였으므로 이것을 의미한다.

80 건화 2년(148년)에 북궁에 화재가 나서 거처를 남궁으로 옮겼었는데, 수리를 다 마치고 다시 원래 있던 북궁으로 옮긴 것이다.

1만 호를 더하여 책봉하니, 이전의 것과 합쳐 3만 호가 되었으며, 양기의 처 손수(孫壽)를 책봉하여 양성군(襄城君)으로 하고, 아울러 양적현(陽翟縣, 하남성 우현)의 조세도 먹게 하였으므로, 연간 수입이 5천만 전이었으며, 붉은 인수[82]를 더 하사하니, 그 지위가 장공주(長公主)[83]와 비슷하였다.

손수는 착하나 요사스런 자태로 양기를 미혹하였으므로 양기가 그를 심히 총애하면서도 꺼렸다. 양기가 아끼는 감노(監奴)인 진궁(秦宮)은 관직이 태창령(太倉令)[84]에 이르러 손수가 있는 처소를 출입할 수 있게 되었으며, 위세와 권세가 크게 떨쳐서 자사와 이천석 관리들 모두 그를 만나서 말하고자 하였다.

양기와 손수는 길을 사이에 두고 마주 보고 집을 지었으며, 토목공사도 아주 지극하게 일으키며 서로 다투듯 경쟁하니, 금과 옥과 진기하고 이상한 것을 장실(藏室)에 가득 쌓아두었다. 또 원포(園圃)를 넓게 만들며 흙을 파다 산을 만들었는데 10리에 걸쳐 9개의 산등성이를 만

---

81 통감필법으로 보면 3월 갑오일이어야 한다. 그러나 3월 1일이 세해일이므로 3월에는 갑오일이 없다. 다만 앞의 기사에 3월만 있고 날짜가 기록되어 있지 않은데, 그 다음에 날짜를 기록하는 것은 편년체의 필법에 맞지 않는다. 그러므로 갑오 앞에 4월이 누락된 것으로 보아야 할 것이고 그러면 이날은 4월 갑오일로 3일이다.

82 한나라 제도에 의하면 공주의 의복은 공후와 같은 자불(紫紱)이며, 장공주의 의복은 여러 친왕과 같이 적불(赤紱)이다. 인수의 길이는 2장(丈) 1척(尺)이며, 300수(首)이다.

83 황제의 딸을 공주, 황제의 손윗누이·손아래누이와 고모·모친을 장공주라 부른다.

84 대사농(大司農)에 속해 있으며, 관질(官秩)은 600석이다.

들고, 깊은 숲 산간의 계곡이 마치 자연적으로 된 것 같았고, 기이한 날 짐승과 길들인 짐승이 그 사이를 날고 달렸다.

양기와 손수가 함께 연거(輦車)[85]를 타고 집안을 유람하는데 많은 창기가 따랐으며, 술을 마시고 노래하는 자들이 길을 메웠고, 어떤 때는 며칠을 계속하고 밤까지 이어졌으며 큰 말을 타고 멋대로 장난하였다. 빈객들이 문에 이르러도 집안으로 연락할 수 없자 모두 문지기에게 사례하겠다고 청하게 되니, 문지기도 천금(千金)을 축적하였다.

또 임원(林苑)[86]을 많이 개척하여 가까운 현에까지 두루 미쳤는데 토원(兎苑)이 하남성 서쪽에서 시작하여 그 지름이 수십 리를 뻗었고, 토끼가 있는 곳에 격서(檄書)를 보내어 살아있는 토끼를 옮겨오도록 하고 그 털을 깎아 표시를 하고, 사람들 중에 이것을 잡는 자가 있으면 그 죄는 사형에까지 이르게 하였다.

일찍이 서역의 장사꾼인 호(胡)라는 사람이 금기사항을 모르고 잘못하여 토끼 한 마리를 죽였는데, 서로 돌아가면서 고발하는 바람에 이 사건에 연루되어 죽은 자가 10여 명이나 되었다. 또 별도로 성 서쪽에 집을 지어 간민(姦民)이나 망명자를 받아들이기도 하고 혹은 양민들을 잡아서 모두 노비로 삼기도 하였으니, 그 수는 수천 명에 달하였으며, 이들을 이름 하여 '자매인(自賣人)'[87]이라 하였다.

양기는 손수의 말을 받아들여 여러 양씨들 가운데 관직에 있는 사람

---

85 손으로 미는 수레를 말하며, 양거(羊車)라고도 한다.

86 한나라 때 금수를 기르는 곳을 원(苑)이라 하였으며, 그 이전에는 유(囿)라 하였다.

87 스스로 돈을 받고 노비가 되었다는 뜻이다.

들을 대부분 배척하고 빼앗았는데, 겉으로는 겸양함을 보였지만 실제로는 손씨의 지위를 높여준 것이었다. 손씨 종친이 그의 이름을 내세워서 시중(侍中)과 경(卿)·교(校)·군수(郡守)·장리(長吏)가 된 사람이 10여 명이었는데, 모두가 탐욕스럽고 흉악하였고, 각기 사사로이 빈객을 시켜서 속현에 사는 부자들을 조사하여 기록하였다가 다른 죄를 뒤집어씌워 감옥에 가두고 매질을 하고서 돈을 내고 스스로 대속(代贖)하게 하였고, 재물이 적은 사람은 죽음에 이르게 하였다.

부풍(扶風) 사람 사손분(士孫奮)[88]이 부자로 살았지만 성격이 인색하였는데, 양기가 말과 수레를 보내 5천만 전을 빌려줄 것을 요구하였으나 사손분은 3천만 전을 그에게 주었다. 양기가 대노하여서 군과 현에 알려 사손분의 어미를 그 고을 태수의 장비(藏婢)[89]로 삼는 것을 인정하면서 '백주(白珠) 10곡(斛)과 자금(紫金) 1천 근을 훔쳐 도망갔다.'고 말하여 드디어 사손분을 체포하여 고문하였으며, 그 형제들을 옥중에서 죽게 하고, 그의 모든 재산 1억7천여만 전을 몰수하였다.

양기는 또 빈객들을 사방에 두루 파견하였는데, 멀리는 변방 밖에까지 이르러 이상한 물건을 널리 구하였으며, 그들이 다시 그 권력에 편승하여 횡포를 부리고 부녀를 강탈하여 처로 삼고 이졸들을 구타하였다. 그들이 있는 곳에서는 원망과 고통이 있었다.

시어사(侍御史) 주목이 자신이 양기의 옛 속관이었다면서 상주문을 써서 간하였다.

"밝으신 장군님의 지반(地盤)은 신국(申國)의 백(伯)[90]과 같이 존귀

---

88 '사손'이 성(姓)이고 '분'은 이름이다.

89 창고에서 일하는 노비이다.

함이 있으며 지위는 삼공의 우두머리이고, 하루만 선한 일을 행하면 천하 사람들은 그 어짊에 귀의하지만 아침을 끝낼 때까지 악한 일을 하게 되면 사해가 기울어지고 무너집니다.

근자에는 관민이 함께 궤멸되었으며, 게다가 수해와 황충의 피해도 입었고, 경사의 모든 관청의 필요한 경비도 늘어서 많아지고, 조서를 내려서 드러내어 조달하는 것도 혹 10배에 이르렀는데, 각기 관청에서는 재물을 찾아볼 수 없다고 말합니다. 모두가 마땅히 백성이 내어야 하므로 매질하며 가르고 갈라내어 재물을 강제로 빼앗아 억지로 충족시키도록 하고 있습니다.

공부(公賦)가 벌써 무거워졌음에도 개인적으로 거두어들이는 것 또한 심하게 되었는데, 주목과 태수 같은 장리 대부분이 덕을 가지고 뽑은 것이 아니어서 재물을 탐내어 모으고도 만족하는 일이 없고 백성을 만나면 포로처럼 대우하여 어떤 사람은 모진 채찍 아래에서 목숨이 끊어지기도 하고, 어떤 사람은 압박하고 요구하는 바람에 자살하기도 하였습니다. 또 백성의 것을 약탈하기도 하는데, 이는 모두가 존부(尊府)[91]에서 하는 것이라고 가탁하니, 마침내 천하 사람들이 장군에게 원망을 품게 하였고, 관리와 백성이 괴로워하여 길가에서 탄식하는 소리가 들립니다.

옛날 영화(永和)[92] 연간의 말기에 기강이 조금 해이해지고 자못 백

---

90 신국(申國)의 백(伯)은 주(周)나라 선왕(宣王) 희정(姬靜), 주나라 평왕(平王) 희의구(姬宜臼)의 외삼촌이다. 이들 모두는 외삼촌에 의해 왕위에 올랐다.

91 높으신 관부(官府)라는 말로 대장군 양기의 관부인 대장군부를 지칭한다.

92 후한의 순제(順帝) 연호(136~141년)이다.

성들이 희망을 잃은 지 4~5년일 뿐인데, 재물은 텅텅 비고 호구(戶口)들이 흐트러져 아래에서 마음이 떠나버리자 마면(馬勉)의 무리가 피폐함을 틈타 반란을 일으켜서[93] 형주(荊州, 호북성·호남성)와 양주(揚州, 안휘성·강서성) 일대에 대환난에 가까운 일이 일어났습니다. 다행히도 순열황후(順烈皇后)가 초기의 정치를 청정하게 한 것에 힘입어 안팎에서 함께 힘을 모아서 겨우 적을 토벌하여 평정을 찾았습니다.

지금 백성들은 근심에 싸여있고, 영화시기보다 곤란하여 안으로는 인애하는 마음으로도 참을 수 없게 되었으며, 밖으로는 나라를 지키려는 계획을 세워 마땅히 오랫동안 편안하게 하려 하지 아니합니다. 무릇 장군과 재상, 대신들은 원수(元首)[94]와 한 몸이어서 함께 수레를 타고 달리며, 함께 배를 타고 건너는 것이니, 수레가 넘어지거나 배가 전복되면 근심거리는 실로 이들과 함께 하게 됩니다.

어찌 밝음을 버리고 어두움으로 다가가고, 위험한 길을 밟으면서 스스로 평안하겠으며, 주군이 외롭고 시국은 어려우니, 이를 슬퍼하지 않겠습니까? 마땅히 때맞추어 재신(宰臣)과 태수 가운데 그 직책에 적당하지 않은 사람을 교체하시고, 저택과 원지(園池)에 사용되는 비용을 줄이시며 군과 봉국에서 봉송되는 모든 것을 거절하시어 안으로는 스스로를 밝히시고 밖으로는 사람들의 의혹을 푸십시오. 간사함을 품은 관리에게 가탁할 곳이 없게 하시고, 사찰하는 신료가 이목을 집중하도

---

93 구강에서 일어난 도적 마면이 서봉과 함께 성읍을 불태우며 반란을 일으키고 황제라고 칭한 일이 있다. 이 일은 순제 건강 원년(144년)에 있었고《자치통감》권52에 실려 있다.

94 보통 황제가 정치를 책임질 경우에는 황제를 가리키는 말이지만 우두머리라는 말로 여기서는 양기를 가리킨다.

록 하십시오. 법과 제도를 이미 펼쳐놓고 멀고 가까운 곳을 한 결 같이 깨끗하게 하신다면 장군 자신은 존귀해지고 업적도 빛나며 은덕이 영원히 빛날 것입니다."

양기가 받아들이지 아니하였다.

양기는 비록 조정의 업무를 전횡하였지만, 오히려 주위의 환관들과 왕래하고 결탁하여 그들의 자제와 빈객들을 주와 군의 요직에 임명하여 스스로 은총을 공고히 하고자 하였다.

주목 또한 상주문으로 극간(極諫)하였으나 양기는 끝내 깨닫지 못하고 회보하는 편지에서 말하였다.

"이와 같다면, 나는 역시 하나도 옳은 것이 없단 말인가?"

그러나 평소 주목을 소중하게 여겼으므로 역시 심한 죄를 주지는 않았다.

양기가 편지를 보내 낙안(樂安, 산동성 박흥현) 태수 진번(陳蕃)에게 청탁할 것이 있었으나 통하지 않았다. 사자가 거짓으로 다른 빈객이라고 칭하며 진번을 뵙기를 청하자, 진번이 화가 나서 그에게 태장을 때려 죽였다. 그 일에 연루되어 수무(脩武, 하남성 획가현) 현령으로 좌천되었다.

당시 황제의 아들에게 질환이 있어 군이나 현에 내려 보내 진귀한 약재를 사들이도록 하자 양기가 빈객을 파견하여 편지를 지니고 경조윤(京兆尹)에게 가서 아울러 우황(牛黃)을 구매하도록 하니 경조윤인 남양(南陽, 하남성 남양시) 사람 연독(延篤)이 서신을 꺼내보고 빈객을 체포하고 말하였다.

"대장군은 초방[95]의 외가 사람인데, 황제의 아들에게 병이 있으면 반드시 의원의 처방을 올릴 것이지 어찌 빈객에게 천 리 밖에서 이익을 구하려 하는가?"

마침내 그 빈객을 죽였다.

양기는 부끄러워서 말도 할 수 없었다. 유사가 그의 뜻을 받들어 그 일을 조사하여 연독에게 병이 있다는 핑계로 면직시켰다.

5   여름, 5월 경진일(19일)에 박원(博園)의 언(匽)귀인[96]을 높여 '효숭후(孝崇后)'라 하였으며, 궁(宮)을 '영락(永樂)'이라 하고, 태복(太僕)과 소부(少府), 그리고 그 아래의 것들을 두었는데, 모두 장락궁(長樂宮)[97]에 있었던 옛 전례와 같이 하였다. 거록(鉅鹿, 하북성 영진현 서남쪽)군의 9개현을 나누어 효숭후의 탕목읍(湯沐邑)[98]으로 삼았다.

6   가을, 7월에 재동(梓潼, 사천성 재동현)에 있는 산이 붕괴되었다.

효환제 원가 원년(辛卯, 151년)

---

95 황후를 말한다. 황후의 침실에는 향기가 나는 초(椒)나무, 즉 산초나무의 향기를 바르도록 되어 있어서 황후를 초방이라고 부른다.

96 환제(桓帝) 유지(劉志)의 어머니이다.

97 전한시대에 장락궁은 초기에는 황제가 조회할 때에 사용하고 이후에는 줄곧 황태후의 거처였는데, 이를 동궁(東宮) 혹은 동조(東朝)라고 부르기도 하였다.

98 옛날에는 천자가 제후에게 탕목읍을 하사하였는데, 한나라 이후부터는 황후와 공주 대부분이 탕목읍을 소유하고 있었다. 이는 유람과 휴식용으로 제공되었을 뿐이다.

1   봄, 정월 초하루에 군신(羣臣)들의 조회가 있었는데, 대장군 양기가 칼을 차고 대궐로 들어왔다. 상서인 촉군(蜀郡, 사천성 성도시) 사람 장릉(張陵)이 큰 소리로 꾸짖으며 나가도록 명령하고 호분(虎賁)무사와 우림(羽林)무사에게 칼을 빼앗도록 하였다. 양기가 무릎을 꿇고 사죄하였으나 장릉은 응대하지 아니하고 즉시 양기를 탄핵하는 상소를 올렸으며 정위에게 청하여 죄를 판결하도록 하였다. 조서를 내려서 1년의 녹봉으로 그 죄를 대속하라고 하였는데 모든 신료들은 숙연해하였다.

하남윤(河南尹) 양불의가 일찍이 장릉을 효렴으로 천거한 적이 있는데, 이에 장릉에게 말하였다.

"옛날에 그대를 천거하였는데, 바로 스스로 징벌하기 위한 것이었다니!"

장릉이 말하였다.

"밝으신 부군(府君)께서 저 장릉이 불초한데도 잘못 보고 순서에서 빼내어 등용한 것이 아니었는데 지금 공적인 법도를 펴서 사적인 은혜를 갚으라고 하시는 것입니다."

양불의는 부끄러운 기색을 띠었다.

2   계유일(16일)에 천하를 크게 사면하고, 기원을 고쳤다.

3   양불의가 경서를 좋아하고 선비를 접대하는 일을 기뻐하였는데, 양기가 이를 미워하여 양불의를 옮겨서 광록훈으로 삼고, 그의 아들 양윤(梁胤)을 하남윤으로 삼았다. 양윤은 나이 16세로 용모가 심히 못생겼으며, 관대를 이기지 못하니 길에서 보는 이들 가운데 비웃지 않는

이가 없었다.

양불의는 형제간에 사이가 벌어진 것을 스스로 부끄럽게 생각하여 마침내 자리를 그만두고 집으로 돌아가 동생 양몽(梁蒙)과 함께 문을 닫아걸고 스스로의 분수를 지켰다. 양기가 빈객들과 내통하지 못하도록 하기 위하여 몰래 사람을 시켜 변복하고 그 문 앞에 가서 왕래하는 사람들을 기록하게 하였다.

남군(南郡, 호북성 강릉현) 태수 마융(馬融)과 강하(江夏, 호북성 황강현) 태수 전명(田明) 등이 처음으로 관직을 받아서 양불의의 문 앞을 지나다가 찾아보았는데, 양기가 유사에게 넌지시 말하여 마융이 군에서 탐욕스럽고 혼탁한 일을 하였다고 상주하게 하고, 그리고 다른 일을 가지고 전명도 함정에 빠뜨려 모두가 곤형(髡刑)[99]과 태형에 처하게 하고는 삭방(朔方, 내몽골 이맹 서북부)으로 유배시켰다. 마융은 자살을 기도하였으나 죽지 아니하였고, 전명은 마침내 길에서 죽었다.

4   여름, 4월 기축일(3일)에 황상이 미행(微行)[100]하다가 하남윤 양윤의 부사(府舍)에 행차하였다. 이날 큰바람이 불어 나무가 뽑히고 대낮인데도 어두웠다.

상서 양병(楊秉)이 상소문을 올렸다.

"신이 듣건대, 하늘은 말로 하지 아니하고 재이를 가지고 제왕에게 견책하여 알린다고 합니다. 지극히 높으신 분[101]께서 출입하는 데에는

---

99 곤형은 머리를 깎는 형벌이다.

100 제왕이 평복을 입고 다니는 것을 말한다. 민간인들의 실상을 파악하려는 의도가 있다.

법도가 있어서 경필(警蹕)[102]하며 가시도록 하고, 방을 먼저 깨끗이 치운 다음에 머무셔야 하며,[103] 자신이 교묘(郊廟)의 의식에 참여하는 일이 아니면 난기거(鑾旗車)[104]는 타지 않습니다.

이런 까닭으로 제후가 여러 신하의 집에 가는 것에 대하여 《춘추》에서는 경계해야 할 일로 열거[105]하고 있습니다. 하물며 먼저 돌아가신 임금의 복장을 하고 사사로이 나가 유희를 즐겨서 존귀와 비천을 혼란스럽게 하고, 등급이 있는 위의(威儀)에서 질서가 없게 하며, 시위가 빈 궁궐을 지키고, 인새와 그 인끈을 여첩에게 맡기는 경우이겠습니까?

가령 비상한 변고와 임장(任章)의 반역[106]과 같은 사태가 발생한다면 위로는 먼저 돌아가신 황제들의 뜻을 저버리게 될 것이며, 아래로는 후회한들 되돌릴 길이 없게 됩니다."

황제는 받아들이지 아니하였다. 양병은 양진(楊震)[107]의 아들이다.

---

101 황제를 지칭하는 말이다.

102 황제가 길을 갈 때 길에서 잡인이 다니지 못하게 하는 것을 말한다.

103 황제가 가기 전에 먼저 가서 방을 깨끗하게 치우는 것을 말하며, 한대에는 이 일을 맡는 정실령(靜室令)이 있었다.

104 '난'은 천자가 타는 수레를 끄는 말 고삐에 달린 방울을 말하며, 그 방울이 달린 기가 꽂혀 있는 수레는 천자가 타는 수레이다. 한대의 의식을 보면, 황제가 가는 길에는 앞에 운한(雲罕), 피헌(皮軒)과 난기거가 먼저 나갔다.

105 진(陳)나라 영공(靈公)이 하징서(夏徵舒)의 집에서 피살되었으며, 제(齊)나라의 장공(莊公) 역시 최저(崔杼)의 집에서 살해된 예가 있었다. 《춘추좌씨전》에서는 이 사실을 기록하여 군주의 경계로 삼고 있다.

106 선제 때 임의(任宜)가 반역을 도모하다 죽었고, 그의 아들 임장(任章)이 위성(渭城, 섬서성 함양시)으로 도망하여 밤에 몰래 변복하여 황제를 살해하려다 발각되어 사형에 처해진 사건이다.

5   경사에 가뭄이 들었으며, 임성(任城, 산동성 제령시)과 양국(梁國, 하남성 상구시)에 기근이 들어서 백성들이 서로 잡아먹었다.

6   사도 장흠(張歆)이 파직되고 광록훈 오웅(吳雄)을 사도로 삼았다.

7   북흉노의 호연왕(呼衍王)이 이오(伊吾, 신강 흡밀현)를 침략하여 이오의 사마(司馬)인 모개(毛愷)를 패배시키고 이오의 둔성(屯城)을 공격하였다. 돈황 태수 마달(馬達)에게 조서를 내려 군사를 거느리고 이를 구원하라고 하니, 포류해(浦類海, 파리곤호)에 이르렀는데, 호연왕이 군사들을 이끌고 가버렸다.

8   가을, 7월에 무릉(武陵, 호북성 상덕시)의 만족이 반란을 일으켰다.

9   겨울, 10월 사공 호광(胡廣)이 치사(致仕)[108]하였다.

---

107 곧고 이름난 유자(儒者)였지만 참소를 받고 비통해하다가 안제 연광 3년 (124년)에 짐독(鴆毒)을 마시고 죽었는데, 이 내용은 《자치통감》 권50에 실려 있다.

108 늙어서 벼슬을 그만 두는 것을 말한다.

정론을 쓴 최식과 특별대우 받는 양기

10   11월 신사일(28일)에 경사에 지진이 일어났다. 백관들에게 조서를 내려서 독행(獨行)[109]한 선비를 천거하도록 하였다. 탁군(涿郡, 하북성 탁현)에서 최식(崔寔)을 천거하여 공거서(公車署)[110]에 이르도록 하였으나 병을 핑계 삼아 대책(對策)[111]에 응하지 아니하고 고향으로 돌아와 세상일을 논평하였으니, 이름 하여 《정론(政論)》이라고 하였다.

그 글에서 말하였다.

"무릇 천하가 다스려지지 않는 까닭은 항상 인주(人主)가 태평성대가 오래 지속됨으로써 풍속이 점차 피폐해져도 깨닫지 못하고, 정치가 점차 쇠퇴해져도 개혁을 하지 않으며, 어지러움에 익숙해지고 위험한 것에 편안해 하여 소홀히 하면서 스스로 보지 않음으로 말미암은 것이다.

---

109 다른 사람보다 특히 뛰어난 행실을 하며 고상한 생각과 지조를 갖고 자기 입장을 굳게 지키며 세속에 물들지 않는 사람을 말한다.

110 수도 낙양의 궁문(宮門)관리처이다.

111 한나라 때 시험을 치르는 선비들이 책문(策問)에 대해 대답하는 것을 대책이라 한다.

어떤 사람은 지나치게 여색에 빠져 즐기고 바라는 것을 욕심내며 만가지나 되는 국사를 돌보지 아니하고, 어떤 사람의 귀는 경계와 교훈의 소리를 가리고 거짓말을 좋게 여기고 진실 된 말은 소홀히 한다. 어떤 사람은 갈림길에서 미적미적하다 갈 곳을 찾아가지 못한다. 어떤 사람은 믿음을 보인 보좌인인데도 입을 다물고 봉록만 지키려고 하며, 어떤 사람은 소원한 신하여서 말을 하면 지위가 낮아진다 하여 폐기된다. 이리하여 위에서는 제왕의 기강이 해이해지게 하고, 아래에서는 지혜로운 선비가 침울해 하고 있다.

슬프다! 한(漢)이 일어난 이래로 350여 년이 되었는데, 정령(政令)은 타락하고 위아래 사람이 나태하고 게으르니, 백성들은 떠들썩하게 되어 모두가 다시 중흥시켜서 구해주기를 생각하게 되었다. 또 이 시대를 건지고 세상을 구제할 방법은 터져 무너진 둑을 기우고 경사진 곳을 지탱하고 실제 정황에 근거하여 잘라내어 이 세상을 안녕의 영역으로 정착시키는데 있을 뿐이다.

이런 까닭으로 성인이 집권(執權)[112]하면, 때에 만나서 법을 제정하면서 단계적 차이에 따라 각각 방법을 만들되, 사람이 할 수 없는 일을 억지로 요구하거나 시급하거나 절박한 일을 뒤로 하고, 소문에 마음을 두지 않는다.

---

112 보통 권력을 잡는다는 말로 이해하고 있지만, 여기서는 반드시 현대적 의미로 권력을 잡는다는 것은 아니다. 해설을 보면 권(權)이란 변(變)을 의미하는 것이므로 '그때를 만나서 법제(法制)를 정하고, 옛 것에 따르지 않는다.'는 것을 말하는 것이라고 해석하기도 하고, 권(權)을 저울추로 보아서 집권이란 '물건의 경중에 따라 저울추를 물리기도 하고 내보내기도 하여 저울대가 평평하게 되도록 하는 것'을 말하기도 한다.

　대개 공자는 섭공(葉公)에게 '멀리 있는 사람을 오게 하는 것'[113]이라고 하였고, 애공(哀公)에게는 '사람에게 다가가는 것'이라고 하였으며, 경공(景公)[114]에게는 '의례(儀禮)를 절제하는 것이다.'[115]고 대답하였으니, 이것은 다른 것이 아니라 급하고 다른 상황에 따라 힘쓰게 한 것이다.[116]

　비속한 사람이 문자에 얽매이고 옛 것에 붙들려서 권제(權制)[117]하는 정도에 이르지 못하고, 소문을 크게 생각하고 본 것을 소홀히 여기니 어떻게 국가의 대사를 논의할 수 있겠는가?

　그러므로 일에 대해 말하는 자가 비록 성스러운 분의 뜻에는 부합한다 하여도 번번이 기탈(掎奪)[118]을 당한다. 왜 그러한가? 그 가운데 완고한 선비는 그 시대의 권도(權道)[119]에 어두워 본 것을 편안하게 익혀

---

113 공자는 섭공에게 '정치란 가까운 곳에 사는 사람을 즐겁게 하여 멀리 있는 사람을 오게 하는 것'이라고 이야기하였다. 섭공은 즉 심제량(沈諸梁)이며 자는 자고이고, 춘추시대 초나라의 섭현 현장을 지냈다.

114 애공은 춘추시대의 노나라 28대 군주이다. 경공은 제나라 26대 군주이다. 노나라 애공이 공자에게 정치를 물었더니 공자는 '정치란 현명한 사람을 뽑는데 있다.'고 말하였는데, 여기서는 임인(臨人)이라고 하였다.

115 《한비자》 권16 〈난삼(難三)편〉에 나온다. 경공이 공자에게 정치에 관하여 물었더니 공자는 정치란 재물을 절약하는데 있다고 하였지만 여기서는 절예(節禮)라고 하였다.

116 질문한 사람의 입장과 상황에 따라서 우선해야 될 것으로 대답한 것이다.

117 권(權)은 임시, 또는 변화를 의미하는 말이므로 변화에 따라서 제도를 만드는 것을 말한다. 세상이 변하는데 제도가 변하지 않으면 안 되기 때문이다.

118 기(掎)란 사슴을 잡을 때 앞에서는 뿔을 잡고 뒤에서는 뒷다리를 잡는데, 여기서는 바로 뒷다리를 잡는 것을 말한다. 정면으로 나서서 승부하지 않고 뒤에서 못하도록 방해하는 것을 말한다.

서 즐겁게 성취하는 것을 알지 못하는데, 하물며 시작을 생각하라 할 수 있겠는가? 억지로 말하기를 대체로 옛날 법제에 따른다고 할 뿐이다. 그 중에 통달한 사람은 간혹 명성을 자랑하며 능력 있는 사람을 시기하여 정책이 자기에게서 나온 것이 아님을 수치로 생각하고 붓을 들어 춤추듯 분발하는 말로 그 뜻을 깨뜨렸으니, 적은 사람으로 많은 사람들을 이기지 못하여 마침내 물리쳐 버려지게 된다.

비록 직(稷)과 설(契)이 다시 살아난다 해도 오히려 장차 곤욕을 치를 것이며[120] 이러한 현명하고 지혜로운 자들의 논의는 늘 분하고 우울해 하면서 펼치지 못하는 것이다.

무릇 천하를 다스리는 자는 스스로가 으뜸가는 품덕을 가진 것이 아니어서 이들을 엄하게 하면 잘 다스려지고, 이들을 너그럽게 처리하면 어지러워진다. 어찌 그렇다는 것을 밝힐 수 있을까? 가깝게는 효선(孝宣)황제가 군주의 도리를 잘 알았고, 정치하는 이치를 잘 살폈으니, 고로 형벌을 엄하게 하였고 법을 준엄하게 하였기 때문에 간궤(姦軌)한 무리[121]들의 간담을 서늘하게 할 수 있었고, 온 나라 안이 깨끗하고 엄숙하게 되고 천하는 고요하게 되었으니 효력이 나타난 것을 헤아려 보면 효문황제 때보다 나았다.

원제(元帝)가 즉위하게 되자 관대한 정치를 많이 베풀다가 갑자기 땅에 떨어지고 위엄과 권세가 처음으로 빼앗겨서 마침내 한나라 황실

---

119 시대의 변화에 따라서 변화에 알맞게 조치하는 도리를 말한다.

120 직(稷)은 주(周)나라의 시조이고, 설(契)은 상(商)나라의 시조이다. 이들은 한 국가를 세운 위대한 인물로 알려졌다.

121 《춘추좌전》을 보면 혼란이 밖에 있는 경우를 간(姦)이라 하고, 안에 있는 경우를 궤(軌)라고 한다 하였다.

의 근본적인 화근을 불러일으킨 군주가 되었다. 정치하는 도리로 보아 득실은 여기에서 거울을 삼을 수 있다.

옛날에 공자가《춘추》를 지어 제 환공(齊 桓公)을 칭찬하고 진 문공(晉 文公)을 아름답다 하며 관중(管仲)의 공로에 대해서 감탄하였는데, 무릇 어찌하여 문왕과 무왕의 왕도(王道)를 아름답다고 생각지 않아서이겠는가? 진실로 임시변통하는 것에 통달하여 잘못된 것을 바로잡는 이치였던 것이다.

성인은 능히 세상과 더불어 밀어서 옮겨가지만[122] 세속적인 선비는 고통스럽게 그 변통을 알지 못하여, 결승(結繩)[123]하던 시대의 약속을 가지고 어지러운 진(秦)나라 말기의 정치를 다시 잘 다스리게 하는 실마리가 되고, 옛날 간척(干戚)의 춤[124]으로 평성(平城)의 포위망[125]을 풀 수 있다고 생각하였다.

무릇 곰이 나무에 매달리는 것처럼 하고, 새가 목을 길게 뺀 것[126]

---

122 이는《초사(楚辭)》에 나오는 말이다. '성인은 사물에 엉켜 머물러 있지 아니하고 능히 세상과 더불어 미루어 옮긴다.'

123 노끈을 맺어서 그 맺은 눈의 크고 작은 것을 가지고 일의 경중을 식별하였다.《주역》〈계사하전〉에는 "上古 結繩而治 後世聖人 易之以書契 百官以治 萬民以察 蓋取諸夬."라고 하여 문자가 발명되기 전에는 '결승'이라는 간단한 방법으로 정사를 보았다.

124 '간'은 순패(盾牌) 즉 방패이며 '척'은 대부(大斧)이다.《예기》에 의하면, 주홍색의 목재방패와 옥석으로 만든 큰 도끼로 날듯이 춤을 춘다고 하였는데, 이를 '대무(大武)'라고 한다. 이는 문왕의 아들, 즉 무왕의 무공을 찬미한 것이다.

125 한 고조 유방이 흉노에 포위되었던 일을 말한다.

126 곰이 나무에 가서 사지를 운동하고, 새는 날개를 펴고 하늘에 나르는 것을 보면서 그렇게 하면 불노 장생할 수 있을 것이라고 생각하면서 그것을 모방하여 수련하는 신선이 불노장생을 위한 몸 단련하는 방법을 말하는 것이다.

처럼 하는 것이 비록 운명을 연장시키는 술법이라고 하여도 상한병(傷寒病)[127]을 치료할 수 있는 것은 아니고, 숨을 내쉬고 들이쉬는 것이 비록 세월을 연장하는 방법이라고 하여도 뼈를 연결하는 기름은 아니다.

대개 나라를 다스리는 법도 몸을 다스리는 것과 같아서 평소에는 잘 보양해야 하고 병이 들면 약을 써야한다. 무릇 형벌이라는 것은 난세를 다스리는 약과 침술이 되고, 덕교(德敎)라는 것은 태평성대를 일으키는 곡식과 고기와 같다. 무릇 도덕교육을 베풀어서 잔악한 자를 제거한다는 것은 맛있는 고기를 가지고 병을 고치려는 것이다. 형벌로써 태평한 천하를 다스리려는 것은 약과 침으로 영양을 섭취하려는 것이다.

바야흐로 지금은 여러 제왕들의 정치적 폐습을 이어받아 액운의 시기에 처해 있는데, 몇 세대를 걸쳐 정치적으로는 상주는 일만 많이 하였으니, 말을 몰면서 고삐를 버리는 것이고, 말의 재갈을 벗겨놓아 네 마리 말들이 제각기 멋대로 달려가서 하늘같은 길에서도 위험하고 기울어지고 있으니, 바야흐로 고삐를 잡고 멍에를 죄어서 이를 구원해야 하는데, 어느 결에 말 방울소리가 화답하며 절도 있게 울려 퍼지게 하겠는가?

옛날 문제(文帝)가 비록 체형(體刑)을 없앴다고는 하나, 오른쪽 발을 잘라야 할 죄인을 기시(棄市)하고, 태장을 치는 것도 가끔 죽기에 이르렀다.[128] 이러하니 문제(文帝)는 엄격한 방법으로 태평세월을 이루었을 뿐 결코 관대한 것으로 태평에 이른 것은 아니었다."

---

127 전염병의 일종으로 장티푸스 따위를 말한다.

128 이 일은 문제 13년(기원전 167년)과 경제(景帝) 원년(기원전 156년)에 있었고 이 내용은 《자치통감》 권15에 실려 있다.

최식은 최원(崔瑗)[129]의 아들이다.

산양(山陽, 산동성 금향현) 사람 중장통(仲長統)이 일찍이 그 책을 보고 감탄하면서 말하였다.

"무릇 임금이 된 사람들은 한 부씩 베껴서 이것을 옆에다 두고 보아야 할 것이다."

❖ 신 사마광이 말씀드립니다.

"한 왕조 집안의 법령은 이미 엄격한데, 최식은 오히려 그것이 관대하고 병통으로 생각하였으니, 어쩌된 일입니까? 대개 쇠퇴한 세상의 군주는 대부분이 나약하고, 무릇 어리석게 보좌하는 신하들은 오직 구차하고 고식적인 것만을 아니, 이리하여서 권력 있고 총애 받는 신하들은 죄가 있어도 걸려들지 아니하고, 세력 있고 교활한 백성은 법을 어겨도 죽음을 당하지 아니합니다. 어짊과 은혜를 베풀어도 눈앞에서 그치고, 간악한 자들이 뜻을 얻으니 기강이 서지 아니합니다.

이런 까닭으로 최식의 의론은 한 시대의 구부러진 것을 바로잡겠지만 백세(百世)에 걸쳐 통하는 뜻은 아닙니다. 공자가 말하기를 '정치가 관대하면 백성이 태만해지고, 백성이 태만해지면 사나움으로 이를 고쳐야 한다. 사나움으로 다스리면 백성들이 다치게 되고, 백성들이 다치게 되면 관용을 베풀어야 한다. 관대함으로

---

129 최원은 안제 연광 4년(125년)에 활동한 사람으로 그에 관한 일은《자치통감》 권51에 실려 있다.

사나움을 구제하고 사나움으로 관대함을 구해주어야 하니, 정치는 이렇게 하여서 조화롭게 된다.'[130]라고 하였으니, 이것이 변하지 않는 진리입니다."

11 윤월(윤12월) 경오일(18일)에 임성절왕(任城節王) 유숭(劉崇)[131]이 죽었다. 자식이 없어서 봉국이 단절되었다.

12 태상 황경(黃瓊)을 사공(司空)으로 삼았다.

13 황제가 양기에게 상을 주어 높이고자 중조(中朝)[132]의 이천석 이상의 관리들에게 그에 대한 예우에 대하여 회의하도록 하였다. 특진[133] 호광(胡廣), 태상 양부(羊溥), 사예교위 축념(祝恬), 태중대부 변소(邊詔) 등 모두 양기의 공훈과 공덕을 칭찬하여 마땅히 주공(周公)의 전례에 비추어 산천과 토전(土田), 부용(附庸)을 하사해야 한다고 하였

---

130 《춘추좌전》 소공(昭公) 20년에 실려 있는데, 공자가 자태숙(子太叔)의 발을 훌륭하다고 칭찬한 대목에 있는 말이다.

131 임성왕 유숭이 죽자 시호를 절왕이라 하였다. 장제 원화 원년(84년)에 동평국을 나누어 임성국을 만들고 동평왕 유창(劉蒼)의 어린 아들 유상(劉尙)을 그곳에 책봉하였다. 죽은 유숭은 유상의 조카이다. 시법을 보면 절(節)이란 염치를 좋아하고, 스스로를 이기는 것을 말한다.

132 조정을 말한다. 전한시대의 중세 이후에는 3공과 9경이 외조관(外朝官)이었지만, 후한에서는 중조와 외조의 구별이 없었다. 그러므로 여기서 중조란 그저 조정을 가리킨다.

133 관명으로, 3공 이하의 위치에 있으며 제후와 왕공(王公), 장군 중에서 공적이 있는 자, 조정에서 탁월한 업적을 남긴 자에게 특별히 하사하는 관직이다.

다.[134]

황경(黃瓊)만이 홀로 말하였다.

"양기는 이전에 친히 맞아들인 공[135]으로 채읍을 1만3천 호로 증봉(增封) 받았으며, 또 그의 아들 양윤 역시 책봉하는 상을 더해 주었습니다. 지금 제후들은 호읍(戶邑)으로 규정하는데, 이(里)의 수(數)를 가지고 제한하지 않았으므로 양기는 등우(鄧禹)의 예에 비할 수 있으므로 4현(四縣)[136]을 채읍으로 함이 합당합니다."

조정이 이 의견을 좇았다.

이에 유사가 상주하였다.

"양기는 입조할 때 총총걸음으로 걷지 아니하고, 칼을 차고 목리(木履)를 신고 어전으로 들어오며, 알현하되 이름을 밝히지 아니하니, 예의로는 소하(蕭何)와 견줄 수 있습니다.[137] 정도(定陶, 산동성 정도현)와 양성(陽成, 하남성 등봉현)에 있는 나머지 호구를 모두 늘려주면 4현[138]이 되어 등우와 견줄 수 있습니다.

상으로 내려주는 금전과 노예, 채백(綵帛), 거마(車馬), 의복, 1급 주

---

134 이러한 예우는 전한시대에 여러 신하들이 왕망을 높일 때 사용한 방법이었는데, 후한대 양기에게 똑같은 방법을 사용하려 한 것이다.

135 환제를 세우는 일을 하였다.

136 등우에게는 네 현을 채읍으로 주었다.

137 실제로 전한시대의 소하는 칼을 차고 목리를 신고 궁전에 오르고 입조할 때 종종걸음을 치지 않아도 되었지만 이름을 안 댄 것은 아니었다. 임금 앞에서 신하가 이름을 대는 것은 예의이기 때문이었다.

138 초기에 받은 양읍현(襄邑縣, 하남성 회현)과 승대현(乘代縣, 산동성 거야현)을 합해서 4현이 된 것이다. 양성(陽成)은 성양(成陽)으로 해야 맞을 것이다. 정도, 승지와 더불어 모두 제음군에 속하기 때문이다.

택 등은 곽광(霍光)과 비견되었으니, 특별히 원훈(元勳)[139]으로 대우한 것입니다. 매번 조회 때마다 삼공과는 별도의 자리에 앉고 10일에 한 번 들어가 상서의 일을 처리합니다. 천하에 선포하는 것을 만세의 기준으로 삼습니다."

양기는 오히려 상주한 바가 자기에 대한 예가 야박하다고 하여 속으로 기뻐하지 아니하였다.

효환제 원가 2년(壬辰, 152년)

1   봄, 정월에 서역장사(西域長史) 왕경(王敬)이 우전(于寘, 신강 화전현)에서 살해되었다. 애초 서역장사 조평(趙評)이 우전에서 악창에 걸려 죽었다.[140] 조평의 아들 조영이 영구를 맞으러 가는 도중에 구미(拘彌, 신강 화전현)왕국을 지나게 되었다.

구미왕 성국(成國)은 우전왕 건(建)과 평소 틈이 있어서 조평의 아들에게 말하였다.

"우전왕이 호의(胡醫)에게 녹약을 가지고 상처 속에 넣게 하였으므로 죽게 되었을 뿐이오."

조평의 아들이 이 말을 믿고, 돌아와서 돈황(敦煌, 감숙성 돈황현) 태수 마달(馬達)[141]에게 이 사실을 고하였다.

---

139 건국(建國) 또는 큰 사변(事變)에 으뜸가는 공을 세운 사람을 말한다.

140 《후한서》 권88 〈서역전(西域傳)·우전〉조에 의하면, 조평은 원가 원년(151년)에 죽었다고 되어 있는데 여기서는 원가 2년(금년) 정월에 죽은 것으로 되어 있다.

마침 왕경이 대신 장사(長史)가 되자, 마달이 왕경에게 우전에 관한 일을 은밀히 조사하도록 명령하였다. 왕경이 우선 구미국을 지나게 되었는데, 성국이 다시 유세하였다.

"우전국 사람들은 나를 왕으로 삼고자 하였는데, 지금 이러한 죄목으로 건[142]을 죽인다면, 우전국은 반드시 복종할 것이오."

왕경이 공로를 세우고 이름을 날리고자 하는 욕심에서 먼저 가서 우전에 이르러 연회를 베풀어 건을 초청하여 은밀히 도모하고자 하였다.

어떤 사람이 왕경의 음모를 건에게 알리니, 건은 믿지 아니하고 말하였다.

"내가 죄가 없는데 왕 장사가 어찌 나를 죽이려고 한단 말인가?"

다음날 건이 속관 수십 명을 거느리고 왕경에게 가서 좌정하고, 건이 몸을 일으켜 술잔을 돌리려고 하는데, 왕경이 주위의 관원들을 질책하여 그를 체포하였다. 관리나 병사들 모두 건을 살해할 뜻이 없었지만, 관속들은 모두 재빨리 도주하였다.

그때 성국(成國)의 주부(主簿) 진목(秦牧)이 왕경을 따라와 연회자리에 있었는데, 칼을 빼어들고 나와서 말하였다.

"대사(大事)는 이미 정해졌소. 무엇을 다시 의심하겠소?"

바로 앞으로 나가서 건의 목을 베었다.

우전국의 후(侯)이자 장수인 수북(輸僰) 등이 마침내 병사들을 소집하여 왕경을 공격하였는데, 왕경은 건의 머리를 들고 누각 위에 올라가

---

141 이 사람의 이름에 관하여 《후한서》〈차사전〉에서는 사마달(司馬達)이라고 하였으며, 《한서》〈우전전〉에는 마달이라고 하였다.

142 우전국왕 이름이다.

선언하며 알렸다.

"천자가 나에게 건을 죽이도록 하였을 뿐이다."

수북이 듣지 아니하고 누각에 올라가 왕경의 목을 베어 저잣거리에 매달았다.

수북이 스스로 왕이 되었지만 그 나라 사람들이 그를 살해하고 건의 아들 안국(安國)을 세웠다. 마달이 왕경이 죽었다는 소식을 듣고, 여러 군의 병사들을 거느리고 요새 지역으로 나아가 우전국을 공격하고자 하였으나 황제가 들어주지 아니하고 마달을 불러 돌아오도록 하고, 송량(宋亮)을 대신 돈황 태수로 삼았다.

송량이 도착하여 우전 사람들을 모집하여 그들에게 스스로 수북을 죽이라고 하였는데, 이때는 수북이 죽은 지 이미 1개월이 지난 때여서 마침내 죽은 사람의 목을 베어 돈황으로 보냈으나 그 상황을 말하지 않았다. 송량은 후에 그들이 속인 것을 알았지만 끝내 토벌할 수 없었다.[143]

2   병진일[144]에 경사에 지진이 있었다.

3   여름, 4월 갑진일[145]에 효숭황후(孝崇皇后) 언씨(匽氏)가 붕어하자 황제의 동생인 평원왕(平原王) 유석(劉石)을 상주로 삼았는데, 염송

---

143 이때에 이르러서는 이미 한나라의 위엄이 서역에서 통하지 않음을 의미한다.

144 정월 1일은 임오일이므로 정월에는 병진일이 없다.

145 4월 1일은 신해일이므로 4월에는 갑진일이 없다. 다만 《후한서(後漢書)》에는 갑인일(4일)로 되어 있다.

(斂送)[146] 절차는 공회황후(恭懷皇后)의 전례에 견주어 치렀다. 5월 신묘일(12일) 박릉(博陵)에 장사지냈다.

4   가을, 7월 경진일(2일)에 일식이 있었다.

5   겨울, 10월 을해일(28일)에 경사에 지진이 있었다.

6   11월에 사공 황경(黃瓊)이 면직되고, 12월에 특진 조계(趙戒)를 사공으로 삼았다.

효환제 영흥 원년(癸巳, 153년)

1   봄, 3월 정해일(12일)에 황제가 홍지(鴻池, 수도 낙양 동쪽)에 행차하였다.

2   여름, 4월 병신일[147]에 천하를 사면하고 기원을 고쳤다.

3   정유일[148]에 제남도왕(濟南悼王) 유광(劉廣)이 죽었다. 자식이

---

146 영구를 염습(斂襲)하고 장지까지 호송하는 절차를 말한다.

147 4월에는 병신일이 없는데 다른 판본에는 4가 5로 되어 있는 것도 있으며, 5월 병신일인 경우에는 22일이다.

148 앞의 기사에 비추어 보아 이 경우도 5월로 보아야 하며, 5월 정유일은 23일이다.

없자 봉국을 없앴다.[149]

---

149 유광은 제남왕 유현의 아들이며 순제 영건 원년(126년)에 이어서 책봉되었으
며 이 내용은 《자치통감》 권51에 실려 있다.

혼란 중에도 뛰어난 관리들

4   가을, 7월에 군과 봉국 32곳이 황충의 피해를 입었으며, 황하의 물이 범람하였다. 백성들이 주리고 궁색하여서 유랑하여 흩어지는 사람이 수십만 호였는데, 기주(冀州, 하북성 중부)가 더욱 심하였다. 조서를 내려서 시어사 주목(朱穆)을 기주 자사로 삼았다.

기주부에 소속된 현령과 현장들 중 주목이 황하를 건넜다는 소식을 듣고 인수를 풀어놓고 도망한 자가 40여 명이었다. 도착하여서 여러 군의 탐관오리를 탄핵하는 주청을 올리니, 어떤 사람은 자살하기에 이르렀고 어떤 사람은 옥중에서 죽었다.

환관 조충(趙忠)은 부친이 죽자 안평(安平, 하북성 안평현)으로 장사 지내러 돌아갔는데, 분수에 넘치게 옥갑(玉匣)[150]을 사용하였다. 주목이 그 군에 사건을 조사하도록 하달하니, 관리들이 그의 위엄이 두려워 마침내 묘를 파헤치고 관을 쪼개어 이를 꺼내어 시체를 늘어놓았다.

황제가 이 일에 대해 듣고 대노하여 주목을 불러 정위에게 가게하고

---

150 한대의 황제·왕후(王侯)의 장복(葬服)을 말한다. 그러므로 법도를 어긴 것이다.

좌교(左校)[151]에게 보내어 노역하도록 하였다. 태학의 서생인 영천(潁川, 하남성 우현) 사람 유도(劉陶) 등 수천 명이 대궐에 이르러 편지를 올리고 주목을 위하여 호소하였다.

"엎드려 살피건대, 형도(刑徒)인 주목은 일을 공정하게 처리하고 나라를 근심하며, 자사로 제수되던 날에 뜻을 세워 간악함을 깨끗이 제거하고자 하였습니다. 진실로 상시(常侍)들이 귀함과 총애를 받아서 부자와 형제는 주와 군에 널리 분포하였는데, 서로 다툼이 호랑이와 이리처럼 되어서 힘없는 백성을 삼켰으니 이런 까닭에 주목은 천강(天綱)[152]을 펼쳐서 정리하고 새는 틈을 기워서 해치고 화가 되는 사람을 전부 잡아서 하늘의 뜻을 이루려고 하였습니다.

이로 말미암아 환관들은 모두 함께 원한을 품고 미워하였으며 비방함도 끊이지 않아 틈새가 만들어졌고 번져서 결국 형벌을 받아 좌교에 보내져 노역하게 되었습니다. 천하의 식견이 있는 사람 모두가 주목을 우(禹)와 후직(后稷)과 같이 근면하나 공공씨(共工氏)[153]와 곤(鯀)[154]과 같은 죄명을 받았다고 하니, 만약 죽은 사람이 안다면 당제(唐帝)[155]는 숭산(崇山, 하남성 대당현)에서 노할 것이며, 중화(重華)[156]는 창오(蒼梧, 호남성 영원현)[157]의 묘에서 분노할 것입니다.

---

151 관청 이름이며, 장작(將作)에 속하며 공도(工徒)를 관장한다.

152 하늘의 악인을 잡는 그물로, 여기서는 나라의 법령을 말한다.

153 요임금의 신하로 4흉(凶) 중의 한 사람인데 순(舜)이 유주로 유배 보냈다.

154 우임금의 부친으로 역시 4흉 중의 한 사람이며, 순이 우산에서 죽였다.

155 요임금이 초기에 당후(唐侯)에 봉해진 일이 있어 '당제'라고도 한다.

156 순(舜)임금의 호(號)이다.

지금 환관과 근신들이 은밀히 국가권력을 가지고 손수 왕작(王爵)도 장악하였는데, 입으로는 곧 왕법을 말하고, 상주는 일을 움직여서 굶주린 노예에게 계손(季孫)[158]보다 부유하게 하였습니다. 숨 한 번 쉬면 이윤(伊尹)[159]과 안연(顔淵)[160] 같은 사람을 하걸(夏桀)[161]과 도척(盜跖)[162]이 되게 하였습니다.

주목만이 오직 이들에 맞서서 자신의 몸에 해가 미치는 것을 돌아보지 않았으니, 영화를 싫어하면서 욕됨을 좋아하거나, 사는 것을 싫어하고 죽는 것을 좋아하는 것이 아니라 다만 제왕의 기강이 오랫동안 잃어버릴 것을 두려워하였습니다. 그러므로 마음을 다하여 근심을 품고 황상을 위하여 심오한 계획을 세웠으니, 신들이 바라건대 묵형과 쇠로 발을 뚫는 형벌을 받게 하여 주시고, 주목을 대신하여 노역하게 하소서."

황제가 주청한 것을 보고서 그를 사면해 주었다.

5   겨울, 10월에 태위 원탕(袁湯)이 면직되고, 태상 호광(胡廣)을 태위로 삼았다. 사도 오웅(吳雄)과 사공 조계가 면직되고, 태복 황경을 사도로 삼고, 광록훈 방식(房植)을 사공으로 삼았다.

---

157 순임금을 장사지낸 야외이다.

158 노(魯)나라의 대부로 문공(文公)이후부터 계씨가 국정을 세습하였다.

159 은나라 탕(湯)임금 때 재상이다.

160 공자의 수제자이다.

161 걸왕은 하나라 마지막 임금이다.

162 유하혜(柳下惠)의 동생으로 천하의 대도(大盜)가 되었다.

6　　무릉(武陵, 호남성 상덕시)의 만족인 첨산(詹山) 등이 반란하자 무
릉 태수인 여남(汝南, 하남성 여남현) 사람 응봉(應奉)이 그들을 불러들
여 항복시켰다.

7　　차사후부(車師後部, 신강 기태현)의 왕 아라다(阿羅多)가 무부후
(戊部候) 엄호(嚴皓)와 서로 용납하지 못하여 성내어 다투고 반목하다
[163]가 둔전을 공격하고 포위하여 관리와 병사들을 죽이거나 다치게
하였다. 차사후부후 탄차(炭遮)가 남은 백성들을 거느리고 아라다를
배반하고 한나라의 관리에게 와서 투항하였다.

아라다가 압박을 받아 급하게 되자 100여 기병을 따르게 하고 도망
하여 북흉노로 들어갔다. 돈황 태수 송량이 차사후부의 옛 왕이었던 군
취(軍就)의 볼모인 비군(卑君)을 왕으로 세워달라고 올렸다. 후에 아라
다가 다시 흉노에서 돌아와 비군과 왕위를 다투고 자못 그 나라 사람
들을 거두었다.

무교위(戊校尉) 엄상(嚴詳)은 그가 북쪽 야만인들을 불러들여 이끌
며 징차 서역을 어지럽게 할 것을 염려하여 마침내 분명한 약속을 보
여서 알리고 다시 왕이 되는 것을 허락하였다. 아라다는 이에 엄상에게
가서 투항하였다. 이에 다시 아라다를 왕으로 세우고, 비군은 돈황으로
돌려보내며, 차사후부 사람 300봉장(逢帳)[164]을 그에게 주었다.

---

163 기원전 48년 전한 원제 때 한나라는 고창성에 무기(戊己)도위를 두었다. 후
　　한 화제 때인 서기 91년에 무부후(戊部候)를 두어서 금만성(金滿城)에 주둔
　　하게 하였다.

164 북방민족은 생활 단위가 천막, 즉 봉장이다. 봉장은 농경지대의 호(戶)와 같
　　은 것이다.

효환제 영흥 2년(甲午, 154년)

1   봄, 정월 갑오일(24일)에 천하에 사면령을 내렸다.

2   2월 신축일(2일)에 다시금 자사와 이천석 관리들이 삼년상[165]을 시행하는 것을 들어주었다.

3   계묘일(4일)에 경사에 지진이 있었다.

4   여름에 황충의 피해가 있었다.

5   동해(東海, 산동성 담성현)의 구산(胊山, 강소성 동해현 경계)이 붕괴되었다.

6   을묘일(16일)에 유모인 마혜(馬惠)의 아들 마초(馬初)를 책봉하여 열후로 삼았다.

7   가을, 9월 1일 정묘일에 일식이 있었다.

8   태위 호광(胡廣)이 면직되고, 사도 황경(黃瓊)을 태위로 삼았다.

---

165 삼년상이란 부모가 돌아가면 그 복상기간을 3년으로 하는 것인데, 관리는 이 기간 동안 관직업무를 수행할 수 없게 되므로 이것이 문제가 되어 왔다. 안제 건안 원년(116년)에 삼년상을 시행하였으나, 건강 원년(121년)에 폐지하였다가 이때 다시 시행하였다.

윤월(윤9월)에 광록훈 윤송(尹頌)을 사도로 삼았다.

9 겨울, 11월 갑진일(9일)에 황제가 상림원(上林苑)[166]에서 교렵(校獵)[167]을 하다가 마침내 함곡관(函谷關, 하남성 신안현 동쪽)에 이르렀다.

10 태산(泰山, 산동성 태안현)과 낭야(琅邪, 산동성 제성현)의 도적인 공손거(公孫擧)와 동곽두(東郭竇) 등이 반란을 일으키고 장리를 살해하였다.

효환제 영수 원년(乙未, 155년)

1 봄, 정월 무신일(14일)에 천하를 사면하고, 기원을 고쳤다.

2 2월에 사예(司隷, 京畿)와 기주(冀州, 하북성 중부)에 기근이 들어 사람들이 서로 잡아먹었다.

3 태학생 유도(劉陶)가 상소를 올려서 세상일에 대하여 진술하였다.
"무릇 하늘이 황제와 함께 하고 황제가 백성과 함께 하는 것은 마치 머리가 발과 함께 하는 것과 같아 서로 기다려주며 가는 것입니다. 폐하께서 눈으로는 명조(鳴條, 산서성 안읍현 서부)의 사건[168]을 보지 못

---

166 황제의 어화원(御花園)인데, 둘레가 사방 300리로 낙양의 서쪽에 있다.

167 울타리를 쳐놓고 그 안에서 사냥하는 것을 말한다.

168 기원전 1766년 상(商)나라의 탕(湯)이 하(夏)나라의 걸(桀)을 공격하여 명조

하고, 귀로는 단거(檀車)의 소리[169]를 듣지 못하고 있으니, 천재가 있어도 피부에 고통을 주는 것이 아니고, 지진과 일식이 일어나도 성스러운 분의 육신을 바로 손상시키지 아니하였으니, 그러므로 삼광(三光)[170]의 이변을 멸시하고 하늘의 진노를 경시하고 있습니다.

엎드려 생각하건대, 고조(高祖)[171]가 기병하여 포의(布衣)에서부터 시작하여 흩어진 백성을 규합하고 부상당한 병사들을 부축하여 능히 제왕의 대업을 이룰 수 있었고, 근면함 역시 지극하여서 후대로 복을 흘려보내어 천자의 지위를 남겨주어 폐하에게까지 이르렀습니다.

폐하께서는 이미 밝고 빛나는 선조의 자취를 더 이상 늘릴 수 없으며, 고조가 근면함을 소홀히 하고, 망령되게 날카로운 도구를 빌려주고 국권을 다른 사람에게 넘겨주어 여러 추악한 형벌 받은 노예[172]들이 힘없는 백성을 살육하게 하였으니, 호랑이와 표범은 아기사슴이 있는 곳에 굴을 파고, 이리가 봄 동산에서 우유를 먹이는 것 같아서 재산을 증식시킨 사람은 가난하고 억울한 영혼이 되고, 가난하여 굶어죽은 사람은 춥고 배고픈 귀신이 되었으며, 죽은 사람은 긴 밤 동안 슬퍼하고 있고, 살아있는 사람도 조야(朝野)에서 슬퍼하고 있는데, 이것이 어리석은 신이 한숨을 쉬고 길게 탄식하는 바입니다.

에서 포로로 잡고, 하나라를 멸망시켰다.

169 무왕이 은의 주왕(紂王)을 멸망시킬 때를 말한다. 단거란 병거(兵車)이다.

170 세 가지 빛을 내는 것으로 해·달·별을 말한다.

171 한나라 창건자 유방을 말한다.

172 환관을 말한다. 환관은 궁형을 받은 사람과 같기 때문에 형벌 받은 노예라고 낮추어 호칭한 것이다.

또 진(秦)나라가 장차 망할 즈음에 바르게 간하는 사람은 죽고 아첨하는 사람은 상을 받았으며, 아름다운 말은 충성스러운 혀에서 맺어지는데, 국가의 운명은 아첨하는 사람의 입에서 나와서 염낙(閻樂)[173]이 함양(咸陽)을 제멋대로 하였고, 조고(趙高)에게 중거부령(中車府令)을 내려주었으니, 권세가 이미 자기에게서 떨어져 나가도 알지 못하였으며, 권위도 자기 몸을 떠났지만 돌아보지 아니하였습니다.

예나 지금이나 도는 한결같으며, 성공하고 실패하는 것 역시 같은 형세이니, 바라건대, 폐하께서 멀리는 강대한 진(秦)나라가 전복되었던 것을 보시고, 가깝게는 애제(哀帝)와 평제(平帝)[174]때 변란이 있었던 일을 살피시면 득실은 환히 알 수 있고 화복(禍福)도 볼 수 있을 것입니다.

신이 또 듣건대 위기에서는 인(仁)이 아니고선 부지할 수 없으며, 어지러움은 지혜가 아니면 구할 수 없다고 하였습니다. 몰래 보건대, 옛날 기주(冀州, 하북성 중부) 자사였던 남양(南陽, 하남성 남양시) 사람 주목(朱穆)과 이전의 오환(烏桓)교위였으며 신과 동향 출신인 이응(李膺)은 모두 행적이 정직하고 깨끗하며 공평하고 지조가 높고 세속적인 것을 끊어버렸으니, 이는 실질적으로 중흥하는데 훌륭하게 보좌할 신하이며, 국가의 기둥이 되는 신하입니다. 마땅히 본 조정으로 돌아오게 하여 황실을 보좌하게 하도록 하십시오.

신이 감히 말하기를 꺼리고 있는 조정에서 때에 합당하지 않은 말을

---

173 장인 조고와 함께 2세 황제를 망이궁(望夷宮)에서 죽인 사람이다.

174 애제와 평제는 모두 전한시대의 황제이다. 애제는 전한 13대 황제로 기원전 7년부터 기원전 1년까지 재위하였으며, 평제는 기원전 1년부터 기원후 5년까지 재위하였다.

토해내는 것은 마치 얼음과 서리가 해를 보면 반드시 녹게 됨과 같습니다. 신이 비로소 천하의 백성들이 슬퍼할 만하다는 것을 슬퍼하고 있지만, 지금 천하의 백성들 역시 신의 우매함을 슬퍼합니다."

편지가 상주되었지만 살피지 아니하였다.

4   여름, 남양(南陽, 하남성 남양시)에 큰 홍수가 발생하였다.

5   사공 방식(房植)이 면직되고, 태상 한연(韓縯)을 사공으로 삼았다.

6   파군(巴郡, 사천성 중경시)과 익주군(益州郡, 운남성 진영현 동쪽 진성진)에서 산이 붕괴되었다.

7   가을에 남흉노의 좌욱건(左薁鞬)과 대기(臺耆), 차거백덕(且渠伯德) 등이 반란을 일으켜 미직(美稷, 내몽골 준가루치)을 침구하였는데, 동강(東羌, 섬서성 및 산서성)족이 다시 거족적으로 일어나서 이에 호응하였다.

안정(安定)의 속국도위(屬國都尉)인 돈황(敦煌, 감숙성 돈황현) 사람 장환(張奐)이 처음 현직에 도착하니, 성 안에는 단지 2백 명 정도만 있었는데, 이 소식을 듣고 즉시 군사를 챙겨서 나아갔는데, 군리(軍吏)들은 힘으로는 대적할 수 없다고 생각하여 머리를 조아리며 다투어 이를 멈추자고 하였다.

장환은 듣지 아니하고 마침내 진군하여 장성(長城)[175]에 주둔하여

---

175 진시황제가 쌓은 장성으로 섬서성 중부 지역이다.

병사들을 모아들이고 장수인 왕위(王衛)를 보내어 동강족을 불러 유인하게 하였고, 그 기회를 이용하여 구자현(龜玆縣, 섬서성 유림현 북쪽)[176]을 점거하고 남흉노에게 교류하며 왕래하지 못하도록 하였다. 동강족의 여러 호족은 마침내 서로 군사를 이끌고 장환과 함께 욱건(薁鞬) 등을 공격하여 깨뜨렸다.

백덕(伯德)[177]은 두려움에 떨다가 그 무리를 거느리고 항복하니 군의 경내가 편안해졌다. 강족의 호족(豪族)들이 장환에게 말 20필, 금귀고리 8매를 보내왔다. 장환은 모든 여러 강족의 호족들 앞에서 술을 땅에다 부으면서[178] 말하였다.

"말을 양과 같게 한다면 마구간에 모두 집어넣을 수 없고, 황금을 곡식과 같게 한다면 들여다 품을 필요가 없다."[179]

모든 것을 그들에게 돌려보냈다.

이전에 이곳의 여덟 명의 도위(都尉)는 모두 재화를 좋아하여 강족들의 근심과 고통이 되었는데, 장환이 몸을 바르게 하고 자신을 청결하게 하자, 기쁜 마음으로 복종하지 아니하는 사람이 없었고, 위엄과 교화도 크게 이루어졌다.

---

176 구자국 사람들이 와서 항복하고 귀부한 후에 거처하였던 데서 유래한 지명이다.

177 반란을 일으킨 차거백덕을 말한다.

178 스스로 맹세하는 표시이다.

179 말을 양처럼 많게 하거나 금을 곡식처럼 많게 한다면 값어치가 없어진다는 말이다.

효환제 영수 2년(丙申, 156년)[180]

1　봄, 3월 촉군속국(蜀郡屬國)에 사는 이족들이 반란을 일으켰다.

2　애초에 선비족인 단석괴(檀石槐)는 용감하고 건장하며 지략을 갖고 있어서 부락민 모두가 경외하고 복종하였는데, 이에 금지하는 법을 시행하고 옳고 그름을 공평하게 처리하니 감히 범하는 사람이 없어지자, 마침내 추대하여 대인(大人)으로 삼았다.

단석괴는 탄오산(彈汗山)과 철구수(歠仇水) 사이에 왕정(王庭)을 건립하였는데, 고류(高柳, 산서성 양고현)의 북쪽으로 300여 리 떨어진 곳이었고, 군사와 군마가 매우 왕성하여서 동부와 서부에 있던 대인들이 모두 그에게 귀부하였다.

이 때문에 남쪽으로는 이어진 변경을 약탈하고, 북쪽으로는 정령(丁零)[181]에 대항하며, 동쪽으로는 부여(夫餘 ; 수도는 요녕성 창도현)를 물리치고, 서쪽으로는 오손(烏孫)[182]을 격퇴하니 흉노의 옛 지역을 모두 점거하여 동서의 길이가 4천여 리나 되었다.

가을, 7월에 단석괴가 운중(雲中, 내몽골 탁극탁현)을 침구하였다. 예전의 오환교위였던 이응(李膺)을 도요장군으로 삼았다. 이응이 변경에 도착하자 강족과 호족 모두가 소문만 듣고서 두려워 굴복하였는데 이전에 약취한 남녀를 모두 요새가 있는 아래까지 데리고 와서 송환했다.

---

180 후한 연관 원년(122년)에 촉군서부도위를 속국도위로 고쳤다.

181 고대 서부 민족 중의 하나이며, 바이칼호 일대이다.

182 고대 서부 민족 중의 하나로 지금의 신강(新疆) 이녕시(伊寧市) 일대이다.

3   공손거(公孫擧)와 동곽두(東郭竇) 등이 무리를 모았는데 3만 명
에 달하자, 청주(靑州, 산동반도), 연주(兗州, 산동성 서부), 서주(徐州, 강
소성 북부·중부) 세 주를 침구하여 군과 현을 파괴하였다. 해마다 이들
을 토벌하였지만 이길 수가 없었다.

상서에서 이들을 잘 처리할 인물들을 뽑았는데 사도부의 연리(掾吏)
인 영천(潁川, 하남성 우현) 사람 한소(韓韶)를 영현(嬴縣, 산동성 채무현)
현장에 임명하였다. 도적들은 그가 현명하다는 소문을 듣고 서로 경계
하며 영현의 경계 안으로는 들어가지 않았다. 나머지 현의 유민 1만여
호의 백성들이 현의 경계로 이주해왔다. 한소가 창고를 열어 이들을 구
제하니, 일을 주관하는 사람이 다투듯 안 된다고 하였다.

한소가 말하였다.

"현장이란 구덩이에 빠진 사람을 살리는 사람이니, 이것 때문에 엎
어져 죄를 얻게 된다면 웃음을 머금으면서 땅 속에 들어가겠다."

태수는 평소부터 한소의 명성과 품덕을 알고 있어서 끝내 이 일에
연루시키지 않았다.

한소와 같은 군 사람인 순숙(荀淑), 종호(鍾晧), 진식(陳寔) 등도 모
두 일찍이 현장을 지냈는데, 가는 곳에서 후덕한 징치를 베풀어서 칭송
을 들었으며 당시 사람들은 그들 네 사람을 '영천의 네 현장'이라고 불
렀다.

4   애초 선비족이 요동(遼東, 요녕성 요양시)을 침구하니, 속국도위(屬
國都尉)[183] 단경(段潁)이 자기가 거느리는 군사를 인솔하여 그곳으로

---

183 안제 연광원년(122年)에 촉군서부도위(蜀郡西部都尉)를 속국도위라고 하였다.

말을 달렸다. 그러자 도적들을 두렵게 하여 놀라 떠나갔고, 마침내 역참기사(驛站騎士)에게 허위로 새서를 품고 와서 '단경을 소환한다.'라고 하게 하고, 단경은 거짓으로 길에서 물러나 있다가 몰래 길로 돌아와 매복시켰다. 야만인들이 그럴 것으로 믿고 마침내 들어와서 단경을 추격하니 단경이 이어서 대대적으로 군사를 풀어서 그들을 모두 살해하거나 포로로 잡았다.

새서를 사칭하였다는 죄를 범하였으므로 마땅히 중형에 처해야 하였지만 세운 공로가 있어서 사구(司寇)[184]로 판결하였는데, 형기를 끝내자 마침내 의랑에 임명되었다.

이때에 이르자 조서를 내려, 동방에 도적들이 창궐하였으므로 공경들에게 문무의 재주를 겸비한 장수를 선발하도록 하였다. 사도 윤송(尹頌)이 단경을 천거하니, 중랑장에 제수하였고, 공손거(公孫擧)와 동곽두(東郭竇) 등을 공격하여 그들을 대파하고 목을 베었는데, 획득한 머리는 1만여 급이며 나머지 무리들은 투항하거나 흩어졌다. 단경을 책봉하여 열후로 삼았다.

5   겨울, 12월에 경사에 지진이 있었다.

6   양불의(梁不疑)의 아들 양마(梁馬)를 책봉하여 영음후(穎陰侯)로 삼고, 양윤(梁胤)의 아들 양도(梁桃)를 성보후(城父侯)로 삼았다.＊

---

184 사구(司寇)는 2년형을 말한다.

한기46

환관시대의 개막

전폐를 논한 유도와 북방대책을 건의한 진구

효환황제 영수 3년(丁酉, 157년)

1   봄, 정월 기미일¹에 천하를 사면하였다.

2   거풍(居風, 베트남 탄호아시 서북 지역) 현령이 탐욕스럽고 포악하며 절제함이 없자 그 현에 사는 사람 주달(朱達) 등이 만이(蠻夷)와 함께 반란을 일으켜 현령을 공격해 죽이고, 무리를 모으니 4~5천 명에 이르렀다.

여름, 4월에 나아가 구신(九眞, 베트남 탄호아시)을 치니 구진 대수 아식(兒式)이 전사하였다. 구진도위(九眞都尉) 위랑(魏郎)에게 조서를 내려서 그들을 토벌하라고 하였다.

3   윤월(윤5월) 그믐 경진일(30일)에 일식이 있었다.

---

1 정월에는 기미일이 없다. 원굉(袁宏)의 《한기(漢記)》에 의하면 정월 1일의 잘못이다.

4 　경사(京師)에 황충의 피해가 있었다.

5 　어떤 사람이 말씀을 올렸다.

"백성이 빈곤하게 된 것은 화폐가 가볍고 얇기 때문이니 대전(大錢)으로 고쳐 주조하는 것이 마땅합니다."

이 일을 사부(四府)[2]에 내려 보내어 많은 신료들과 태학에 있는 말잘하는 선비들에게 의논하게 하였다.

태학생 유도(劉陶)가 의견을 올렸다.

"오늘날의 근심은 화폐에 있는 것이 아니라 백성이 굶주리는 데에 있습니다. 가만히 보건대, 최근 몇 년 동안 좋은 싹은 벼를 갉아먹는 해충의 입으로 다 들어갔고, 저축(杼軸)[3]은 공(公)과 사(私)의 요구로 텅비었습니다. 백성의 근심거리가 어찌 화폐의 후박(厚薄)과 중량의 경중이라고 말할 수 있겠습니까?

설령 지금 당장 모래와 자갈을 남금(南金)[4]으로 만들고 기와와 돌이 변하여 화옥(和玉)[5]이 된다고 한들 백성은 목이 말라도 마실 게 없고 굶주려도 먹을 게 없으니, 비록 천황(天皇)과 복희(伏羲)의 순수한 덕[6]

2 　태위부·사도부·사공부의 삼공부(三公府)와 대장군부를 말한다.

3 　베를 짜는 북을 말하는데, 여기서는 베틀을 지칭한다.

4 　남쪽에서 나는 황금으로 형주(荊州)와 양주(揚州)에서 나는 품질 좋은 황금을 말한다.

5 　춘추시대의 초나라 사람인 변화(卞和)가 산중에서 얻은 좋은 옥을 초왕에게 바쳤다는 고사에서 나온 말로 보옥(寶玉)을 말한다.

6 　천지가 처음 생겼을 때 천황씨의 성격이 담백하여 베푼 것이 없어도 백성들은 스스로 교화되었고, 복희씨가 처음으로 8괘를 그리고 서계(書契)를 만들

과 당우(唐虞)시대의 문명일지라도 오히려 소장(蕭牆) 안을 지킬 수 없습니다.[7]

대개 백성은 백 년 동안 화폐가 없어도 괜찮지만 하루아침이라도 굶주려서는 안 되니 그러므로 먹는 것이 가장 급합니다. 의논하는 사람들이 농사의 근본에 통달하지 못하여 대부분 전폐를 주조하는 것이 편리하다고만 얘기합니다. 대개 1만 명이 이것을 주조해도 한 사람이 이것을 빼앗으면 공급할 수 없는데, 하물며 지금처럼 한 사람이 주조하고 1만 명이 빼앗는 경우이겠습니까?

비록 음양으로 석탄을 만들고 만물로 구리를 만든다고 할지라도 밥도 먹지 못하는 백성을 부리고, 굶주리지 않는 선비에게 시키니 오히려 만족할 줄 모르는 욕구를 충족시킬 수 없습니다. 무릇 백성이 넉넉해지고 재물이 쌓이게 하고 싶다면 요점은 부역을 중지하고 수탈을 금하는 데에 있으니, 그러면 백성은 수고롭지 않아도 풍족해집니다.

폐하께서 나라 안의 근심거리를 가엾게 여기신다고 해서 전폐(錢幣)를 주조하고 재물을 고르게 하여 그 폐해를 구하고자 하신다면, 오히려 물이 끓는 솥 안에서 물고기를 기르고 치솟는 불 위에서 새를 서식하게 하는 것과 같습니다. 물과 나무는 본래 물고기와 새가 생활하는 곳입니다만 이를 사용하는 것이 적절한 때가 아니면 반드시 타고 문드러지게 됩니다.

바라건대 폐하께서 각박한 금법(禁法)을 넓혀주시고 야금과 주조의

어서 결승(結繩)의 정치를 대신하였다. 홍황(洪荒)의 시대가 간 지 얼마 되지 아니하여 그 풍속이 소박하고 간략해졌다.

7　군신이 상견례를 할 때 병풍이 있는 곳에 이르러서는 정숙하고 공경함을 더하는데 이를 소장이라고 한다.

논의를 뒤로 미루시고서 보통 백성이 읊조리는 노래를 듣고, 길을 묻고 길을 가는 늙은이의 근심거리를 물으시며, 삼광(三光)[8]이 빛나는 것을 보고, 산이 나뉘고 하천이 마르는 것을 보면 천하 사람들의 마음과 국가 대사가 찬연히 모두 드러나 의심스러운 것이 남아 있지 않을 것입니다.

엎드려 생각하건대 지금은 땅이 넓어도 경작할 수 없고 백성이 많아도 먹을 게 없는 데도, 여러 소인배들이 다투어 나가서 나라를 조정하는 자리를 차지하니 매 같은 이들이 천하사람 위에 날며 새가 먹이를 쪼아 배 부르려고 하듯 살과 가죽을 삼키지만 삼켜도 만족하지 못하는 것 같습니다.

진실로 두렵건대, 갑작스레 역부(役夫)와 궁장(窮匠)들이 판축(版築)하는 도중에 들고일어나[9] 도끼를 집어던지고 팔을 걷어붙이면서 높은 데 올라 멀리까지 소리치며, 근심하고 원망하는 백성들에게 호응하며 일어나 구름처럼 모이게 된다면, 비록 사방 한 자나 되는 전폐일지라도 어찌 그 위태로움을 구할 수 있겠습니까?"

마침내 전폐를 개정하지 않았다.

6　　겨울, 11월에 사도 윤송(尹頌)이 훙(薨)[10]하였다.

8　해·달·별로 이것이 빛난다는 말은 혜성이 나타나는 등 이변이 일어남을 의미한다.

9　판축이란 성을 쌓을 때 판자를 대고 흙을 넣어 쌓는 것이므로 부역을 말한다. 여기서 역부란 진섭이 기병하였을 때의 경우와 같은 것이며, 궁색한 장인이란 뜻의 궁장(窮匠)은 여산(驪山)에서 일하던 무리와 같은 경우로 이들은 각기 반란을 일으켰다. 진섭과 경포는 역부(役夫)라고 할 수 있고, 궁장(窮匠)이란 산양(山陽)의 철관도(鐵官徒)인 소령(蘇令) 같은 사람을 말한다.

7   장사(長沙, 호남성 장사현)에 사는 만족이 반란을 일으켜 익양(益陽, 호남성 한수현)을 침구하였다.

8   사공 한연(韓縯)을 사도로 삼고, 태상인 북해(北海, 산동성 창낙현) 사람 손랑(孫朗)을 사공으로 삼았다.

효환제 연희 원년(戊戌, 158년)

1   여름, 5월 그믐 갑술일(29일)에 일식이 있었다. 태사령[11] 진수(陳授)가 소황문(小黃門) 서황(徐璜)을 통하여 진술하였다.
   "일식이 일어난 변고에는 그 허물이 대장군 양기(梁冀)에게 있습니다."
   양기가 이 소식을 듣고는 낙양(雒陽)[12]에게 넌지시 말하여 진수를 잡아다가 고문하게 하니 옥에서 죽었다. 황제가 이 일로 양기에게 화를 냈다.

2   경사에 황충의 피해가 있었다.

3   6월 무인일(4일)에 천하를 사면하고 기원을 고쳤다.[13]

---

10 훙(薨)이란 왕공(王公)이나 귀인(貴人)의 죽음을 말한다. 윤송이 죽은 것에 대하여 원굉의 한기에는 6월로 되어 있고, 후한서에는 11월로 되어 있다.

11 천문을 담당하는 부서의 우두머리이다.

12 낙양 현령을 말한다.

4 대우제(大雩祭)[14]를 지냈다.

5 가을, 7월 갑자일(20일)에 태위 황경(黃瓊)이 면직되고, 태상 호광(胡廣)을 태위로 삼았다.

6 겨울, 10월에 황제가 광성(廣成, 하남성 신안현 어화원)에서 교렵(校獵)을 하고 마침내 상림원(上林苑, 낙양의 서쪽)으로 행차하였다.

7 12월에 남흉노의 여러 부락이 나란히 반란을 일으키고 오환족[15]·선비족[16]과 더불어 변경에 있는 아홉 군을 침구하였다. 황제가 경조윤(京兆尹) 진구(陳龜)를 도요장군으로 삼았다. 진구가 부임해가면서 상소문을 올렸다.

"신이 듣건대 삼진(三辰)[17]이 궤도를 순조롭게 가지 않으면 선비를 발탁하여 재상으로 삼고, 만이(蠻夷)가 공손하지 않으면 졸병을 발탁하여 장군으로 삼는다고 합니다. 신은 문무의 재주가 없는데도 외람되게 응양(鷹揚)[18]의 소임을 맡았으니, 비록 온몸을 다 바친다 하더라도 보탬이 되었다고 말할 게 없습니다.

---

13 연호를 영수(永壽)에서 연희(延熹)로 고쳤다.

14 비가 오기를 비는 제사이다.

15 동호(東胡)의 별종이다.

16 동호의 별종으로 그들이 살고 있던 곳에 선비산이 있었으므로 그렇게 불렀다.

17 해·달·별을 말한다.

18 무장을 가리키는 말이다.

지금 서주(西州)의 변방지역은 토지가 척박한데다 백성들이 자주 노략질을 당하고 포로가 되었으며 집들이 부서졌으니, 비록 살아서 숨을 쉬고 있다 하더라도 실은 말라 썩은 것과 같습니다. 지난해에 병주(幷州, 산서성)에서는 물난리와 명충(螟蟲)의 피해가 번갈아 생겨서 작물이 시들고 조경(租更)[19]은 텅 비었습니다.

폐하께서는 백성을 자식으로 여기시니 어찌 어루만지는 은혜를 내리시지 않을 수 있겠습니까? 고공(古公)[20]과 서백(西伯)[21]의 천하는 인자한 곳으로 돌아오도록 하였지, 어찌 다시 금은보화를 실은 수레를 끌면서 백성에게 은혜를 베풀었겠습니까?

폐하께서는 중흥의 대통을 잇고, 광무제(光武帝)의 대업을 계승하시어 조정에 나아가 정사를 다루시지만 성스러우신 의지를 남겨주시지 않으셨습니다. 또 목수(牧守)[22]가 훌륭하지 아니한데 혹은 환관 중에서 나가기도 하여 황상의 뜻을 어길까 두려워하여 눈앞만을 살핍니다.

한탄의 소리가 재해(災害)를 불러일으키고 호족의 흉악함과 사나움

---

19 조세와 목역대금을 말한다. 한내에는 남사가 성년이 되면 역(役)을 부담히는데, 변경에서는 3일의 복역을 하게 되어 있지만 복역을 원치 않으면 300진을 대신 납부하며, 정부에서는 이것으로 다른 사람을 고용하는데 이를 과경(過更)이라고 한다. 지방에서는 한 달에 한 번인데, 자기 차례가 되어서 가지 않으려면 매월 2천전을 대납하면 되었다.

20 주나라 무왕의 증조부로 기산(岐山) 기슭에서 덕을 쌓아 주나라의 기반을 닦은 고공단보(古公亶父)를 말한다.

21 주문왕을 가리키는 말로 은나라의 주왕(紂王)이 문왕을 서방제후의 장으로 삼은 데서 이르는 말이다.

22 주(州)와 군(郡)의 장관. 주의 장관은 목(牧)이라 하고 군의 장관은 수(守)라고 한다.

은 변경이 쇠퇴한 틈을 이용하니, 관아의 창고에 있는 곡식이 야만인들의 입으로 다 들어가고 공로와 업적은 동전 한 닢만큼의 효과도 없는 것은 모두 장수가 충성스럽지 않고 간사한 무리를 모아들임으로 말미암은 것입니다.

전에 양주(涼州, 감숙성) 자사였던 축량(祝良)은 처음 관직을 제수 받아 주에 도착하여 많은 것을 규명, 처벌하니 태수와 현령이나 현장 중에서 쫓겨날 자가 거의 반이나 되자, 임기가 아직 넘기지 않았는데도 공적과 효과가 탁월하니 실로 남다르게 상을 내려서 공적과 능력을 권장해야 할 것이며, 주목과 태수를 바꿔 임명하여 간사한 자를 척결하십시오.

또 마땅히 흉노, 오환(烏桓), 호강(護羌) 중랑장과 교위[23]를 문무의 재주를 보고 골라 뽑아 훈련시키고 그들에게 법령을 내려주십시오. 병주와 양주 두 주의 올해 조세와 부역을 없애며 너그러이 죄수를 사면하시고 씻어주어 다시 시작하게 하십시오.

그렇게 한다면 선한 관리는 공공의 이익을 받들면 도움 되는 것을 알게 되고, 악한 자는 사리사욕을 추구하는 것이 화가 됨을 깨달을 것이며, 호족의 말은 장성을 넘보지 못하고 요새 아래에서 척후병이 망을 보는 근심이 없어질 것입니다."

황제가 이에 유주(幽州, 하북성 북부)와 병주의 자사를 다시 선발하고 영(營)과 군의 태수와 도위 이하의 관리를 대부분 바꿨다.

조서를 내려 진 장군을 위하여 병주와 양주의 조세를 1년간 면제시

---

23 변방족을 관장하는 관직으로 흉노와 오환, 강족이 있는 곳에 각기 호흉노중랑장, 호오환중랑장, 호강중랑장과 각기 교위를 둔 것을 말한다.

켜 관리와 백성들에게 준다고 하였다. 진구가 직책에 부임하자 주와 군의 사람들이 발을 포개고서 두려워하였으며 경비를 줄인 것이 해마다 억만 전이나 되었다.

조서를 내려 안정(安定, 영하 동심현)속국의 도위 장환(張奐)에게 벼슬을 주어 북중랑장(北中郞將)으로 삼아서 흉노와 오환 등을 토벌하게 하였다. 흉노와 오환이 도요장군의 군문을 불사르고는 무리를 이끌고 적갱(赤阬)[24]에 주둔하였는데, 연기와 불을 서로 바라볼 정도가 되자 병사들이 크게 두려워 제각기 도망치려고 하였다.

장환이 편안하게 장막 안에 앉아 제자와 함께 책을 읽으면서 태연자약한 태도를 보이니 군사들이 조금씩 안정되었다. 이에 은밀하게 오환을 유인하고 몰래 화친하여 마침내 흉노와 도각(屠各)[25]의 우두머리를 베게 하고 그 무리를 습격하여 깨뜨리니 여러 호족들이 모두 항복하였다.

장환은 남선우 차아(車兒)가 국가의 업무를 다스리지 못하였으므로 이에 그를 구금하고는 좌곡려왕(左谷蠡王)을 세워 선우로 삼자고 아뢰었다. 조서를 내려 말하였다.

"《춘추》에 '정도를 지키는 것을 크게 여긴다.'고 하였거늘, 차아가 한마음으로 교화를 따랐는데 무슨 죄로 쫓아내려는가? 그를 그의 왕정으로 돌려보내라."

---

24 위치를 알 수 없다.
25 흉노의 일개 종족의 명칭이다.

환관의 힘으로 양기를 죽인 황제

8　대장군 양기는 평소 진구와 사이가 벌어졌던 터라 그가 나라의 권위를 손상시키고 공적과 명예를 굽혀 차지하여 호족들이 두려워하지 않게 되었다고 헐뜯었는데, 이 일에 연루되어 소환됐고, 충고(种暠)를 도요장군으로 삼았다.

진구는 마침내 사직하고 고향으로 돌아가기를 빌었으나 다시 징소되어 상서가 되었다. 양기의 포악함이 날로 심해지자 진구는 상소하여 그의 죄상을 말하고 죽이기를 청하였으나 황제는 살펴보지 않았다. 진구는 반드시 양기에게 해를 입을 것을 스스로 알고 곡기를 끊은 지 7일 만에 죽었다.

충고는 군영이 있는 곳에 이르자 먼저 은혜와 신의를 베풀어 여러 호족을 유인하여 항복시켰는데, 그 가운데 항복하지 않는 자가 있으면 그러한 다음에 토벌하였다. 강족 야만인들 가운데 이전에 포로가 되어 군현에 인질로 보내진 자가 있었는데, 그들을 모두 돌려보내고서 정성스런 마음으로 품어주고 어루만지며 상벌을 분명히 하니, 이 일로 말미암아 강족과 호족이 모두 와서 순순히 항복하였다. 충고가 이에 봉수를 없애고 망루도 없애니 변방이 편안해지고 경계할 게 없어졌다. 들어와서 대사농(大司農)[26]이 되었다.

효환제 연희 2년(己亥, 159년)

1 봄, 2월에 선비가 안문(鴈門, 산서성 우옥현)을 노략질하였다.

2 촉군(蜀郡, 사천성 성도시)에 사는 이(夷)족이 잠릉(蠶陵, 사천성 송반현)을 노략질하였다.

3 3월에 자사와 이천석 관리의 삼년상 시행을 다시 중단시켰다.[27]

4 여름, 경사에 홍수가 났다.

5 6월에 선비족이 요동(遼東, 요녕성 요양시)을 노략질하였다.

6 양황후가 언니와 오빠[28]의 비호 세력을 믿고서 방자함과 사치가 심해서 전 시대보다 갑절이나 되었고, 총애를 독차지하며 질투가 심해서 육궁(六宮)[29]에 사는 이들이 나아가 알현할 수 없었다. 태후가 죽자

---

26 한나라 때 곡화(穀貨)에 관한 사무를 맡은 벼슬이다.

27 지난 영흥 2년(154년)에 삼년상을 치르도록 하였다가 5년 만인 이번에 다시 단상하도록 한 것이다.

28 언니는 순열황후(順烈皇后)이고, 오빠는 대장군 양기이다.

은혜와 총애가 점점 줄어들었다. 황후에게는 후사가 없었는데, 궁인들마다 아이를 낳아 길렀지만 온전한 자를 찾기가 드물었다.

황제가 비록 양기를 매우 두려워하여 감히 꾸짖고 화내지는 못하였지만, 그러나 침소는 가고 싶은 대로 옮겨 다녔으므로 황후가 더욱 근심이 되어 화를 냈다. 가을, 7월 병오일(8일)에 황후 양씨가 붕어하였다. 을축일(27일)에 의헌황후(懿獻皇后)[30]를 의릉(懿陵)에 장사지냈다.

양기의 한 집안에서는 전후로 일곱 명의 열후, 세 명의 황후,[31] 여섯 명의 귀인, 두 명의 대장군, 부인과 딸로 식읍을 받고 군(君)으로 불린 사람이 일곱 명, 공주를 모시고 사는 사람이[32] 세 명이며, 그 나머지 경(卿)·장(將)·윤(尹)·교(校)[33]가 57명이었다.

양기는 멋대로 위엄 있는 칼자루를 휘두르고 흉악하고 방자함이 날

---

29 후비(后妃)가 거처하는 궁전이다.

30 황후 양씨의 시호이다. 시법에 의하면 따뜻하고 평화로우며 성스럽고 착한 경우에 의(懿)라는 글자를 쓰고, 총명하고 예지가 있는 경우에 헌(獻)자를 쓴다고 되어 있다.

31 양씨의 열후는 양기의 할아버지 양옹(梁雍)이 승지후(乘氏侯), 양기가 양읍후(襄邑侯) 및 승지후, 양기의 아들 양윤(梁胤)이 양읍후(襄邑侯), 양기의 아우 양불의(梁不疑)가 영양후(潁陽侯), 또 다른 동생 양몽(梁蒙)이 서평후(西平侯), 양불의의 아들 양마(梁馬)가 영음후(潁陰侯), 양윤의 아들 도(桃)가 성보후(城父侯)에 각각 봉해진 것을 말한다. 그리고 세 명의 황후는 공회(恭懷)황후·순열황후·의헌황후를 말한다.

32 원전에 '尙'이라고 표현하고 있는데, 이는 신분이 높은 공주를 맞아 결혼한 경우를 말한다. 보통 남자가 결혼하여 여자를 맞는 경우에 이를 취(娶)라고 한다.

33 경(卿)은 구경(九卿)을 말하고, 장(將)은 중랑장을 말하며, 윤(尹)은 하남윤(河南尹)과 경조윤(京兆尹)을 말하고, 교(校)는 교위(校尉)를 말한다.

로 쌓여갔으며, 황궁의 수위와 황제를 가까이에서 모시는 시종은 나란히 친한 이를 심어놓아 궐 안의 움직임은 아무리 작은 것이라도 반드시 알고 있었다.

그래서 사방에서 징발한 것과 세시에 바치는 공물은 모두 양기에게 제일 먼저 보내고 승여(乘輿)[34]에게는 그 다음이었다. 관리와 백성 가운데 재물을 싸가지고 와서 관직을 구하거나 죄를 면하고자 가는 자가 도로에서 서로 바라볼 정도였다. 백관들은 자리를 승진하거나 부름을 받으면 모두 먼저 양기의 집에 가서 감사의 글을 전하고,[35] 그 다음에야 감히 상서로 갔다.

하비(下邳, 강소성 숙천현 서북 지역) 사람 오수(吳樹)가 원(宛, 하남성 남양시)의 현령이 되어 관청에 가서 양기에게 인사하였는데, 양기의 빈객들이 그 현에 많이 포진시켜 두었으므로 다정한 태도로 오수에게 부탁하자, 오수가 말하였다.

"소인은 간사하고 해를 주니 줄줄이 죽여도 괜찮습니다. 밝으신 장군께서 상장(上將)의 자리에 계시니 의당 현명하고 선한 이를 숭상하여 조정의 부족한 것을 도와야 합니다. 곁에서 모신 다음부터 한 번이라도 어른스러운 사람을 말씀하시는 것을 들어본 적이 없고 대부분 그

---

34 본래 황제의 수레이지만 황제를 직접 거론하지 않고 황제를 지칭하는 말이다.

35 원문에는 전격사은(牋檄謝恩)으로 되어 있다. 전격은 편지를 써서 보낸다는 정도의 뜻이지만 원래는 주(奏)·전(牋)·격(檄)으로 나누어져 있다. 주(奏)는 천자에게 도착하는 문서이고, 전(牋)은 중궁·동궁·장상(將相)·대신(大臣)들이 사용하는 것이며, 격은 징소하거나 명령을 전하는데 사용한다. 그런데 채륜이 종이를 만든 후에는 종이에 쓴 것을 전이라 하고, 나무에 쓴 것을 격이라 하였다.

룻된 사람을 부탁하시니 실로 감히 들어드리지 못합니다."

양기는 잠자코 있으면서 기뻐하지 않았다.

오수가 현에 이르러 마침내 양기의 빈객으로 사람들에게 해를 끼치는 자 수십 명을 죽였다. 오수가 뒤에 형주(荊州, 호북성과 호남성) 자사가 되어 양기에게 인사하러 갔는데 양기가 그에게 짐독을 먹이니 밖으로 나가 수레 위에서 죽었다. 요동 태수 후맹(侯猛)이 처음 관직을 제수받았는데 양기를 찾아가지 않자, 양기가 다른 일로 그를 요참하였다.

낭중인 여남(汝南, 하남성 여남현) 사람 원저(袁著)는 나이가 19살인데 대궐에 가서 편지를 올려 말하였다.

"무릇 네 계절이 운행되는 것을 보면 업적이 이루어지면 쇠퇴하고 높은 작위를 받고 후한 은총을 입으면 재앙이 이르지 않기가 드뭅니다. 지금 대장군의 지위가 최고에 이르렀고 업적도 이루어서 지극히 경계할 만하니, 마땅히 현거(懸車)의 예법[36]을 따르시어 베개를 높이 하고 정신을 수양하십시오.

전하는 말에 이르기를, '나무의 열매가 무성하면 가지를 찢어 나무의 중심을 다치게 한다.'[37] 하였습니다. 만약 강성한 권력을 억누르고 줄이지 않으신다면 장차 그 몸을 온전히 할 수 없습니다."

양기가 듣고 몰래 사람을 보내 잡으려 하니, 원저는 이름을 바꾸고

---

36 한나라의 설광덕(薛光德)이 연로하여 사임하였을 때 천자께서 하사한 수레를 매달아 놓고 영예의 기념으로 삼았다. 이후 칠십 세에 사임하는 것을 의미하는 말이 되었다.

37 범수(范睢)가 한 말인데 내용은 이와 조금 다르다. 즉, 나무가 무성하여 잘 자라면 그 가지를 찢어지게 하고, 그 가지를 찢게 되면 그 줄기를 해치게 된다고 하였다.

병을 핑계로 거짓으로 죽었다 하고는 버들을 꼬아 인형을 만들고 관을 사서 장사를 치렀다. 양기는 그가 속인 것을 알고 잡아다 태장을 쳐서 죽였다.

태원(太原, 산서성 태원시) 사람인 학혈(郝絜)과 호무(胡武)는 고상하고 수준 높은 말하기를 좋아하고 원저와 잘 지냈는데, 학혈과 호무가 일찍이 연명으로 삼부(三府)[38]에 상주문을 올려 나라 안에서 덕이 높은 선비를 천거하였으나 양기에게는 보내지 않았다. 양기가 추후에 이 일에 대하여 화를 내고 중도관(中都官)[39]에게 칙령을 내려 격(檄)을 보내 체포하도록 하고 마침내 호무의 집안사람을 죽였는데, 죽은 자가 60여 명이었다.

학혈은 처음에 도망갔다가 모면할 수 없음을 알자 관을 수레에 싣고[40] 양기의 문 앞에서 주문을 올렸는데, 편지가 안으로 들어가자 약을 마시고 죽으니, 집안이 이에 온전할 수 있었다.

안제(安帝)[41]의 적모(嫡母) 경귀인(耿貴人)이 죽자 양기가 귀인의 조카인 임려후(林慮侯) 경승(耿承)으로부터 귀인이 쓰던 진기한 노리개를 구하려고 하였으나 얻을 수 없지, 양기가 화가 나서 그 집안사람 10여 명을 족주(族誅)하였다.

탁군(涿郡, 하북성 탁현) 사람 최기(崔琦)는 글재주 때문에 양기가 잘

---

38 태위부·사도부·사공부를 말한다.

39 경사의 관부(官府)에 근무하는 관리이다.

40 관을 수레에 올려놓는다는 것은 자기가 죽을죄를 지었다는 뜻을 나타내기 위함이다.

41 후한시대의 황제로 107년부터 125년까지 재위하였다.

대해 주었는데, 최기가 '외척잠(外戚箴)'[42]과 '백곡부(白鵠賦)'를 지어 풍자하자, 양기가 화를 냈다. 최기가 말하였다.

"예전에 관중(管仲)이 제(齊)나라의 재상이면서 나무라고 간하는 말을 즐겨 들었으며, 소하(蕭何)[43]가 한나라를 보좌하면서 허물을 기록하는 관리를 두었습니다. 지금 장군께서는 여러 대에 걸쳐 태보(台輔)[44]를 지내시어 책임은 이윤(伊尹)이나 주공(周公)[45]과 나란하지만 덕정을 베풀었다는 말은 들리지 않고, 백성은 도탄에 빠졌건만 곧고 어진 이와 결탁하고 받아들여서 화를 당하고 실패한 것을 구할 수 없고, 도리어 선비의 입을 막고 군주의 귀를 막고자 하니, 장차 검은 것과 누런 것도 색깔을 바꾸게 하고 사슴과 말도 모양을 바꾸게[46] 하시렵니까?"

양기가 대답할 것이 없자 최기를 돌아가게 하였다. 최기는 두려워

---

42 '외척잠'에 나와 있는 몇 구절을 보면 다음과 같다. '내 지위가 높다고 생각마라. / 하늘이 꺾어버릴 수도 있다. / 아름다운 모습을 믿지 마라. / 아름다운 모습은 스스로 쇠퇴하리라. / 황제가 계속 나를 아낄 것이라고 생각하지 마라. / 아끼는 것도 무너질 수 있다. …'

43 관중은 춘추시대 제나라 재상으로 이름은 이오(夷吾)이다. 환공(桓公)을 도와 부국강병에 힘쓰고 제후를 규합하여 환공이 천하를 바로잡아 오패(五覇)의 으뜸이 되게 하였으며 소하는 한나라 고조(高祖) 유방(劉邦)을 도와 천하를 다스리고 찬후(酇侯)에 봉해졌다. 한나라의 율령은 주로 그가 제정하였다.

44 재상을 말한다.

45 이윤은 탕왕을 도와 하나라의 걸(桀)을 물리치고 은 왕조를 일으키는 데 공을 세운 사람이며 주공은 주나라 문왕의 아들이자 무왕의 동생으로, 무왕을 도와 은나라의 주(紂)를 물리치고 주나라를 세우는 데 공을 세운 사람이다.

46 현황(玄黃)은 하늘과 땅을 가리키는 말이므로 천지(天地)가 전복된다는 의미이며, 말을 사슴이라고 한 것은 진나라 때 조고가 한 짓이다.

도망가 숨었으나 양기가 잡아다가 죽였다.

양기가 정권을 잡은 지 거의 20년 동안[47] 위세를 안팎에 떨치니 천자는 팔짱만 끼고 몸소 참여할 수가 없었으므로 황제가 이를 불평하였는데 진수(陳授)가 죽자 황제는 더욱 화가 났다.

화희황후(和熹皇后)[48]의 사촌오빠의 아들이자 낭중인 등향(鄧香)의 아내 선(宣)은 딸 등맹(鄧猛)을 낳았고, 등향이 죽자 선은 다시 양기(梁紀)에게 시집갔는데, 양기는 손수(孫壽)[49]의 외삼촌이다. 손수는 등맹의 자색이 아름다우므로 데리고 궁중으로 들어가 귀인으로 만들었고, 양기(梁冀)는 등맹을 자기의 딸로 인식시키고자 하여 등맹의 성을 바꿔 양(梁)씨로 만들었다. 양기는 등맹의 형부인 의랑 병존(邴尊)이 선의 뜻을 그르칠까 두려워하여 자객을 보내서 그를 죽였다.

또 선을 죽이고자 하였는데 선의 집이 중상시 원사(袁赦)의 집과 나란히 있었으므로 양기의 자객이 원사의 집 지붕에 올라가서 선의 집으로 들어가다가, 원사가 이를 발견하고서 북을 울리고 사람들을 모아 선에게 알려주었다.

선이 말을 달려 들어와 황제에게 고하니 황제가 대노하였으며 이로 말미암아 측간으로 가서 소황문사(小黃門史) 낭형(唐衡)만을 불러서 물었다.

"주위의 사람[50] 중에 외척 집안과 통하지 않은 자가 누구인가?"

---

47 양기가 대장군이 된 것은 순제 영화 6년(141년)이므로 이때까지 19년째이다.

48 후한시대 화제(和帝)의 황후이다.

49 양기(梁冀)의 아내이다.

50 환관을 가리키는 말이다.

당형이 대답하였다.

"중상시 선초(單超)와 소황문사 좌관(左悺)은 양불의(梁不疑)와 사이가 벌어져 있습니다. 중상시 서황(徐璜)과 황문령(黃門令) 구원(具瑗)은 항상 개인적으로 외척 집안의 전횡을 분통해 하였지만 입으로는 감히 말하지 못하였습니다."

이에 황제는 선초와 좌관을 불러 입실하게 하고 말하였다.

"양 장군 형제가 조정에서 전횡하고 안팎을 협박하여 공경 이하의 사람들이 그가 넌지시 이르는 뜻을 따르는데, 지금 그들을 죽이고자 하니 상시의 뜻은 어떠한가?"

선초 등이 대답하였다.

"진실로 나라의 간사한 도적이니 마땅히 사형시켰어야 함이 오래되었으나 신들이 약하고 용렬하여 아직 성스러운 분의 뜻이 어떤지를 알지 못하였을 뿐입니다."

황제가 말하였다.

"자세히 살피느라 그런 것이니 상시는 비밀리에 도모하라."

대답하였다.

"그것을 도모하기는 어렵지 않으나 다만 폐하께서 심중으로 호의(狐疑)[51]할까 두렵습니다."

황제가 말하였다.

"간신이 나라를 협박하니 마땅히 그 죄를 받아야 하거늘 어찌 의심하겠는가?"

이에 서황과 구원 등 5인을 불러 함께 의견을 결정하고 황제가 선초

---

51 여우처럼 의심하며 결정하지 못하는 모양을 말한다.

의 팔을 물어 피를 내고 맹세하였다. 선초 등이 말하였다.

"폐하께서 이제 계책을 이미 결정하셨으니 두 번 다시 말하지 마십시오. 다른 사람에게 의심받을까 두렵습니다."

양기는 마음속으로 선초 등을 의심하여 8월 정축일(10일)에 중황문(中黃門) 장운(張惲)에게 성으로 들어가 숙직하면서 그의 변란에 대비하도록 시켰다.[52] 구원이 관리에게 칙령을 내려 장운을 잡아 가두게 하고 '함부로 바깥에서 들어와 반란을 꾀하고자 한다.'고 하였다. 황제가 전전으로 나가서 상서들을 불러들여 그 일에 대해 발설하고, 상서령 윤훈(尹勳)에게 부절(符節)을 가지고 승(丞)과 낭(郎) 이하 사람들을 챙겨 모두 병기를 잡고 대궐을 지키며, 여러 부절을 거두어 궐 안으로 보내게 하였고, 구원에게는 좌우에 있는 구추(廐騶)·호분(虎賁)·우림(羽林)·도후(都候)[53]에 소속된 칼과 창을 사용하는 병사 도합 1천여 명을 거느리고 사예교위[54]인 장표(張彪)와 함께 양기의 집을 에워싸게 하였으며, 광록훈 원우(袁盱)에게 부절을 가지고 양기의 대장군 인수를 거두고 비경도향후(比景都鄉侯)로 옮겨 책봉하도록 하였다.

양기와 그의 처 손수는 그날로 모두 자살하고 양불의와 양몽우 이에 앞서 죽었다. 양씨와 손씨 가운데 안팎의 송진을 모두 잡아나 옥에 보

---

52 장운에게 금중에 들어가 숙직하게 하고서 선초 등을 막으려 한 것인데, 황상의 지의(旨意)가 없었음에도 바로 장운을 들어가게 한 것이다. 이는 스스로 궁성(宮省)에서의 위엄이 있음을 믿었으므로 감히 그렇게 한 것이다.

53 구추(廐騶)는 말을 맡아 기르는 사람이고, 호분(虎賁)은 천자를 호위하는 군사이며 우림은 천자의 숙위군(宿衛軍)이고 우림(羽林)은 밤에 순찰을 담당하던 기관이다.

54 경사의 규찰을 담당하던 관리이다.

내고는 나이가 어리거나 많거나를 가리지 않고 모두 목을 베어서 시체를 저자에 버려두었다. 그 밖에 연루된 공경·열교·자사·이천석 관리로 죽은 자가 수십 명이었다.

태위 호광(胡廣)과 사도 한연(韓縯), 사공 손랑(孫郞)은 모두 양기에게 아부하고 궁궐을 호위하지 않고 장수정(長壽亭)에 머물러 있었으므로 사형에서 일 등급을 감하여 면직시켜서 서인으로 만들었다. 옛 관리와 빈객 중에 면직되어 쫓겨난 자가 300여 명이어서 조정이 텅 비게 되었다.

이 당시 일이 갑작스럽게 궁중으로부터 일어나 사자가 이리저리 말을 달리니 공경들은 그 정상적인 태도를 잃었으며 관청과 저자가 솥에 물이 끓듯 하였는데, 며칠 지나서야 마침내 안정되었고, 백성들 가운데 칭찬하고 경하하지 않는 사람이 없었다. 양기의 재물을 거두어 현관(縣官)[55]에서 싼값에 팔았는데, 도합 30여억 전으로 왕부(王府)의 쓰임을 충당하였고, 천하 조세의 반을 감하였으며, 그의 원유(園囿)를 나누어서 곤궁한 백성의 생활터전으로 삼게 하였다.

---

55 현관은 정부, 관부 또는 황제의 의미를 갖고 있는데 여기서는 정부를 뜻한다.

열후가 된 환관들과 숨어버린 은사들

7 임오일(15일)에 양귀인(梁貴人)을 세워 황후로 삼고, 의릉(懿陵)을 추폐(追廢)[56]하여 귀인의 무덤으로 삼았다. 황제는 양씨를 싫어하여 황후의 성을 고쳐 박씨(薄氏)로 하였는데, 오래 있다가 등향(鄧香)의 딸임을 알고는 마침내 성을 등씨(鄧氏)로 회복시켰다.

8 양기를 죽인 공로에 대해 상을 주도록 조서를 내려 선초, 서황, 구원, 좌관, 당형을 모두 현후(縣侯)로 삼고, 선초는 2만 호의 식읍을 주고, 서황 등은 각기 1만여 호로 하니 세상에서는 이를 '5후'라고 불렀다.[57] 여전히 좌관과 당형을 중상시로 삼았다. 또 상서령 윤훈 등 7인을 모두 정후(亭侯)[58]로 책봉하였다.

---

56 의릉은 양기의 여동생 의헌황후이며, 추폐란 죽은 뒤에 폐위하는 것을 말한다.

57 선초는 신풍후(新豐侯), 서황은 무원후(武原侯), 구원은 동무양후(東武陽侯), 좌관은 상채후(上蔡侯), 당향은 여양후(汝陽侯)로 하였다.

58 윤훈(尹勳)은 의양(宜陽) 도향후(都鄕侯), 곽서(霍諝)는 업도정후(鄴都亭侯), 장경(張敬)은 산양(山陽) 곡향후(曲鄕侯), 구양삼(歐陽參)은 수무(脩武) 인정후(仁亭侯), 이위(李瑋)는 의양(宜陽) 금문후(金門侯), 우방(虞放)은 원구(寃

9   대사농 황경(黃瓊)을 태위(太尉)로 삼고, 광록대부인 중산(中山, 하북성 정현) 사람 축념(祝恬)을 사도로 삼았으며, 대홍려인 양국(梁國, 하남성 상구시) 사람 성윤(盛允)을 사공으로 삼았다.

이때 막 양기를 주살하였으므로 천하 사람들은 색다른 정치를 기대하였는데, 황경이 제일 높은 공의 자리에 있으면서 주와 군에서 평소 행실이 포악하고 더러운 자를 모두 거론하여 상주하게 하니, 죽거나 귀양 가게 된 자가 10여 명이나 되어 나라 안에서는 흡족해 하며 그것을 칭찬하였다.

황경이 여남(汝南, 하나성 여남현) 사람 범방(范滂)을 벽소하였다. 범방은 젊고 굳세며 청아하고 절개가 있어서 고을에 사는 사람들이 복종하였다. 일찍이 청조사(淸詔使)[59]가 되어 기주(冀州, 하북성의 중부)를 살피는데 범방이 수레에 올라 고삐를 잡고는 비장한 모습으로 천하를 깨끗이 하겠다는 뜻을 보였다.

수령 가운데 탐오한 자들은 모두 멀리서 풍문만 듣고도 인수를 풀어 놓고 떠났으며, 그가 드러내서 상주한 것은 뭇 사람들의 의견을 충족시키지 않음이 없었다. 마침 삼호(三戶)[60]에 속한 연리에게 세상에 흘러다니는 말을 적어 올리라[61]는 조서가 내려지자, 범방은 자사와 이천석

句) 여도정후(呂都亭侯), 주영(周永)은 하비(下邳) 고천향후(高遷鄕侯)로 삼았다. 정후는 제일 낮은 작위이며, 향후는 2급 후작이다.

59 삼공의 공부(公府)에는 청조원(淸詔員)을 두고 조서를 받아서 부렸다. 이들은 지방관의 탐오를 감찰하는 임무를 가졌다.

60 호(戶)가 부(府)로 된 판본도 있는 것으로 보아 삼부(三府)를 가리키는 것으로 보인다.

61 지방관의 잘잘못을 보고하라는 뜻이다.

관리 가운데 권세가 있고 힘 있는 무리 20여 명을 상주하였다.

상서는 범방이 탄핵한 자가 함부로 하여 많다고 힐책하고 사사로운 이유가 있는지를 의심하였다. 범방이 대답하였다.

"신이 열거한 자가 탐욕스럽고 간악하며 폭력적이어서 백성들에게 심히 해가 되지 않았다면 어떻게 문서를 더럽히겠습니까? 최근에 만날 날짜[62]가 급박하므로 먼저 급한 바를 열거하였고 아직 살피지 못한 것은 바야흐로 다시금 실상을 헤아리겠습니다.

신이 듣건대 '농부가 풀을 제거하면 좋은 알곡이 반드시 무성할 것이고, 충신이 간신을 제거하면 왕도가 청정해진다.'고 하였습니다. 만약 신의 말에 두 뜻이 있다면 죽여서 사람들에게 보이는 것이라도 달게 받겠습니다."

상서가 나무랄 수 없었다.

10 상서령 진번(陳蕃)이 상소하여 다섯 명의 처사를 천거하니, 예장(豫章, 강서성 남창시) 사람 서치(徐稺), 팽성(彭城, 강소성 徐州市) 사람 강굉(姜肱), 어남(汝南) 사람 원굉(袁閎), 경조(京兆, 섬서성 서안시) 사람 위저(韋著), 영천(潁川, 하남성 우현) 사람 이담(李曇)이었다. 황제가 모두 안거(安車)와 검은 비단으로 예를 갖추어 그들을 징소하였으나 모두 오지 않았다.

서치는 집이 가난하여 항상 스스로 농사를 지었는데, 그는 힘을 들이지 아니하고는 밥을 먹지 않았으며, 공손하고 검소하며 의롭고 양보심이 많아 그가 사는 곳에서는 그의 덕에 감복하였다. 여러 차례 공부

---

62 삼부에 소속된 관리들이 조당에 모이는 날을 말한다.

(公府)로 벽소되었으나 나오지 않았다.

진번이 예장 태수가 되어 예의를 갖추고 공조(功曹)[63]를 맡아주길 청하자 서치는 이를 거절할 수 없었으므로 가서 만나보기만 하고 물러 갔다. 진번은 성품이 모가 나고 준엄하여 빈객을 만나지 않았는데, 유 독 서치가 오기만 하면 특별히 하나의 의자를 마련하였다가 물러가면 이를 매달아두었다.

후에 도(道)가 있다고 천거되어[64] 집에서 태원 태수의 벼슬을 받았 으나[65] 모두 나아가지 않았다. 서치는 비록 여러 공[66]들의 벽소에는 응하지 않았으나 그들이 죽어 상을 치른다는 소식을 듣고는 번번이 등 짐을 짊어지고서 조문하러 갔다.

항상 집에는 구운 닭 한 마리를 준비해 두고 한 냥의 솜을 술에 담갔 다가 햇볕에 말려서 닭을 싼 뒤 지름길로 달려 무덤가로 가서 물로 솜 을 적셔 술기운이 돌게 하고 쌀 한 말로 밥을 짓고 흰 띠기로 자리를 만 들고는 닭을 앞에 두고 술을 부었다. 끝나면 방문하였던 흔적을 남기고 떠나되 상주를 보진 않았다.

강굉(姜肱)은 두 동생 강중해(姜仲海)와 강계강(姜季江)과 함께 모두 효성과 우애가 있다고 소문이 자자하였고, 항상 이불을 같이 덮고 잤으 며, 징빙되어도 응하지 않았다.

---

63 행정담당관이다.

64 도(道)가 있는 사람을 천거한 것은 안제 건광 원년(121년)의 일로,《자치통감》 권50에 실려 있다.

65 벼슬하는 자는 관아에 직접 가서 받아야 하였는데 특별히 집으로 가서 벼슬 을 준 것이다.

66 삼공과 같은 고급 관리로 관부를 열 수 있는 직위에 있어야 벽소할 수 있다.

강굉이 일찍이 아우 강계강과 함께 군으로 오는 밤길에 도적이 협박하면서 그들을 죽이려고 하자 강굉이 말하였다.

"아우는 나이가 어리고 부모가 가련하게 생각하며 또 아직 장가도 들지 못하였으니 바라건대 나를 죽이고 동생을 살려주시오."

강계강이 말하였다.

"형은 나이와 덕에서 앞서 있고 집안의 진기한 보배이며, 나라에서 영걸이고 준수한 사람이니, 빌건대 내 스스로 죽임을 당하여 형의 목숨을 대신하고자 하오."

도적은 마침내 둘 다 풀어주고 단지 의복과 재물만 약탈하였다.

이미 도착하였는데 군의 사람들이 강굉에게 의복이 없음을 알고 괴이하게 여겨 까닭을 물었으나, 강굉은 다른 말로 핑계를 대고 끝내 도둑맞았다고 말하지 않았다. 도적이 듣고는 후회하여 정려(精廬)[67]로 가서 징군(徵君)[68]을 보자고 청하며 머리를 조아리며 사죄하고는 빼앗은 물건을 돌려주었다.

강굉은 받지 않고 술과 음식으로 위로하고 그를 돌려보냈다. 황제가 이미 강굉을 징소하였으나 오지 않자, 마침내 팽성에 명령을 내려서 화공을 시켜 그 형상을 그리도록 하였다. 강굉이 어두운 움집에 누워 얼굴을 감추고, '현기증이 걱정되어 밖으로 나가 바람을 맞지 않으려 한다.'고 말하니 화공이 끝내 그를 볼 수 없었다.

원굉(袁閎)은 원안(袁安)[69]의 현손(玄孫)인데, 각고하며 절개를 닦

---

67 정사(精舍)와 같다.

68 황제에게 징소받은 일이 있으므로 징군이라고 부른 것이다.

69 원안은 명제·장제·화제를 계속 섬겼고 충성스럽고 독실한 것으로 치용된 사

으며 벽소에 응하지 않았다.

위저(韋著)는 은거하면서 학문을 가르치고 세상일은 닦지 않았다.

이담(李曇)은 계모가 심하게 괴롭혔지만, 이담이 그녀를 받드는 것을 더욱 조심하였고, 사시사철의 진기한 물건을 얻으면 일찍이 먼저 절한 이후에 내놓지 않는 일이 없었으므로 마을에서는 본보기로 삼았다.

황제가 또 안양(安陽, 하남성 안양시) 사람 위환(魏桓)을 징소하자 그마을 사람들이 나아가도록 권고하니, 위환이 말하였다.

"무릇 봉록을 받고 나아가려고 구하는 일은 그 뜻을 실행하기 위해서이다. 지금 후궁이 1천여 명인데 덜어낼 수 있겠는가? 마구간에 말 1만 필이 있는데 이를 줄일 수 있겠는가? 좌우 사람은 권력이 있는 호족인데 이를 제거할 수 있겠는가?"

모두 대답하였다.

"그럴 수 없다."

위환이 이에 비장한 심정으로 탄식하며 말하였다.

"나 위환에게 살아서 갔다가 죽어서 돌아오라고 하니, 여러분에게는 무엇이 남는가?"[70]

마침내 몸을 숨기고 나아가지 않았다.

람이다.

70 '만약 당시에 강한 사람을 거스르고 간언한다면 죽은 다음에 돌아오게 될 것이니 나가도록 권고하는 사람에게 무슨 이익이 있겠는가?'라는 뜻이다.

11 　황제가 양기를 죽이고 나자 옛날에 알던 사람과 사사롭게 은혜를 베푼 사람들 대부분이 작위를 책봉 받았는데, 황후의 아버지 등향(鄧香)은 거기장군으로 추증하고 안양후(安陽侯)에 책봉하였다. 황후의 어머니 선(宣)을 다시 책봉하여 곤양군(昆陽君)으로 하고, 오빠의 아들 등강(鄧康)과 등병(鄧秉)은 모두 열후가 되었으며, 친척은 모두 열교(列校)[71]와 낭장(郎將)[72]으로 삼고 상으로 내려준 것이 거만(巨萬)[73]을 헤아렸다.

　중상시 후람(侯覽)이 비단 오천 필을 올리니 황제가 작위를 주어 관내후(關內侯)로 하였으며, 또 함께 양기를 죽이자고 논의하였다는 이유로 올려 책봉하여 고향후(高鄉侯)[74]로 삼았다. 또 소황문 유보(劉普)와 조충(趙忠) 등 8인을 책봉하여 향후(鄉侯)로 삼으니, 이로써 권세가

---

71 북군에 소속된 다섯 명의 교위이다.

72 3서(署)의 중랑장이다.

73 많은 액수를 말하는 것으로 억(億)에 해당하는 수이다.

74 관내후는 채읍이 없고, 향후(鄉侯)는 등급이 높은 채읍이 있는 후작이다.

오로지 환관에게로 돌아갔다. '5후'는 더욱 탐욕스럽고 방자하여 안팎을 흔들어댔다.

이때 재변이 자주 나타나니 백마(白馬, 하남성 활현) 현령인 감릉(甘陵, 산동성 청평현) 사람 이운(李雲)이 노포(露布)[75]로 편지를 올리고 부본(副本)을 삼부(三府)로 보내어 말하였다.

"양기가 비록 권력을 오로지하고 천하에서 학정을 흘려보내다가 이제 죄가로 목을 벤 것은 마치 가신을 불러다 목 졸라 죽인 것과 같을 뿐인데, 외람 되게 모의한 신하[76]를 책봉하여 만 호(萬戶) 이상으로 하였으니, 고조(高祖)가 이를 들으신다면 잘못이라고 보시지 않겠습니까? 서북쪽에 늘어선 장수[77]들을 해산해 버리는 일이 없겠습니까?

공자가 '제(帝)란 살피는 것'이라고 하였습니다.[78] 지금 관리의 위계가 뒤섞이고 어지러워 소인이 아첨하여 올라가며 재화가 공공연히 사용되니 정치와 교화는 날로 훼손되고 있는데, 척일(尺一)[79]은 벼슬을

---

75 편지를 올릴 경우에는 봉함을 하지만 그 내용을 들여다볼 수 있도록 봉함하지 않은 것이다. 즉 공개편지이다.

76 선초 등 5후를 말한다.

77 고조는 공로를 세우지 않으면 열후로 책봉하지 말라고 하였고, 장수란 현재 서북 국경을 지키는 황보규와 단경을 말한다.

78 황제라는 제(帝)자와 살핀다는 체(諦)는 같은 발음이므로 원문으로 보면 더욱 그 문장의 묘미를 알 수 있다. 소리만 듣는다면 황제가 황제 노릇을 하고 싶지 않다는 말이 된다.《춘추》〈운두편〉에는 '5제는 명성을 닦고 공로를 세우며 덕을 닦고 교화를 이루어 음양을 통틀어 조절하여 비슷한 종류를 불러서 신을 부렸으므로 제(帝)라고 하였다.'는 말이 있다. 정현은 제(帝)를 물색(物色)에서 살피는 것이라고 주를 달았다.

79 척일이란 한 자 한 치라는 의미의 조책(詔策)으로, 조책을 쓰는 나무 판자의

내리는데 쓰이지만 어성(御省) 과정을 거치지 않으니, 이것은 황제가 살피지 않고자 함입니까?"

황제가 상주문를 보고는 진노하여 유사에게 이운을 체포하라고 명을 내렸으며, 상서에게 조서를 내려 칼과 창을 가진 병사들이 황문 북시(北寺)의 감옥으로 호송하는 것을 책임지게 하고, 중상시 관패(管霸)와 어사(御史), 정위가 섞여서 함께 그를 고문하라고 하였다.

이때 홍농(弘農)의 오관연(五官掾) 두중(杜衆)이 이운이 충정으로 간하다 죄를 얻은 것을 마음 아파하여 상소문을 올렸다.

"바라건대 이운과 더불어 한 날에 죽겠습니다."

황제가 더욱 노하여 마침내 함께 정위에게 내려 보냈다.

대홍려[80] 진번(陳蕃)이 상소문을 올려 말하였다.

"이운이 말한 바는 비록 금기해야 할 것을 알지 못하여 윗분을 범하고 뜻에 거슬렸으나 그 의도는 나라에 충성하려는 것으로 돌아갈 뿐입니다. 옛날에 고조는 주창(周昌)이 거리낌 없이 직간하는 것을 참으셨고, 성제(成帝)는 주운(朱雲)의 허리와 목을 베는 죄를 사면해 주셨습니다.[81] 오늘 이운을 죽인다면 신우 가슴을 쪼개 죽였다[82]는 비난이

길이가 한 자 한 치에서 나온 말이다. 어성이란 황제가 직접 살펴본다는 뜻이다. 따라서 이는 조서를 내릴 때에는 이를 내리는 황제가 직접 살펴보는 것을 말하는데, 여기서는 이러한 일을 거치지 않는다는 것을 지적한 것이다.

80 황실의 예의와 빈객의 접대를 관장하는 관리이다.

81 한 고조 유방이 태자를 바꾸려고 하자, 주창은 고조를 걸(桀)·주(紂)에 비유하면서 저지하려고 직간하였고, 주운은 권세를 제 맘대로 휘두르는 안창후(安昌侯) 장우(張禹)를 베라고 직간하였다. 이에 관한 일은 성제 원연 원년(기원전 12년)에 있었고, 내용은 《자치통감》 권32에 실려 있다.

다시 세상에서 논의될까 두렵습니다."

태상 양병(楊秉)과 낙양(雒陽)에 있는 저자의 우두머리인 목무(沐茂), 낭중 상관자(上官資)도 나란히 상소하여 이운을 용서해주길 청하였다.

황제의 분노가 심해지자 유사는 큰 불경죄에 해당된다고 상주하였다. 조서를 내려서 진번과 양병을 심하게 질책하고 면직시켜 고향으로 돌려보냈으며, 목무와 상관자는 녹질 2등급을 깎아내렸다. 이때 황제가 탁용지(濯龍池, 북궁 부근의 어화원 안에 있음)에 있었는데 관패(管覇)가 이운 등의 일을 아뢰고서 무릎 꿇고 말하였다.

"이운은 초야에 있는 어리석은 유가(儒家)요, 두중은 군의 하급 관리로 미치고 어리석은 데서 나왔으니 죄를 주기에는 부족합니다."

황제가 관패에게 말하였다.

"황제가 살피지 않고자 한다는 게 무슨 말이기에 상시는 그들을 용서하고자 하는가?"

돌아보면서 소황문을 시켜서 그 주문을 인가한다고 하니 이운과 두중은 모두 옥중에서 죽었고, 이에 가까이에서 총애 받는 사람들은 더욱 횡행하였다.

태위 황경(黃瓊)은 자신의 힘으로는 통제할 수 없다고 헤아리고 이에 병이 들었다며 나오지 않고 상소문을 올렸다.

"폐하께서 즉위하신 이래로 정치가 보다 나아진 적이 없었고, 여러 양씨들이 권력을 잡고 환관이 조정을 가득 채웠는데, 이고(李固)와 두

---

82 은대의 비간의 사건과 같은 경우를 말한다. 은나라의 폭군인 주(紂)는 계속 권고하고 충성스런 간언을 한 숙부의 아들 비간의 가슴을 쪼개서 그의 분노를 드러냈다.

교(杜喬)는 충언하다가 이미 죽임을 당하였고,[83] 이운과 두중도 또 곧은 말을 하다가 뒤를 이어가며 죽임을 당하였으니, 나라 안에서는 마음이 상하고 두려워하며 더욱 원한을 맺게 되었으며 조야(朝野)의 사람들은 충성하기를 꺼리게 되었습니다.

상서 주영(周永)은 본래 양기를 섬기고 그 위세를 빌렸었는데, 양기가 장차 쇠퇴할 것을 알고는 이에 겉으로 헐뜯어 충성을 보이며[84] 마침내 간사한 계책으로 또한 후에 책봉되었습니다.

또 황문에서는 사악함을 품고 무리들은 서로 당(黨)을 만들어 양기가 흥성하면서부터는 배와 등이 서로 친하게 지내면서 조석으로 도모하여 함께 간계를 꾸몄는데, 양기가 죽임을 당하여 간계를 펼 수 없게 되자, 다시 그의 악행을 핑계로 작위와 상을 요구하였습니다.

폐하께서는 깨끗함을 보태 진위를 자세히 가리지 않으시고 다시 충신과 더불어 나란히 높은 작위에 책봉하여 분(粉)과 묵(墨)이 섞이게 하시니, 이른바 모래와 자갈에다가 금옥(金玉)을 내던지고 진흙에다가 규벽(珪璧)을 부수는 것이므로 사방에서 이 소식을 듣고는 분개하고 한탄하지 않는 사람이 없습니다. 신은 여러 세대 동안 나라의 은혜를 입어[85] 몸은 가볍지만 자리는 중하므로 감히 죽기 직전에 거리낌 없는 말을 진술합니다."

글이 상주되어졌으나 받아들이지 않았다.

---

83 환제 건화 원년(147년)의 일이다.

84 겉으로는 양기를 헐뜯어서 황제에게 충성하는 것처럼 보였다는 것이다.

85 황경의 아버지 황향도 상서령이었다.

12 겨울, 10월 임신일(5일)에 황상이 장안으로 행차하였다.

13 중상시 선초(單超)가 병이 들었다. 임인일[86]에 선초를 거기장군으로 삼았다.[87]

14 12월 기사일(3일)에 황상이 장안에서 돌아왔다.

15 소당(燒當)·소하(燒何)·당전(當煎)·늑저(勒姐) 등에 사는 여덟 종족의 강족이 농서(隴西, 감숙성 임조현)의 금성(金城, 감숙성 난주시) 요새를 침구하였는데, 호강교위 단경(段熲)이 이를 격파하고 추격하여 나정(羅亭, 청해성 동덕현 경계)에 이르러 우두머리 이하 2천 급을 베고 만여 명을 산 채로 잡았다.

16 조서를 내려 다시 진번(陳蕃)을 광록훈으로 삼고, 양병(楊秉)을 하남윤(河南尹)으로 삼았다. 선초의 조카 선광(單匡)이 제음(濟陰, 산동성 정도현) 태수가 되었는데, 권세를 짊어지고 탐욕스럽고 방자하였다. 연주(兗州, 산동성 서부) 자사 제오종(第五種)이 종사 위우(衛羽)에게 이를 조사하게 하였는데, 장물 5~6천만 전을 손에 넣자마자 제오종이 곧바로 선광에 대하여 아뢰고 아울러 선초를 탄핵하였다.

―――――

86 통감필법으로 보면 임인일은 10월이지만 10월 1월이 무진일이므로 10월에는 임인일이 없다. 만약에 11월이라는 글자가 빠졌다면 11월 5일이다.
87 죽기 전에 높은 관직을 주려는 의도이다. 이는 삼공과 같은 직위로 환관으로는 최고의 관직이다. 전에 손정을 죽은 다음에 거기장군으로 추증하였던 일은 있으나, 살아있는 환관에게 거기장군의 벼슬을 준 것은 이것이 처음이다.

선광이 곤궁에 빠지자 빈객 임방(任方)에게 뇌물을 주어 위우를 칼로 찌르게 하였다. 위우는 그가 간사하다는 것을 깨닫고는 임방을 체포하여 낙양의 옥에 가두었다. 선광은 양병이 그 일을 끝까지 추궁할까 염려하여 몰래 임방 등에게 명령을 내려 옥을 뚫고 도망가게 하였다.

상서가 양병을 불러 힐책하니 양병이 대답하였다.

"임방 등은 그 상황과 무관하고 문제의 발단은 선광으로 말미암았으니, 빌건대 함거를 보내 선광을 불러서 그 일을 조사하면 간특한 자취와 실마리를 반드시 찾아낼 수 있습니다."

양병이 마침내 이 일에 연루되어 좌교(左校)[88]의 일을 하라는 판결이 내려졌다.

이때 태산(泰山, 산동성 태안현)에 있는 도적인 숙손무기(叔孫無忌)가 서주(徐州, 강소성)와 연주(兗州)를 노략질하였는데, 주와 군에서 토벌하지 못하자 선초는 이 일로 제오종을 모함하여 연루시켜 삭방(朔方, 내몽고 이맹서 북부)으로 귀양 보냈더니, 선초의 외손자 동원(董援)이 삭방 태수여서 잔뜩 분노를 품고서 기다렸다.

제오종의 옛 관리였던 손빈(孫斌)이 제오종이 반드시 죽을 것임을 알고 빈객을 모아 제오종을 쫓아갔는데, 태원(太原)에 이르러서 제오종을 겁탈하여서 돌아왔으며, 망명생활을 한 지 수년 만에 사면을 만나 모면할 수 있었다. 제오종은 제오륜(第五倫)[89]의 증손이다.

이때 봉작과 포상이 정상적인 제도를 뛰어넘고 궁궐에서 특별한 총애를 받는 사람[90]이 지나치게 많아졌다. 진번이 상소하였다.

---

88 관직에 있던 사람에게 선고하는 가벼운 형벌의 하나로 노역이다.
89 제오륜은 광무제와 명제를 섬긴 인물이다.

"무릇 제후는 하늘의 4·7을 상징하며,⁹¹ 상국(上國)⁹²을 막아주는 울타리이니, 고조의 약속은 '공신이 아니면 열후로 봉하지 않는다.'라는 것이었습니다.

그러나 들건대, 하남윤 등만세(鄧萬世)의 아버지 등준(鄧遵)의 작은 공을 추록(追錄)하고,⁹³ 다시금 상서령 황준(黃雋)에게 선조의 단절된 봉작을 잇게 해달라고 하였으며, 가까이 있어서 낯익은 사람은 옳지 않은 방법으로도 식읍을 받고, 좌우에 있는 사람은 공이 없어도 상을 전해 받아 이에 한 집안 안에서 후가 된 자가 여럿에 이르렀으니 그러므로 위상(緯象)⁹⁴이 궤도를 잃고 음양은 순서를 그르쳤습니다.

신이 알기로는 봉작(封爵)하는 일을 이미 시행하였으니 이에 대한 말을 해도 되돌리지 못하겠지만 진실로 폐하께서 지금부터 중지하시기를 바랍니다. 또 채녀(采女)⁹⁵가 수천 명이고, 고기를 먹고 비단옷을 입으며 연지와 분을 바른 자를 이루 헤아릴 수도 없습니다.

비천한 속담에 '도둑도 딸 다섯이 있는 집의 문을 넘지 않는다.'하였는데, 여자로 집안을 가난하게 하는 것입니다. 지금 후궁에 있는 여자들이 어찌 나라를 가난하게 만들지 않겠습니까?"

---

90 궁궐 안에 있는 여자를 말한다.

91 47은 28수(宿)를 말하는데, 각기 주관하는 제후의 분야가 있다.

92 황제를 말한다.

93 황제는 등후에게 등준이 강족을 격파한 공로를 기록하고 등만세(鄧萬世)도 이어서 책봉하여 남향후로 삼았다.

94 하늘에 가로지르는 별자리를 말한다.

95 궁궐에는 황후, 귀인 외에도 미인, 궁인, 채녀를 두었는데 작위는 없지만 시절에 따라 상을 내려주어 쓰도록 하였다.

황제가 자못 그 말을 채택하여 궁녀 500여 명을 내보내고, 단지 황준에게는 관내후(關內侯)의 작위를 내리고 등만세를 남향후(南鄉侯)에 봉하였을 뿐이었다.

황제가 조용히 시중인 진류(陳留, 하남성 진류현) 사람 원연(爰延)에게 물었다.

"짐은 어떤 군주인가?"

대답하였다.

"폐하는 한나라의 중간 정도인 군주이십니다."

황제가 말하였다.

"어찌하여 그렇게 말하는가?"

대답하였다.

"상서령 진번이 일을 맡아서 잘 다스리고 있지만, 중상시와 황문이 정치에 관여하니 어지러워졌으니, 이로써 폐하는 더불어 선을 행할 수도 있고 더불어 잘못을 행할 수도 있습니다."

황제가 말하였다.

"옛날에는 주운(朱雲)이 조정에서 난간을 부러뜨렸는데[96] 지금은 시중이 면전에서 짐의 잘못을 지적하니 공경하며 잘 알아듣겠다."

오관중랑장(五官中郎將)[97]의 벼슬을 내리고 여러 차례 승진하여 대홍려(大鴻臚)가 되었다.

마침 객성(客星)이 황제의 별자리를 지나가니 황제가 은밀히 원연에게 물었다. 원연이 봉사(封事)[98]를 올려 말하였다.

---

96 전한시대의 일이다.

97 궁궐의 숙위를 관장하는 관리이다.

"폐하께서는 하남윤 등만세(鄧萬世)와는 용잠(龍潛)[99] 시절의 옛 정이 있으므로 책봉하여 통후(通侯)로 삼았으니 베푼 은덕은 공경보다 중하고 주신 혜택은 종실보다 풍성하였습니다. 게다가 지난번에는 불러들여서 보고는 그와 함께 육박놀이를 하여 위아래가 무너지고 존엄이 어그러졌습니다.

신이 듣건대 황제의 좌우 사람이란 정치와 덕을 자문하기 위한 것입니다. 선한 사람이 함께 있다면 날마다 즐거운 가르침을 듣게 되고 악한 사람이 함께 논다면 날마다 사악한 마음이 생겨납니다. 오직 폐하께서 참소하고 아첨하는 사람을 멀리하고 굳건하고 정직한 선비를 받아들이신다면 재앙과 이변이 없어질 수 있습니다."

황제가 이를 채택하지 못하자, 원연은 병이 들었다고 핑계를 대서 사직하고 고향으로 돌아갔다.

---

98 보통 상소문이 올라가면 상서들이 먼저 보고 황제에게 올리지만 봉사는 상서가 먼저 보지 못하도록 봉합하여 올려서 황제가 직접 보도록 한 것이다.

99 황제를 용에 비유하는데, 아직 등천(登天)하지 못한 상태, 세상에 나타나지 않은 상태의 용을 잠룡(潛龍)이라고 하므로 환제가 등극하기 전을 지칭한다.

오후의 발호와 계속되는 재해

효환제 연희 3년(庚子, 160년)

1   봄, 정월 병신일(1일)에 천하를 사면하고 이고(李固)의 후사를 찾아보라는 조서를 내렸다. 애초에 이고가 책서(策書)로 파직당하고서는 화를 모면하지 못할 것을 알고,[100] 이에 세 아들인 이기(李基), 이자(李茲), 이섭(李燮)을 보내어 모두 향리로 돌아가게 하였다.

이때 이섭의 나이는 열세 살이고, 누이 이문희(李文姬)는 같은 군의 조백영(趙伯英)이 처였는데, 두 오빠가 돌아온 것을 보고는 사태의 근본적인 이유를 모두 알게 되어 묵묵히 홀로 슬퍼하며 말하였다.

"이씨는 망했구나! 태공[101] 이래로 덕을 쌓고 어짊을 길렀건만 어찌 이런 일을 만나는가!"

은밀히 두 오빠와 함께 모의하여 미리 이섭을 숨기고 거짓으로 경사로 돌아갔다고 말하니 사람들이 모두 이를 믿었다.

---

100 이 사건은 질제 본초 원년(146년)의 일로,《자치통감》권53에 실려 있다.

101 그들의 할아버지 이합(李郃)이다.

얼마 지나 어려운 일이 일어나자 주와 군에서 이기와 이자를 잡아들였고, 모두 옥중에서 사망하였다. 이문희는 이에 아버지의 문생 왕성(王成)에게 말하였다.

"그대는 의리를 붙잡고 공적인 일을 앞세우며, 옛 사람의 절개를 갖고 있습니다. 지금 그대에게 6척 되는 고아[102]를 맡기니 이씨의 존망은 그대에게 달려있습니다."

왕성이 이에 이섭을 데리고 장강에서 배를 타고 동쪽으로 내려가 서주(徐州, 강소성)의 경계 안으로 들어가 성명을 고치고서 술집의 일꾼이 되게 하였으며 왕성은 시장에서 점을 봐주었는데, 각기 다른 사람처럼 굴면서 몰래 서로 왕래하였다.

10여 년이 지나 양기가 이미 주살되고 나자 이에 이섭은 자초지종을 술집에 말하였고 술집에서는 수레를 마련하여 융숭하게 대접하여 보냈으나 이섭은 모두 받지 않았다. 마침내 고향으로 돌아와 뒤늦게 상복을 입고 누이와 동생이 상봉하니 주위 사람들도 몹시 슬퍼하였다.

누이가 이섭에게 훈계하였다.

"우리 집안의 제사지내는 일이 장차 끊어지려 하였는데 동생이 다행히 구제되었으니 어찌 하늘의 뜻이 아니겠는가? 마땅히 많은 사람들과 연락을 끊고 헛되이 왕래하지 말고 한 마디 말이라도 양씨들에게 책임을 덧붙이지 않도록 신중해라. 양씨에게 책임을 돌리면 주상에게 연결되어 화가 다시 닥칠 것이니 오직 허물을 끌어당길 뿐이다."

이섭은 삼가 그 가르침을 따랐다. 뒤에 왕성이 죽자 이섭은 예로써 장사지내고 네 절기마다 상빈(上賓)의 자리를 설치하고 제사지냈다.

---

102 보통 15세 이하의 고아를 말하는데, 여기에서는 이섭이다.

2 병오일(11일)에 신풍후(新豊侯) 선초(單超)가 죽으니 동원(東園)의 비기(秘器)[103]와 관 속에 넣을 옥 기구를 하사하였다. 장례를 치르자 오영(五營)[104]의 기사(騎士)와 장작대장(將作大匠)을 징발하여 무덤을 만들게 하였다.

그 후 네 명의 열후[105]가 전횡하니 천하 사람들이 이를 두고 말하였다.

"좌관(左悺)은 하늘을 돌려놓고, 구원(具瑗)은 홀로 앉아있으며,[106] 서황(徐璜)은 누워있는 호랑이[107]이고, 당형(唐衡)은 비를 퍼붓는 듯하다.[108]"

모두 집들을 다투어 세워 화려함과 사치를 서로 자랑하고 그 노복들이 모두 소가 끄는 수레를 타고 가는데 기병들을 따르게 하였으며, 형제와 인척은 주를 주재하고 군을 다스리며 백성을 못살게 구니 도둑과 다를 바가 없었으니, 포학한 것이 천하에 두루 미쳤고 백성들이 명령을 견디지 못하니 그러므로 대부분 도적이 되었다.

중상시 후람(侯覽)과 소황문 단규(段珪)는 모두 농토가 제북(濟北, 산동성 장청현)의 경계 가까이에 있었는데, 노복과 빈객이 나그네들을 협

---

103 황제가 사용하는 부장품이다.

104 장수(長水), 보병(步兵), 사성(射聲), 둔기(屯騎), 월기(越騎)의 5교위를 말한다.

105 양기를 죽이는데 모의하여 열후가 된 다섯 중 한 명이 죽고 남은 네 명이다.

106 하늘은 천자의 뜻이며 홀로 앉아있다는 뜻은 교만하여 아무와도 짝하지 않는다는 말이다.

107 흉악하여 아무도 감히 그를 가둘 수 없다는 뜻이다.

108 비가 떨어지면 안 젖는 것이 없는 것과 마찬가지로 그가 해독을 흘려보내는 것이 천하에 두루 퍼졌다는 뜻이다.

박하고 노략질하였다. 제북의 재상 등연(滕延)이 모두 잡아들이고 수십 명을 죽여 시체를 거리에 늘어놓았다. 후람과 단규가 이 일을 황제에게 하소연하니, 등연이 정위에게 불려갔다가 면직되었다.

좌관의 형 좌승(左勝)이 하동(河東, 산서성 하현) 태수가 되자, 피지(皮氏, 산서성 하진현) 현장인 경조(京兆, 섬서성 서안시) 사람 조기(趙岐)가 이를 부끄럽게 여겨 그날로 관직을 버리고 서쪽[109]으로 돌아갔다. 당형(唐衡)의 형 당현(唐玹)은 경조윤(京兆尹)이었는데, 평소 조기와 사이가 벌어져서 조기의 가속과 종친을 잡아 가두고 무거운 법으로 모함하여 그들을 다 죽였다.

조기는 난을 피하여 사방으로 도망 다녔는데 지나지 않은 곳이 없었고 자신의 성명을 숨긴 채 북해(北海, 산동성 창낙현)의 저자거리에서 떡을 팔았다. 안구(安丘, 산동성 유현) 사람 손숭(孫嵩)이 보고는 이를 이상하게 여겨 수레에 태우고 함께 돌아와 이중벽 사이에 숨겼다. 여러 당씨(唐氏)들이 죽고 나서야 사면을 받아서야 감히 나올 수 있었다.

3   윤월(윤정월)에 서강(西羌)의 남은 무리가 다시 소하(燒何)에 사는 큰 호족과 함께 장액(張掖, 감숙성 장액현)을 노략질하고 새벽에 교위 단경의 군사를 압박하였다. 단경이 말에서 내려 크게 싸웠는데 한낮에 이르러 칼이 부러지고 화살이 다 떨어질 즈음 야만인들 역시 군사를 이끌고 물러났다.

단경이 이들을 추격하며 한편으로는 싸우고 한편으로는 행군하며 밤낮으로 서로 공격하였는데, 고기를 잘라먹고[110] 눈을 녹여 먹은 지

---

109 피지에서 서쪽에 있는 고향인 경조로 갔다는 말이다.

40여 일만에 마침내 적석산(積石山, 청해성 동남부)에 이르렀다. 요새를 나와 2천여 리 되는 곳에서 소하 강족 대장의 목을 베고 나머지 무리를 항복시키고 돌아왔다.

4   여름, 5월 갑술일(11일)에 한중에 있는 산이 무너졌다.

5   6월 신축일(9일)에 사도 축념(祝恬)이 죽었다.

6   가을, 7월에 사공 성윤(盛允)을 사도로 삼고, 태상 우방(虞放)을 사공으로 삼았다.

7   장사(長沙)에 사는 만족이 반란을 일으키고 익양(益陽, 호남성 익양시)에 주둔하였으며, 영릉(零陵, 호남성 영능현)의 만족이 장사에서 노략질하였다.

8   구진(九眞, 베트남 탄호아)의 남은 도적[111]이 일남(日南, 베트남 푸옹하)에 주둔하며 점거하자 무리는 점점 강성해졌는데, 조서를 내려서 다시 계양(桂陽, 호남성 침현) 태수 하방(夏方)을 교지(交趾) 자사로 삼았다. 하방의 위엄과 은혜를 베푸는 일이 본래 드러났던 터라, 겨울 11월에 일남의 도적 2만여 명이 서로서로 이끌면서 하방에게 와서 항복하였다.

---

110 끌고 가던 말을 잡아 생고기를 그대로 먹었다는 뜻이다.

111 환제 영수 2년(157년)에 일어났다.

9   늑저(勒姐)와 영오(零吾)에 사는 강족이 윤가(允街, 감숙성 영등현 동남쪽의 홍성자)를 포위하니 단경이 이들을 격파하였다.

10   태산(泰山, 산동성 태안현)에 사는 도적 숙손무기(叔孫無忌)가 도위 인 후장(侯章)을 공격하여 죽였는데, 중랑장 종자(宗資)를 보내어 토벌 하여 깨뜨리게 하였다. 조서를 내려서 황보규(皇甫規)를 불러 태산 태 수의 벼슬을 주었다. 황보규가 관부(官府)에 도착하여 널리 방책을 만 들자 노략질하는 야만인들이 모두 평온해졌다.

효환제 연희 4년(辛丑, 161년)

1   봄, 정월 신유일(2일)에 남궁(南宮)의 가덕전(嘉德殿)에 불이 났 다. 무자일(29일)에 병서(丙署)[112]에 불이 났다.

2   큰 역병이 돌았다.

3   2월 임진일(3일)에 무기 창고에 불이 났다.

4   사도 성윤(盛允)이 면직되고 대사농 충고(种暠)를 사도로 삼았다.

---

112 중궁(中宮)의 별처를 주관하는 부서이다. 백관지에 의하면 병서장(丙署長)은 7인이고 녹질(祿秩)은 400석인데 황색 인수를 차고 환관으로 삼았다.

5 3월 태위 황경(黃瓊)이 면직되고, 여름, 4월에 태상인 패국(沛國, 안휘성 유계현) 사람 유구(劉矩)를 태위로 삼았다.

애초에 유구가 옹구(雍丘, 하남성 기현) 현령이었는데, 예절과 겸양으로 백성들을 교화하였다. 송사하는 사람이 있으면 항상 그를 앞으로 데리고 와서는 귀를 잡아 훈계하면서 화를 참을 만하면 관아에는 들어가지 않아도 되니 돌아가 다시 생각해 보게 하였다. 송사하는 사람이 이에 감동하여 번번이 각자 그만두고 갔다.

6 갑인일[113]에 하간효왕(河間孝王)[114]의 아들인 참호정후(參戶亭侯) 유박(劉博)을 책봉하여 임성왕(任城王)으로 삼아 효왕의 뒤를 잇게 하였다.[115]

7 5월 신유일(4일)에 패성이 심성(心星)[116]에 나타났다.

8 정묘일(10일)에 원릉(原陵)[117]의 장수문(長壽門)에 불이 났다.

---

113 통감필법으로 보면 갑인은 3월 갑인일로 보아야 하는데 3월에는 갑인일이 없다. 만약 갑인 앞에 4월이 누락됐다면 이날은 4월 26일이다. 따라서 4월 갑인일로 보인다.

114 하간왕 유개는 죽은 후 시호를 효왕이라 하였다.

115 환제 원가 원년(151년) 윤12월에 임성국이 철폐되었는데, 다시 회복시킨 것이다.

116 28수의 하나로, 심성은 별 셋으로 구성되어 있는데, 중앙에 있는 별이 명당이며 황제의 자리이고, 앞의 별은 태자를, 위의 별은 서자에 해당하는 것으로 생각하였다.

117 광무제 유수의 능이다.

9   기묘일(22일)에 경사에 우박이 떨어졌다.

10   6월에 경조(京兆), 부풍(扶風, 섬서성 홍평현), 양주(涼州)에 지진이
났다.

11   경자일(13일)에 대산(岱山, 태산)과 박(博, 산동성 태안현 동남 지역)
의 우래산(尤來山)이 나란히 무너지고 갈라졌다.

12   기유일(22일)에 천하를 사면하였다.

13   사공 우방(虞放)이 면직되고, 전 태위 황경(黃瓊)을 사공으로 삼
았다.

14   건위속국(犍爲屬國, 사천성 의빈현)에 사는 이(夷)족이 백성을 노략
질하니, 익주(益州, 사천성과 운남성) 자사 산욱(山昱)이 이를 격파하였다.

15   영오(零吾)에 사는 강족과 선령(先零)의 여러 종족이 반란을 일으
켜 삼보(三輔, 대장안) 지역을 노략질하였다.

16   가을, 7월에 경사에서 우제(雩祭)[118]를 지냈다.

17   공경 이하의 봉록을 줄이고 왕후(王侯)의 반년 치 조세를 빌리

---

118 날이 가물 때 지내는 기우제이다.

고, 또 관내후(關內侯)[119]·호분(虎賁)·우림제기(羽林緹騎)·영사(營士)[120]·오대부(五大夫)[121] 자리를 팔았는데, 파는 값은 각기 차등이 있었다.

18 9월에 사공 황경이 면직되고 대홍려인 동래(東萊, 산동성 황현) 사람 유총(劉寵)을 사공으로 삼았다.

유총은 일찍이 회계(會稽, 절강성 소흥시) 태수였는데, 번거롭고 가혹한 것을 간략하게 하거나 없애고 불법적인 일을 금하거나 살피니 군 전체가 크게 잘 다스려졌더니 징소하여 장작대장(將作大匠)으로 삼았다.

산음현(山陰縣, 절강성 소흥시)에 사는 대여섯 명의 노인이 있었는데, 약야(若邪, 절강성 소흥시 남쪽)에 있는 산골짜기에서 나온 이들은 100전씩 품고 와서 유총을 전송하며 말하였다.

"산골의 촌뜨기가 일찍이 군조(郡朝)[122]의 일을 알지 못하였습니다. 다른 태수 때에는 관리가 민간에서 징발하고 요구하는 일이 밤이 되어도 끝나지 않았으므로, 어떤 개는 밤새도록 짖어대어 백성이 편안할 수 없었습니다. 밝으신 부군께서 수레에서 내리신[123] 이래로 개는 밤에도 짖지 않고 주민들은 관리를 보지 못하였습니다. 나이가 늙고 나서야

---

119 제후와는 달리 경기에 살며 봉토는 없고 그 대신 녹을 받았다.

120 오교영의 군사를 말한다.

121 유공자에게 준 작위를 말한다.

122 국가에 조정이 있듯 군에도 그에 해당하는 업무보고회의가 있었는데 이를 군조라 한다.

123 부임한 것을 표현하는 말이다.

성스러운 덕을 가진 분을 만났건만 이제 버리고 떠나가시게 되었으니 그러므로 스스로 부축하면서 받들어 전송하게 되었습니다."

유총이 말하였다.

"나의 정치가 어찌 공의 말에까지 미쳤겠는가! 부로(父老)들을 수고롭게 하고 고생시켰소!"

그 사람들을 위해 한 개의 대전(大錢)을 골라 받았다.[124]

---

124 지금 절강성 소흥시 성의 서쪽 23km 지점에 전청진(錢淸鎭)이 있는데, 이곳이 바로 부로들이 유총을 전별한 곳이라고 한다.

강족과 만족의 침구와 황보규의 대응

19 　겨울에 선령(先零)과 침저(沈氐)에 사는 강족이 여러 갈래의 강족과 더불어 병주(幷州)와 양주(涼州) 두 주를 노략질하니, 교위 단경이 황중(湟中, 청해성 동북 지역) 출신의 의(義)로 좇는 사람[125]들을 거느리고 이들을 토벌하였다. 양주 자사 곽굉(郭閎)이 그 공적을 함께 하려고 욕심내어 단경의 군대를 잡아두고서 나아가지 못하게 하려고 생각하였지만 의로 좇는 사람들은 전역(戰役)이 오래 끌자 고향과 친구를 그리워하여 모두 배반하고서 돌아갔다.

　곽굉이 그 죄를 단경에게 씌우니, 단경은 이 일로 불려와 하옥되었다가 좌교(左校)로 보내져 일하게 되었고,[126] 제남(濟南, 산농성 역성현)의 재상 호굉(胡閎)을 대신 교위로 삼았다. 호굉은 위엄과 지략이 없어서 강족은 마침내 멋대로 날뛰어 군영과 보루를 뒤엎고 이리저리 돌아다니며 서로 부르고 결집하여 여러 군으로 쳐들어가니 노략질당하는

---

125 의용병이라 할 수 있다. 외적의 침입에 대항하여 국가를 지키려는 의로운 생각을 좇아 군사가 된 사람들이다.

126 관리에게 내리는 가벼운 벌로, 공장에 보내져서 강제노역을 하도록 하는 형벌이다.

근심이 점점 더 커졌다.

태산 태수 황보규(皇甫規)가 상소하였다.

"지금 교활한 도적이 궤멸되어서 태산 지역이 대략 평온해졌는데, 다시 듣건대, 여러 강족이 나란히 반역하였다고 합니다. 신은 빈(邠, 섬서성 빈현의 남쪽 지역)과 기(岐, 섬서성 기산현의 북쪽 지역)에서 나서 자랐고 나이는 59세이며, 옛날 군리(郡吏)였을 때 여러 번 반란을 일으킨 강족을 보았고, 그 문제를 처리하려고 계획하는데 참여하여 보니 잘못 맞춘 말¹²⁷이 있었습니다.

신은 본래 고질병이 있는지라 개나 말처럼 나이가 다하도록 큰 은혜에 보답하지 못할까 두려우니, 바라건대 저에게는 용관(冗官)¹²⁸을 내려주시고 한 대의 수레와 한 명의 심부름꾼을 갖추고서 삼보(三輔) 지역 사람들을 위로하고, 나라의 위엄과 은택을 선양하며, 익히 알고 있는 지형과 군사의 힘으로 제군(諸軍)을 돕게 해주십시오.

신은 외롭고 위태로운 가운데에 곤궁하게 살면서 군수의 일을 맡아본 것이 곧 수십 년이 되는데, 조서(鳥鼠, 섬서성 농서현)에서부터 동대(東岱, 동쪽의 태산)에 이르기까지 그 병¹²⁹은 한 가지입니다.

힘써 사나운 적을 찾아내는 것은 깨끗하고 공평함만 못하고, 손자와 오자의 병법¹³⁰을 부지런히 밝히는 것도 법을 받드는 것만 못합니다.

---

127 정서장군 마현이 반드시 패배할 것을 알았다는 말이다. 이 기록은《자치통감》권52에 실려 있고, 순제 영화 5년(104년)의 일이다.

128 쓸모없는 관직을 말한다. 여기서는 겸사로 한 말이다.

129 여기서 병이란 백성을 제대로 돌보지 않음을 말한다.

130 손빈과 오기 등 전국시대의 명장으로 병법에 능한 사람들이다.

전에 일어났던 변고가 얼마 되지 않았으니, 신은 진실로 이를 슬퍼합니다. 이로써 직책의 범위를 넘어서 구구한 말을 다하였습니다."

조서를 내려 황보규를 중랑장으로 삼고, 부절을 가지고서 관서(關西)의 병사를 감독하여 영오(零吾)에 사는 강족 등을 토벌하게 하였다.

11월에 황보규가 강족을 공격하여 깨뜨리고 참수한 것이 800급이었다. 선령에 사는 여러 갈래의 강족들이 황보규의 위엄과 신의를 사모하여 서로 권해서 항복한 자가 10여만 명이었다.

효환제 연희 5년(壬寅, 162년)

1   봄, 정월 임오일(29일)에 남궁(南宮)의 병서(丙署)[131]에 불이 났다.

2   3월에 침저(沈氐)의 강족이 장액(張掖)과 주천(酒泉)을 노략질하였다. 황보규가 선령(先零)의 여러 갈래의 강족을 징발하여 함께 농우(隴右)[132]를 토벌하였는데 도로는 막히고 끊어지고 군사들 가운데 큰 역병이 놀아 죽은 자가 열에 서너 명이었다. 황보규가 몸소 암려(庵廬)[133]에 들어가고 장사(將士)를 순시하니 삼군이 모두 기뻐하였다. 동강족[134]이 마침내 사자를 보내 항복을 받아달라고 청하니 양주(凉

---

131 궁궐의 이름이다. 지난 해 정월에도 불이 났었는데, 또다시 난 것이다.

132 농산(隴山)의 서쪽으로 지금의 감숙성 난주 및 공창부(鞏昌府)의 땅이다.

133 암(庵)은 풀로 지은 집, 여(廬)는 기숙(寄宿)하는 집을 말하므로 제대로 갖추어진 집이 아니라 들판에 나무나 풀로 엮어 만든 보잘 것 없는 막사를 말한다.

州)로 가는 길이 다시 개통되었다.

이에 앞서 안정(安定, 감숙성 진원현) 태수 손준(孫儁)이 재물을 받아 챙기는 것이 낭자(狼藉)[135]하였고, 속국도위(屬國都尉) 이흡(李翕)과 독군어사(督軍御史) 장름(張稟)이 항복한 강족을 많이 죽였으며, 양주(涼州) 자사 곽굉(郭閎)과 한양(漢陽, 감숙성 감곡현) 태수 조희(趙熹)가 나란히 늙고 약해 관직을 감당할 수 없었지만 모두 권력 있고 귀한 사람들을 의지하고 믿으며 법도를 준수하지 않았다.

황보규가 도착하여 그 죄를 모두 조목조목 아뢰자 혹자는 면직되고 혹자는 죽임을 당하니, 강족이 이 소식을 듣고 즐거워하며 도리어 착하게 되고 침저(沈氐)에 사는 강족의 우두머리인 전창기렴(滇昌飢恬) 등 10여만 명도 다시 황보규에게 와서 항복하였다.

3   여름, 4월에 장사(長沙)에 사는 도적이 일어나 계양(桂陽), 창오(蒼梧, 광서자치구 오주시)를 노략질하였다.

4   을축일(23일)에 공릉(恭陵)[136]의 동궐(東闕)에 불이 났다. 무진일(26일)에 호분(虎賁)[137]의 액문(掖門)에 불이 났다. 5월에 강릉(康陵)[138]의 원침(園寢)에 불이 났다.

---

134 침저에 사는 강족을 말한다.

135 파괴되어 수습할 수 없는 상황을 말한다.

136 안제 유효의 능이다.

137 호분위사들이 있는 지휘부이다.

138 상제 유륭의 능이다.

5   장사(長沙)와 영릉(零陵)에 사는 도적이 계양(桂陽)과 창오(蒼梧), 남해(南海, 광동성 광주시)로 들어가니 교지 자사와 창오 태수는 풍문만 듣고서 도주하였는데, 어사중승(御史中丞) 성수(盛脩)를 보내어 주군(州郡)을 독려하고 군사를 모집해 그들을 토벌하였으나 이길 수가 없었다.

6   을해일(23일)에 경사에 지진이 났다.

7   갑신일[139]에 중장부(中藏府)[140]의 승록서(丞祿署)에 불이 났다. 가을, 7월 기미일(8일)에 남궁(南宮)의 승선달(承善闥)에 불이 났다.

8   조오(鳥吾)의 강족이 한양(漢陽, 감숙성 감곡현)을 노략질하니 농서(隴西, 감숙성 임조현)와 금성(金城, 감숙성 난주시)에 속한 여러 군의 병사가 이를 쳐서 격파하였다.

9   애현(艾縣, 강서성 영수현)에 사는 두적이 장사(長沙)에 속한 군과 현을 공격하여 익양(益陽, 호남성 익양시) 현령을 숙였는데 무리가 1만여 명에 이르렀다. 알자[141]인 마목(馬睦)이 형주(荊州) 자사 유도(劉度)를 독려하여 이를 공격하였으나 군대가 패하고 마목과 유도는 달아났

---

139 통감필법에 의하면 갑신일은 5월 갑신일로 보아야 하지만, 5월에는 갑신일이 없다. 만약 갑신 앞에 6월이란 글자가 탈루된 것으로 본다면 6월 갑신일은 3일이다.

140 황궁의 전폐고(錢幣庫)이다.

141 조정의 예빈관으로 사방에 사신으로 가는 경우가 많다.

다. 영릉(零陵)에 사는 만족도 또한 반란을 일으켰다.

겨울, 10월에 무릉(武陵, 호남성 상덕현)의 만족이 반란을 일으켜 강릉 (江陵, 호북성 강릉현)을 노략질하니 남군(南郡, 호북성 강릉현) 태수 이숙 (李肅)이 달아나는데, 주부(主簿) 호상(胡爽)이 말머리를 움켜쥐며 간 하였다.

"만족 야만인들이 군에서 위급함을 대비하는 것이 없음을 보고서 감히 틈을 타고 나온 것입니다. 밝으신 부군(府君)[142]께서는 나라의 대신이고 연이어진 성이 천 리나 되며 깃발을 들고 북을 울리면 응원하는 소리를 내는 사람이 10만 명이나 되는데 어찌 부절을 주어 지키라고 한 중책을 버리고 도망가는 사람이 되십니까?"

이숙이 칼을 빼어들고 호상을 향해 말하였다.

"연리는 빨리 비켜라! 나 태수는 지금 한시가 급한데 어느 겨를에 이 계책을 생각하겠느냐?"

호상이 말을 끌어안고 고집스럽게 간하니 이숙이 마침내 호상을 죽이고 달아났다.

황제가 이 소식을 듣고 이숙을 불러다 머리를 베어 저자에 그대로 버려두고 유도와 마목은 사형에서 한 등급을 감해 주었으며, 호상의 집안에는 부역을 면제해주고 가족 중 한 사람을 낭관으로 삼았다.

상서 주목(朱穆)이 우교령(右校令)[143]인 산양(山陽, 산동성 금사현) 사람 도상(度尙)을 천거하니 형주 자사로 삼았다. 신축일(22일)에 태상 풍곤(馮緄)을 거기장군으로 삼고 병사 10여만 명을 거느리고서 무릉

---

142 태수의 관직을 높여 부른 말이다.

143 장작대장의 속관으로 우공도(右工徒)를 관장한다.

(武陵)의 만족을 치게 하였다.

이보다 먼저 파견된 장수 가운데 환관이 군사물자를 낭비하였다고 모함하는 일이 많아서 왕왕 죄에 저촉되었으므로 풍곤은 중상시 한 명이 군대의 재물을 감독하게 해줄 것을 청하였다.

상서 주목이 아뢰었다.

"풍곤이 재물 문제로 자신은 혐의를 안 받으려 하지만 대신의 절도를 잃어버렸습니다."

탄핵하지 말라는 조서가 있었다. 풍곤이 전 무릉 태수 응봉(應奉)과 함께 가기를 청하므로 종사중랑(從事中郎)의 벼슬을 주었다.

11월에 풍곤의 군대가 장사(長沙)에 이르니 도적이 이 소식을 듣고 모두 군영으로 와서 항복을 받아달라고 빌었다. 나아가 무릉의 만족을 공격하여 참수한 것이 4천여 급이고, 항복을 받은 것이 10여만 명이었으며 형주가 평정되었다.

조서를 내려 1억 전을 하사하였으나 굳게 사양하여 받지 않았고, 군사를 떨치며 경사로 돌아와서는 공적을 응봉에게 돌리고 천거하여 사예교위로 삼았으며, 편지를 올려서 해골(骸骨)[144]을 청하였는데 조정에서는 허락하지 않았다.

10　전나(滇那)의 강족이 무위(武威), 장액(張掖), 주천(酒泉)을 노략질하였다.

11　태위 유구(劉矩)가 면직되고, 태상 양병(楊秉)을 태위로 삼았다.

---

144 관직을 사직하는 것을 의미한다.

12   황보규(皇甫規)가 부절을 지니고 장수가 되어 돌아와 향리를 감독하였는데, 달리 사사로운 은혜를 베푸는 일이 없이 사실을 열거하여 상주하는 일이 많았고, 또한 환관을 미워하고 끊어버리고 왕래하지 않았다. 이에 안팎에 있는 사람들이 나란히 원망하다가 마침내 함께 황보규가 여러 강족들에게 뇌물을 주고 그들을 문서로 항복하게 하였다[145]고 모함하니 황제가 새서(璽書)[146]를 내려 꾸짖었다.

황보규가 스스로 변명하는 편지를 올렸다.

"4년[147] 가을에 만족 야만인들이 준동하니 옛 도읍[148]의 사람들은 두려워하고 놀라고 조정에서는 서쪽에서 벌어진 일을 생각하였습니다. 신이 나라의 위엄과 신령함을 떨치니 강족과 융족이 머리를 조아렸고 줄인비용이 1억 이상이었습니다. 충신의 의리는 감히 수고한 것을

---

145 문서로만 항복하고 진심으로 항복한 것이 아니라는 뜻이다.

146 황제의 인새를 찍은 조서를 말한다. 다른 것보다 더 권위가 있다.

147 연희(延熹) 4년(161년)을 말하므로 1년 전이다.

148 장안을 말한다.

알리지 않는 것이라고 알고 있는데 그러므로 짧은 말로라도 스스로 작은 공적을 드러내는 것을 부끄럽게 생각합니다마는 그러나 이전의 일 149과 비교하여 죄를 면제해주시길 바랍니다.

이전에 주의 경계를 밟으면서 먼저 손준(孫雋)과 이흡(李翕), 장름(張稟)에 대해 아뢰었고, 군사를 돌려 남쪽을 정벌하면서는 또 곽굉(郭閎)과 조희(趙熹)에 대해 아뢰면서 그들의 허물과 악행을 말하고 잡아서 대벽(大辟)150에 처하여야 한다고 하였습니다.

무릇 이 다섯 신하를 지지하는 무리가 나라의 반을 차지하고, 그 나머지 가운데 검은 인끈을 차는 자에서부터 아래로 낮은 관리에 이르기까지 연결되는 자가 또 100여 명이 있습니다.

관리는 자기 상관의 원수를 보복한다는 말에 의탁하고, 자식은 아비의 수치를 회복시킨다는 생각에서 폐백을 싣고 마차를 몰고, 양식을 가지고 걷거나 달려서 힘 있는 집안과 서로 결합하고, 다투어 원망과 비방을 흘리면서 말하기를 '신이 사사로이 여러 강족들에게 회보하기를 돈으로 보상한다.'고 하였습니다.

만약에 신이 사사롭게 재산을 모았다고 하여도 집안에는 한 석도 짊어질 게 없습니다. 만약에 재물이 관에서 나온 것이라면 장부에서 쉽게 조사해볼 수 있습니다. 설령 신이 어리석고 현혹되었다고 한 것에 대해 말한 대로 믿는다 하여도 전 시대에도 오히려 궁희(宮姬)를 가지고 흉노를 모시도록 보냈고,151 공주를 가지고 오손(烏孫)을 진정시켰습니

---

149 전에 장수들이 패배한 일을 말한다.

150 사형을 말한다.

151 원제 때 왕소군을 흉노의 호한야 선우에게 하사한 사건을 말한다.

다.[152] 지금 신이 단지 천만 전을 들여 반란을 일으킨 강족을 회유하였다면 좋은 신하의 재주와 지략이요, 병가에서 귀히 여기는 바인데, 장차 어찌하여 의리를 저버리고 이치를 어겼다며 죄를 준단 말입니까?

영초(永初)[153] 연간 이래로 장수의 출정이 적지 않았으나 군사를 뒤 엎어버린 것이 다섯 번이고[154] 동원된 자금은 거억(巨億)인데, 돌아오는 수레가 완전히 봉인된 채로 권세가의 집에 부려지면 명성이 이루어지고 공적이 세워져서 후하게 봉작이 덧붙여집니다. 지금 신이 본토로 돌아와 여러 군을 규찰하면서 교제를 끊고 친척을 멀리하며 옛 친구를 욕보였는데, 많은 사람이 비방하고 음해하니 실로 마땅한 일입니까?"

황제가 이내 황보규를 불러 돌아오게 하여 의랑에 제수하고 공적을 논하여 봉작하는 것이 마땅하였으나 중상시 서황(徐璜)과 좌관(左悺)이 재물을 얻고자 하여 자꾸 빈객을 보내어 공적 상황을 묻게 하였는데 황보규가 끝내 대답하지 않았다. 서황 등은 화가 나서 이전의 일을 가지고 모함하여 그를 관리[155]에게 내려 보냈다.

관속[156]들이 돈을 거두어 사례하기를 청하게 하려고 하였으나 황보규는 하늘에 맹세하면서 들어주지 않았는데, 마침내 남은 도적이 끊이

---

152 전한 무제 때의 일이다. 무제는 강도왕(江都王) 유건(劉建)의 딸 세군(細君)을 오손왕 곤막의 처로 삼게 하였다.

153 안제의 연호로 107년부터 113년까지 사용하였다.

154 등즐(鄧騭)이 기(冀)주의 서쪽에서, 임상(任尙)이 평양(平襄)에서, 사마균(司馬鈞)이 정해성(丁奚城)에서, 마현(馬賢)이 사고산(射姑山)에서, 조충(趙沖)이 전음하(鸇陰河)에서 각각 패배한 것을 말한다.

155 법을 다루는 형리를 말한다.

156 황보규의 부하를 말한다.

지 않았다는 것에 연루되어 정위에게 잡혀갔다가 좌교(左校)의 벌을 받
도록 보내졌다. 제공(諸公)과 태학생 장봉(張鳳) 등 300여 명이 대궐에
이르러 그에 관하여 송사하니 사면을 만나 집으로 돌아갈 수 있었다.

효환제 연희 6년(癸卯, 163년)

1   봄, 2월 무오일(11일)에 사도 충고(种暠)가 죽었다.

2   3월 무술일(22일)에 천하를 사면하였다.

3   위위인 영천(潁川, 하남성 우현) 사람 허허(許栩)를 사도로 삼았다.

4   여름, 4월 신해일(5일)에 강릉(康陵)[157]의 동서(東署)에 불이 났다.

5   5월에 선비(鮮卑)가 요동속국(遼東屬國, 요녕성 의현)을 노략질하
였다.

6   가을, 7월 갑신일(10일)에 평릉(平陵)[158]의 원침(園寢)에 불이 났다.

7   계양(桂陽)의 도적인 이연(李研) 등이 군의 경계 지역을 노략질하

---

157 상제 유륭의 능이다.

158 소제 유불능의 능이다.

고, 무릉(武陵, 호남성 상덕시)의 만족이 다시 반란을 일으키니, 태수 진거(陳擧)가 이를 쳐서 평정하였다. 환관이 본래 풍곤(馮緄)을 미워하였는데, 8월에 풍곤이 군사를 돌려서 도적이 다시 일어났다는 죄목에 연루되어 면직되었다.

8 겨울, 10월 병진일(13일)에 황상이 광성원(廣成苑, 하남성 신안현)에서 교렵(校獵)을 하다가 마침내 함곡관(函谷關)과 상림원(上林苑)으로 행차하였다.

광록훈 진번(陳蕃)이 상소하여 간하였다.

"평안할 때에도 사냥에는 마땅히 절도가 있어야 하는데 하물며 지금 세 가지가 텅 빈 액운이 있는 데에야 말해 무엇 하겠습니까? 전답과 들이 텅 비어 있고 조정이 텅 비어 있고 창고가 텅 비어 있습니다. 그에 덧붙여 전쟁이 끝나지 않아서 사람들이 사방으로 흩어지니 이는 폐하께서 애태우고 얼굴을 훼손하며 앉아서 새벽을 기다려야 할 때입니다.[159]

어찌 깃발을 휘날리고 무기의 광채를 빛내면서 마음껏 말에 올라타 관람하여야 하겠습니까? 또 지난 가을에 비가 많이 내려서 백성들이 처음 보리를 심기 시작하였는데, 이제 그 씨앗을 뿌리도록 권고하는 때를 잃게 하고서 짐승을 몰아 길을 닦는 일에 보내도록 하니,[160] 현명한 성인께서 백성을 구휼하는 뜻에 맞지 않습니다."

---

159 얼굴을 훼손한다는 말은 얼굴에 수심이 가득하다는 뜻이고, 백성과 신하들의 윗자리에 있으니 면목이 없다는 의미이다. 새벽을 기다린다는 말은 밤잠을 자지 않는다는 의미이다.

160 농경에 동원될 가축을 길을 닦는데 동원한다는 말이다.

글이 상주되어졌으나 받아들이지 않았다.

9   11월에 사공 유총(劉寵)이 면직되었다. 12월에 위위 주경(周景)을
사공으로 삼았다. 주경은 주영(周榮)의 손자이다.

이때 환관이 바야흐로 강성하니 주경은 태위 양병(楊秉)과 함께 말
씀을 올렸다.

"안팎의 관리직들 대부분 그 자리에 알맞은 사람이 아닙니다. 옛 법
에 중신(中臣)[161]의 자제는 높은 자리에서 권세를 잡을 수 없다고 하였
습니다. 그러나 지금은 그들의 친척과 빈객이 관청에 포진하고 혹 나이
어리고 용렬한 사람이 태수나 재상[162]을 맡으니 상하가 분노하고 근심
하며 사방에 사는 사람들이 서글퍼하고 괴로워합니다. 옛 법을 준용하
여서 탐욕스럽고 잔인한 자들을 물리치고 재앙과 비방을 막으십시오.

청컨대 사예교위와 중이천석의 관리, 성문(城門)·오영(五營)교위,
북군(北軍) 중후(中侯)에게 하달하여 각기 거느리고 있는 사람들을 조
사하도록 하십시오. 응당 내쳐 파직해야 할 자는 자진하여 정황을 삼부
(三府)에 보고하게 하고, 살펴서 빠진 것이 있으면 계속해서 올리게 하
십시오."

황제가 이를 좇았다.

이에 양병이 주목과 태수 가운데 청주(靑州, 산동반도) 자사 양량(羊
亮) 등 50여 명을 조목조목 들어서 상주하여 혹자는 죽이고 혹자는 면

---

161 환관을 말한다.

162 여기서는 봉국의 재상을 말한다. 봉국에는 따로 재상을 두었는데, 이들의 직
     위는 태수와 같은 급이다.

직시키니 천하에는 숙연하지 않는 사람이 없었다.

10   조서를 내려 황보규를 징소하여 도요장군으로 삼았다. 애초에 장
환(張奐)이 양기(梁冀)의 옛 관리였다는 사실로 관직에서 면직되고 금
고 되었는데, 무릇 여러 친구들은 감히 말을 하지 못하였다. 다만 황보
규만이 천거하기를 전후 일곱 번이었고, 이로 말미암아 무위(武威) 태
수에 제수되었다.

황보규가 도요장군이 되어 군영에 온 지 몇 개월이 지나서 편지를
올려 장환을 천거하였다.

"재주와 지략이 모두 우수하니 의당 원수(元帥)[163]로 바로잡으셔서
여러 사람의 기대를 좇으십시오. 만약 여전히 어리석은 신이 군사에 관
한 직책을 충당하는 것이 마땅한 자로 여기신다면 바라건대 저를 용관
(冗官)[164]으로 하여 장환의 부관으로 삼아주기를 바랍니다."

조정에서는 이 의견을 따랐다.

장환으로 황보규를 대신하여 도요장군으로 삼고, 황보규를 사흉노
중랑장(使匈奴中郞將)으로 삼았다.

11   서주(西州, 감숙성 동부 지역)의 관리와 백성들이 궁궐에 와서 지키
면서 전 호강교위 단경(段潁)을 위해 원통함을 호소하는 자가 매우 많
았다. 마침 전나(滇那) 등 여러 부락의 강족이 더욱 강성해져서 양주(涼
州)가 거의 망할 지경이었으므로 이에 다시 단경을 호강교위로 삼았다.

---

163 도요장군을 말한다.

164 쓸데없는 관직을 말한다.

12 상서 주목이 환관이 방자하고 횡포한 것을 싫어하여서 상소하였다.

"한나라의 고사를 살펴보면 중상시는 선비 중에서 선발하였으나 건무(建武)[165] 연간 이후로는 마침내 모두 환관을 기용하였습니다. 연평(延平)[166] 연간 이래로 점점 더 귀하고 강성해져 초당(貂璫)[167]의 장식을 빌리고 상백(常伯)[168]의 자리를 차지하였으니, 천조(天朝)의 정사가 하나 같이 그들의 손을 거치니 권세는 나라를 기울게 하고 총애를 받아 귀하게 되는 것은 끝이 없었으며, 자제와 친척은 나란히 영예로운 자리를 맡아 방탕이 넘치고 교만이 넘치지만 금하거나 막을 수 없어서, 궁극적으로 천하를 파괴하고 힘없는 백성의 주머니를 비게 하였습니다.

어리석으나 신은 모두 파직시키고 줄여서 준수하고 회복하여 처음으로 되돌아가 다시 나라 안의 청순한 선비 가운데 국체(國體)에 밝게 통달한 사람을 선발하여 그 자리에 보임하면 바로 모든 백성이 성스러운 교화를 입게 될 것입니다."

황제가 받아들이지 않았다.

뒤에 주목이 나아가 알현하는 기회를 이용하여 다시 입으로 말하였다.

---

165 후한 광무제의 연호이다.

166 상제(殤帝)의 연호로 상제는 106년 한 해 동안만 재위하였다.

167 한나라 때 시중 상시가 썼던 관(冠)으로 담비 꼬리털과 황금 구슬이 달려 있다.

168 시중(侍中)을 말한다.

"신이 듣건대 한나라의 옛 법전에는 시중과 중상시를 각각 한 사람씩 두어서 상서의 일을 살펴보았습니다. 황문시랑 한 사람은 편지나 상주문을 전해주는 일을 하였는데, 모두 성족(姓族)[169]을 등용하였습니다.

화희태후(和熹太后)[170]가 여자 주군으로서 칭제(稱制)[171]하면서부터 공경들을 접촉하지 않았고, 이에 환관으로 상시를 삼아 소황문이 양쪽 궁[172]에 명령을 전하였습니다. 이 이래로 권세가 천자를 기울게 하고 천하를 곤궁하게 하였으니, 의당 모두 파직시켜 내보내고 기유(耆儒)와 숙덕(宿德)[173]을 널리 선발하여 정사에 참여하게 하여야 합니다."

황제가 노하여 응답하지 않았다.

주목이 엎드려 일어나려고 하지 않으니, 좌우 사람들이 말을 전하였다.

"나가라."

한참 있다가 종종걸음으로 나갔다. 이로부터 환관들이 자주 일을 이유로 조서가 내려졌다고 일컬으면서 그를 헐뜯었다. 주목은 본래 강직하였는데 뜻을 얻지 못하자 얼마 지나지 않아 울분 끝에 종기가 나서 죽었다.＊

---

169 명망 있는 집안을 말한다.

170 후한 화제(和帝)의 부인이다.

171 황제의 명(命)을 제(制)라고 하는데, 황제가 아닌 사람의 황제의 명령을 대신 내는 일을 말한다. 대체로 황제가 실제 정치를 하지 못할 경우에 칭제하여 정치를 하였다.

172 황제와 황후를 말한다.

173 기유는 나이 많은 유학자이며 숙덕은 덕을 많이 갖춘 사람이다.

❖ 황제 계보도

후한

① 광무제 유수
(光武帝 劉秀)

② 효명제 유장
(孝明帝 劉莊)

③ 효장제 유달
(孝章帝 劉炟)

④ 효화제 유조
(孝和帝 劉肇)

청하효왕 유경
(清河孝王 劉慶)

천승정왕 유항
(千乘貞王 劉伉)

제북혜왕 유수
(濟北惠王 劉壽)

⑤ 효상제 유륭
(孝殤帝 劉隆)

⑥ 효안제 유호
(孝安帝 劉祜)

낙안이왕 유총
(樂安夷王 劉寵)

⑦ 소제 북향후 유의
(少帝 北鄉侯 劉懿)

⑧ 효순제 유보
(孝順帝 劉保)

발해효왕 유홍
(渤海孝王 劉鴻)

⑨ 효충제 유병
(孝沖帝 劉炳)

⑩ 효질제 유찬
(孝質帝 劉纘)

하간효왕 유개
(河間孝王 劉開)

여오후 유익
(蠡吾侯 劉翼)

해독정후 유숙
(解瀆亭侯 劉淑)

⑪ 효환제 유지
(孝桓帝 劉志)

해독정후 유장
(解瀆亭侯 劉萇)

⑫ 효령제 유굉
(孝靈帝 劉宏)

⑬ 소제 홍농왕 유변
(少帝 弘農王 劉辯)

⑭ 효헌제 유협
(孝獻帝 劉協)

부록

원문

資治通鑑 卷049

【漢紀四十一】

起柔兆敦牂(丙午) 盡旃蒙單閼(乙卯) 凡十年

❖ 孝殤皇帝 延平 元年(丙午, 106年)

1 　春 正月 辛卯 以太尉張禹爲太傅 司徒徐防爲太尉 參錄尙書事. 太后以帝在襁褓 欲令重臣居禁內. 乃詔禹舍宮中 五日一歸府 每朝見 特贊 與三公絶席.

2 　封皇兄勝爲平原王.

3 　癸卯 以光祿勳梁鮪爲司徒.

4 　三月 甲申 葬孝和皇帝於愼陵 廟曰穆宗.

5 　丙戌 淸河王慶·濟北王壽·河間王開·常山王章始就國 太后特加慶以殊禮. 慶子祜 年十三 太后以帝幼弱 遠慮不虞

留祜與嫡母耿姬居清河邸. 耿姬 況之曾孫也 祜母 犍爲左姬
也.

6　　夏 四月 鮮卑寇漁陽 漁陽太守張顯率數百人出塞追之. 兵
馬掾嚴授諫曰 "前道險阻 賊勢難量 宜且結營 先令輕騎偵視
之." 顯意甚銳 怒 欲斬之 遂進兵. 愚虜伏發 士卒悉走 唯授力
戰 身被十創 手殺數人而死. 主簿衛福 · 功曹徐咸皆自投赴顯
俱歿於陳.

7　　丙寅 以虎賁中郎將鄧騭爲車騎將軍 · 儀同三司. 騭弟黃
門侍郎悝爲虎賁中郎將 弘 · 閶皆侍中.

8　　司空陳寵薨.

9　　五月 辛卯 赦天下.

10　　壬辰 河東垣山崩.

11　　六月 丁未 以太常尹勤爲司空.

12　　郡國三十七雨水.

13　　己未 太后詔減太官 · 導官 · 尙方 · 內署諸服御 · 珍膳 ·

靡麗難成之物 自非供陵廟 稻粱米不得導擇 朝夕一肉飯而已.
舊太官·湯官經用歲且二萬萬 自是裁數千萬. 及郡國所貢 皆
減其過半 悉斥賣上林鷹犬 離宮·別館儲峙米糒·薪炭 悉令
省之.

14　　丁卯 詔免遣掖庭宮人及宗室沒入者皆爲庶民.

15　　秋 七月 庚寅 敕司隸校尉·部刺史曰"間者郡國或有水
災 妨害秋稼 朝廷惟咎 憂惶悼懼. 而郡國欲獲豐穰虛飾之譽
遂覆蔽災害 多張墾田 不揣流亡 競增戶口 掩匿盜賊 令姦惡
無懲 署用非次 選擧乖宜 貪苛慘毒 延及平民. 刺史垂頭塞耳
阿私下比 不畏于天 不愧于人. 假貸之恩 不可數恃 自今以後
將糾其罰. 二千石長吏其各實覈所傷害 爲除田租芻稾."

16　　八月 辛卯 帝崩. 癸丑 殯於崇德前殿. 太后與兄車騎將軍
騭·虎賁中郎將悝等定策禁中 其夜 使騭持節以王青蓋車迎淸
河王子祐 齋于殿中. 皇太后御崇德殿 百官皆吉服陪位 引拜祐
爲長安侯. 乃下詔 以祐爲孝和皇帝嗣 又作策命. 有司讀策畢
太尉奉上璽綬 卽皇帝位 太后猶臨朝.

17　　詔告司隸校尉·河南尹·南陽太守曰"每覽前代 外戚賓
客濁亂奉公 爲民患苦 咎在執法怠懈 不輒行其罰故也. 今車騎
將軍騭等雖懷敬順之志 而宗門廣大 姻戚不少 賓客姦猾 多干

禁憲 其明加檢敕 勿相容護." 自是親屬犯罪 無所假貸.

18 九月 六州大水.

19 丙寅 葬孝殤皇帝于康陵. 以連遭大水 百姓苦役 方中秘藏
及諸工作事 事減約十分居一.

20 乙亥 殞石于陳留.

21 詔以北地梁慬爲西域副校尉. 慬行至河西 會西域諸國反
攻都護任尙於疏勒 尙上書求救 詔慬將河西四郡羌 · 胡五千
騎馳赴之. 慬未至而尙已得解 詔徵尙還 以騎都尉段禧爲都護
西域長史趙博爲騎都尉. 禧 · 博守他乾城 城小 梁慬以爲不可
固 乃譎說龜茲王白霸 欲入共保其城 白霸許之 吏民固諫 白
霸不聽. 慬旣入 遣將急迎段禧 · 趙博 合軍八九千人. 龜茲吏
民並叛其王 而與溫宿 · 姑墨數萬兵反 共圍城 慬等出戰 大破
之. 連兵數月 胡衆敗走 乘勝追擊 凡斬首萬餘級 獲生口數千
人 龜茲乃定.

22 冬 十月 四州大水 雨雹.

23 淸河孝王慶病篤 上書求葬樊濯宋貴人冢旁. 十二月 甲子
王薨.

24   乙酉 罷魚龍曼延戲.

25   尚書郎南陽樊準以儒風寖衰 上疏曰"臣聞人君不可以不
學. 光武皇帝受命中興 東西誅戰 不遑啓處 然猶投戈講藝 息
馬論道. 孝明皇帝庶政萬機 無不簡心 而垂情古典 游意經藝
每饗射禮畢 正坐自講 諸儒並聽 四方欣欣. 又多徵名儒 布在
廊廟 每讌會則論難衎衎 共求政化 期門・羽林介冑之士 悉通
《孝經》化自聖躬 流及蠻荒 是以議者每稱盛時 咸言永平. 今
學者益少 遠方尤甚 博士倚席不講 儒者競論浮麗 忘寋寋之忠
習諓諓之辭 臣愚以爲宜下明詔 博求幽隱 寵進儒雅 以俟聖上
講習之期." 太后深納其言 詔"公・卿・中二千石各擧隱士・
大儒 務取高行 以勸後進 妙簡博士 必得其人."

❖ 孝安皇帝上 永初 元年(丁未, 107年)

1   春 正月 癸酉朔 赦天下.

2   蜀郡徼外羌內屬.

3   二月 丁卯 分淸河國封帝弟常保爲廣川王.

4   庚午 司徒梁鮪薨.

5 　三月 癸酉 日有食之.

6 　己卯 永昌徼外僬僥種夷陸類等舉種內附.

7 　甲申 葬清河孝王於廣丘 司空・宗正護喪事 儀比東海恭
王.

8 　自和帝之喪 鄧騭兄弟常居禁中 騭不欲久在內 連求還第
太后許之. 夏 四月 封太傅張禹・太尉徐防・司空尹勤・車騎
將軍鄧騭・城門校尉鄧悝・虎賁中郎將鄧弘・黃門郎鄧閶皆爲
列侯 食邑各萬戶 騭以定策功增三千戶 騭及諸弟辭讓不獲 遂
逃避使者 間關詣闕 上疏自陳 至于五六 乃許之.

9 　五月 甲戌 以長樂衛尉魯恭爲司徒. 恭上言“舊制 立秋
乃行薄刑 自永元十五年以來 改用孟夏. 而刺史・太守因以盛
夏徵召農民 拘對考驗 連滯無已. 上逆時氣 下傷農業. 按月令
‘孟夏斷薄刑’者 謂其輕罪已正 不欲令久繫 故時斷之也. 臣愚
以爲今孟夏之制 可從此令 其決獄案考 皆以立秋爲斷.”又奏
“孝章皇帝欲助三正之微 定律著令 斷獄皆以冬至之前. 小吏
不與國同心者 率十一月得死罪賊 不問曲直 便卽格殺 雖有疑
罪 不復讞正. 可令大辟之科 盡冬月乃斷.”朝廷皆從之.

10 　丁丑 詔封北海王睦孫壽光侯普爲北海王.

11 九眞徼外 · 夜郎蠻夷 舉土內屬.

12 西域都護段禧等雖保龜茲 而道路隔塞 檄書不通. 公卿議者以爲"西域阻遠 數有背叛 吏士屯田. 其費無已." 六月 壬戌罷西域都護 遣騎都尉王弘發關中兵迎禧及梁懂 · 趙博 · 伊吾盧 · 柳中屯田吏士而還.

13 初 燒當羌豪東號之子麻奴隨父來降 居于安定. 時諸降羌布在郡縣 皆爲吏民豪右所徭役 積以愁怨. 及王弘西迎段禧 發金城 · 隴西 · 漢陽羌數百千騎與俱 郡縣迫促發遣. 羣羌懼遠屯不還 行到酒泉 頗有散叛 諸郡各發兵邀遮 或覆其廬落 於是勒姐 · 當煎大豪東岸等愈驚 遂同時奔潰. 麻奴兄弟因此與種人俱西出塞 滇零與鍾羌諸種大爲寇掠 斷隴道. 時羌歸附既久 無復器甲 或持竹竿木枝以代戈矛 或負板案以爲楯 或執銅鏡以象兵 郡縣畏懦不能制 丁卯 赦除諸羌相連結謀叛逆者罪.

14 秋 九月 午 太尉徐防以災異 寇賊策免. 三公以災異免 自防始. 辛未 司空尹勤以水雨漂流策免.

    ❖ 仲長統昌言曰

    光武皇帝慍數世之失權 忿強臣之竊命 矯枉過直 政不任下 雖置三公 事歸臺閣. 自此以來 三公之職 備員而

已 然政有不治 猶加譴責. 而權移外戚之家 寵被近習之
豎 親其黨類 用其私人 內充京師 外布州郡 顚倒賢愚 貿
易選擧 疲駑守境 貪殘牧民 撓擾百姓 忿怒四夷 招致乖
叛 亂離斯瘼 怨氣並作 陰陽失和 三光虧缺 怪異數至 蟲
螟食稼 水旱爲災. 此皆戚宦之臣所致然也 反以策讓三
公 至於死·免 乃足爲叫呼蒼天 號咷泣血者矣! 又 中
世之選三公也 務於淸愨謹愼 循常習故者 是乃婦女之檢
柙 鄕曲之常人耳 惡足以居斯位邪! 勢旣如彼 選又如
此 而欲望三公勳立於國家 績加於生民 不亦遠乎! 昔
文帝之於鄧通 可謂至愛 而猶展申徒嘉之志. 夫見任如
此 則何患於左右小臣哉! 至如近世 外戚·宦豎 請託
不行 意氣不滿 立能陷人於不測之禍 惡可得彈正者哉!
曩者任之重而責之輕 今者任之輕而責之重. 光武奪三公
之重 至今而加甚 不假后黨以權 數世而不行 蓋親疏之
勢異也! 今人主誠專委三公 分任責成 而在位病民 擧
用失賢 百姓不安 爭訟不息 天地多變 人物多妖 然後可
以分此罪矣!

15　王午 詔"太僕少府減黃門鼓吹以補羽林士 廐馬非乘輿常
所御者 皆減半食 諸所造作 非供宗廟園陵之用 皆且止."

16　庚寅 以太傅張禹爲太尉 太常周章爲司空.
　大長秋鄭衆·中常侍蔡倫等皆秉勢豫政 周章數進直言 太后

不能用. 初 太后以平原王勝有痼疾 而貪殤帝孩抱 養爲己子
故立焉. 及殤帝崩 羣臣以勝疾非痼 意咸歸之 太后以前不立勝
恐後爲怨 乃迎帝而立之. 周章以衆心不附 密謀閉宮門 誅鄧騭
兄弟及鄭衆 · 蔡倫 劫尚書 廢太后於南宮 封帝爲遠國王而立
平原王. 事覺 冬 十一月 丁亥 章自殺.

17　戊子 敕司隸校尉 · 冀 · 幷二州刺史 "民訛言相驚 棄捐舊
居 老弱相攜 窮困道路. 其各敕所部長吏躬親曉喻 若欲歸本郡
在所爲封長檄 不欲 勿強."

18　十二月 乙卯 以潁川太守張敏爲司空.

19　詔車騎將軍鄧騭 · 征西校尉任尙將五營及諸郡兵五萬人
屯漢陽以備羌.

20　是歲 郡國十八地震 四十一大水 二十八大風 雨雹.

21　鮮卑大人燕荔陽詣闕朝賀. 太后賜燕荔陽王印綬 · 赤車 ·
參駕 令止烏桓校尉所居甯城下 通胡市 因築南 · 北兩部質館.
鮮卑邑落百二十部各遣入質.

1   春 正月 鄧騭至漢陽 諸郡兵未至 鍾羌數千人擊敗騭軍于
冀西 殺千餘人. 梁慬還 至敦煌 逆詔慬留爲諸軍援. 慬至張掖
破諸羌萬餘人 其能脫者十二三 進至姑臧 羌大豪三百餘人詣
慬降 並慰譬 遣還故地.

2   御史中丞樊准以郡國連年水旱 民多飢困 上疏"請令太
官‧尚方‧考功‧上林池籞諸官 實減無事之物 五府調省中都
官吏‧京師作者. 又 被災之郡 百姓彫殘 恐非賑給所能勝贍
雖有其名 終無其實. 可依征和元年故事 遣使持節慰安 尤困乏
者徙置荊‧揚孰郡. 今雖有西屯之役 宜先東州之急."太后從
之. 悉以公田賦與貧民 卽擢准與議郎呂倉並守光祿大夫. 二月
乙丑 遣准使冀州‧倉使兗州稟貸 流民咸得蘇息.

3   夏 旱. 五月 丙寅 皇太后幸雒陽寺及若盧獄錄囚徒. 雒陽
有囚 實不殺人而被考自誣 羸困輿見 畏吏不敢言 將去 擧頭
若欲自訴. 太后察視覺之 卽呼還問狀 具得枉實. 卽時收雒陽
令下獄抵罪. 行未還宮 澍雨大降.

4   六月 京師及郡國四十大水 大風 雨雹.

5   秋 七月 太白入北斗.

6　閏月 辛丑 廣川王常保薨 無子 國除.

7　癸未 蜀郡徼外羌擧士内屬.

8　冬 鄧騭使任尚及從事中郎河内司馬鈞率諸郡兵與滇零等
數萬人戰于平襄 尚軍大敗 死者八千餘人 羌衆遂大盛 朝廷不
能制. 湟中諸縣 粟石萬錢 百姓死亡不可勝數 而轉運難劇. 故
左校令河南龐參先坐法輸作若盧 使其子俊上書曰"方今西州
流民擾動 而徵發不絶 水潦不休 地力不復 重之以大軍 疲之
以遠戍 農功消於轉運 資財竭於徵發 田疇不得墾闢 禾稼不得
收入 搏手困窮 無望來秋 百姓力屈 不復堪命. 臣愚以爲萬里
運糧 遠就羌戎 不若總兵養衆 以待其疲. 車騎將軍騭宜且振旅
留征西校尉任尚 使督涼州士民轉居三輔 休徭役以助其時 止
煩賦以益其財 令男得耕種 女得織紝 然後畜精銳 乘懈沮 出
其不意 攻其不備 則邊民之仇報 奔北之恥雪矣."書奏 會樊
準上疏薦參 太后即擢參於徒中 召拜謁者 使西督三輔諸軍中.
十一月 辛酉 詔鄧騭還師 留任尚屯漢陽爲諸軍節度. 遣使迎拜
騭爲大將軍. 既至 使大鴻臚親迎 中常侍郊勞 王・主以下候望
於道 寵靈顯赫 光震都鄙.

9　滇零自稱天子 於北地招集武都參狼・上郡・西河諸雜種
羌斷隴道 寇鈔三輔 南入益州 殺漢中太守董炳. 梁慬受詔當
屯金城 聞羌寇三輔 即引兵赴擊 轉戰武功・美陽間 連破走之

羌稍退散.

10　十二月 廣漢塞外參狼羌降.

11　是歲 郡國十二地震.

❖ **孝安皇帝上 永初 3年**(己酉, 109年)

1　春 正月 庚子· 皇帝加元服 赦天下.

2　遣騎都尉任仁督諸郡屯兵救三輔. 仁戰數不利 當煎·勒
姐羌攻沒破羌縣 鍾羌攻沒臨洮縣 執隴西南部都尉.

3　三月 京師大饑 民相食. 王辰 公卿詣闕謝 詔"務思變復
以助不逮."

4　王寅 司徒魯恭罷. 恭再在公位 選辟高第至列卿·郡守者
數十人 而門下者生或不蒙薦舉 至有怨望者. 恭聞之 曰"學之
不講 是吾憂也 諸生不有鄉舉者乎!" 終無所言 亦不借之議
論. 學者受業 必窮核問難 道成 然後謝遣之. 學者曰"魯公謝
與議論 不可虛得."

5   夏 四月 丙寅 以大鴻臚九江夏勤爲司徒.

6   三公以國用未足 奏令吏民入錢穀得爲關內侯‧虎賁‧羽林郞‧五官‧大夫‧官府吏‧緹騎‧營士各有差.

7   甲申 清河愍王虎威薨 無子. 五月 丙申 封樂安王寵子延平爲清河王 奉孝王後.

8   六月 漁陽烏桓與右北平胡千餘寇代郡‧上谷.

9   漢人韓琮隨匈奴南單于入朝 旣還 說南單于云“關東水潦 人民飢餓死盡 可擊也.”單于信其言 遂反.

10   秋 七月 海賊張伯路等寇濱海九郡 殺二千石‧令‧長 遣侍御史巴郡龐雄督州郡兵擊之 伯路等乞降 尋復屯聚.

11   九月 鴈門烏桓率衆王無何允與鮮卑大人丘倫等及南匈奴骨都合七千騎寇五原 與太守戰于高渠谷 漢兵大敗.

12   南單于圍中郎將耿种於美稷. 冬 十一月 以大司農陳國何熙行車騎將軍事 中郎將龐雄爲副 將五營及邊郡兵二萬餘人 又詔遼東太守耿夔率鮮卑及諸郡共擊之. 以梁慬行度遼將軍事. 雄‧夔擊南匈奴薁鞬日逐王 破之.

13   十二月 辛酉 郡國九地震.

14   乙亥 有星孛於天苑.

15   是歲 京師及郡國四十一雨水 幷‧涼二州大飢 人相食.

16   太后以陰陽不和 軍旅數興 詔歲終饗遣衛士勿設戲作樂
減逐疫侲子之半.

❖ 孝安皇帝 永初 4年(庚戌, 110年)

1   春 正月 元會 徹樂 不陳充庭車.

2   鄧騭在位 頗能推進賢士 薦何熙‧李郃等列於朝廷 又辟
弘農楊震‧巴郡陳禪等置之幕府 天下稱之. 震孤貧好學 明
《歐陽尙書》通達博覽 諸儒爲之語曰"關西孔子楊伯起."敎授
二十餘年 不答州郡禮命 衆人謂之晚暮 而震志愈篤. 騭聞而
辟之 時震年已五十餘 累遷荊州刺史‧東萊太守. 當之郡 道經
昌邑 故所擧荊州茂才王密爲昌邑令 夜懷金十斤以遺震. 震曰
"故人知君 君不知故人 何也?"密曰"暮夜無知者."震曰"天
知 地知 我知 子知 何謂無知者!"密愧而出. 後轉涿郡太守.
性公廉 子孫常蔬食‧步行 故舊或欲令爲開産業 震不肯 曰

"使後世稱爲淸白吏子孫 以此遺之 不亦厚乎！"

3　　張伯路復攻郡縣 殺吏 黨衆浸盛. 詔遣御史中丞王宗持節發幽·冀諸郡兵合數萬人 徵宛陵令扶風法雄爲靑州刺史 與宗並力討之.

4　　南單于圍耿种數月 梁慬·耿夔擊斬其別將於屬國故城 單于自將迎戰 慬等復破之 單于遂引還虎澤.

5　　丙午 詔減百官及州郡縣奉各有差.

6　　二月 南匈奴寇常山.

7　　滇零遣兵寇褒中 漢中太守鄭勤移屯褒中.
　　任尙軍久出無功 民廢農桑 乃詔尙將吏民還屯長安 罷遣南陽·潁川·汝南吏士.
　　乙丑 初置京兆虎牙都尉於長安 扶風都尉於雍 如西京三輔都尉故事.
　　謁者龐參說鄧騭"徙邊郡不能自存者入居三輔"騭然之 欲棄涼州 幷力北邊. 乃會公卿集議 騭曰"譬若衣敗壞 一以相補 猶有所完 若不如此 將兩無所保."郎中陳國虞詡言於太尉張禹曰"若大將軍之策 不可者三 先帝開拓土宇 劬勞後定 而今憚小費 擧而棄之 此不可一也. 涼州旣棄 卽以三輔爲塞 則園

陵單外 此不可二也. 諺曰‘關西出將 關東出相.’烈士武臣 多
出涼州 士風壯猛 便習兵事. 今羌·胡所以不敢入據三輔爲心
腹之害者 以涼州在後故也. 涼州士民所以推鋒執銳 蒙矢石於
行陳 父死於前 子戰於後 無反顧之心者 爲臣屬於漢故也. 今
推而捐之 割而棄之 民庶安土重遷 必引領而怨曰‘中國棄我於
夷狄！’雖赴義從善之人 不能無恨. 如卒然起謀 因天下之饑
敝 乘海內之虛弱 豪雄相聚 量材立帥 驅氏·羌以爲前鋒 席
卷而東 雖賁·育爲卒 太公爲將 猶恐不足當禦 如此 則函谷
以西 園陵舊京非復漢有 此不可三也. 議者喻以補衣猶有所完
詡恐其疽食侵淫而無限極也！”禹曰“吾意不及此 微子之言
幾敗國事！”詡因說禹“收羅涼土豪傑 引其牧守子弟於朝 令
諸府各辟數人 外以勸厲答其功勤 內以拘致防其邪計.”禹善
其言 更集四府 皆從詡議. 於是辟西州豪桀爲掾屬 拜牧守·長
吏子弟爲郎 以安慰之.

鄧騭由是惡詡 欲以吏法中傷之. 會朝歌賊甯季等數千人攻
殺長吏 屯聚連年 州郡不能禁 乃以詡爲朝歌長. 故舊皆弔之
詡笑曰“事不避難 臣之職也. 不遇槃根錯節 無以別利器 此乃
吾立功之秋也.”始到 謁河內太守馬稜. 稜曰“君儒者 當謀謨
廟堂 乃在朝歌 甚爲君憂之.”詡曰“此賊犬羊相聚 以求溫飽
耳 願明府不以爲憂.”稜曰“何以言之？”詡曰“朝歌者 韓·
魏之郊 背太行 臨黃河 去敖倉不過百里 而青·冀之民流亡萬
數 賊不知開倉招衆 劫庫兵 守成皋 斷天下右臂 此不足憂也.
今其衆新盛 難與爭鋒 兵不厭權 願寬假轡策 勿令有所拘閡而

已." 及到官 設三科以募求壯士 自掾史以下各舉所知 其攻劫
者爲上 傷人偷盜者次之 不事家業者爲下 收得百餘人 詡爲饗
會 悉責其罪 使入賊中誘令劫掠 乃伏兵以待之 遂殺賊數百人.
又潛遣貧人能縫者傭作賊衣 以采線縫其裾 有出市里者 吏輒
禽之. 賊由是駭散 咸稱神明 縣境皆平.

8   三月 何熙軍到五原曼柏 暴疾 不能進 遣龐雄與梁慬‧耿
种將步騎萬六千人攻虎澤 連營稍前. 單于見諸軍並進 大恐怖
顧讓韓琮曰"汝言漢人死盡 今是何等人也！"乃遣使乞降 許
之. 單于脫帽徒跣 對龐雄等拜陳 道死罪. 於是赦之 遇待如初
乃還所鈔漢民男女及羌所略轉賣入匈奴中者合萬餘人. 會熙卒
卽拜梁慬度遼將軍. 龐雄還 爲大鴻臚.

9   先零羌復寇褒中 鄭勤欲擊之 主簿段崇諫 以爲"虜乘勝
鋒不可當 宜堅守待之."勤不從 出戰 大敗 死者三千餘人 段
崇及門下史王宗‧原展以身扞刃 與勤俱死. 徙金城郡居襄武.

10   戊子 杜陵園火.

11   癸巳 郡國九地震.

12   夏 四月 六州蝗.

13　丁丑 赦天下.

14　王宗‧法雄與張伯路連戰 破走之. 會赦到 賊以軍未解甲
不敢歸降. 王宗召刺史太守共議 皆以爲當遂擊之 法雄曰“不
然. 兵凶器 戰危事 勇不可恃 勝不可必. 賊若乘船浮海 深入遠
島 攻之未易也. 及有赦令 可且罷兵以慰誘其心 勢必解散 然
後圖之 可不戰而定也.”宗善其言 卽罷兵. 賊聞 大喜 乃還所
略人 而東萊郡兵獨未解甲 賊復驚恐 遁走遼東 止海島上.

15　秋 七月 乙酉 三郡大水.

16　騎都尉任仁與羌戰累敗 而兵士放縱 檻車徵詣延尉 死. 護
羌校尉段禧卒 復以前校尉侯霸代之 移居張掖.

17　九月 甲申 益州郡地震.

18　皇太后母新野君病 太后幸其第 連日宿止 三公上表固爭
乃還宮. 冬 十月 甲戌 新野君薨 使司空護喪事 儀比東海恭
王. 鄧騭等乞身行服 太后欲不許 以問曹大家 大家上疏曰“妾
聞謙讓之風 德莫大焉. 今四舅深執忠孝 引身自退 而以方垂未
靜 拒而不許 如後有毫毛加於今日 誠恐推讓之名不可再得.”
太后乃許之. 乃服除 詔騭復還輔朝政 更授前封 騭等叩頭固讓
乃止. 於是並奉朝請 位次三公下 特進‧侯上 其有大議 乃詣

朝堂 與公卿參謀.

19　太后詔陰后家屬皆歸故郡 還其資財五百餘萬.

❖ 孝安皇帝 永初 5年(辛亥, 111年)

1　春 正月 庚辰朔 日有食之.

2　丙戌 郡國十地震.

3　己丑 太尉張禹免. 甲申 以光祿勳潁川李脩爲太尉.

4　先零羌寇河東 至河內 百姓相驚 多南奔渡河 使北軍中候朱寵將五營士屯孟津 詔魏郡·趙國·常山·中山繕作塢候六百一十六所. 羌旣轉盛 而緣邊二千石·令·長多內郡人 並無守戰意 皆爭上徙郡縣以避寇難. 三月 詔隴西徙襄武 安定徙美陽 北地徙池陽 上郡治衙. 百姓戀土 不樂去舊 遂乃刈其禾稼 發徹室屋 夷營壁 破積聚. 時連旱蝗饑荒 而驅蹴劫掠 流離分散 隨道死亡 或棄捐老弱 或爲人僕妾 喪其太半. 復以任尙爲侍御史 擊羌於上黨羊頭山 破之 乃罷孟津屯.

5　夫餘王寇樂浪. 高句驪王宮與濊貊寇玄菟.

6   夏 閏四月 丁酉 赦涼州·河西四郡.

7   海賊張伯路復寇東萊 靑州刺史法雄擊破之 賊逃還遼東
遼東人李久等共斬之 於是州界淸靜.

8   秋 九月 漢陽人杜琦及弟季貢·同郡王信等與羌通謀 聚
衆據上邽城. 冬 十二月 漢陽太守趙博遣客杜習刺殺琦 封習討
姦侯. 杜季貢·王信等將其衆據樗泉營.

9   是歲 九州蝗 郡國八雨水.

❖ **孝安皇帝 永初 6年(壬子, 112年)**

1   春 正月 甲寅 詔曰"凡供薦新味 多非其節 或鬱養強孰
或穿掘萌牙 味無所至而夭折生長 豈所以順時育物乎!《傳》曰
'非其時不食.'自今當奉祠陵廟及給御者 皆須時乃上."凡所
省二十三種.

2   三月 十州蝗.

3   夏 四月 乙丑 司空張敏罷. 己卯 以太常劉愷爲司空.

4　詔建武元功二十八將皆紹封.

5　五月 旱.

6　丙寅 詔令中二千石下至黃綬 一切復秩.

7　六月 壬辰 豫章員谿原山崩.

8　辛巳 赦天下.

9　侍御史唐喜討漢陽賊王信 破斬之. 杜季貢亡 從滇零. 是歲 滇零死 子零昌立 年尙少 同種狼莫爲其計策 以季貢爲將軍 別居丁奚城.

❖ 孝安皇帝 永初 7年(癸丑. 113年)

1　春 二月 丙午 郡國十八地震.

2　夏 四月 乙未 平原懷王勝薨 無子 太后立樂安夷王寵子得爲平原王.

3　丙申晦 日有食之.

4 秋 護羌校尉侯霸‧騎都尉馬賢擊先零別部牢羌於安定 獲
首虜千人.

5 蝗.

❖ 孝安皇帝 元初 元年(甲寅, 114年)

1 春 正月 甲子 改元.

2 二月 乙卯 日南地坼 長百餘里.

3 三月 癸亥 日有食之.

4 詔遣兵屯河內通谷衝要三十六所 皆爲塢壁 設鳴鼓 以備
羌寇.

5 夏 四月 丁酉 赦天下.

6 京師及郡國五旱 蝗.

7 五月 先零羌寇雍城.

8   蜀郡夷寇蠶陵 殺縣令.

9   九月 乙丑 太尉李脩罷.

10   羌豪號多與諸種鈔掠武都‧漢中‧巴郡 板楯蠻救之 漢中
五官掾程信率郡兵與蠻
     共擊破之. 號多走還 斷隴道 與零昌合 侯霸‧馬賢與戰於枹
罕 破之.

11   辛未 以大司農山陽司馬苞爲太尉.

12   冬 十月 戊子朔 日有食之.

13   涼州刺史皮楊擊羌於狄道 大敗 死者八百餘人.

14   是歲 郡國十五地震.

❖ 孝安皇帝 元初 2年(乙卯, 115年)

1   春 護羌校尉龐參以恩信招誘諸羌 號多等帥衆降 參遣詣
闕 賜號多侯印 遣之. 參始還治令居 通河西道.

2　零昌分兵寇益州 遣中郎將尹就討之.

3　夏 四月 丙午 立貴人滎陽閻氏爲皇后. 后性妬忌 後宮李氏生皇子保 後鴆殺李氏.

4　五月 京師旱 河南及郡國十九蝗.

5　六月 丙戌 太尉司馬苞薨.

6　秋 七月 辛巳 以太僕泰山馬英爲太尉.

7　八月 遼東鮮卑圍無慮 九月 又攻夫犂營 殺縣令.

8　壬午晦 日有食之.

9　尹就擊羌黨呂叔都等 蜀人陳省 · 羅橫應募刺殺叔都 皆封侯 賜錢.

10　詔屯騎校尉班雄屯三輔. 雄 超之子也. 以左馮翊司馬鈞行征西將軍 督關中諸郡兵八千餘人. 龐參將羌 · 胡兵七千餘人與鈞分道並擊零昌. 參兵至勇士東 爲杜季貢所敗 引退. 鈞等獨進 攻拔丁奚城 杜季貢率衆僞逃. 鈞令右扶風仲光等收羌禾稼 光等違鈞節度 散兵深入 羌乃設伏要擊之 鈞在城中 怒而

不救. 冬 十月 乙未 光等兵敗 並沒 死者三千餘人 鈞乃遁還.
龐參旣失期 稱病引還. 皆坐徵 下獄 鈞自殺. 時度遼將軍梁懂
亦坐事抵罪. 校書郞中扶風馬融上書稱參・懂智能 宜宥過責
效 詔赦參等. 以馬賢代參領護羌校尉 復以任尙爲中郞將 代班
雄屯三輔.

懷令虞詡說尙曰"兵法 弱不攻強 走不逐飛 自然之勢也. 今
虜皆馬騎 日行數百里 來如風雨 去如絶弦 以步追之 勢不相
及 所以雖屯兵二十餘萬 曠日而無功也. 爲使君計 莫如罷諸
郡兵 各令出錢數千 二十人共市一馬 以萬騎之衆 逐數千之虜
追尾掩截 其道自窮. 便民利事 大功立矣."尙卽上言 用其計
遣輕騎擊杜季貢於丁奚城 破之.

太后聞虞詡有將帥之略 以爲武都太守 羌衆數千遮詡於陳倉
崤谷 詡卽停軍不進 而宣言"上書請兵 須到當發."羌聞之 乃
分鈔傍縣. 詡因其兵散 日夜進道 兼行百餘里 令吏士各作兩
竈 日增倍之 羌不敢逼. 或問曰"孫臏減竈而君增之 兵法日行
不過三十里 以戒不虞 而今日且二百里 何也？"詡曰"虜衆多
吾兵少 徐行則易爲所及 速進則彼所不測. 虜見吾竈日增 必謂
郡兵來迎 衆多行速 必憚追我. 孫臏見弱 吾今示強 勢有不同
故也."旣到郡 兵不滿三千 而羌衆萬餘 攻圍赤亭數十日. 詡
乃令軍中 強弩勿發 而潛發小弩 羌以爲矢力弱 不能至 並兵
急攻. 詡於是使二十強弩共射一人 發無不中 羌大震 退. 詡因
出城奮擊 多所傷殺. 明日 悉陳其兵衆 令從東郭門出 北郭門
入 貿易衣服 回轉數周 羌不知其數 更相恐動. 詡計賊當退 乃

潛遣五百餘人於淺水設伏 候其走路 虜果大奔 因掩擊 大破之
斬獲甚衆 賊由是敗散. 詡乃占相地勢 築營壁百八十所 招還
流亡 假賑貧民 開通水運. 詡始到郡 穀石千 鹽石八千 見戶萬
三千 視事三年 米石八十 鹽石四百 民增至四萬餘戶 人足家
給 一郡遂安.

11　十一月 庚申 郡國十地震.

12　十二月 武陵澧中蠻反 州郡討平之.

13　己酉 司徒夏勤罷.

14　庚戌 以司空劉愷爲司徒 光祿勳袁敞爲司空. 敞 安之子
也.

15　前虎賁中郎將鄧弘卒. 弘性儉素 治《歐陽尙書》授帝禁中.
有司奏贈弘驃騎將軍 位特進 封西平侯. 太后追弘雅意 不加
贈位・衣服 但賜錢千萬 布萬匹 兄騭等復辭不受. 詔封弘子廣
德爲西平侯. 將葬 有司復奏發五營輕車騎士 禮儀如霍光故事.
太后皆不聽 但白蓋雙騎 門生輓送. 後以帝師之重 分西平之都
鄉 封廣德弟甫德爲都鄉侯. ✽

資治通鑑 卷050

【漢紀四十二】

起柔兆執徐(丙辰) 盡閼逢困敦(甲子) 凡九年.

❖ **孝安皇帝 元初 3年(丙辰, 116年)**

1 　春 正月 蒼梧 · 鬱林 · 合浦蠻夷反 二月 遣侍御史任逴督
州郡兵討之.

2 　郡國十地震.

3 　三月 辛亥 日有食之.

4 　夏 四月 京師旱.

5 　五月 武陵蠻反 州郡討破之.

6 　癸酉 度遼將軍鄧遵率南單于擊零昌於靈州 斬首八百餘

級.

7   越巂徼外夷舉種內屬.

8   六月 中郎將任尙遣兵擊破先零羌於丁奚城.

9   秋 七月 武陵蠻復反 州郡討平之.

10   九月 築馮翊北界候塢五百所以備羌.

11   冬 十一月 蒼梧·鬱林·合浦蠻夷降.

12   舊制 公卿·二千石·刺史不得行三年喪 司徒劉愷以爲
"非所以師表百姓 宣美風俗."丙戌 初聽大臣行三年喪.

13   癸卯 郡國九地震.

14   十二月 丁巳 任尙遣兵擊零昌於北地 殺其妻子 燒其廬舍
斬首七百餘級.

❖ 孝安皇帝 元初 4年(丁巳, 117年)

1 春 二月 乙巳朔 日有食之.

2 乙卯 赦天下.

3 壬戌 武庫災.

4 任尙遣當闐種羌榆鬼等刺殺杜季貢 封榆鬼爲破羌侯.

5 司空袁敞 廉勁不阿權貴 失鄧氏旨. 尙書郎張俊有私書與
敞子俊 怨家封上之. 夏 四月 戊申 敞坐策免 自殺 俊等下獄
當死. 俊上書自訟 臨刑 太后詔以減死論.

6 己巳 遼西鮮卑連休等入寇 郡兵與烏桓大人於秩居等共擊
大破之 斬首千三百級.

7 六月 戊辰 二郡雨雹.

8 尹就坐不能定益州 徵抵罪 以益州刺史張喬領其軍屯 招
誘叛羌 稍稍降散.

9 秋 七月 京師及郡國十雨水.

10 九月 護羌校尉任尙復募效功種羌號封刺殺零昌 封號封爲

羌王.

11 冬 十一月 己卯 彭城靖王恭薨.

12 越巂夷以郡縣賦斂煩數 十二月 大牛種封離等反 殺遂久令.

13 甲子 任尙與騎都尉馬賢共擊先零羌狼莫 追至北地 相持六十餘日 戰於富平河上 大破之 斬首五千級 狼莫逃去. 於是西河虔人種羌萬人詣鄧遵降 隴右平.

14 是歲 郡國十三地震.

❖ **孝安皇帝 元初 5年(戊午, 118年)**

1 春 三月 京師及郡國五旱.

2 夏 六月 高句驪與濊貊寇玄菟.

3 永昌·益州·蜀郡夷皆叛應封離 衆至十餘萬 破壞二十餘縣 殺長吏 焚掠百姓 骸骨委積 千里無人.

4　秋 八月 丙申朔 日有食之.

5　代郡鮮卑入寇 殺長吏 發緣邊甲卒・黎陽營兵屯上谷以備
之. 冬 十月 鮮卑寇上谷 攻居庸關 復發緣邊諸郡黎陽營兵・
積射士步騎二萬人屯列衝要.

6　鄧遵募上郡全無種羌雕何刺殺狼莫 封雕何爲羌侯. 自羌
叛十餘年間 軍旅之費 凡用二百四十餘億 府帑空竭 邊民及內
郡死者不可勝數 幷・涼二州遂至虛耗. 及零昌・狼莫死 諸羌
瓦解 三輔・益州無復寇警. 詔封鄧遵爲武陽侯 邑三千戶. 遵
以太后從弟 故爵封優大. 任尙與遵爭功 又坐詐增首級・受賕
枉法贓千萬已上 十二月 檻車徵尙 棄市 沒入財物. 鄧騭子侍
中鳳嘗受尙馬 騭髡妻及鳳以謝罪.

7　是歲 郡國十四地震.

8　太后弟悝・閶皆卒 封悝子廣宗爲葉侯 閶子忠爲西華侯.

❖ 孝安皇帝 元初 6年(己未, 119年)

1　春 二月 乙巳 京師及郡國四十二地震.

2　夏 四月 沛國 · 勃海大風 雨雹.

3　五月 京師旱.

4　六月 丙戌 平原哀王得薨 無子.

5　秋 七月 鮮卑寇馬城塞 殺長吏 度遼將軍鄧遵及中郎將馬
續率南單于追擊 大破之.

6　九月 癸巳 陳懷王竦薨 無子 國除.

7　冬 十二月 戊午朔 日有食之 既.

8　郡國八地震.

9　是歲 太后和徵和帝弟濟北王壽 · 河間王開子男女年五歲
以上四十餘人 及鄧氏近親子孫三十餘人 並爲開邸第 教學經
書 躬自監試. 詔從兄河南尹豹 · 越騎校尉康等曰 "末世貴戚
食祿之家 溫衣美飯 乘堅驅良 而面牆術學 不識臧否 斯故禍
敗所從來也."

10　豫章有芝草生 太守劉祗欲上之 以問郡人唐檀 檀曰 "方
今外戚豪盛 君道微弱 斯豈嘉瑞乎！" 祗乃止.

11   益州刺史張喬遣從事楊竦將兵至楪榆 擊封離等 大破之 斬首三萬餘級 獲生口千五百人. 封離等惶怖 斬其同謀渠帥 詣竦乞降. 竦厚加慰納 其餘三十六種皆來降附. 竦因奏長吏姦猾侵犯蠻夷者九十人 皆減死論.

12   初 西域諸國旣絕於漢 北匈奴復以兵威役屬之 與共爲邊寇. 敦煌太守曹宗患之 乃上遣行長史索班將千餘人屯伊吾以招撫之. 於是車師前王及鄯善王復來降.

13   初 疏勒王安國死 無子 國人立其舅子遺腹爲王 遺腹叔父臣磐在月氏 月氏納而立之. 後莎車畔于寶 屬疏勒 疏勒遂強 與龜玆 · 于寶爲敵國焉.

❖ 孝安皇帝 永寧 元年(庚申, 120年)

1   春 三月 丁酉 濟北惠王壽薨.

2   北匈奴率車師後王軍就共殺後部司馬及敦煌長史索班等 遂擊走其前王 略有北道. 鄯善逼急 求救於曹宗 宗因此請出兵五千人擊匈奴 以報索班之恥 因復取西域 公卿多以爲宜閉玉門關 絕西域. 太后聞軍司馬班勇有父風 召詣朝堂問之. 勇上議曰 "昔孝武皇帝患匈奴強盛 於是開通西域 論者以爲奪匈奴

府藏 斷其右臂. 光武中興 未遑外事 故匈奴負強 驅率諸國 及
至永平 再攻敦煌 · 河西諸郡 城門晝閉. 孝明皇帝深惟廟策 乃
命虎臣出征西域 故匈奴遠遁 邊境得安 及至永元 莫不內屬.
會間者羌亂 西域復絶 北虜遂遣責諸國 備其逋租 高其價直
嚴以期會 鄯善 · 車師皆懷憤怨 思樂事漢 其路無從 前所以時
有叛者 皆由牧養失宜 還爲其害故也. 今曹宗徒恥於前負 欲報
雪匈奴 而不尋出兵故事 未度當時之宜也. 夫要功荒外 萬無一
成. 若兵連禍結 悔無所及. 況今府藏未充 師無後繼 是示弱於
遠夷 暴短於海內 臣愚以爲不可許也. 舊敦煌郡有營兵三百人
今宜復之 復置護西域副校尉 居於敦煌 如永元故事 又宜遣西
域長史將五百人屯樓蘭 西當焉耆 · 龜茲徑路 南強鄯善 · 于窴
心膽 北扞匈奴 東近敦煌 如此誠便."

尚書復問勇 "利害雲何？" 勇對曰 "昔永平之末 始通西域
初遣中郎將居敦煌 後置副校於車師 既爲胡虜節度 又禁漢人
不得有所侵擾 故外夷歸心 匈奴畏威. 今鄯善王尤還 漢人外孫
若匈奴得志 則尤還必死. 此等雖同鳥獸 亦知避害 若出屯樓蘭
足以招附其心 愚以爲便."

長樂衛尉鐔顯 · 廷尉綦毋參 · 司隷校尉崔據難曰 "朝廷前
所以棄西域者 以其無益於中國 而費難供也. 今車師已屬匈奴
鄯善不可保信 一旦反覆 班將能保北虜不爲邊害乎？" 勇對曰
"今中國置州牧者 以禁郡縣姦猾盜賊也. 若州牧能保盜賊不起
者 臣亦願以要斬保匈奴之不爲邊害也. 今通西域則虜勢必弱
虜勢弱則爲患微矣 孰與歸其府藏 續其斷臂哉？今置校尉以扞

撫西域 設長史以招懷諸國 若棄而不立 則西域望絶 望絶之後
屈就北虜 緣邊之郡將受困害 恐河西城門必須復有晝閉之儆
矣! 今不廓開朝廷之德而拘屯戍之費 若此 北虜遂熾 豈安邊
久長之策哉!"

太尉屬毛軫難曰"今若置校尉 則西域駱驛遣使 求索無厭
與之則費難供 不與則失其心 一旦爲匈奴所迫 當復求救 則爲
役大矣."勇對曰"今設以西域歸匈奴 而使其恩德大漢 不爲鈔
盜 則可矣. 如其不然 則因西域租入之饒 兵馬之衆 以擾動緣
邊 是爲富仇讎之財 增暴夷之勢也. 置校尉者 宣威布德 以系
諸國內向之心而疑匈奴覬覦之情 而無費財耗國之慮也. 且西
域之人 無他求索 其來入者不過稟食而已 今若拒絶 勢歸北屬
夷虜 幷力以寇幷・涼 則中國之費不止十億. 置之誠便."

於是從勇議 復敦煌郡營兵三百人 置西域副校尉居敦煌 雖
復羈縻西域 然亦未能出屯. 其後匈奴果數與車師共入寇鈔 河
西大被其害.

3 沈氐羌寇張掖.

4 夏 四月 丙寅 立皇子保爲太子 改元 赦天下.

5 己巳 紹封陳敬王子崇爲陳王 濟北惠王子萇爲樂成王 河
間孝王子翼爲平原王.

6 六月 護羌校尉馬賢將萬人討沈氐羌於張掖 破之 斬首千八百級 獲生口千餘人 餘虜悉降. 時當煎等大豪飢五等 以賢兵在張掖 乃乘虛寇金城 賢還軍出塞 斬首數千級而還. 燒當‧燒何種聞賢軍還 復寇張掖 殺長吏.

7 秋 七月 乙酉朔 日有食之.

8 冬 十月 己巳 司空李郃免. 癸酉 以衛尉廬江陳襃爲司空.

9 京師及郡國三十三大水.

10 十二月 永昌徼外撣國王雍曲調遣使者獻樂及幻人.

11 戊辰 司徒劉愷請致仕 許之 以千石祿歸養.

12 遼西鮮卑大人烏倫‧其至鞬各以其衆詣度遼將軍鄧遵降.

13 癸酉 以太常楊震爲司徒.

14 是歲 郡國二十三地震.

15 太后從弟越騎校尉康 以太后久臨朝政 宗門盛滿 數上書太后 以爲宜崇公室 自損私權 言甚切至 太后不從. 康謝病不

朝 太后使內侍者問之 所使者乃康家先婢 自通"中大人"康聞
而詬之. 婢怨恚 還 白康詐疾而言不遜. 太后大怒 免康官 遣歸
國 絶屬籍.

16   初 當煎種羌 五同種大豪盧忽‧忍良等千餘戶別留允街
而首施兩端.

❖ 孝安皇帝 建光 元年(辛酉, 121年)

1   春 護羌校尉馬賢召盧忽 斬之 因放兵擊其種人 獲首虜
二千餘 忍良等皆亡出塞.

2   幽州刺史巴郡馮煥‧玄菟太守姚光‧遼東太守蔡諷等將
兵擊高句驪 高句麗王宮遣嗣子遂成詐降 而襲玄菟‧遼東 殺
傷二千餘人.

3   二月 皇太后寢疾 癸亥 赦天下. 三月 癸巳 皇太后鄧氏崩.
未及大斂 帝復申前命 封鄧騭爲上蔡侯 位特進.
    丙午 葬和熹皇后.
    太后自臨朝以來 水旱十載 四夷外侵 盜賊內起 每聞民饑 或
達旦不寐 躬自減徹以救災戹 故天下復平 歲還豐穰.
    上始親政事 尙書陳忠薦隱逸及直道之士潁川杜根‧平原成

翊世之徒 上皆納用之. 忠 寵之子也. 初 鄧太后臨朝 根爲郞中
與同時郞上書言"帝年長 宜親政事." 太后大怒 皆令盛以縑囊
於殿上撲殺之 旣而載出城外 根得蘇 太后使人檢視 根遂詐死
三日 目中生蛆 因得逃竄 爲宜城山中酒家保 積十五年 成翊
世以郡吏亦坐諫太后不歸政抵罪 帝皆徵詣公車 拜根侍御史
翊世尙書郞. 或問根曰"往者遇禍 天下同義 知故不少 何至自
苦如此？"根曰"周旋民間 非絶跡之處 邂逅發露 禍及親知
故不爲也."

4　戊申 追尊淸河孝王曰孝德皇 皇妣左氏曰孝德后 祖妣宋
貴人曰敬隱后. 初 長樂太僕蔡倫受竇后諷旨誣陷宋貴人 帝敕
使自致延尉 倫飮藥死.

5　夏 四月 高句麗復與鮮卑入寇遼東 蔡諷追擊於新昌 戰歿.
功曹掾龍端 · 兵馬掾公孫酺以身扞諷 俱沒於陳.

6　丁巳 尊帝嫡母耿姬爲甘陵大貴人.

7　甲子 樂成王萇坐驕淫不法 貶爲蕪湖侯.

8　己巳 令公卿下至郡國守相各舉有道之士一人. 尙書陳忠
以詔書旣開諫爭 慮言事者必多激切 或致不能容 乃上疏豫通
廣帝意曰"臣聞仁君廣山藪之大 納切直之謀 忠臣盡謇諤之節

不畏逆耳之害 是以高祖舍周昌桀·紂之譬 孝文喜袁盎人豕之
譏 武帝納東方朔宣室之正 元帝容薛廣德自刎之切. 今明詔崇
高宗之德 推宋景之誠 引咎克躬 諮訪羣吏. 言事者見杜根·成
翊世等新蒙表錄 顯列二臺 必承風響應 爭爲切直. 若嘉謀異策
宜輒納用 如其管穴 妄有譏刺 雖苦口逆耳 不得事實 且優游
寬容 以示聖朝無諱之美 若有道之士對問高者 宜垂省覽 特遷
一等 以廣直言之路."書御 有詔 拜有道高第士沛國施延爲侍
中.

　初 汝南薛包 少有至行 父娶後妻而憎包 分出之. 包日夜號
泣 不能去 至被毆扑 不得已 廬於舍外 旦入洒掃. 父怒 又逐
之 乃廬於里門 昏晨不廢. 積歲餘 父母慚而還之. 及父母亡 弟
子求分財異居. 包不能止 乃中分其財 奴婢引其老者 曰"與我
共事久 若不能使也."田廬取其荒頓者 曰"吾少時所治 意所
戀也."器物取朽敗者 曰"我素所服食 身口所安也."弟子數破
其産 輒復賑給. 帝聞其名 令公車特徵 至 拜侍中. 包以死自乞
有詔賜告歸 加禮如毛義.

9　　帝少號聰明 故鄧太后立之. 及長 多不德 稍不可太后意
帝乳母王聖知之. 太后徵濟北·河間王子詣京師 河間王子翼
美容儀 太后奇之 以爲平原懷王後 留京師. 王聖見太后久不歸
政 慮有廢置 常與中黃門李閏·江京候伺左右 共毀短太后於
帝 帝每懷忿懼. 及太后崩 宮人先有受罰者懷怨恚 因誣告太后
兄弟悝·弘·閶先從尚書鄧訪取廢帝故事 謀立平原王. 帝聞

追怒 今有司奏悝等大逆無道 遂廢西平侯廣宗・葉侯廣德・西華侯忠・陽安侯珍・都鄉侯甫德皆爲庶人 鄧騭以不與謀 但免特進 遣就國 宗族免官歸故郡 沒入騭等貲財田宅. 徙鄧訪及家屬於遠郡 郡縣逼迫 廣宗及忠皆自殺. 又徙封騭爲羅侯 五月庚辰 騭與子鳳並不食而死. 騭從弟河南尹豹・度遼將軍舞陽侯遵・將作大匠暢皆自殺 唯廣德兄弟以母與閻后同產 得留京師. 復以耿夔爲度遼將軍 徵樂安侯鄧康爲太僕. 丙申 貶平原王翼爲都鄉侯 譴歸河間. 翼謝絶賓客 閉門自守 由是得免.

初 鄧后之立也 太尉張禹・司徒徐防欲與司空陳寵共奏追封后父訓 寵以先世無奏請故事 爭之 連日不能奪 及訓追加封諡 禹・防復約寵俱遣子奏禮於虎賁中郞將騭 寵不從 故寵子忠不得志於鄧氏. 騭等敗 忠爲尙書 數上疏陷成其惡.

大司農京兆朱寵痛騭無罪遇禍 乃肉袒輿櫬上疏曰 "伏惟和熹皇后聖善之德 爲漢文母. 兄弟忠孝 同心憂國 社稷是賴. 功成身退 讓國遜位 歷世貴戚 無與爲比 當享積善履謙祐. 而橫爲宮人單辭所陷 利口傾險 反亂國家 罪無申證 獄不訊鞫 遂令騭等罹此酷陷 一門七人 並不以命 尸骸流離 冤魂不反 逆天感人 率土喪氣. 宜收還冢次 寵樹遺孤 奉承血祀 以謝亡靈." 寵知其言切 自致廷尉 陳忠復劾奏寵 詔免官歸田里. 衆庶多爲騭稱枉者 帝意頗悟 乃譴讓州郡 還葬騭等於北芒 諸從昆弟皆得歸京師.

10　帝以耿貴人兄牟平侯寶監羽林左軍車騎 封宋楊四子皆爲

列侯 宋氏爲卿·校·侍中大夫·謁者·郎吏十餘人 閻皇后兄弟顯·景·耀 並爲卿·校 典禁兵. 於是內寵始盛.

帝以江京嘗迎帝於邸 以爲京功 封都鄕侯 封李閏爲雍鄕侯 閏·京並遷中常侍 京兼大長秋 與中常侍樊豐·黃門令劉安·鉤盾令陳達及王聖·聖女伯榮扇動內外 競爲侈虐 伯榮出入宮掖 傳通姦賂. 司徒楊震上疏曰"臣聞政以得賢爲本 治以去穢爲務 是以唐·虞俊乂在官 四凶流放 天下咸服 以致雍熙. 方今九德未事 嬖倖充庭. 阿母王聖 出自賤微 得遭千載 奉養聖躬 雖有推燥居濕之勤 前後賞惠 過報勞苦 而無厭之心不知紀極 外交屬託 擾亂天下 損辱淸朝 塵點日月. 夫女子·小人 近之喜 遠之怨 實爲難養. 宜速出阿母 令居外舍 斷絕伯榮 莫使往來 令恩德兩隆 上下俱美."奏御 帝以示阿母等 內幸皆懷忿恚.

而伯榮驕淫尤甚 通於故朝陽侯劉護從兄瓌 瓌遂以爲妻 官至侍中 得襲護爵. 震上疏曰"經制 父死子繼 兄亡弟及 以防簒也. 伏見詔書 封故朝陽侯劉護再從兄瓌襲護爵爲侯 護同產弟威 今猶見在. 臣聞天子專封 封有功 諸侯專爵 爵有德. 今瓌無他功行 但以配阿母女 一時之間 旣位侍中 又至封侯 不稽舊制 不合經義 行人諠譁 百姓不安. 陛下宜鑒鏡旣往 順帝之則."尙書廣陵翟酺上疏曰"昔竇·鄧之寵 傾動四方 兼官重紱 盈金積貨 至使議弄神器 改更社稷 豈不以勢尊威廣以致斯患乎！ 及其破壞 頭顙墮地 願爲孤豚 豈可得哉！夫致貴無漸 失必暴 受爵非道 殃必疾. 今外戚寵幸 功均造化 漢元以來未

有等比. 陛下誠仁恩周洽 以親九族 然祿去公室 政移私門 覆車重尋 寧無摧折！ 此最安危之極戒 社稷之深計也. 昔文帝愛百金於露臺 飾帷帳於皂囊 或有譏其儉者 上曰 '朕爲天下守財耳 豈得妄用之哉！' 今自初政已來 日月未久 費用賞賜 已不可算. 斂天下之財 積無功之家 帑藏單盡 民物彫傷 卒有不虞 復當重賦 百姓怨叛旣生 危敵可待也. 願陛下勉求忠貞之臣 誅遠佞諂之黨 割情慾之歡 罷宴私之好 心存亡國所以失之 鑒觀興王所以得之 庶災害可息 豐年可招矣." 書奏 皆不省.

11　秋 七月 己卿 改元 赦天下.

12　壬寅 太尉馬英薨.

13　燒當羌忍良等 以麻奴兄弟本燒當世嫡 而校尉馬賢撫恤不至 常有怨心 遂相結 共脅將諸種寇湟中 攻金城諸縣. 八月 賢將先零種擊之 戰於牧苑 不利. 麻奴等又敗武威‧張掖郡兵於令居 因脅將先零‧沈氏諸種四千餘戶緣山西走 寇武威. 賢追到鸞鳥 招引之 諸種降者數千 麻奴南還湟中.

14　甲子 以前司徒劉愷爲太尉. 初 淸河相叔孫光坐臧抵罪 遂增禁錮二世. 至是 居延都尉范邠復犯臧罪 朝廷欲依光比 劉愷獨以《春秋》之義 善善及子孫 惡惡止其身 所以進人於善也. 如今使臧吏禁錮子孫 以輕從重 懼及善人 非先王詳刑之意

也."尚書陳忠亦以爲然. 有詔"太尉議是."

15　　鮮卑其至鞬寇居庸關. 九月 雲中太守成嚴擊之 兵敗 功曹
楊穆以身捍嚴 與之俱歿 鮮卑於是圍烏桓校尉徐常於馬城. 度
遼將軍耿夔與幽州刺史龐參發廣陽·漁陽·涿郡甲卒救之 鮮
卑解去.

16　　戊子 帝幸衛尉馮石府 留飲十許日 賞賜甚厚 拜其子世爲
黃門侍郎 世弟二人皆爲郎中. 石 陽邑侯魴之孫也 父柱尚顯宗
女獲嘉公主 石襲公主爵 爲獲嘉侯 能取悅當世 故爲帝所寵.

17　　京師及郡國二十七雨水.

18　　冬 十一月 己丑 郡國三十五地震.

19　　鮮卑寇玄菟.

20　　尚書令祋諷等奏 以爲"孝文皇定約禮之制 光武皇帝絶告
寧之典 貽則萬世 誠不可改 宜復斷大臣行三年喪."尚書陳忠
上疏曰"高祖受命 蕭何創制 大臣有寧告之科 合於致憂之義.
建武之初 新承大亂 凡諸國政 多趣簡易 大臣既不得告寧而羣
司營祿念私 鮮循三年之喪以報顧復之恩者 禮義之方 實爲彫
損. 陛下聽大臣終喪 聖功美業 靡以尚茲.《孟子》有言 '老吾

老 以及人之老 幼吾幼 以及人之幼 天下可運如掌.'臣願陛下
登高北望 以甘陵之思揆度臣子之心 則海內咸得其所."時宦
官不便之 竟寢忠奏. 庚子 復斷二千石以上行三年喪.

❖ 袁宏論曰

　古之帝王所以篤化美俗 率民爲善 因其自然而不奪其
情 民猶有不及者 而況毀禮止哀 滅其天性乎！

21　十二月 高句驪王宮率馬韓 · 濊貊數千騎圍玄菟 夫餘王遣
子尉仇臺將二萬餘人與州郡幷力討破之. 是歲 宮死 子遂成立.
玄菟太守姚光上言 欲因其喪 發兵擊之 議者皆以爲可許. 陳忠
曰"宮前桀黠 光不能討 死而擊之 非義也. 宜遣使弔問 因責
讓前罪 赦不加誅 取其後善."帝從之.

❖ 孝安皇帝 延光 元年(壬戌, 122年)

1　春 三月 丙午 改元 赦天下.

2　護羌校尉馬賢追擊麻奴 到湟中 破之 種衆散遁.

3　夏 四月 癸未 京師 · 郡國四十一雨雹 河西雹大者如斗.

4　幽州刺史馮煥・玄菟太守姚光數糾發姦惡　怨者詐作璽書譴責煥・光　賜以歐刀　又下遼東都尉龐奮　使速行刑　奮卽斬光　收煥　煥欲自殺　其子緄疑詔文有異　止煥曰"大人在州　志欲去惡　實無他故. 必是凶人妄詐　規肆姦毒. 願以事自上　甘罪無晚." 煥從其言　上書自訟　果詐者所爲　徵奮　抵罪.

5　癸巳　司空陳褒免. 五月　庚戌　宗正彭城劉授爲司空.

6　己巳　封河間孝王子德爲安平王　嗣樂成靖王後.

7　六月　郡國蝗.

8　秋　七月　癸卯　京師及郡國十三地震.

9　高句驪王遂成還漢生口　詣玄菟降　其後濊貊率服　東垂少事.

10　虜人羌與上郡胡反　度遼將軍耿夔擊破之.

11　八月　陽陵園寢火.

12　九月　甲戌　郡國二十七地震.

13 　鮮卑旣累殺郡守 膽氣轉盛 控弦數萬騎 冬 十月 復寇鴈門 · 定襄 十一月 寇太原.

14 　燒當羌麻奴飢困 將種衆詣漢陽太守耿种降.

15 　是歲 京師及郡國二十七雨水.

16 　帝數遣黃門常侍及中使伯榮往來甘陵 尚書僕射陳忠上疏曰 "今天心未得 隔幷屢臻 靑 · 冀之域 淫雨漏河 徐 · 岱之濱 海水盆溢 兗 · 豫蝗螽滋生 荊 · 揚稻收儉薄 幷 · 涼二州羌戎叛戾 加以百姓不足 府帑虛匱. 陛下以不得親奉孝德皇園廟 比遣中使致敬甘陵 朱軒騈馬 相望道路 可謂孝至矣. 然臣竊聞使者所過 威權翕赫 震動郡縣 王 · 侯 · 二千石至爲伯榮獨拜車下 發民修道 繕理亭傳 多設儲偫 徵役無度 老弱相隨 動有萬計 賂遺僕從 人數百匹 頓蹄呼嗟 莫不叩心. 河間託叔父之屬 淸河有陵廟之尊 及剖符大臣皆猥爲伯榮屈節車下 陛下不問 必以爲陛下欲其然也. 伯榮之威 重於陛下 陛下之柄 在於臣妾 水災之發 必起於此. 昔韓嫣託副車之乘 受馳視之使 江都誤爲一拜 而嫣受歐刀之誅. 臣願明主嚴天元之尊 正乾剛之位 不宜復令女使干錯萬機. 重察左右 得無石顯泄漏之姦？尚書納言 得無趙昌譖崇之詐？公卿大臣 得無朱博阿傅之援？外屬近戚 得無王鳳害商之謀？若國政一由帝命 王事每決於己 則下不得逼上 臣不得干君 常雨大水必當霽止 四方衆異不能爲害." 書

奏 不省.

時三府任輕 機事專委尚書 而災眚變咎 輒切免三公 陳忠上疏曰"漢興舊事 丞相所請 靡有不聽. 今之三公 雖當其名而無其實 選舉誅賞 一由尚書 尚書見任 重於三公 陵遲以來 其漸久矣. 臣忠心常獨不安. 近以地震 策免司空陳褒 今者災異 復欲切讓三公. 昔孝成皇帝以妖星守心 移咎丞相 卒不蒙上天之福 徒乖宋景之誠. 故知是非之分 較然有歸矣. 又尚書決事 多違故典 罪法無例 詆欺爲先 文慘言醜 有乖章憲. 宜責求其意 割而勿聽 上順國典 下防威福 置方員於規矩 審輕重於衡石 誠國家之典 萬世之法也！"

17　汝南太守山陽王龔 政崇寬和 好才愛士. 以袁閬爲功曹 引進郡人黃憲 · 陳蕃等 憲雖不屈 蕃遂就吏. 閬不修異操而致名當時 蕃性氣高明 龔皆禮之 由是羣士莫不歸心.

憲世貧賤 父爲牛醫. 潁川荀淑至愼陽 遇憲於逆旅 時年十四 淑辣然異之 揖與語 移日不能去 謂憲曰"子 吾之師表也."既而前至袁閬所 未及勞問 逆曰"子國有顏子 寧識之乎？"閬曰"見吾叔度邪？"是時同郡戴良 才高倨傲 而見憲未嘗不正容 及歸 罔然若有失也. 其母問曰"汝復從牛醫兒來邪？"對曰"良不見叔度 自以爲無不及 既覩其人 則瞻之在前 忽焉在後 固難得而測矣."陳蕃及同郡周舉嘗相謂曰"時月之間 不見黃生 則鄙吝之萌復存乎心矣."太原郭泰 少游汝南 先過袁閬 不宿而退 進 往從憲 累日方還. 或以問泰 曰"奉高之器 譬諸

汎濫 雖淸而易挹. 叔度汪汪若千頃陂 澄之不淸 淆之不濁 不
可量也." 憲初擧孝廉 又辟公府. 友人勸其仕 憲亦不拒之 暫
到京師 卽還 竟無所就 年四十八終.

❖ 范曄論曰

黃憲言論風旨 無所傳聞 然士君子見之者靡不服深遠
去玼吝 將以道周性全 無德而稱乎！ 余曾祖穆侯以爲
"憲 隤然其處順 淵乎其似道 淺深莫臻其分 淸濁未議其
方 若及門於孔氏 其殆庶乎！"

1 春 正月 旄牛夷反 益州刺史張喬擊破之.

2 夏 四月 戊子 爵乳母王聖爲野王君.

3 北匈奴連與車師入寇河西 議者欲復閉玉門 · 陽關以絶其
患. 敦煌太守張璫上書曰 "臣在京師 亦以爲西域宜棄 今親踐
其土地 乃知棄西域則河西不能自存. 謹陳西域三策 北虜呼
衍王常展轉蒲類 · 秦海之間 專制西域 共爲寇鈔. 今以酒泉屬
國吏士二千餘人集崑崙塞 先擊呼衍王 絶其根本 因發鄯善兵

五千人劈車師後部 此上計也. 若不能出兵 可置軍司馬 將士
五百人 四郡供其犁牛·穀食 出據柳中 此中計也. 如又不能
則宜棄交河城 收鄯善等悉使入塞 此下計也."朝廷下其議. 陳
忠上疏曰"西域内附日久 區區東望扣關者數矣 此其不樂匈
奴·慕漢之效也. 今北虜已破車師 勢必南攻鄯善 棄而不救 則
諸國從矣. 若然 則虜財賄益增 膽勢益殖 威臨南羌 與之交通
如此 河西四郡危矣. 河西旣危 不可不救 則百倍之役興 不貲
之費發矣. 議者但念西域絶遠 卹之煩費 不見孝武苦心勤勞之
意也. 方今敦煌孤危 遠來告急 復不輔助 内無以慰勞吏民 外
無以威示百蠻 蹙國減土 非良計也. 臣以爲敦煌宜置校尉 按舊
增四郡屯兵 以西撫諸國."帝納之 於是復以班勇爲西域長史
將兵五百人出屯柳中.

4   秋 七月 丹陽山崩.

5   九月 郡國五雨水.

6   冬 十月 辛未 太尉劉愷罷 甲戌 以司徒楊震爲太尉 光祿
勳東萊劉憙爲司徒. 大鴻臚耿寶自候震 薦中常侍李閏兄於震
曰"李常侍國家所重 欲令公辟其兄 寶唯傳上意耳."震曰"如
朝廷欲令三府辟召 故宜有尚書敕."寶大恨而去. 執金吾閻顯
亦薦所親於震 震又不從. 司空劉授聞之 卽辟此二人 由是震益
見怨. 時詔遣使者大爲王聖脩第 中常侍樊豐及侍中周廣·謝

憚等更相扇動 傾搖朝廷. 震上疏曰"臣伏念方今災害滋甚 百姓空虛 三邊震擾 帑藏匱乏 殆非社稷安寧之時. 詔書爲阿母興起第舍 合兩爲一 連里竟街 雕脩繕飾 窮極巧伎 攻山采石 轉相迫促 爲費巨億. 周廣·謝惲兄弟 與國無肺府枝葉之屬 依倚近幸姦佞之人 與之分威共權 屬託州郡 傾動大臣 宰司辟召 承望旨意 招來海內貪汙之人 受其貨賂 至有臧錮棄世之徒 復得顯用 白黑渾淆 淸濁同源 天下讙譁 爲朝結譏. 臣聞師言 上之所取 財盡則怨 力盡則叛 怨叛之人 不可復使 惟陛下度之!"上不聽.

7 鮮卑其至鞬自將萬餘騎攻南匈奴於曼柏 薁鞬日逐王戰死 殺千餘人.

8 十二月 戊辰 京師及郡國三地震.

9 陳忠薦汝南周燮·南陽馮良學行深純 隱居不仕 名重於世 帝以玄纁羔幣聘之 燮宗族更勸之曰"夫脩德立行 所以爲國 君獨何爲守東岡之陂乎?"燮曰"夫脩道者度其時而動 動而不時 焉得亨乎!"與良皆自載至近縣 稱病而還.

❖ 孝安皇帝 延光 3年(甲子, 124年)

1　春 正月 班勇至樓蘭 以鄯善歸附 特加三綏 而龜茲王白英
猶自疑未下. 勇開以恩信 白英乃率姑墨 · 溫宿 自縛詣勇 因發
其兵步騎萬餘人到車師前王庭 擊走匈奴伊蠡王於伊和谷 收得
前部五千餘人 於是前部始復開通 還 屯田柳中.

2　二月 丙子 車駕東巡. 辛卯 幸泰山. 三月 戊戌 幸魯 還 幸
東平 至東郡 歷魏郡 · 河內而還.

3　初 樊豐 · 周廣 · 謝惲等見楊震連諫不從 無所顧忌 遂詐
作詔書 調發司農錢穀 · 大匠見徒材木 各起家舍 · 園池 · 廬觀
役費無數. 震復上疏曰 "臣備臺輔 不能調和陰陽 去年十二月
四日 京師地動 其日戊辰 三者皆土 位在中宮 此中臣 · 近官
持權用事之象也. 臣伏惟陛下以邊境未寧 躬身菲薄 宮殿垣屋
傾倚 枝拄而已. 而親近幸臣 未崇斷金 驕溢踰法 多請徒士 盛
脩第舍 賣弄威福 道路讙譁 地動之變 殆爲此發. 又 冬無宿雪
春節未雨 百僚焦心 而繕脩不止 誠致旱之徵也. 惟陛下奮乾剛
之德 棄驕奢之臣 以承皇天之戒！" 震前後所言轉切 帝既不
平之 而樊豐等皆側目憤怨 以其名儒 未敢加害. 會河間男子趙
騰上書指陳得失 帝發怒 遂收考詔獄 結以罔上不道. 震上疏救
之曰 "臣聞殷 · 周哲王 小人怨詈 則還自敬德. 今趙騰所坐 激
訐謗語 爲罪與手刃犯法有差 乞爲虧除 全騰之命 以誘蒭蕘輿
論人之言." 帝不聽 騰竟伏尸都市. 及帝東巡 樊豐等因乘輿在
外 競脩第宅 太尉部掾高舒召大匠令史考校之 得豐等所詐下

詔書 具奏 須行還上之 豐等惶怖. 會太史言星變逆行 遂共譖
震云"自趙騰死後 深用怨懟 且鄧氏故吏 有恚恨之心."壬戌
車駕還京師 便時太學 夜 遣使者策收震太尉印綬 震於是柴門
絶賓客. 豐等復惡之 令大鴻臚耿寶奏"震大臣 不服罪 懷恚
望."有詔 遣歸本郡. 震行至城西陽亭 乃慷慨謂其諸子·門人
曰"死者 士之常分. 吾蒙恩居上司 疾姦臣狡猾而不能誅 惡嬖
女傾亂而不能禁 何面目復見日月! 身死之日 以雜木爲棺 布
單被 裁足蓋形 勿歸冢次 勿設祭祀!"因飲酖而卒. 弘農太守
移良承樊豐等旨 遣吏於陝縣留停震喪 露棺道側 謫震諸子代
郵行書 道路皆爲隕涕.

太僕征羌侯來歷曰"耿寶託元舅之親 榮寵過厚 不念報國恩
而傾側姦臣 傷害忠良 其天禍亦將至矣."歷 歙之曾孫也.

4　夏 四月 乙丑 車駕入宮.

5　戊辰 以光祿勳馮石爲太尉.

6　南單于檀死 弟拔立 爲烏稽侯尸逐鞮單于. 時鮮卑數寇邊
度遼將軍耿夔與溫禺犢王呼尤徽將新降者連年出塞擊之 還使
屯列衝要. 耿夔徵發煩劇 新降者皆怨恨 大人阿族等遂反 脅
呼尤徽欲與俱去. 呼尤徽曰"我老矣 受漢家恩 寧死 不能相
隨!"衆所殺之 有救者 得免. 阿族等遂將其衆亡去. 中郎將
馬翼與胡騎追擊 破之 斬獲殆盡.

7 　日南徼外蠻夷内屬.

8 　六月 鮮卑寇玄菟.

9 　庚午 閬中山崩.

10 　秋 七月 辛巳 以大鴻臚耿寶爲大將軍.

11 　王聖‧江京‧樊豐等譖太子乳母王男‧廚監邴吉等 殺之 家屬徙比景 太子思男‧吉 數爲歎息. 京‧豐懼有後害 乃與閻 后妄造虛無 構讒太子及東宮官屬. 帝怒 召公卿以下 議廢太 子. 耿寶等承旨 皆以爲當廢. 太僕來歷與太常桓焉‧廷尉犍爲 張皓議曰 “經說 年未滿十五 過惡不在其身 且男‧吉之謀 太 子容有不知 宜選忠良保傅 輔以禮義. 廢置事重 此誠聖恩所宜 宿留！” 帝不從. 焉 郁之子也. 張皓退 復上書曰 “昔賊臣江充 造構讒逆 傾覆戾園 孝武久乃覺寤 雖追前失 悔之何及. 今皇 太子方十歲 未習保傅之敎 可遽責乎！” 書奏 不省. 九月 丁 酉 廢皇太子保爲濟陰王 居於德陽殿西鍾下. 來歷乃要結光祿 勳祋諷‧宗正劉瑋‧將作大匠薛皓‧侍中閭丘弘‧陳光‧趙 代‧施延‧太中大夫九江朱倀等十餘人 俱詣鴻都門證太子無 過. 帝與左右患之 乃使中常侍奉詔脅羣臣曰 “父子一體 天性 自然 以義割恩 爲天下也. 歷‧諷等不識大典 而與羣小共爲歡 譁 外見忠直而内希後福 飾邪違義 豈事君之禮！ 朝廷廣開言

之路 故且一切假貸 若懷迷不反 當顯明刑書."諫者莫不失色.
薛皓先頓首曰"固宜如明詔."歷怫然 廷詰皓曰"屬通諫何言
而今復背之? 大臣乘朝車 處國事 固得輾轉若此乎!"乃各
稍自引起. 歷獨守闕 連日不肯去. 帝不怒 尙書令陳忠與諸尙
書遂共劾奏歷等 帝乃免歷兄弟官 削國租 黜歷母武安公主不
得會見.

12　隴西郡始還狄道.

13　燒當羌豪麻奴死 弟犀苦立.

14　庚申晦 日有食之.

15　冬 十月 上行幸長安 十一月 乙丑 還雒陽.

16　是歲 京師及諸郡國二十三地震 三十六大水·雨雹.＊

資治通鑑　卷051

【漢紀四十三】

起旃蒙赤奮若(乙丑) 盡昭陽作噩 凡九年.

❖ 孝安皇帝下 延光 4年（乙丑, 125年）

1　春 二月 乙亥 下邳惠王衍薨.

2　甲辰 車駕南巡.

3　三月 戊午朔 日有食之.

4　庚申 帝至宛 不豫. 乙丑 帝發自宛 丁卯 至葉 崩於乘輿.
年三十二.

　皇后與閻顯兄弟‧江京‧樊豐等謀曰"今晏駕道次 濟陰王
在內 邂逅公卿立之 還爲大害." 乃僞云"帝疾甚"徙御臥車
所在上食‧問起居如故. 驅馳行四日 庚午 還宮. 辛未 遣司徒
劉熹詣郊廟‧社稷 告天請命 其夕 發喪. 尊皇后曰皇太后. 太

后臨朝. 以顯爲車騎將軍 · 儀同三司. 太后欲久專國政 貪立幼年 與顯等定策禁中 迎濟北惠王子北鄉侯懿爲嗣. 濟陰王以廢黜 不得上殿親臨梓宮 悲號不食 內外羣僚莫不哀之.

5　　甲戌 濟南孝王香薨 無子 國絶.

6　　乙酉 北鄉侯卽皇帝位.

7　　夏 四月 丁酉 太尉馮石爲太傅 司徒劉熹爲太尉 參錄尚書事 前司空李郃爲司徒.

8　　閻顯忌大將軍耿寶位尊權重 威行前朝 乃風有司奏 "寶及其黨與中常侍樊豐 · 虎賁中郎將謝惲 · 侍中周廣 · 野王君王聖 · 聖女永等更相阿黨 互作威福 皆大不道." 辛卯 豐 · 惲 · 廣皆下獄 死 家屬徙比景. 貶寶及弟子林慮侯承皆爲亭侯 遣就國 寶於道自殺. 王聖母子徙鴈門. 於是以閻景爲衛尉 耀爲城門校尉 晏爲執金吾 兄弟並處權要 威福自由.

9　　己酉 葬孝安皇帝於恭陵 廟曰恭宗.

10　　九(六)月 乙巳 赦天下.

11　　秋 七月 西域長史班勇發敦煌 · 張掖 · 酒泉六千騎及鄯

善·疏勒·車師前部兵擊後部王軍就 大破之 獲首虜八千餘人 生得軍就及匈奴持節使者 將至索班沒處斬之 傳首京師.

12　　冬 十月 丙午 越巂山崩.

13　　北鄉侯病篤 中常侍孫程謂濟陰王謁者長興渠曰"王以嫡統 本無失德. 先帝用讒 遂至廢黜. 若北鄉侯不起 相與共斷江京·閻顯 事無不成者."渠然之. 又中黃門南陽王康 先爲太子府史 及長樂太官丞京兆王國等並附同於程. 江京謂閻顯曰"北鄉侯病不解 國嗣宜以時定 何不早徵諸王子 簡所置乎!"顯以爲然. 辛亥 北鄉侯薨. 顯白太后 秘不發喪 而更徵諸王子 閉宮門 屯兵自守.

　　十一月 乙卯 孫程·王康·王國與中黃門黃龍·彭愷·孟叔·李建·王成·張賢·史汎·馬國·王道·李元·楊佗·陳予·趙封·李剛·魏猛·苗光等聚謀於西鍾下 皆截單衣爲誓. 丁巳 京師及郡國十六地震. 是夜 程等共會崇德殿上 因入章臺門. 時江京·劉安及李閏·陳達等俱坐省門下 程與王康共就斬京·安·達. 以李閏權勢積爲省內所服 欲引爲主 因舉刃脅閏曰"今當立濟陰王 無得搖動!"閏曰"諾."於是扶閏起 俱於西鍾下迎濟陰王卽皇帝位 時年十一. 召尙書令·僕射以下從輦幸南宮 程等留守省門 遮扞內外. 帝登雲臺 召公卿·百僚 使虎賁·羽林士屯南·北宮諸門.

　　閻顯時在禁中 憂迫不知所爲 小黃門樊登勸顯以太后詔召越

騎校尉馮詩‧虎賁中郎將閻崇將兵屯平朔門以御程等. 顯誘詩入省 謂曰"濟陰王立 非皇太后意 璽綬在此. 苟盡力效功 封侯可得."太后使授之印曰"能得濟陰王者 封萬戶侯 得李閏者五千戶侯."詩等皆許諾 辭以"卒被召 所將衆少."顯使與登迎吏士於左掖門外 詩因格殺登 歸營屯守.

顯弟衛尉景遽從省中還外府 收兵至盛德門. 孫程傳召諸尚書使收景. 尚書郭鎭時臥病 聞之 卽率直宿羽林出南止車門逢景從吏士拔白刃呼曰"無干兵！"鎭卽下車持節詔之 景曰"何等詔！"因斫鎭 不中. 鎭引劍擊景墮車 左右以戟叉其胸遂禽之 送廷尉獄 卽夜死.

戊午 遣使者入省 奪得璽綬 帝乃幸嘉德殿 遣侍御史持節收閻顯及其弟城門校尉耀‧執金吾晏 並下獄 誅 家屬皆徙比景. 遷太后於離宮. 己未 開門 罷屯兵. 壬戌 詔司隷校尉"惟閻顯‧江京近親 當伏辜誅 其餘務崇寬貸."封孫程等皆爲列侯 程食邑萬戶 王康‧王國食九千戶 黃龍食五千戶 彭愷‧孟叔‧李建食四千二百戶 王成‧張賢‧史汎‧馬國‧王道‧李元‧楊佗‧陳予‧趙封‧李剛食四千戶 魏猛食二千戶 苗光食千戶 是爲十九侯 加賜車馬‧金銀‧錢帛各有差 李閏以先不豫謀 故不封. 擢孫程爲騎都尉. 初 程等入章臺門 苗光獨不入.詔書錄功臣 令王康疏名 康詐疏光入章臺門. 光未受符策 心不自安 詣黃門令自告. 有司奏康‧光欺詐主上 詔書勿問. 以將作大匠來歷爲衛尉. 役諷‧閻丘弘等先卒 皆拜其子爲郎. 朱侲‧施延‧陳光‧趙代皆見拔用 後至公卿. 徵王男‧邴吉家

屬還京師 厚加賞賜. 帝之見廢也 監太子家小黃門籍建‧傅高梵‧長秋長趙熹‧丞良賀‧藥長夏珍皆坐徙朔方 帝卽位 並擢爲中常侍.

初 閻顯辟崔駰之子瑗爲吏 瑗以北鄉侯立不以正 知顯將敗 欲說令廢立 而顯日沈醉 不能得見 乃謂長史陳禪曰 "中常侍江京等惑蠱先帝 廢黜正統 扶立疏孽. 少帝卽位 發病廟中 周勃之徵 於斯復見. 今欲與君共求見說將軍 白太后 收京等 廢少帝 引立濟陰王 必上當天心 下合人望 伊‧霍之功不下席而立 則將軍兄弟傳祚於無窮 若拒違天意 久曠神器 則將以無罪幷辜元惡 此所謂禍福之會 分功之時也." 禪猶豫未敢從. 會顯敗 瑗坐被斥 門生蘇祗欲上書言狀 瑗遽止之. 時陳禪爲司隸校尉 召瑗謂曰 "弟聽祗上書 禪請爲之證." 瑗曰 "此譬猶兒妾屏語耳 願使君勿復出口." 遂辭歸 不復應州郡命.

14　己卯 以諸王禮葬北鄉侯.

15　司空劉授以阿附惡逆 辟召非其人 策免. 十二月 甲申 以少府河南陶敦爲司空.

16　楊震門生虞放‧陳翼詣闕追訟震事 詔除震二子爲郎 贈錢百萬 以禮改葬於華陰潼亭 遠近畢至. 有大鳥高丈餘集震喪前郡以狀上. 帝感震忠 詔復以中牢具祠之.

17　議郎陳禪以爲"閻太后與帝無母子恩 宜徙別館 絕朝見"
羣臣議者咸以爲宜. 司徒掾汝南周舉謂李郃曰"昔瞽瞍常欲殺
舜 舜事之逾謹 鄭武姜謀殺莊公 莊公誓之黃泉 秦始皇怨母失
行 久而隔絕 後感穎考叔・茅焦之言 復脩子道 書傳美之. 今
諸閻新誅 太后幽在離宮 若悲愁生疾 一旦不虞 主上將何以令
於天下！ 如從禪議 後世歸咎明公. 宜密表朝廷 令奉太后 率
羣臣朝覲如舊 以厭天心 以答人望！"郃卽上疏陳之.

❖ 孝順皇帝下 永建 元年（丙寅, 126年）

1　春 正月 帝朝太后於東宮 太后意乃安.

2　甲寅 赦天下.

3　辛未 皇太后閻氏崩.

4　辛巳 太傅馮石・太尉劉熹以阿黨權貴免. 司徒李郃罷.

5　二月 甲申 葬安思皇后.

6　丙戌 以太常桓焉爲太傅 大鴻臚京兆朱寵爲太尉 參錄尙
書事 長樂少府朱倀爲司徒.

7 封尙書郭鎭爲定頴侯.

8 隴西鍾羌反 校尉馬賢擊之 戰於臨洮 斬首千餘級 羌衆皆降 由是涼州復安.

9 六月 己亥 封濟南簡王錯子顯爲濟南王.

10 秋 七月 庚午 以衛尉來歷爲車騎將軍.

11 八月 鮮卑寇代郡 太守李超戰歿.

12 司隸校尉虞詡到官數月 奏馮石·劉熹 免之 又劾奏中常侍程璜·陳秉·孟生·李閏等 百官側目 號爲苛刻. 三公劾奏 "詡盛夏多拘繫無辜 爲吏民患." 詡上書自訟曰 "法禁者 俗之隄防 刑罰者 民之銜轡. 今州曰任郡 郡曰任縣 更相委遠 百姓怨窮 以苟容爲賢 盡節爲患. 臣所發擧 臧罪非 ·. 二府恐爲臣所奏 遂加誣罪. 臣將從史魚死 卽以尸諫耳!"帝省其章 乃不罪詡.

中常侍張防賣弄權勢 請託受取 詡案之 屢寢不報. 詡不勝其憤 乃自繫廷尉 奏言曰 "昔孝安皇帝任用樊豐 交亂嫡統 幾亡社稷. 今者張防復弄威柄 國家之禍將重至矣. 臣不忍與防同朝 謹自繫以聞 無令臣襲楊震之跡!"書奏 防流涕訴帝 詡坐論輸左校 防必欲害之 二日之中 傳考四獄. 獄吏勸詡自引 詡曰

"寧伏歐刀以示遠近！喑嗚自殺 是非孰辨邪！"浮陽侯孫程‧祝阿侯張賢相率乞見 程曰"陛下始與臥等造事之時 常疾姦臣知其傾國. 今者卽位而復自爲 何以非先帝乎！司隷校尉虞詡爲陛下盡忠 而更被拘繫 常侍張防臧罪明正 反搆忠良. 今客星守羽林 其占宮中有姦臣 宜急收防送獄 以塞天變."時防立在帝後 程叱防曰"姦臣張防 何不下殿！"防不得已 趨就東箱. 程曰"陛下急收防 無令從阿母求請！"帝問諸尚書 尚書賈朗素與防善 證詡之罪 帝疑焉 謂程曰"且出 吾方思之！"於是詡子顗與門生百餘人 舉幡候中常侍高梵車 叩頭流血 訴言枉狀. 梵入言之 防坐徙邊 賈朗等六人或死或黜 卽日赦出詡. 程復上書陳詡有大功 語甚切激. 帝感悟 復徵拜議郎 數日 遷尚書僕射.

詡上疏薦議郎南陽左雄曰"臣見方今公卿以下 類多拱默 以樹恩爲賢 盡節爲愚 至相戒曰 ‘白璧不可爲 容容多後福.’伏見議郎左雄 有王臣蹇蹇之節 宜擢在喉舌之官 必有國弼之益."由是拜雄尚書.

13　浮陽侯孫程等懷表上殿爭功 帝怒. 有司劾奏"程等干亂悖逆 王國等皆與程黨 久留京都 益其驕恣."帝乃免程等官 悉徙封遠縣 因遣十九侯就國 敕洛陽令促期發遣.

司徒掾周舉說朱伥曰"朝廷在西鍾下時 非孫程等豈立！今忘其大德 錄其小過. 如道路夭折 帝有殺功臣之譏. 及今未去 宜急表之！"伥曰"今詔指方怒 吾獨表此 必致罪譴."舉曰

"明公年過八十 位爲台輔 不於今時竭忠報國 惜身安寵 欲以何求！祿位雖全 必陷佞邪之譏 諫而獲罪 猶有忠貞之名. 若舉言不足採 請從此辭！"俍乃表諫 帝果從之.

程徙封宜城侯 到國 怨恨恚懟 封還印綬・符策 亡歸京師 往來山中. 詔書追求 復故爵土 賜車馬・衣物 遣還國.

14　冬 十月 丁亥 司空陶敦免.

15　朔方以西 障塞多壞 鮮卑因此數侵南匈奴 單于憂恐 上書乞修復障塞. 庚寅 詔"黎陽營兵出屯中山北界 令緣邊郡增置步兵 列屯塞下 敎習戰射."

16　以廷尉張晧爲司空.

17　班勇更立車師後部故王子加特奴爲王. 勇又使別校誅斬東且彌王 亦更立其種人爲王 於是車師六國悉平.

勇遂發諸國兵擊匈奴 呼衍土亡走 其衆二萬餘人皆降. 生得單于從兄 勇使加特奴手斬之 以結車師・匈奴之隙. 北單于自將萬餘騎入後部 至金且谷 勇使假司馬曹俊救之 單于引去 俊追斬其貴人骨都侯. 於是呼衍王遂徙居枯梧河上 是後車師無復虜跡.

1   春 正月 中郎將張國以南單于兵擊鮮卑其至鞬 破之.

2   二月 遼東鮮卑寇遼東玄菟 烏桓校尉耿曄發緣邊諸郡兵及
烏桓出塞擊之 斬獲甚衆 鮮卑三萬人詣遼東降.

3   三月 旱.

4   初 帝母李氏瘞在洛陽北 帝初不知 至是 左右白之 帝乃發
哀 親到瘞所 更以禮殯. 六月 乙酉 追謚爲恭愍皇后 葬於恭陵
之北.

5   西域城郭諸國皆服於漢 唯焉耆王元孟未降 班勇奏請攻
之. 於是遣敦煌太守張朗將河西四郡兵三千人配勇 因發諸國
兵四萬餘人分爲兩道擊之, 勇從南道 朗從北道 約期俱至焉耆.
而朗先有罪 欲徼功自贖 遂先期至爵離關 遣司馬將兵前戰 獲
首虜二千餘人 元孟懼誅 逆遣使乞降. 張朗徑入焉耆 受降而
還. 朗得免誅 勇以後期徵 下獄 免.

6   秋 七月 甲戌朔 日有食之.

7   壬午 太尉朱寵 · 司徒朱伥免. 庚子 以太常劉光爲太尉 ·

錄尙書事 光祿勳汝南許敬爲司徒. 光 矩之弟也. 敬仕於和·
安之間 當竇·鄧·閻氏之盛 無所屈橈 三家旣敗 士大夫多染
汚者 獨無謗言及於敬 當世以此貴之.

8 　初 南陽樊英 少有學行 名著海內 隱於壺山之陽 州郡前後
禮請 不應 公卿擧賢良·方正·有道 皆不行 安帝賜策書徵之
不赴. 是歲 帝復以策書·玄纁 備禮徵英 英固辭疾篤. 詔切責
郡縣 駕載上道. 英不得已 到京 稱疾不肯起 強輿入殿 猶不能
屈. 帝使出就太醫養疾 月致羊酒. 其後帝乃爲英設壇 令公車
令導 尙書奉引 賜几·杖 待以師傅之禮 延問得失 拜五官中
郞將. 數月 英稱疾篤 詔以爲光祿大夫 賜告歸 令在所送穀 以
歲時致牛酒. 英辭位不受 有詔譬旨 勿聽.

　英初被詔命 衆皆以爲必不降志. 南郡王逸素與英善 因與其
書 多引古譬諭 勸使就聘. 英順逸議而至 及後應對無奇謀深
策 談者以爲失望. 河南張楷與英俱徵 謂英曰"天下有二道 出
與處也. 吾前以子之出 能輔是君也 濟斯民也. 而子始以不訾
之身 怒萬乘之主 及其享受爵祿 又不聞匡救之術 進退無所據
矣."

　❖ 臣光曰

　　古之君子 邦有道則仕 邦無道則隱. 隱非君子之所欲
　　也. 人莫己知而道不得行 羣邪共處而害將及身 故深藏

以避之. 王者舉逸民 揚仄陋 固爲其有益於國家 非以徇
世俗之耳目也. 是故有道德足以尊主 智能足以庇民 被
褐懷玉 深藏不市 則王者當盡禮以致之 屈己以訪之 克
己以從之 然後能利澤施於四表 烈格于上下. 蓋取其道
不取其人 務其實不務其名也.

其或禮備而不至 意勤而不起 則姑內自循省而不敢強
致其人 曰 豈吾德之薄而不足慕乎? 政之亂而不可輔
乎? 羣小在朝而不敢進乎? 誠心不至而憂其言之不用
乎?何賢者之不我從也? 苟其德已厚矣 政已治矣 羣小
遠矣 誠心至矣 彼將扣閽以自售 又安有勤求而不至者
哉! 荀子曰“耀蟬者 務在明其火 振其木而已 火不明
雖振其木 無益也. 今人主有能明其德 則天下歸之 若蟬
之歸明火也.”或者人主恥不能致 乃至誘之以高位 脅之
以嚴刑. 使彼誠君子邪 則位非所貪 刑非所畏 終不可得
而致也 可致者 皆貪位畏刑之人也 烏足貴哉!

若乃孝弟著於家庭 行誼隆於鄉曲 利不苟取 仕不苟進
潔己安分 優遊卒歲 雖不足以尊主庇民 是亦清脩之吉士
也 王者當褒優安養 俾遂其志. 若孝昭之待韓福 光武之
遇周黨 以勵廉恥 美風俗 斯亦可矣 固不當如范升之詆
毀 又不可如張楷之責望也.

至於飾僞以邀譽 釣奇以驚俗 不食君祿而爭屠沽之利
不受小官而規卿相之位 名與實反 心與跡違 斯乃華士·
少正卯之流 其得免於聖王之誅幸矣 尙何聘召之有哉!

9   時又徵廣漢楊厚·江夏黃瓊. 瓊 香之子也. 厚旣至 豫陳漢有三百五十年之戹以爲戒 拜議郎. 瓊將至 李固以書逆遺之曰"君子謂伯夷隘 柳下惠不恭. 不夷不惠 可否之間 聖賢居身之所珍也. 誠遂欲枕山棲谷 擬迹巢·由 斯則可矣 若當輔政濟民 今其時也. 自生民以來 善政少而亂俗多 必待堯·舜之君 此爲士行其志終無時矣. 嘗聞語曰 '嶢嶢者易缺 皦皦者易污.' 盛名之下 其實難副. 近魯陽樊君被徵初至 朝廷設壇席 猶待神明 雖無大異 而言行所守 亦無所缺 而謗讟布流 應時折減者 豈非觀聽望深 聲名太盛乎! 是故俗論皆言 '處士純盜虛聲.' 願先生弘此遠謨 令衆人歎服 一雪此言耳!"瓊至 拜議郎 稍遷尚書僕射. 瓊昔隨父在臺閣 習見故事 及後居職 達練官曹 爭議朝堂 莫能抗奪. 數上疏言事 上頗采用之.

李固 郃之子 少好學 常改易姓名 杖策驅驢 負笈從師 不遠千里 遂究覽墳籍 爲世大儒. 每到太學 密入公府 定省父母 不令同業諸生知其爲郃子也.

❖ 孝順皇帝下 永建 3年(戊辰, 128年)

1   春 正月 丙子 京師地震.

2   夏 六月 旱.

3 秋 七月 丁酉 茂陵園寢災.

4 九月 鮮卑寇漁陽.

5 冬 十二月 己亥 太傅桓焉免.

6 車騎將軍來歷罷.

7 南單于拔死 弟休利立 爲去特若尸逐就單于.

8 帝悉召孫程等還京師.

❖ 孝順皇帝下 永建 4年 (己巳, 129年)

1 春 正月 丙寅 赦天下.

2 丙子 帝加元服.

3 夏 五月 壬辰 詔曰 "海內頗有災異 朝廷脩政 太官減膳
珍玩不御. 而桂陽太守文礱 不惟竭忠宣暢本朝 而遠獻大珠以
求幸媚 今封以還之!"

4 　五州雨水.

5 　秋 八月 丁巳 太尉劉光‧司空張皓免.

6 　尚書僕射虞詡上言 "安定‧北地‧上郡 山川險阨 沃野
千里 土宜畜牧 水可漑漕. 頃遭元元之災 眾羌內潰 郡縣兵荒
二十餘年. 夫棄沃壤之饒 捐自然之財 不可謂利 離河山之阻
守無險之處 難以為固. 今三郡未復 園陵單外 而公卿選懦 容
頭過身 張解設難 但計所費 不圖其安. 宜開聖聽 考行所長."
九月 詔復安定‧北地‧上郡歸舊土.

7 　癸酉 以大鴻臚龐參為太尉‧錄尚書事. 太常王龔為司空.

8 　冬 十一月 庚辰 司徒許敬免.

9 　鮮卑寇朔方.

10 　十二月 巳卯 以宗正弘農劉崎為司徒.

11 　是歲 于寘王放前殺拘彌王興 自立其子為拘彌王 而遣使
者貢獻 敦煌太守徐由上求討之. 帝赦于寘罪 令歸拘彌國 放前
不肯.

❖ 孝順皇帝下 永建 5年(庚午, 130年)

1   夏 四月 京師旱.

2   京師及郡國十二蝗.

3   定遠侯班超之孫始尚帝姑陰城公主. 主驕淫無道 始積忿怒 伏刃殺主. 冬 十月 乙亥 始坐腰斬 同產皆棄市.

❖ 孝順皇帝下 永建 6年(辛未, 131年)

1   春 二月 庚午 河間孝王開薨 子政嗣. 政憸很不奉法 帝以侍御史吳郡沈景有強能 擢爲河間相. 景到國 謁王 王不正服 箕踞殿上 侍郎贊拜 景峙不爲禮 問王所在. 虎賁曰 “是非王邪！” 景曰 “王不正服 常人何別！ 今相謁王 豈謁無禮者邪！” 王慙而更服 景然後拜 出 住宮門外 請王傅責之曰 “前發京師 陛見受詔 以王不恭 使相檢督. 諸君空受爵祿 曾無訓導之義！” 因奏治其罪 詔書讓政而詰責傅. 景因捕諸姦人 奏案其罪 殺戮尤惡者數十人 出冤獄百餘人. 政遂爲改節 悔過自脩.

2   帝以伊吾膏腴之地 傍近西域 匈奴資之以爲鈔暴 三月 辛

亥 復令開設屯田 如永元時事 置伊吾司馬一人.

3　　初 安帝薄於藝文 博士不復講習 朋徒相視怠散 學舍頹敝
鞠爲園蔬 或牧兒‧蕘豎薪刈其下. 將作大匠翟酺上疏請更脩
繕 誘進後學 帝從之. 秋 九月 繕起太學 凡所造構二百四十房
千八百五十室.

4　　護烏桓校尉耿曄遣兵擊鮮卑 破之.

5　　護羌校尉韓皓轉湟中屯田置兩河間 以逼羣羌. 皓坐事徵
以張掖太守馬續代爲校尉. 兩河間羌以屯田近之 恐必見圖 乃
解仇詛盟 各自儆備 續上移田還湟中 羌意乃安.

6　　帝欲立皇后 而貴人有寵者四人 莫知所建 議欲探籌 以神
定選. 尙書僕射南郡胡廣與尙書馮翊郭虔‧史敞上疏諫曰 “竊
見詔書 以立后事大 謙大自專 欲假之籌策 決疑靈神 篇籍所
記 祖宗典故 未嘗有也. 恃神卜筮 旣不必當賢 就値其人 猶非
德選. 夫岐嶷形於自然 倪天必有異表 宜參良家 簡求有德 德
同以年 年鈞以貌 稽之典經 斷之聖慮.” 帝從之.
　　恭懷皇后弟子乘氏侯商之女 選入掖庭爲貴人 常特被引御
從容辭曰 “夫陽以博施爲德 陰以不專爲義. 《螽斯》則百福所
由興也. 願陛下思雲雨之均澤 小妾得免於罪.” 帝由是賢之.

1   春 正月 乙巳 立貴人梁氏爲皇后.

2   京師旱.

3   三月 揚州六郡妖賊章河等寇四十九縣 殺傷長吏.

4   庚寅 赦天下 改元.

5   夏 四月 梁商加位特進 頃之 拜執金吾.

6   冬 耿曄遣烏桓戎末魔等鈔擊鮮卑 大獲而還. 鮮卑復寇遼東屬國 耿曄移屯遼東無慮城以拒之.

7   尚書令左雄上疏曰"昔宣帝以爲吏數變易 則下不安業 久於其事 則民服敎化 其有政治者 輒以璽書勉勵 增秩賜金 公卿缺則以次用之. 是以吏稱其職 民安其業 漢世良吏 於玆爲盛. 今典城百里 轉動無常 各懷一切 莫慮長久. 謂殺害不辜爲威風 聚斂整辦爲賢能 以治己安民爲劣弱 奉法循理爲不治. 髡鉗之戮 生於睚眦 覆尸之禍 成於喜怒. 視民如寇讎 稅之如豺虎. 監司項背相望 與同疾疢 見非不擧 聞惡不察. 觀政於亭傳 責成於朞月 言善不稱德 論功不據實. 虛誕者獲譽 拘檢者離

毀 或因罪而引高 或色斯而求名 州宰不覆 競共辟召 踴躍升
騰 超等踰匹. 或考奏捕案 而亡不受罪 會赦行賂 復見洗滌 朱
紫同色 清濁不分. 故使奸猾枉濫 輕忽去就 拜除如流 缺動百
數. 鄉官·部吏 職賤祿薄 車馬衣服 一出於民 廉者取足 貪者
充家 特選·橫調 紛紛不絕 送迎煩費 損政傷民. 和氣未洽 災
眚不消 咎皆在此. 臣愚以爲守相·長吏惠和有顯效者 可就增
秩 勿移徙 非父母喪 不得去官. 其不從法禁 不式王命 錮之終
身 雖會赦令 不得齒列. 若被劾奏 亡不就法者 徙家邊郡 以懲
其後. 其鄉部親民之吏 皆用儒生清白任從政者 寬其負算 增其
秩祿 吏職滿歲 宰府州郡乃得辟舉. 如此 威福之路塞 虛僞之
端絕 送迎之役損 賦斂之源息 循理之吏得成其化 率土之民各
寧其所矣." 帝感其言 復申無故去官之禁 又下有司考吏治眞
僞 詳所施行 而宦官不便 終不能行.

雄又上言"孔子曰 '四十不惑' 《禮》稱強仕. 請自今 孝廉
年不滿四十 不得察舉 皆先詣公府 諸生試家法 文吏課箋奏
副之端門 練其虛實 以觀異能 以美風俗 有不承科令者 正其
罪法. 若有茂材異行 自可不拘年齒." 帝從之.

胡廣·郭虔·史敞上書駁之曰"凡選舉因才 無拘定制. 六
奇之策 不出經學 鄭·阿之政 非必章奏 甘·奇顯用 年乖強
仕 終·賈揚聲 亦在弱冠. 前世以來 貢舉之制 莫或回革. 今以
一臣之言 刬戾舊章 便利未明 衆心不厭. 矯枉變常 政之所重
而不訪台司 不謀卿士 若事下之後 議者剝異 異之則朝失其便
同之則王言已行. 臣愚以爲可宣下百官 參其同異 然後覽擇勝

否 詳采厥衷." 帝不從.

辛卯 初令 "郡國舉孝廉 限年四十以上 諸生通章句 文吏能
牋奏 乃得應選. 其有茂才異行 若顏淵·子奇 不拘年齒."

久之 廣陵所舉孝廉徐淑 年未四十. 臺郎詰之 對曰 "詔書曰
'有如顏回·子奇 不拘年齒.' 是故本郡以臣充選." 郎不能屈.
左雄詰之曰 "昔顏回聞一知十 孝廉聞一知幾邪?" 淑無以對
乃罷卻之. 郡守坐免.

❖ 袁宏論曰

夫謀事作制 以經世訓物 必使可爲也. 古者四十而仕
非謂彈冠之會必將是年也. 以爲可仕之時在於強盛 故舉
其大限以爲民衷. 且顏淵·子奇 曠代一有 而欲以斯爲
格 豈不偏乎!

然雄公直精明 能審覈眞僞 決志行之. 頃之 胡廣出爲濟陰太
守 與諸郡守十餘人皆坐謬舉免黜 唯汝南陳蕃·穎川李膺·下
邳陳球等三十餘人得拜郎中. 自是牧·守畏慄 莫敢輕舉. 迄於
永嘉 察選清平 多得其人.

8   閏月 庚子 恭陵百丈廡災.

9   上聞北海郎顗精於陰陽之學.

1   春 正月 詔公車征顗 問以災異. 顗上章曰 "三公上應台階
不同元首 政失其道 則寒陰反節. 今之在位 競託高虛 納累鍾
之奉 亡天下之憂. 棲遲偃仰 寢疾自逸 被策文 得賜錢 卽復起
矣 何疾之易而愈之速! 以此消伏災眚 興致升平 其可得乎!
今選牧·守 委任三府 長吏不良 旣咎州·郡 州·郡有失 豈
得不歸責舉者! 而陛下崇之彌優 自下慢事愈甚 所謂'大網疏
小網數.' 三公非臣之仇 臣非狂夫之作 所以發憤忘食 懇懇不
已者 誠念朝廷欲致興平. 臣書不擇言 死不敢恨!" 因條便宜
七事 "一 園陵火災 宜念百姓之勞 罷繕脩之役. 二 立春以後
陰寒失節 宜采納良臣 以助聖化. 三 今年少陽之歲 春當旱 夏
必有水 宜遵前典 惟節惟約. 四 去年八月 熒惑出入軒轅 宜簡
出宮女 恣其姻嫁. 五 去年閏十月 有白氣從西方天苑趨參左足
入玉井 恐立秋以後 將有羌寇畔戾之患 宜豫宣告諸郡 嚴爲備
御. 六 今月十四日乙卯 白虹貫日 宜令中外官司 並須立秋然
後考事. 七 漢興以來三百三十九歲 於詩三朞 宜大蠲法令 有
所變更. 王者隨天 譬猶自春徂夏 改靑服絳也. 自文帝省刑 適
三百年 而輕微之禁 漸已殷積. 王者之法 譬猶江·河 當使易
避而難犯也."

二月 顗復上書薦黃瓊·李固 以爲宜加擢用. 又言 "自冬涉
春 訖無嘉澤 數有西風 反逆時節 朝廷勞心 廣爲禱祈 薦祭山
川 暴龍移市. 臣聞皇天感物 不爲僞動 災變應人 要在責己. 若

今雨可請降 水可攘止 則歲無隔幷 太平可待. 然而災害不息者 患不在此也."書奏 特拜郎中 辭病不就.

2　　三月 使匈奴中郎將趙稠遣從事將南匈奴兵出塞擊鮮卑 破之.

3　　初 帝之立也 乳母宋娥與其謀 帝封娥爲山陽君 又封執金吾梁商子冀爲襄邑侯. 尙書令左雄上封事曰"高帝約 非劉氏不王 非有功不侯. 孝安皇帝封江京‧王聖等 遂致地震之異. 永建二年封陰謀之功 又有日食之變. 數術之士 咸歸咎於封爵. 今靑州饑虛 盜賊未息 誠不宜追錄小恩 虧失大典."詔不聽.

雄復諫曰"臣聞人君莫不好忠正而惡讒諛 然而歷世之患 莫不以忠正得罪 讒諛蒙幸者 蓋聽忠難 從諛易也. 夫刑罪 人情之所甚惡 貴寵 人情之所甚欲 是以時俗爲忠者少而習諛者多 故令人主數聞其美 稀知其過 迷而不悟 以至於危亡. 臣伏見詔書 顧念阿母舊德宿恩 欲特加顯賞. 按尙書故事 無乳母爵邑之制 唯先帝時阿母王聖爲野王君 聖造生讒賊廢立之禍 生爲天下所咀嚼 死爲海內所歡快. 桀‧紂貴爲天子 而庸僕羞與爲比者 以其無義也 夷‧齊賤爲匹夫 而王侯爭與爲伍者 以其有德也. 今阿母躬蹈儉約 以身率下 羣僚蒸庶 莫不向風. 而與王聖並同爵號 懼違本操 失其常願. 臣愚以爲凡人之心 理不相遠 其所不安 古今一也. 百姓深懲王聖傾覆之禍 民萌之命危於累卵 常懼時世復有此類 忧惕之念未離於心 恐懼之言未絶乎

口. 乞如前議 歲以千萬給奉阿母 內足以盡恩愛之歡 外可不爲
吏民所怪. 梁冀之封 事非機急 宜過災阸之運 然後平議可否."
於是冀父商讓還冀封 書十餘上 帝乃從之.

夏 四月 己亥 京師地震. 五月 庚子 詔羣公·卿士各直言厥
咎 仍各舉敦樸士一人. 左雄復上疏曰"先帝封野王君 漢陽地
震 今封山陽君而京城復震 專政在陰 其災尤大. 臣前後瞽言
封爵至重 王者可私人以財 不可以官 宜還阿母之封以塞災異.
今冀已高讓 山陽君亦宜崇其本節."雄言切至 娥亦畏懼辭讓
而帝戀戀不能已 卒封之.

是時 大司農劉據以職事被譴 召詣尚書 傳呼促步 又加以捶
撲. 雄上言"九卿位亞三事 班在大臣 行有佩玉之節 動有庠序
之儀. 孝明皇帝始有撲罰 皆非古典."帝納之 是後九卿無復捶
撲者.

4　戊午 司空王龔免. 六月 辛未 以太常魯國孔扶爲司空.

5　丁丑 洛陽宣德亭地坼 長八十五丈 帝引公卿所舉敦樸之
士 使之對策 及特問以當世之敝 爲政所宜. 李固對曰"前孝
安皇帝變亂舊典 封爵阿母 因造妖孽 改亂嫡嗣 至令聖躬狼狽
親遇其艱. 既拔自困殆 龍興卽位 天下喁喁 屬望風政. 積敝之
後 易致中興 誠當沛然思惟善道 而論者猶云'方今之事 復同
於前.'臣伏在草澤 痛心傷臆！實以漢興以來三百餘年 賢聖相
繼十有八主 豈無阿乳之恩 豈忘貴爵之寵？ 然上畏天威 俯案

經典 知義不可 故不封也. 今宋阿母雖有大功·勤謹之德 但加
賞賜 足以酬其勞苦 至於裂土開國 實乖舊典. 聞阿母體性謙
虛 必有遜讓 陛下宜許其辭國之高 使成萬安之福. 夫妃·后之
家所以少完全者 豈天性當然? 但以爵位尊顯 顓總權柄 天道
惡盈 不知自損 故致顛仆. 先帝寵遇閻氏 位號太疾 故其受禍
曾不旋時《老子》曰'其進銳者其退速也.'今梁氏戚爲椒房 禮
所不臣 尊以高爵 尚可然也 而子弟羣從 榮顯兼加 永平·建
初故事 殆不如此. 宜令步兵校尉冀及諸侍中還居黃門之官 使
權去外戚 政歸國家 豈不休乎! 又 詔書所以禁侍中·尚書·
中臣子弟不得爲吏·察孝廉者 以其秉威權 容請託故也. 而中
常侍在日月之側 聲勢振天下 子弟祿任 曾無限極 雖外託謙默
不干州郡 而詔僞之徒 望風進舉. 今可爲設常禁 同之中臣. 昔
館陶公主爲子求郎 明帝不許 賜錢千萬 所以輕厚賜 重薄位者
爲官人失才 害及百姓也. 竊聞長水司馬武宣·開陽城門候羊
迪等 無他功德 初拜便眞 此雖小失而漸壞舊章. 先聖法度 所
宜堅守 故政教一跌 百年不復《詩》云 '上帝板板 下民卒癉'
刺周王變祖法度 故使下民將盡病也. 今陛下之有尚書 猶天之
有北斗也. 斗爲天喉舌 尚書亦爲陛下喉舌. 斗斟酌元氣 運乎
四時 尚書出納王命 賦政四海 權尊勢重 責之所歸 若不平心
災眚必至 誠宜審擇其人 以毗聖政. 今與陛下共天下者 外則
公·卿·尚書 內則常侍·黃門 譬猶一門之內 一家之事 安則
共其福慶 危則通其禍敗. 刺史·二千石 外統職事 內受法則.
夫表曲者景必邪 源清者流必潔 猶叩樹本 百枝皆動也. 由此言

之 本朝號令 豈可蹉跌！天下之紀綱 當今之急務也. 夫人君之
有政 猶水之有隄防 隄防完全 雖遭雨水霖潦 不能爲變 政教
一立 暫遭凶年 不足爲憂. 誠令隄防穿漏 萬夫同力 不能復救
政教一壞 賢智馳騖 不能復還 今隄防雖堅 漸有孔穴. 譬之一
人之身 本朝者 心腹也 州・郡者 四支也 心腹痛則四支不舉.
故臣之所憂 在腹心之疾 非四支之患也. 苟堅隄防 務政教 先
安心腹 整理本朝 雖有寇賊・水旱之變 不足介意也 誠令堤防
壞漏 心腹有疾 雖無水旱之災 天下固可以憂矣. 又宜罷退宦官
去其權重 裁置常侍二人 方直有德者省事左右 小黃門五人 才
智閑雅者給事殿中. 如此 則論者厭塞 升平可致也！"

扶風功曹馬融對曰 "今科條品制 四時禁令 所以承天順民者
備矣 悉矣 不可加矣. 然而天猶有不平之效 民猶有咨嗟之怨
者 百姓屢聞恩澤之聲而未見惠和之實也. 古之足民者 非能家
贍而人足之 量其財用 爲之制度. 故嫁娶之禮儉 則婚者以時矣
喪制之禮約 則終者掩藏矣 不奪其時 則農夫利矣. 夫妻子以累
其心 產業以重其志 含此而爲非者 有必不多矣！"

太史令南陽張衡對曰 "自初舉孝廉 迄今二百歲矣 皆先孝行
行有餘力 始學文法. 辛卯詔書 以能章句・奏案爲限 雖有至孝
猶不應科 此棄本而取末. 曾子長於孝 然實魯鈍 文學不若游・
夏 政事不若冉・季. 今欲使一人兼之 苟外有可觀 內必有關
則違選舉孝廉之志矣. 且郡國守相 剖符寧境 爲國大臣 一旦免
黜十有餘人 吏民罷於送迎之役 新故交際 公私放濫 或臨政爲
百姓所便而以小過免之 是爲奪民父母使嗟號也. 《易》不遠復

《論》不憚改 朋友交接且不宿過 況於帝王 承天理物 以天下爲公者乎！ 中間以來 妖星見於上 震裂著於下 天誡詳矣 可爲寒心. 明者消禍於未萌 今旣見矣 脩政恐懼 則禍轉爲福矣."

上覽眾對 以李固爲第一 卽時出阿母還舍 諸常侍悉叩頭謝罪 朝廷肅然. 以固爲議郎 而阿母·宦者皆疾之 詐爲飛章以陷其罪. 事從中下 大司農南郡黃尙等請之於梁商 僕射黃瓊復救明其事. 久乃得釋 出爲洛令 固棄官歸漢中. 融博通經籍 美文辭 對奏 亦拜議郎. 衡善屬文 通貫《六藝》雖才高於世 而無驕尙之情 善機巧 尤致思於天文·陰陽·曆算 作渾天儀 著《靈憲》. 性恬憺 不慕當世 所居之官輒積年不徙.

6　太尉寵參 在三公中最名忠直 數爲左右所毀. 會所舉用忤帝旨 司隸承風案之. 時當會茂才·孝廉 參以被奏 稱疾不會. 廣漢上計掾段恭因會上疏曰"伏見道路行人·農夫·織婦皆曰'太尉參竭忠盡節 徒以直道不能曲心 孤立羣邪之間 自處中傷之地.'夫以讒佞傷毀忠正 此天地之大禁 人臣之至誠也！ 昔白起賜死 諸侯酌酒相賀 季子來歸 魯人喜其紓難. 夫國以賢治 君以忠安. 今天下咸欣陛下有此忠賢 願卒寵任以安社稷." 書奏 詔卽遣小黃門視參疾 太醫致羊酒. 後參夫人疾前妻子 投於井而殺之 雒陽令祝良奏參罪. 秋 七月 己未 參竟以災異免.

7　八月 己巳 以大鴻臚施延爲太尉.

8   鮮卑寇馬城 代郡太守擊之 不克. 頃之 其至鞬死. 鮮卑由
是抄盜差稀.＊

資治通鑑 卷052

【漢紀四十四】

起閼逢閹茂(甲戌) 盡旃蒙作噩(乙酉) 凡十二年.

❖ 孝順皇帝下 陽嘉 3年 (甲戌, 134年)

1　　夏 四月 車師後部司馬率後王加特奴 掩擊北匈奴於閶吾
陸谷 大破之 獲單于母.

2　　五月 戊戌 詔以春夏連旱 赦天下. 上親自露坐德陽殿東廂
請雨. 以尚書周舉才學優深 特加策問. 舉對曰"臣聞陰陽閉隔
則二氣否塞. 陛下廢文帝‧光武之法 而循亡秦奢移之欲 內積
怨女 外有曠夫. 自枯旱以來 彌歷年歲 未聞陛下改過之效 徒
勞至尊暴露風塵 誠無益也. 陛下但務其華 不尋其實 猶緣木希
魚 卻行求前. 誠宜推信革政 崇道變惑 出後宮不御之女 除太
官重膳之費.《易傳》曰'陽感天不旋日.'惟陛下留神裁察！"
帝復召舉面問得失 舉對以"宜愼官人 去貪汙 遠佞邪."帝曰
"官貪汙‧佞邪者爲誰乎？"對曰"臣從下州超備機密 不足以

別羣臣. 然公卿大臣數有直言者 忠貞也 阿諛苟容者 佞邪也."

太史令張衡亦上疏言 "前年京師地震土裂. 裂者 威分 震者 民擾也. 竊懼聖思厭倦 制不專己 恩不忍割 與衆共威. 威不可 分 德不可共. 願陛下思惟所以稽古率舊 勿使刑德八柄不由天 子 然後神望允塞 災消不至矣."

衡又以中興之後 儒者爭學《圖緯》上疏言 "《春秋元命包》有 公輸班與墨翟 事見戰國 又言別有益州 益州之置在於漢世. 又 劉向父子領校秘書 閱定九流 亦無《讖錄》. 則知《圖讖》成於 哀 · 平之際 皆虛僞之徒以要世取資 欺罔較然 莫之糾禁. 且律 曆 · 卦候 · 九宮 · 風角 數有徵效 世莫肯學 而競稱不占之書 譬猶畫工惡圖犬馬而好作鬼魅 誠以實事難形而虛僞不窮也！ 宜收藏《圖讖》一禁絕之 則朱紫無所眩 典籍無瑕玷矣！"

3　　秋 七月 鍾羌良封等復寇隴西 · 漢陽. 詔拜前校尉馬賢爲 謁者 鎮撫諸種. 冬 十月 護羌校尉馬續遣兵擊良封 破之.

4　　十一月 壬寅 司徒劉崎 · 司空孔扶免 用國舉之言也. 乙巳 以大司農黃尙爲司徒 光祿勳河東王卓爲司空.

5　　耿貴人數爲耿氏請 帝乃紹封耿寶子箕爲牟平侯.

1 　春 北匈奴呼衍王侵車師後部. 帝令敦煌太守發兵救之 不利.

2 　二月 丙子 初聽中官得以養子襲爵. 初 帝之復位 宦官之力也 由是有寵 參與政事. 御史張綱上書曰 "竊尋文 · 明二帝德化尤盛 中官常侍 不過兩人 近倖賞賜 裁滿數金 惜費重民故家給人足. 而頃者以來 無功小人 皆有官爵 非愛民重器 · 承天順道者也." 書奏 不省. 綱 皓之子也.

3 　旱.

4 　謁者馬賢擊鍾羌 大破之.

5 　夏 四月 甲子 太尉施延免. 戊寅 以執金吾梁商爲大將軍故太尉寵參爲太尉.
　商稱疾不起且一年 帝使太常桓焉奉策就第卽拜 商乃詣闕受命. 商少通經傳 謙恭好士 辟漢陽巨覽 · 上黨陳龜爲掾屬 李固爲從事中郎 楊倫爲長史.
　李固以商柔和自守 不能有所整裁 乃奏記於商曰 "數年以來災怪屢見. 孔子曰 '智者見變思形 愚者睹怪諱名.' 天道無親可爲祇畏. 誠令王綱一整 道行忠立 明公踵伯成之高 全不朽之

譽 豈與此外戚凡輩耽榮好位者同日而論哉！"商不能用.

6　秋 閏八月 丁亥朔 日有食之.

7　冬 十月 烏桓寇雲中 度遼將軍耿曄追擊 不利. 十一月 烏桓圍曄於蘭池城 發兵數千人救之 烏桓乃退.

8　十二月 丙寅 京師地震.

❖ 孝順皇帝下 永和 元年 (丙子, 136年)

1　春 正月 己巳 改元 赦天下.

2　冬 十月 丁亥 承福殿火.

3　十一月 丙子 太尉龐參罷.

4　十二月 象林蠻夷反.

5　乙巳 以前司空王龔爲太尉.
　龔疾宦官專權 上書極言其狀. 諸黃門使客誣奏龔罪 上命龔甌自實. 李固奏記於梁商曰 "王公以堅貞之操 橫爲讒佞所構

衆人聞知 莫不歡慄. 夫三公尊重 無詣理訴冤之義 纖微感概
輒引分決 是以舊典不有大罪 不至重問. 王公卒有他變 則朝廷
獲害賢之名 羣臣無救護之節矣！ 語曰'善人在患 飢不及餐.'
斯其時也！"商卽言之於帝 事乃得釋.

6   是歲 以執金吾梁冀爲河南尹. 冀性嗜酒 逸游自恣 居職多
縱暴非法. 父商所親客雒陽令呂放以告商 商以讓冀. 冀遣人於
道刺殺放 而恐商知之 乃推疑放之怨仇 請以放弟禹爲雒陽令
使捕之 盡滅其宗‧親‧賓客百餘人.

7   武陵太守上書 以蠻夷率服 可比漢人 增其租賦. 議者皆以
爲可. 尙書令虞詡曰"自古聖王 不臣異俗. 先帝舊典 貢賦多
少 所由來久矣 今猥增之 必有怨叛. 計其所得 不償所費 必有
後悔."帝不從. 澧中‧漊中蠻各爭貢布非舊約 遂殺鄉吏 舉種
反.

❖ 孝順皇帝下 永和 2年（丁丑, 137年）

1   春 武陵蠻二萬人圍充城 八千人寇夷道.

2   二月 廣漢屬國都尉擊破白馬羌.

3 　帝遣武陵太守李進擊叛蠻 破平之. 進乃簡選良吏 撫循蠻
夷 郡境遂安.

4 　三月 乙卯 司空王卓薨. 丁丑 以光祿勳郭虔爲司空.

5 　夏 四月 丙申 京師地震.

6 　五月 癸丑 山陽君宋娥坐構奸誣罔 收印綬 歸里舍. 黃
龍・楊佗・孟叔・李建・張賢・史汎・王道・李元・李剛等
九侯坐與宋娥更相賂遺 求高官增邑 並遣就國 減租四分之一.

7 　象林蠻區憐等攻縣寺 殺長吏. 交趾刺史樊演發交趾・九
眞兵萬餘人救之 兵士憚遠役 秋 七月 二郡兵反 攻其府. 府雖
擊破反者 而蠻勢轉盛.

8 　冬 十月 甲申 上行幸長安. 扶風田弱薦同郡法眞博通內・
外學 隱居不仕 宜就加袞職. 帝虛心欲致之 前後四徵 終不屈.
友人郭正稱之曰 “法眞名可得聞 身難得而見. 逃名而名我隨
避名而名我追 可謂百世之師者矣！” 眞 雄之子也.

9 　丁卯 京師地震.

10 　太尉王龔以中常侍張昉等專弄國權 欲奏誅之. 宗親有以

楊震行事諫之者 龔乃止.

11　十二月 乙亥 上還自長安.

❖ 孝順皇帝下 永和 3年 (戊寅, 138年)

1　春 二月 乙亥 京師及金城 · 隴西地震 二郡山崩.

2　夏 閏四月 己酉 京師地震.

3　五月 吳郡丞羊珍反 攻郡府 太守王衡破斬之.

4　侍御史賈昌與州郡幷力討區憐等 不剋 爲所攻圍 歲餘 兵
穀不繼. 帝召公卿百官及四府掾屬問以方略 皆議遣大將 發
荊 · 揚 · 兗 · 豫四萬人赴之. 李固駁曰 "若荊 · 揚無事 發之
可也. 今二州盜賊磐結不散 武陵 · 南郡蠻夷未輯 長沙 · 桂陽
數被徵發 如復擾動 必更生患 其不可一也. 又 兗 · 豫之人卒
被徵發 遠赴萬里 無有還期 詔書迫促 必致叛亡 其不可二也.
南州水土溫暑 加有瘴氣 致死亡者十必四五 其不可三也. 遠涉
萬里 士卒疲勞 比至嶺南 不復堪鬪 其不可四也. 軍行三十里
爲程 而去日南九千餘里 三百日乃到 計人稟五升 用米六十萬
斛 不計將吏驢馬之食 但負甲自致 費便若此 其不可五也. 設

軍所在 死亡必衆 既不足禦敵 當復更發 此爲刻割心腹以補四
支 其不可六也. 九眞 · 日南相去千里 發其吏民猶尙不堪 何
況乃苦四州之卒以赴萬里之艱哉！ 其不可七也. 前中郞將尹
就討益州叛羌 益州諺曰 '虜來尙可 尹來殺我.' 後就徵還 以兵
付刺史張喬 喬因其將吏 旬月之間破殄寇虜. 此發將無益之效
州郡可任之驗也. 宜更選有勇略仁惠任將帥者 以爲刺史 · 太
守 悉使共住交趾. 今日南兵單無穀 守既不足 戰又不能 可一
切徙其吏民 北依交趾 事靜之後 乃命歸本 還募蠻夷使自相攻
轉輸金帛以爲其資 有能反間致頭首者 許以封侯裂土之賞. 故
并州刺史長沙祝良 性多勇決 又南陽張喬 前在益州有破虜之
功 皆可任用. 昔太宗就加魏尙爲雲中守 哀帝卽拜龔舍爲泰山
守 宜卽拜良等 便道之官." 四府悉從固議 卽拜祝良爲九眞太
守 張喬爲交趾刺史. 喬至 開示慰誘 並皆降散. 良到九眞 單車
入賊中 設方略 招以威信 降者數萬人 皆爲良築起府寺. 由是
嶺外復平.

5　　秋 八月 己未 司徒黃尙免. 九月 己酉 以光祿勳長沙劉壽
爲司徒.

6　　丙戌 令大將軍 · 三公擧剛毅 · 武猛 · 謀謨任將帥者各二
人 特進 · 卿 · 校尉各一人.
　　初 尙書令左雄薦冀州刺史周擧爲尙書. 既而雄爲司隷校尉
擧故冀州刺史馮直任將帥. 直嘗坐臧受罪 擧以此劾奏雄. 雄

曰"詔書使我選武猛 不使我選淸高."舉曰"詔書使君選武猛 不使君選貪汚也."雄曰"進君 適所以自伐也."舉曰"昔趙宣子任韓厥爲司馬 厥以軍法戮宣子僕 宣子謂諸大夫曰'可賀我矣！吾選厥也任其事.'今君不以舉之不才誤升諸朝 不敢阿君 以爲君羞 不寤君之意與宣子殊也."雄悅 謝曰"吾嘗事馮直之父 又與直善 今宣光以此奏吾 是吾之過也！"天下益以此賢之.

是時 宦官競賣恩勢 唯大長秋良賀淸儉退厚. 及詔舉武猛 賀獨無所薦. 帝問其故 對曰"臣生自草茅 長於宮掖 旣無知人之明 又未嘗交加士類. 昔衛鞅因景監以見 有識知其不終. 今得臣舉者 匪榮伊辱 是以不敢！"帝由是賞之.

7　冬 十月 燒當羌那離等三千餘騎寇金城 校尉馬賢擊破之.

8　十二月 戊戌朔 日有食之.

9　大將軍商以小黃門南陽曹節等用事於中 遣子冀·不疑與爲交友 而宦官忌其寵 反欲陷之. 中常侍張逵·蘧政·楊定等與左右連謀 共譖商及中常侍曹騰·孟賁 云"欲徵諸王子 圖議廢立 請收商等案罪."帝曰"大將軍父子 我所親 騰·賁 我所愛 必無是 但汝曹共妒之耳."逵等知言不用 懼迫 遂出 矯詔收縛騰·賁於省中. 帝聞 震怒 敕宦者李歙急呼騰·賁釋之 收逵等下獄.

1   春 正月 庚辰 逨等伏誅. 事連弘農太守張鳳 · 安平相楊皓
皆坐死. 辭所連染 延及在位大臣. 商懼多侵枉 乃上疏曰 “《春
秋》之義 功在元帥 罪止首惡. 大獄一起 無辜者衆 死囚久繫
纖微成大 非所以順迎和氣 平政成化也. 宜早訖竟 以止逮捕之
煩.” 帝納之 罪止坐者.
　二月 帝以商少子虎賁中郎將不疑爲步兵校尉. 商上書辭曰
“不疑童孺 猥處成人之位. 昔晏平仲辭鄗殿以守其富 公儀休
不受魚飧以定其位. 臣雖不才 亦願固福祿於聖世！” 上乃以
不疑爲侍中 · 奉車都尉.

2   三月 乙亥 京師地震.

3   燒當羌那離等復反 夏 四月 癸卯 護羌校尉馬賢討斬之 獲
首虜千二百餘級.

4   戊午 赦天下.

5   五月 戊辰 封故濟北惠王壽子安爲濟北王.

6   秋 八月 太原旱.

1　春 二月 戊申 京師地震.

2　南匈奴句龍王吾斯 · 車紐等反 寇西河 招誘右賢王合兵圍
美稷 殺朔方 · 代郡長吏. 夏 五月 度遼將軍馬續與中郎將梁並
等發邊兵及羌 · 胡合二萬餘人掩擊 破之. 吾斯等復更屯聚 攻
沒城邑. 天子遣使責讓單于 單于本不預謀 乃脫帽避帳 詣並
謝罪. 並以病徵 五原太守陳龜代爲中郎將. 龜以單于不能制下
逼迫單于及其弟左賢王皆令自殺. 龜又欲徙單于近親於內郡
而降者遂更狐疑. 龜坐下獄 免.

大將軍商上表曰 "匈奴寇畔 自知罪極 窮鳥困獸 皆知救死
況種類繁熾 不可單盡. 今轉運日增 三軍疲苦 虛內給外 非中
國之利. 度遼將軍馬續 素有謀謨 且典邊日久 深曉兵要 每得
續書 與臣策合. 宜令續深溝高壁 以恩信招降 宣示購賞 明爲
期約. 如此 則醜類可服 國家無事矣." 帝從之 乃詔續招降畔
虜.

商又移書續等曰 "中國安寧 忘戰日久. 良騎野合 交鋒接矢
決勝當時 戎狄之所長而中國之所短也 強弩乘城 堅營固守 以
待其衰 中國之所長而戎狄之所短也. 宜務先所長以觀其變 設
購開賞 宣示反悔 勿貪小功以亂大謀." 於是右賢王部抑鞮等
萬三千口皆詣續降.

3 己丑晦 日有食之.

4 初 那離等旣平 朝廷以來機爲并州刺史 劉秉爲涼州刺史.
機等天性虐刻 多所擾發 且凍·傅難種羌遂反 攻金城 與雜種
羌·胡大寇三輔 殺害長吏. 機·秉並坐徵. 於是拜馬賢爲征西
將軍 以騎都尉耿叔爲副 將左右羽林五校士及諸州郡兵十萬人
屯漢陽.

5 九月 令扶風·漢陽築隴道塢三百所 置屯兵.

6 辛未 太尉王龔以老病罷.

7 且凍羌寇武都 燒隴關.

8 壬午 以太常桓焉爲太尉.

9 匈奴句龍王吾斯等立車紐爲單于 東引烏桓 西收羌·胡等
數萬人攻破京兆虎牙營 殺上郡都尉及軍司馬 遂寇掠幷·涼·
幽·冀四州. 乃徙西河治離石 上郡治夏陽 朔方治五原. 十二
月 遣使匈奴中郎將張耽將幽州·烏桓諸郡營兵擊車紐等 戰於
馬邑 斬首三千級 獲生口甚衆. 車紐乞降 而吾斯猶率其部曲與
烏桓寇鈔.

10　初 上命馬賢討西羌 大將軍商以爲賢老 不如太中大夫宋
漢 帝不從. 漢 由之子也. 賢到軍 稽留不進. 武都太守馬融上
疏曰“今雜種諸羌轉相鈔盜 宜及其未幷 亟遣深入 破其支黨
而馬賢等處處留滯. 羌‧胡百里望塵 千里聽聲 今逃匿避回 漏
出其後 則必侵寇三輔 爲民大害. 臣願請賢所不可 用關東兵
五千 裁假部隊之號 盡力率屬 埋根‧行首以先吏士 三旬之中
必克破之. 臣又聞吳起爲將 暑不張蓋 寒不披裘 今賢野次垂幕
珍肴雜遝 兒子侍妾 事與古反. 臣懼賢等專守一城 言攻於西而
羌出於東 且其將士將不堪命 必有高克潰叛之變也.”安定人
皇甫規亦見賢不恤軍事 審其必敗 上書言狀. 朝廷皆不從.

❖ 孝順皇帝下 永和 6年（辛巳, 141年）

1　春 正月 丙子 征西將軍馬賢與且凍羌戰于射姑山 賢軍敗
賢及二子皆沒 東‧西羌遂大合. 閏月 鞏唐羌寇隴西 遂及三輔
燒園陵 殺掠吏民.

2　二月 丁巳 有星孛於營室.

3　三月 上巳 大將軍商大會賓客 讌于雒水 酒闌 繼以《薤露
之歌》. 從事中郎周擧聞之 歎曰“此所謂哀樂失時 非其所也
殃將及乎！”

4 　武都太守趙沖追擊鞏唐羌 斬首四百餘級 降二千餘人. 詔沖督河西四郡兵爲節度.

　安定上計掾皇甫規上疏曰"臣比年以來 數陳便宜 羌戎未動 策其將反 馬賢始出 知其必敗 誤中之言 在可考校. 臣每惟賢等擁衆四年 未有成功 縣師之費 且百億計 出於平民 回入姦吏 故江湖之人 羣爲盜賊 靑·徐荒饑 襁負流散. 夫羌戎潰叛 不由承平 皆因邊將失於綏御 乘常守安則加侵暴 苟競小利則致大害 微勝則虛張首級 軍敗則隱匿不言. 軍士勞怨 困於猾吏 進不得快戰以徼功 退不得溫飽以全命 餓死溝渠 暴骨中原 徒見王師之出 不聞振旅之聲. 酋豪泣血 驚懼生變 是以安不能久 叛則經年 臣所以搏手扣心而增歎者也！願假臣兩營·二郡屯列坐食之兵五千 出其不意 與趙沖共相首尾. 土地山谷 臣所曉習 兵勢巧便 臣已更之 可不煩方寸之印 尺帛之賜 高可以滌患 下可以納降. 若謂臣年少·官輕 不足用者 凡諸敗將 非官爵之不高 年齒之不邁. 臣不勝至誠 沒死自陳！"帝不能用.

5 　庚子 司空郭虔免. 丙午 以太僕趙戒爲司空.

6 　夏 使匈奴中郎將張耽·度遼將軍馬續率鮮卑到穀城 擊烏桓於通天山 大破之.

7 　鞏唐羌寇北地. 北地太守賈福與趙衝擊之 不利.

8 　秋 八月 乘氏忠侯梁商病篤 敕子冀等曰"吾生無以輔益
朝廷 死何可耗費帑藏！ 衣衾・飯含・玉匣・珠貝之屬 何益
朽骨！百僚勞擾 紛華道路 祇增塵垢耳. 宜皆辭之."丙辰 薨
帝親臨喪. 諸子欲從其誨 朝廷不聽 賜以東園秘器・銀鏤・黃
腸・玉匣. 及葬 賜輕車・介士 中宮親送. 帝至宣陽亭 瞻望車
騎. 壬戌 以河南尹・乘氏侯梁冀爲大將軍 冀弟侍中不疑爲河
南伊.

　　❖ 臣光曰

　　成帝不能選任賢俊 委政舅家 可謂暗矣 猶知王立之不
材 棄而不用. 順帝援大柄 授之后族 梁冀頑囂凶暴 著於
平昔 而使之繼父之位 終於悖逆 蕩覆漢室 校於成帝 暗
又甚焉！

9 　初 梁商病篤 帝親臨幸 問以遺言. 對曰"臣從事中郎周舉
清高忠正 可重任也."由是拜舉諫議大夫.

10 　九月 諸羌寇武威.

11 　辛亥晦 日有食之.

12 　冬 十月 癸丑 以羌寇充斥 涼部震恐 復徙安定居扶風 北

地居馮翊. 十一月 庚子 以執金吾張喬行車騎將軍事 將兵萬
五千人屯三輔.

13　　荊州盜賊起 彌年不定 以大將軍從事中郎李固爲荊州刺
史. 固到 遣吏勞問境內 赦寇盜前釁 與之更始. 於是賊帥夏密
等率其魁黨六百餘人自縛歸首 固皆原之 遣還 使自相招集 開
示威法 半歲間 餘類悉降 州內淸平. 奏南陽太守高賜等臧穢
賜等重賂大將軍梁冀 冀爲之千里移檄 而固持之愈急 冀遂徙
固爲泰山太守. 時泰山盜賊屯聚歷年 郡兵常千人追討 不能制
固到 悉罷遣歸農 但選留任戰者百餘人 以恩信招誘之. 未滿歲
賊皆弭散.

❖ 孝順皇帝下 漢安 元年 (壬午, 142年)

1　　春 正月 癸巳 赦天下 改元.

2　　秋 八月 南匈奴句龍吾斯與薁鞬 · 臺耆等復反 寇掠幷部.

3　　丁卯 遣侍中河內杜喬 · 周舉 · 守光祿大夫周栩 · 馮羨 ·
魏郡欒巴 · 張綱 · 郭遵 · 劉班分行州郡 表賢良 顯忠勤 其貪
污有罪者 刺史 · 二千石驛馬上之 墨綬以下便輒收舉. 喬等
受命之部 張綱獨埋其車輪於雒陽都亭 曰 "豺狼當路 安問狐

狸！”遂劾奏“大將軍冀·河南尹不疑 以外戚蒙恩 居阿衡之
任 而專肆貪叨 縱恣無極 謹條其無君之心十五事 斯皆臣子所
切齒者也.”書御 京師震竦. 時皇后寵方盛 諸梁姻族滿朝 帝
雖知綱言直 不能用也. 杜喬至冶金兗州 表奏泰山太守李固政
爲天下第一 上徵固爲將作大匠. 八使所劾奏 多梁冀及宦者親
黨 互爲請救 事皆寢遏. 侍御史河南种暠疾之 復行案舉. 廷尉
吳雄·將作大匠李固亦上言“八使所糾 宜急誅罰.”帝乃更下
八使奏章 令考正其罪.

　梁冀恨張綱 思有以中傷之. 時廣陵賊張嬰寇亂揚·徐間積
十餘年 二千石不能制 冀乃以綱爲廣陵太守. 前太守率多求兵
馬 綱獨請單車之職. 既到 徑詣嬰壘門 嬰大驚 遽走閉壘. 綱
於門罷遣吏兵 獨留所親者十餘人 以書喻嬰 請與相見. 嬰見
綱至誠 乃出拜謁. 綱延置上坐 譬之曰“前後二千石多肆貪暴
故致公等懷憤相聚 二千石信有罪矣 然爲之者又非義也. 今主
上仁聖 欲以文德服叛 故遣太守來 思以爵祿相榮 不願以刑罰
相加 今誠轉禍爲福之時也. 若聞義不服 天子赫然震怒 荊·
揚·兗·豫大兵雲合 身首橫分 血嗣俱絕. 二者利害 公其深計
之！”嬰聞 泣下曰“荒裔愚民 不能自通朝廷 不堪侵枉 遂復
相聚偷生 若魚游釜中 知其不可久 且以喘息須臾間耳！今聞
明府之言 乃嬰等更生之辰也！”乃辭還營. 明日 將所部萬餘
人與妻子面縛歸降. 綱單車入嬰壘 大會 置酒爲樂 散遣部衆
任從所之 親爲卜居宅·相田疇 子弟欲爲吏者 皆引召之. 人情
悅服 南州晏然. 朝廷論功當封 梁冀遏之. 在郡一歲 卒 張嬰等

五百餘人爲之制服行喪 送到犍爲 負土成墳. 詔拜其子續爲郎中 賜錢百萬.

是時 二千石長吏有能政者 有雒陽令渤海任峻‧冀州刺史京兆蘇章‧膠東相陳留吳祐. 雒陽令自王渙之後 皆不稱職. 峻能選用文武吏 各盡其用 發奸不旋踵 民間不畏吏 其威禁猛於渙 而文理政敎不如也. 章爲冀州刺史 有故人爲淸河太守 章行部 欲案其姦臧 乃請太守爲設酒肴 陳平生之好甚歡. 太守喜曰 "人皆有一天 我獨有二天!" 章曰 "今夕蘇孺文與故人飮者 私恩也 明日冀州刺史案事者 公法也." 遂擧正其罪 州境肅然. 後以摧折權豪忤旨 坐免. 時天下日敝 民多愁苦 論者日夜稱章 朝廷遂不能復用也. 祐爲膠東相 政崇仁簡 民不忍欺. 嗇夫孫性 私賦民錢 市衣以進其父 父得而怒曰 "有君如是 何忍欺之!" 促歸伏罪. 性慙懼詣閣 持衣自首. 祐屏左右問其故 性具談父言. 祐曰 "掾以親故受污穢之名 所謂 '觀過斯知仁矣.'" 使歸謝其父 還以衣遺之.

4   冬 十月 辛未 太尉桓焉‧司徒劉壽免.

5   罕羌邑落五千餘戶詣趙沖降 唯燒何種據參戀未下. 甲戌 罷張喬軍屯.

6   十一月 壬午 以司隸校尉下邳趙峻爲太尉 大司農胡廣爲司徒.

❖ 孝順皇帝下 漢安 2年 (癸未, 143年).

1　夏 四月 庚戌 護羌校尉趙沖與漢陽太守張貢擊燒當羌於
參戀 破之.

2　六月 丙寅 立南匈奴守義王兜樓儲爲呼蘭若尸逐就單于.
時兜樓儲在京師 上親臨軒授璽綬 引上殿 賜車馬‧器服‧金
帛甚厚. 詔太常‧大鴻臚與諸國侍子於廣陽城門外祖會饗 賜
作樂‧角抵‧百戲.

3　冬 閏十月 趙沖擊燒當羌於阿陽 破之.

4　十一月 使匈奴中郎將扶風馬寔遣人刺殺句龍吾斯.

5　涼州自九月以來 地百八十震 山谷坼裂 壞敗城寺 民壓死
者甚衆.

6　尚書令黃瓊以前左雄所上孝廉之選 專用儒學‧文吏 於取
士之義猶有所遺 乃奏增孝悌及能從政者爲四科 帝從之.

❖ 孝順皇帝下 建康 元年 (甲申, 144年)

1 　春 護羌從事馬玄爲諸羌所誘 將羌衆亡出塞 領護羌校尉
衛琚追擊玄等 斬首八百餘級. 趙沖復追叛羌到建威鸇陰河 軍
度竟 所將降胡六百餘人叛走. 沖將數百人追之 遇羌伏兵 與戰
而歿. 沖雖死 而前後多所斬獲 羌遂衰耗. 詔封沖子爲義陽亭
侯.

2 　夏 四月 使匈奴中郞將馬寔擊南匈奴左部 破之. 於是胡 ·
羌 · 烏桓悉詣寔降.

3 　辛巳 立皇子炳爲太子 改元 赦天下. 太子居承光宮 帝使
侍御史种暠監其家. 中常侍高梵從中單駕出迎太子 時太傅杜
喬等疑不欲從而未決 暠乃手劍當車曰 "太子 國之儲副 人命
所係. 今常侍來 無詔信 何以知非姦邪？ 今日有死而已！" 梵
辭屈 不敢對. 馳還奏之. 詔報 太子乃得去. 喬退而歎息 愧暠臨
事不惑 帝亦嘉其持重 稱善者良久.

4 　揚 · 徐盜賊羣起 盤互連歲. 秋 八月 九江范容 · 周生等寇
掠城邑 屯據歷陽 爲江 · 淮巨患 遣御史中丞馮緄督州兵討之.

5 　庚午 帝崩於玉堂前殿. 太子卽皇帝位 年二歲. 尊皇后曰
皇太后. 太后臨朝. 丁丑 以太尉趙峻爲太傅 大司農李固爲太
尉 參錄尙書事.

6   九月 丙午 葬孝順皇帝于憲陵 廟曰敬宗.

7   是日 京師及太原 · 鴈門地震.

8   庚戌 詔舉賢良方正之士 策問之. 皇甫規對曰"伏惟孝順皇帝初勤王政 紀綱四方 幾以獲安 後遭姦僞 威分近習 受賂賣爵 賓客交錯 天下擾擾 從亂如歸 官民並竭 上下窮虛. 陛下體兼乾坤 聰哲純茂 攝政之初 拔用忠貞 其餘維綱 多所改正 遠近翕然望見太平 而災異不息 寇賊縱橫 殆以姦臣權重之所致也. 其常侍尤無狀者 宜亟黜遣 披掃凶黨 收入財賄 以塞痛怨 以答天誡. 大將軍冀 · 河南尹不疑 亦宜增修謙節 輔以儒術 省去游娛不急之務 割減廬第無益之飾. 夫君者 舟也 民者 水也 羣臣 乘舟者也 將軍兄弟 操楫者也. 若能平志 畢力以度元元 所謂福也. 如其怠弛 將淪波濤 可不愼乎! 夫德不稱祿 猶鑿墉之趾以益其高 豈量力審功 安固之道哉! 凡諸宿猾 · 酒徒 · 戲客 皆宜貶斥 以懲不軌. 今冀等深思得賢之福 失人之累."梁冀忿之 以規爲下第 拜郎中 託疾 免歸 州郡承冀旨 幾陷死者再三 遂沈廢於家 積十餘年.

9   揚州刺史尹耀 · 九江太守鄧顯討范容等於歷陽 敗歿.

10   冬 十月 日南蠻夷復反 攻燒縣邑. 交趾刺史九江夏方招誘降之.

11 　十一月 九江盜賊徐鳳·馬勉等攻燒城邑 鳳稱無上將軍 勉稱皇帝 築營於當塗山中 建年號 置百官.

12 　十二月 九江賊黃虎等攻合肥.

13 　是歲 羣盜發憲陵.

❖ 漢孝沖皇帝 永嘉 元年 (乙酉, 145年)

1 　春 正月 戊戌 帝崩於玉堂前殿. 梁太后以揚·徐盜賊方盛 欲須所征諸王侯到乃發喪. 太尉李固曰 "帝雖幼少 猶天下之父. 今日崩亡 人神感動 豈有人子反共掩匿乎！ 昔 秦皇沙丘之謀及近日北鄉之事 皆秘不發喪 此天下大忌 不可之甚者也！" 太后從之 卽暮發喪.

徵淸河王蒜及渤海孝王鴻之子纘皆至京師. 蒜父曰淸河恭王延平 延平及鴻皆樂安夷王寵之子 千乘貞王伉之孫也. 淸河王爲人嚴重 動止有法度 公卿皆歸心焉. 李固謂大將軍冀曰 "今當立帝 宜擇長年 高明有德 任親政事者 願將軍審詳大計 察周·霍之立文·宣 戒鄧·閻之利幼弱！" 冀不從 與太后定策禁中. 丙辰 冀持節以王靑蓋車迎纘入南宮. 丁巳 封爲建平侯. 其日 卽皇帝位 年八歲. 蒜罷歸國.

2 　將卜山陵 李固曰 "今處處寇賊 軍興費廣 新創憲陵 賦發非一. 帝尚幼小 可起陵於憲陵塋內 依康陵制度." 太后從之. 己未 葬孝沖皇帝於懷陵.

3 　太后委政宰輔 李固所言 太后多從之 宦官爲惡者一皆斥遣 天下咸望治平. 而梁冀深忌疾之.

　初 順帝時所除官多不以次 及固在事 奏免百餘人. 此等既怨 又希望冀旨 遂共作飛章誣奏固曰 "太尉李固 因公假私 依正行邪 離間近戚 自隆支黨. 大行在殯 路人掩涕 固獨胡粉飾貌 搔頭弄姿 槃旋偃仰 從容治步 曾無慘怛傷悴之心. 山陵未成 違矯舊政 善則稱己 過則歸君 斥逐近臣 不得侍送. 作威作福 莫固之甚矣！夫子罪莫大於累父 臣惡莫深於毀君 固之過釁 事合誅辟." 書奏 冀以白太后 使下其書 太后不聽.

4 　廣陵賊張嬰復聚衆數千人反 據廣陵.

5 　二月 乙酉 赦天下.

6 　西羌叛亂積年 費用八十餘億. 諸將多斷盜牢稟 私自潤入 皆以珍寶貨賂左右. 上下放縱 不恤軍事 士卒不得其死者 白骨相望於野. 左馮翊梁並以恩信招誘叛羌 離湳·狐奴等五萬餘戶皆詣並降 隴右復平.

7 　　太后以徐‧揚盜賊益熾 博求將帥. 三公舉涿令北海滕撫有文武才 詔拜撫九江都尉 與中郎將趙序助馮緄 合州郡兵數萬人共討之. 又廣開賞募 錢‧邑各有差. 又議遣太尉李固未及行. 三月 撫等進擊眾賊 大破之 斬馬勉‧范容‧周生等千五百級. 徐鳳以餘眾燒東城縣. 夏 五月 下邳人謝安應募 率其宗親設伏擊鳳 斬之. 封安爲平鄉侯. 拜滕撫中郎將 督揚‧徐二州事.

8 　　丙辰 詔曰 "孝殤皇帝卽位踰年 君臣禮成. 孝安皇帝承襲統業 而前世遂令恭陵在康陵之上 先後相踰 失其次序. 今其正之！"

9 　　六月 鮮卑寇代郡.

10 　　秋 廬江盜賊攻尋陽 又攻盱台. 滕撫遣司馬王章擊破之.

11 　　九月 庚戌 太傅趙峻薨.

12 　　滕撫進擊張嬰 冬 十一月 丙午 破嬰 斬獲千餘人. 丁未 中郎將趙序坐畏懦‧
　　詐增首級 棄市.

13 　　歷陽賊華孟自稱黑帝 攻殺九江太守楊岑. 滕撫進擊 破之

斬孟等三千八百級

　虜獲七百餘人. 於是東南悉平 振旅而還. 以撫爲左馮翊.

14　　永昌太守劉君世 鑄黃金爲文蛇 以獻大將軍冀 益州刺史
种暠糾發逮捕 馳傳上言. 冀由是恨暠. 會巴郡人服直聚黨數百
人 自稱天王 暠與太守應承討捕 不克 吏民多被傷害 冀因此
陷之 傳逮暠‧承. 李固上疏曰 “臣伏聞討捕所傷 本非暠‧承
之意 實由縣吏懼法畏罪 迫逐深苦 致此不詳. 比盜賊羣起 處
處未絕. 暠‧承以首擧大姦而相隨受罪 臣恐沮傷州縣糾發之
意 更共飾匿 莫復盡心！” 太后省奏 乃赦暠‧承罪 免官而已.
金蛇輸司農 冀從大司農杜喬借觀之 喬不肯與 冀小女死 令公
卿會喪 喬獨不往 冀由是銜之. *

資治通鑑 卷053

【漢紀四十五】
起柔兆閹茂(丙戌) 盡柔兆涒灘(丙申) 凡十一年.

❖ 孝質皇帝 本初 元年(丙戌, 146年)

1 　夏 四月 庚辰 令郡·國舉明經詣太學 自大將軍以下皆遣子受業 歲滿課試 拜官有差. 又千石·六百石·四府掾屬·三署郎·四姓小侯先能通經者 各令隨家法 其高第者上名牒 當以次賞進. 自是游學增盛 至三萬餘生.

2 　五月 庚寅 徙樂安王鴻爲渤海王.

3 　海水溢 漂沒民居.

4 　六月 丁巳 赦天下.

5 　帝少而聰慧 嘗因朝會 目梁冀曰"此跋扈將軍也!"冀聞

深惡之. 閏月 甲申 冀使左右置毒於煑餅以進之. 帝苦煩盛 使促召太尉李固. 固入前 問帝得患所由 帝尙能言 曰"食煑餅. 今腹中悶 得水尙可活."時冀亦在側 曰"恐吐 不可飮水."語未絕而崩. 固伏尸號哭 推擧侍醫. 冀慮其事泄 大惡之.

　將議立嗣 固與司徒胡廣‧司空趙戒先與冀書曰"天下不幸 頻年之間 國祚三絕. 今當立帝 天下重器 誠知太后垂心 將軍勞慮 詳擇其人 務存聖明. 然愚情眷眷 竊獨有懷. 遠尋先世廢立舊儀 近見國家踐祚前事 未嘗不詢訪公卿 廣求羣議 今上應天心 下合衆望.《傳》曰'以天下與人易 爲天下得人難.'昔昌邑之立 昏亂日滋 霍光憂愧發憤 悔之折骨. 自非博陸忠勇延年奮發 大漢之祀 幾將傾矣. 至憂至重 可不熟慮！ 悠悠萬事 唯此爲大 國之興衰 在此一擧."冀得書 乃召三公‧中二千石‧列侯 大議所立. 固‧廣‧戒及大鴻臚杜喬皆以爲淸河王蒜明德著聞 又屬最尊親 宜立爲嗣 朝臣莫不歸心. 而中常侍曹騰嘗謁蒜 蒜不爲禮 宦者由此惡之. 初 平原王翼旣貶歸河間 其父請分蠡吾縣以侯之 順帝許之. 翼卒 子志嗣 梁太后欲以女弟妻志 徵到夏門亭. 會帝崩 梁冀欲立志. 衆論旣異 憤憤不得意 而未有以相奪. 曹騰等聞之 夜往說冀曰"將軍累世有椒房之親 秉攝萬機 賓客縱橫 多有過差. 淸河王嚴明 若果立 則將軍受禍不久矣！ 不如立蠡吾侯 富貴可長保也."冀然其言 明日 重會公卿 冀意氣凶凶 言辭激切 自胡廣‧趙戒以下莫不懾憚 皆曰"惟大將軍令！"獨李固‧杜喬堅守本議. 冀厲聲曰"罷會！"固猶望衆心可立 復以書勸冀 冀愈激怒. 丁亥 冀說

太后 先策免固. 戊子 以司徒胡廣爲太尉 司空趙戒爲司徒 與
大將軍冀參錄尙書事 太僕袁湯爲司空. 湯 安之孫也. 庚寅 使
大將軍冀持節以王靑蓋車迎蠡吾侯志入南宮 其日 卽皇帝位
時年十五. 太后猶臨朝政.

6   秋 七月 乙卯 葬孝質皇帝於靜陵.

7   大將軍掾朱穆奏記勸戒梁冀曰 "明年丁亥之歲 刑德合於
乾位《易經》龍戰之會 陽道將勝 陰道將負. 願將軍專心公朝
割除私欲 廣求賢能 斥遠佞惡 爲皇帝置師傅 得小心忠篤敦禮
之士 將軍與之俱入 參勸講援 師賢法古 此猶倚南山·坐平原
也 誰能傾之! 議郎大夫之位 本以式序儒術高行之士 今多非
其人 九卿之中亦有乖其任者 惟將軍察焉!" 又薦种暠·欒巴
等 冀不能用. 穆 暉之孫也.

8   九月 戊戌 追尊河間孝王爲孝穆皇 夫人趙氏曰孝穆后 廟
曰淸廟 陵曰樂成陵 蠡吾先侯曰孝崇皇 廟曰烈廟 陵曰博陵
皆置令·丞·使司徒持節奉策書璽綬 祠以太牢.

9   冬 十月 甲午 尊帝母匽氏爲博園貴人.

10   滕撫性方直 不交權勢 爲宦官所惡 論討賊功當封 太尉胡
廣承旨奏黜之 卒於家.

1   春 正月 辛亥朔 日有食之.

2   戊午 赦天下.

3   三月 龍見譙.

4   夏 四月 庚寅 京師地震.

5   立阜陵王代兄勃遒亭侯便爲阜陵王.

6   六月 太尉胡廣罷. 光祿勳杜喬爲太尉. 自李固之廢 內外
喪氣 羣臣側足而立 唯喬正色無所回橈 由是朝野皆倚望焉.

7   秋 七月 渤海孝王鴻薨 無子 太后立帝弟蠡吾侯悝爲渤海
王 以奉鴻祀.

8   詔以定策功 益封梁冀萬三千戶 封冀弟不疑爲穎陽侯 蒙
爲西平侯 冀子胤爲襄邑侯 胡廣爲安樂侯 趙戒爲廚亭侯 袁湯
爲安國侯. 又封中常侍劉廣等皆爲列侯.
   杜喬諫曰 “古之明君 皆以用賢 · 賞罰爲務. 失國之主 其朝
豈無貞幹之臣 典誥之篇哉？ 患得賢不用其謀 韜書不施其教

聞善不信其義 聽讒不審其理也. 陛下自藩臣即位 天人屬心 不急忠賢之禮而先左右之封 梁氏一門 宦者微孽 並帶無功之綬 裂勞臣之土 其爲乖濫 胡可勝言！ 夫有功不賞 爲善失其望 姦回不詰 爲惡肆其凶. 故陳資斧而人靡畏 班爵位而物無勸. 苟遂斯道 豈伊傷政爲亂而已 喪身亡國 可不愼哉！"書奏 不省.

9　八月 乙未 立皇后梁氏. 梁冀欲以厚禮迎之 杜喬據執舊典 不聽. 冀屬喬舉氾宮爲尙書 喬以宮爲臧罪 不用. 由是日忤於冀. 九月 丁卯 京師地震. 喬以災異策免. 冬 十月 以司徒趙戒 爲太尉 司空袁湯爲司徒 前太尉胡廣爲司空.

10　宦者唐衡 · 左悺共譖杜喬於帝曰"陛下前當即位 喬與李固抗議 以爲不堪奉漢宗祀."帝亦怨之.

十一月 清河劉文與南郡妖賊劉鮪交通 妄言"清河王當統天下"欲共立蒜. 事覺 文等遂劫清河相謝暠曰"當立王爲天子 以暠爲公."暠罵之 文刺殺暠. 於是捕文 · 鮪 誅之. 有司劾奏 蒜 坐貶爵爲尉氏侯 徙桂陽 自殺.

梁冀因誣李固 · 杜喬 云與文 · 鮪等交通 請逮按罪 太后素知喬忠 不許. 冀遂收固下獄 門生渤海王調貫械上書 證固之枉 河內趙承等數十人亦要鈇鑕詣闕通訴 太后詔赦之. 及出獄 京師市里皆稱萬歲. 冀聞之 大驚 畏固名德終爲己害 乃更據奏前事. 大將軍長史吳祐傷固之枉 與冀爭之. 冀怒 不從. 從事中郎

馬融主爲冀作章表 融時在坐 祐謂融曰"李公之罪 成於卿手.
李公若誅 卿何面目視天下人！"冀怒 起 入室 祐亦徑去. 固
遂死於獄中 臨命 與胡廣‧趙戒書曰 固受國厚恩 是以竭其股
肱 不顧死亡 志欲扶持王室 比隆文‧宣. 何圖一朝梁氏迷謬
公等曲從 以吉爲凶 成事爲敗乎！漢家衰微 從此始矣. 公等
受主厚祿 顚而不扶 傾覆大事 後之良史豈有所私！ 固身已矣
於義得矣 夫復何言！"廣‧戒得書悲憖 皆長歎流涕而已.

冀使人脅杜喬曰"早從宜 妻子可得全."喬不肯. 明日 冀遣
騎至其門 不聞哭者 遂白太后收繫之 亦死獄中.

冀暴固‧喬尸於城北四衢 令"有敢臨者加其罪."固弟子汝
南郭亮尙未冠 左提章‧鉞 右秉鈇鑕 詣闕上書 乞收固尸 不
報 與南陽董班俱往臨哭 守喪不去. 夏門亭長呵之曰"卿曹何
等腐生！ 公犯詔書 欲干試有司乎！"亮曰"義之所動 豈知
性命 何爲以死相懼邪！"太后聞之 皆赦不誅. 杜喬故掾陳留
楊匡 號泣星行 到雒陽 著故赤幘 託爲夏門亭吏 守護尸喪 積
十二日 都官從事執之以聞 太后赦之. 匡因詣闕上書 幷乞李‧
杜二公骸骨 使得歸葬 太后許之. 匡送喬喪還家 葬訖 行服 遂
與郭亮‧董班皆隱匿 終身不仕.

梁冀出吳祐爲河間相 祐自免歸 卒於家.

冀以劉鮪之亂 思朱穆之言 於是請种暠爲從事中郎 薦欒巴
爲議郎 舉穆高第 爲侍御史.

11   是歲 南單于兜樓儲死 伊陵尸逐就單于車兒立.

❖ 孝桓皇帝 建和 2年 (戊子, 148年)

1 春 正月 甲子 帝加元服. 庚午 赦天下.

2 三月 戊辰 帝從皇太后幸大將軍冀府.

3 白馬羌寇廣漢屬國 殺長吏. 益州刺史率板楯蠻討破之.

4 夏 四月 丙子 封帝弟顧爲平原王 奉孝崇皇祀 尊孝崇皇夫
人爲孝崇園貴人.

5 五月 癸丑 北宮掖廷中德陽殿及左掖門火 車駕移幸南宮.

6 六月 改淸河爲甘陵. 立安平孝王得子經侯理爲甘陵王. 奉
孝德皇祀.

7 秋 七月 京師大水.

❖ 孝桓皇帝 建和 3年 (己丑, 149年)

1 夏 四月 丁卯晦 日有食之.

2 秋 八月 乙丑 有星孛於天市.

3 京師大水.

4 九月 己卯 地震. 庚寅 地又震.

5 郡 · 國五山崩.

6 冬 十月 太尉趙戒免 以司徒袁湯爲太尉 大司農河內張歆爲司徒.

7 是歲 前朗陵侯相荀淑卒. 淑少博學有高行 當世名賢李固 · 李膺皆師宗之. 在朗陵 · 泚事明治 稱爲神君. 有子八人儉 · 緄 · 靖 · 燾 · 汪 · 爽 · 肅 · 專 並有名稱 時人謂之八龍. 所居里舊名西豪 潁陰令渤海苑康以爲昔高陽氏有才子八人 更命其里曰高陽里.

膺性簡亢 無所交接 唯以淑爲師 以同郡陳寔爲友. 荀爽嘗就謁膺 因爲其御 既還 喜曰 “今日乃得御李君矣！” 其見慕如此.

陳寔出於單微 爲郡西門亭長. 同郡鍾皓以篤行稱 前後九辟公府 年輩遠在寔前 引與爲友. 皓爲郡功曹 辟司徒府 臨辭 太守問 “誰可代卿者？” 皓曰 “明府欲必得其人 西門亭長陳寔可.” 寔聞之曰 “鍾君似不察人 不知何獨識我！” 太守遂以寔

爲功曹. 時中常侍侯覽託太守高倫用吏 倫敎署爲文學掾 寔知非其人 懷檄請見 言曰 "此人不宜用 而侯常侍不可違 寔乞從外署 不足以塵明德." 倫從之. 於是鄕論怪其非擧 寔終無所言. 倫後被徵爲尙書 郡中士大夫送至綸氏 倫謂衆人曰 "吾前爲侯常侍用吏 陳君密持敎還而於外白署 比聞議者以此少之 此咎由故人畏憚强禦 陳君可謂 '善則稱君 過則稱己' 者也." 寔固自引愆 聞者方歎息 由是天下服其德. 後爲太丘長 脩德淸靜 百姓以安. 鄰縣民歸附者 寔輒訓導譬解發遣 各令還本. 司官行部 吏慮民有訟者 白欲禁之 寔曰 "訟以求直 禁之 理將何申! 其勿有所拘." 司官聞而歎息曰 "陳君所言若是 豈有冤於人乎!" 亦竟無訟者. 以沛相賦斂違法 解印綬去 吏民追思之.

鍾皓素與荀淑齊名 李膺常歎曰 "荀君淸識難尙 鍾君至德可師." 皓兄子瑾母 膺之姑也. 瑾好學慕古 有退讓風 與膺同年 俱有聲名. 膺祖太尉脩常言 "瑾似我家性 '邦有道 不廢 邦無道 免於刑戮.'" 復以膺妹妻之. 膺謂瑾曰 "孟子以爲 '人無是非之心 非人也' 弟於是何太無皁白邪!" 瑾嘗以膺言白皓. 皓曰 "元禮祖·父在位 諸宗並盛 故得然乎! 昔國武子好招人過 以致怨惡 今豈其時邪! 必欲保身全家 爾道爲貴."

❖ 孝桓皇帝 和平 元年(庚寅, 150年)

1   春 正月 甲子 赦天下. 改元.

2　乙丑 太后詔歸政於帝 始罷稱制. 二月 甲寅 太后梁氏崩.

3　三月 車駕徙幸北宮.

4　甲午 葬順烈皇后. 增封大將軍冀萬戶 幷前合三萬戶 封冀
妻孫壽爲襄城君 兼食陽翟租 歲入五千萬 加賜赤紱 比長公主.
壽善爲妖態以蠱惑冀 冀甚寵憚之. 冀愛監奴秦宮 官至太倉令
得出入壽所 威權大震 刺史・二千石皆謁辭之. 冀與壽對街爲
宅 殫極土木 互相誇競 金玉珍怪 充積藏室 又廣開園圃 採土
築山 十里九阪 深林絕澗 有若自然 奇禽馴獸飛走其間. 冀・
壽共乘輦車 游觀第內 多從倡伎 酣謳竟路 或連日繼夜以聘娛
恣. 客到門不得通 皆請謝門者 門者累千金. 又多拓林苑 周遍
近縣 起兔苑於河南城西 經亙數十里 移檄所在調發生兔 刻其
毛以爲識 人有犯者 罪至死刑. 嘗有西域賈胡不知禁忌 誤殺
一兔 轉相告言 坐死者十餘人. 又起別第於城西 以納姦亡 或
取良人悉爲奴婢 至數千口 名曰自賣人. 冀用壽言 多斥奪諸梁
在位者 外以示謙讓 而實崇孫氏. 孫氏宗親冒名爲侍中・卿・
校・郡守・長吏者十餘人 皆貪饕凶淫 各使私客籍屬縣富人
被以他罪 閉獄掠拷 使出錢自贖 貲物少者至於死. 又扶風人士
孫奮 居富而性吝 冀以馬乘遺之 從貸錢五千萬 奮以三千萬與
之. 冀大怒 乃告郡縣 認奮母爲其守藏婢 云盜白珠十斛・紫金
千斤以叛 遂收考奮兄弟死於獄中 悉沒貲財億七千餘萬. 冀又
遣客周流四方 遠至塞外 廣求異物 而使人復乘勢橫暴 妻略婦

女 毆擊吏卒 所在怨毒.

侍御史朱穆自以冀故吏 奏記諫曰“明將軍地有申伯之尊 位爲羣公之首 一日行善 天下歸仁 終朝爲惡 四海傾覆. 頃者官民俱匱 加以水蟲爲害 京師諸官費用增多 詔書發調 或至十倍 各言官無見財 皆當出民 搒掠割剝 強令充足. 公賦既重 私斂又深 牧守長吏多非德選 貪聚無厭 遇民如虜 或絕命於箠楚之下 或自賊於迫切之求. 又掠奪百姓 皆託之尊府 遂令將軍結怨天下 吏民酸毒 道路歎嗟. 昔永和之末 綱紀少弛 頗失人望四五歲耳 而財空戶散 下有離心 馬勉之徒乘敝而起 荊·揚之間幾成大患 幸賴順烈皇后初政清靜 內外同力 僅乃討定. 今百姓戚戚 困於永和 內非仁愛之心可得容忍 外非守國之計所宜久安也. 夫將相大臣 均體元首 共輿而馳 同舟而濟 輿傾舟覆患實共之. 豈可以去明卽昧 履危自安 主孤時困而莫之恤乎！宜時易宰守非其人者 減省第宅園池之費 拒絕郡國諸所奉送內以自明 外解人惑 使挾姦之吏無所依託 司察之臣得盡耳目. 憲度既張 遠邇清壹 則將軍身尊事顯 德燿無窮矣！”冀不納. 冀雖專朝縱橫 而猶交結左右宦官 任其子弟·賓客以爲州郡要職 欲以自固恩寵. 穆又奏記極諫 冀終不悟 報書云“如此 僕亦無一可邪！”然素重穆 亦不甚罪也.

冀遣書詣樂安太守陳蕃 有所請託 不得通. 使者詐稱他客求謁蕃 蕃怒 笞殺之. 坐左轉修武令.

時皇子有疾 下郡縣市珍藥 而冀遣客齎書詣京兆 幷貨牛黃京兆尹南陽延篤發書收客 曰“大將軍椒房外家 而皇子有疾

必應陳進醫方 豈當使客千里求利乎！” 遂殺之. 冀慼而不得
言. 有司承旨求其事 篤以病免.

5　　夏 五月 庚辰 尊博園匽貴人曰孝崇后 宮曰永樂 置太僕 ·
少府以下 皆如長樂宮故事. 分巨鹿九縣爲后湯沐邑.

6　　秋 七月 梓潼山崩.

❖ 孝桓皇帝 元嘉 元年（辛卯, 151年）

1　　春 正月朔 羣臣朝賀 大將軍冀帶劍入省. 尙書蜀郡張陵呵
叱令出 敕羽林 · 虎賁奪劍. 冀跪謝 陵不應 卽劾奏冀 請廷尉
論罪. 有詔 以一歲俸贖 百僚肅然. 河南尹不疑嘗舉陵孝廉 乃
謂陵曰 “昔舉君 適所以自罰也！” 陵曰 “明府不以陵不肖 誤
見擢序 今申公憲以報私恩！” 不疑有愧色.

2　　癸酉 赦天下 改元.

3　　梁不疑好經書 喜待士 梁冀疾之 轉不疑爲光祿勳 以其子
胤爲河南尹. 胤年十六 容貌甚陋 不勝冠帶 道路見者莫不蚩
笑. 不疑自恥兄弟有隙 遂讓位歸第 與弟蒙閉門自守. 冀不欲
令與賓客交通 陰使人變服至門 記往來者. 南郡太守馬融 · 江

夏太守田明初除 過謁不疑 冀諷有司奏融在郡貪濁 及以他事
陷明 皆髡笞徒朔方. 融自刺不殊 明遂死於路.

4　　夏 四月 己丑 上微行 幸河南尹梁胤府舍. 是日 大風拔樹
晝昏. 尚書楊秉上疏曰“臣聞天下言語 以災異譴告王者. 至尊
出入有常 警蹕而行 靜室而止 自非郊廟之事 則鑾旗不駕. 故
諸侯入諸臣之家《春秋》尙列其誡 況於以先王法服而私出槃游
降亂尊卑 等威無序 侍衛守空宮 璽綬委女妾！ 設有非常之變
任章之謀 上負先帝 下悔靡及！”帝不納. 秉 震之子也.

5　　京師旱 任城·梁國饑 民相食.

6　　司徒張歆罷 以光祿勳吳雄爲司徒.

7　　北匈奴呼衍王寇伊吾 敗伊吾司馬毛愷 攻伊吾屯城. 詔敦
煌太守馬達將兵救之至蒲類海 呼衍干引去.

8　　秋 七月 武陵蠻反.

9　　冬 十月 司空胡廣致仕.

10　　十一月 辛巳 京師地震. 詔百官舉獨行之士. 涿郡舉崔寔
詣公車 稱病 不對策 退而論世事 名曰《政論》. 其辭曰“凡天

下所以不治者 常由人主承平日久 俗漸敝而不悟 政寖衰而不改 習亂安危 怢不自睹. 或荒耽耆欲 不恤萬機 或耳蔽箴誨 厭僞忽眞 或猶豫岐路 莫適所從 或見信之佐 括囊守祿 或疏遠之臣 言以賤廢. 是以王綱縱弛於上 智士鬱伊於于下.

悲夫！自漢興以來 三百五十餘歲矣 政令垢翫 上下怠懈 百姓嚻然 咸復思中興之救矣！ 且濟時拯世之術 在於補衣綻決壞 枝拄邪傾 隨形裁割 要措斯世於安寧之域而已. 故聖人執權遭時定製 步驟之差 各有云設 不強人以不能 背急切而慕所聞也. 蓋孔子對葉公以來遠 哀公以臨人 景公以節禮 非其不同所急異務也. 俗人拘文牽占 不達權制 奇偉所聞 簡忽所見 烏可與論國家之大事哉！故言事者雖合聖聽 輒見掎奪. 何者？其頑士暗於時權 安習所見 不知樂成 況可慮始 苟云率由舊章而已 其達者或矜名妒能 恥策非己 舞筆奮辭以破其義 寡不勝衆 遂見擯棄. 雖稷 · 契復存 猶將困焉 斯賢智之論所以常憤鬱而不伸者也.

凡爲天下者 自非上德 嚴之則治 寬之則亂. 何以明其然也？近孝宣皇帝明於君人之道 審於爲政之理 故嚴刑峻法 破姦軌之膽 海內清肅 天下密如 算計見效 優於孝文. 及元帝卽位 多行寬政 卒以墮損 威權始奪 遂爲漢室基禍之主. 政道得失 於斯可鑒. 昔孔子作《春秋》褒齊桓 懿晉文 歎管仲之功 夫豈不美文 · 武之道哉？ 誠達權救敝之理也. 聖人能與世推移 而俗士苦不知變 以爲結繩之約 可復治亂秦之緒 干戚之舞 足以解平城之圍. 夫熊經鳥伸 雖延曆之術 非傷寒之理 呼吸吐納 雖

度紀之道 非續骨之膏. 蓋爲國之法 有似理身 平則致養 疾則
攻焉. 夫刑罰者 治亂之藥石也 德敎者 興平之粱肉也. 夫以德
敎除殘 是以粱肉養疾也 以刑罰治平 是以藥石供養也. 方今
承百王之敝 値厄運之會 自數世以來 政多恩貸 馭委其轡. 馬
駘其銜 四牡橫奔 皇路險傾 方將扼勒鞭靷以救之 豈暇鳴和鑾
請節奏哉！昔文帝雖除肉刑 當斬右趾者棄市 笞者往往至死.
是文帝以嚴致平 非以寬致平也." 寔 瑗之子也. 山陽仲長統嘗
見其書 歎曰"凡爲人主 宜寫一通 置之坐側."

✦ 臣光曰

漢家之法已嚴矣 而崔寔猶病其寬 何哉？蓋衰世之君
率多柔懦 凡愚之佐 唯知姑息 是以權幸之臣有罪不坐
豪猾之民犯法不誅 仁恩所施 止於目前 姦宄得志 紀綱
不立. 故崔寔之論 以矯一時之枉 非百世之通義也. 孔子
曰"政寬則民慢 慢則糾之以猛 猛則民殘 殘則施之以寬
寬以濟猛 猛以濟寬 政是以和." 斯不易之常道矣.

11 閏月 庚午 任城節王崇薨 無子 國絶.

12 以太常黃瓊爲司空.

13 帝欲襃崇梁冀 使中朝二千石以上會議其禮. 特進胡廣·

太常羊溥・司隷校尉祝恬・太中大夫邊韶等咸稱冀之勳德宜
比周公 錫之山川・土田・附庸. 黃瓊獨曰"冀前以親迎之勞
增邑成三千戶 又其子胤亦加封賞. 今諸侯以戶邑爲制 不以里
數爲限 冀可比鄧禹 合食四縣."朝廷從之. 於是有司奏"冀入
朝不趨 劍履上殿 謁贊不名 禮儀比蕭何 悉以定陶・陽成餘戶
增封爲四縣 比鄧禹 賞賜金錢・奴婢・彩帛・車馬・衣服・甲
第 比霍光 以殊元勳. 每朝會 與三公絕席. 十日一入 平尙書
事. 宣佈天下 爲萬世法."冀猶以所奏禮簿 意不悅.

❖ 孝桓皇帝 元嘉 2年（壬辰, 152年）

1　　春 正月 西域長史王敬爲于寘所殺. 初 西域長史趙評在
于寘 病癰死. 評子迎喪 道經拘彌. 拘彌王成國與于寘王建素
有隙 謂評子曰"于寘王令胡醫持毒藥著創中 故致死耳！"評
子信之 還 以告敦煌太守馬達. 會敬代爲長史 馬達令敬隱覈
于寘事. 敬先過拘彌 成國復說云"于寘國人欲以我爲王 今可
因此罪誅建 于寘必服矣."敬貪立功名 前到于寘 設供具 請建
而陰圖之. 或以敬謀告建 建不信 曰"我無罪 王長史何爲欲殺
我？"且日 建從官屬數十人詣敬 坐定 建起行酒 敬叱左右執
之. 吏士並無殺建意 官屬悉得突走. 時成國主簿秦牧隨敬在
會 持刀出 曰"大事已定 何爲復疑！"即前斬建. 于寘侯・將
輸僰等遂會兵攻敬 敬持建頭上樓宣告曰"天子使我誅建耳！"

輸檠不聽 上樓斬敬 懸首於市. 輸檠自立爲王 國人殺之 而立
建子安國. 馬達聞王敬死 欲將諸郡兵出塞擊于寘 帝不聽 徵達
還 而以宋亮代爲敦煌太守. 亮到 開募于寘 令自斬輸檠 時輸
檠死已經月 乃斷死人頭送敦煌而不言其狀 亮後知其詐 而竟
不能討也.

2   丙辰 京師地震.

3   夏 四月 甲辰 孝崇皇后匽氏崩 以帝弟平原王石爲喪主 斂
送制度比恭懷皇后. 五月 辛卯 葬於博陵.

4   秋 七月 庚辰 日有食之.

5   冬 十月 乙亥 京師地震.

6   十一月 司空黃瓊免. 十二月 以特進趙戒爲司空.

❖ 孝桓皇帝 永興 元年 (癸巳, 153年)

1   春 三月 丁亥 帝幸鴻池.

2   夏 四月 丙申 赦天下 改元.

3 　丁酉 濟南悼王廣薨 無子 國除.

4 　秋 七月 郡·國三十二蝗 河水溢. 百姓饑窮流冗者數十萬
戶 冀州尤甚. 詔以侍御史朱穆爲冀州刺史. 冀部令長聞穆濟河
解印綬去者四十餘人. 及到 奏劾諸郡貪汙者 有至自殺 或死獄
中. 宦者趙忠喪父 歸葬安平 僭爲玉匣 穆下郡案驗 吏畏其嚴
遂發墓剖棺 陳尸出之. 帝聞 大怒 徵穆詣廷尉 輸作左校. 太學
書生穎川劉陶等數千人詣闕上書訟穆曰 "伏見弛刑徒朱穆 處
公憂國 拜州之日 志淸姦惡. 誠以常侍貴寵 父兄子弟布在州郡
競爲虎狼 噬食小民 故穆張理天綱 補綴漏目 羅取殘禍 以塞
天意. 由是內官咸共恚疾 謗讟煩興 讒隙仍作 極其刑謫 輸作
左校. 天下有識 皆以穆同勤禹·稷而被共·鯀之戾 若死者有
知 則唐帝怒於崇山 重華忿於蒼墓矣! 當今中官近習 竊持國
柄 手握王爵 口銜天憲 運賞則使餓隷富於季孫 呼噏則令伊·
顏化爲桀·跖 而穆獨亢然不顧身害 非惡榮而好辱 惡生而好
死也 徒感王綱之不攝 懼天網之久失 故竭心懷憂 爲上深計.
臣願黥首繫趾 代穆輸作." 帝覽其奏 乃赦之.

5 　冬 十月 太尉袁湯免 以太常胡廣爲太尉. 司徒吳雄·司空
趙戒免. 以太僕黃瓊爲司徒 光祿勳房植爲司空.

6 　武陵蠻詹山等反 武陵太守汝南應奉招降之.

7　車師後部王阿羅多與戊部候嚴皓不相得 忿戾而反 攻圍屯田 殺傷吏士. 後部侯炭遮領餘民畔阿羅多 詣漢吏降. 阿羅多迫急 從百餘騎亡入北匈奴. 敦煌太守宋亮上立後部故王軍就質子卑君爲王. 後阿羅多復從匈奴中還 與卑君爭國 頗收其國人. 戊校尉嚴詳慮其招引北虜 將亂西域 乃開信告示 許復爲王 阿羅多及詣詳降. 於是更立阿羅多爲王 將卑君還敦煌 以後部人三百帳與之.

❖ 孝桓皇帝 永興 2年（甲午, 154年）

1　春 正月 甲午 赦天下.

2　二月 辛丑 復聽刺史 · 二千石行三年喪.

3　癸卯 京師地震.

4　夏 蝗.

5　東海朐山崩.

6　乙卯 封乳母馬惠子初爲列候.

7　秋 九月 丁卯朔 日有食之.

8　太尉胡廣免 以司徒黃瓊爲太尉. 閏月 以光祿勳尹頌爲司
徒.

9　冬 十一月 甲辰 帝校獵上林苑 遂至函谷關.

10　泰山 · 琅邪賊公孫舉 · 東郭竇等反 殺長吏.

❖ 孝桓皇帝 永壽 元年（乙未, 155年）

1　春 正月 戊申 赦天下 改元.

2　二月 司隷 · 冀州饑 人相食.

3　太學生劉陶上疏陳事曰 "夫天之與帝 帝之與民 猶頭之與
足 相須而行也. 陛下目不視鳴條之事 耳不聞檀車之聲 天災不
有痛於肌膚 震食不卽損於聖體 故蔑三光之謬 輕上天之怒. 伏
念高祖之起 始自布衣 合散扶傷 克成帝業 勤亦至矣 流福遺
祚 至於陛下. 陛下旣不能增明烈考之軌 而忽高祖之勤 妄假利
器 委授國柄 使羣醜刑隷 芟刈小民 虎豹窟於麑場 豺狼乳於
春囿 貨殖者爲窮冤之魂 貧餒者作飢寒之鬼 死者悲於窀穸 生

者戚於朝野 是愚臣所爲咨嗟長懷歎息者也！ 且秦之將亡 正
諫者誅 諛進者賞 嘉言結於忠舌 國命出於讒口 擅閣樂於咸陽
授趙高以車府 權去己而不知 威離身而不顧. 古今一揆 成敗同
勢 願陛下遠覽強秦之傾 近察哀・平之變 得失昭然 禍福可見.
臣又聞危非仁不扶 亂非智不救. 竊見故冀州刺史南陽朱穆・
前烏桓校尉臣同郡李膺 皆履正清平 貞高絕俗 斯實中興之良
佐 國家之柱臣也 宜還本朝 夾輔王室. 臣敢吐不時之義於諱言
之朝 猶冰霜見日 必至消滅. 臣始悲天下之可悲 今天下亦悲臣
之愚惑也."書奏 不省.

4　　夏 南陽大水.

5　　司空房植免 以太常韓縝爲司空.

6　　巴郡・益州郡山崩.

7　　秋 南匈奴左薁鞬・臺耆・且渠伯德等反 寇美稷 東羌復
舉種應之. 安定屬國都尉敦煌張奐初到職 壁中唯有二百許人
聞之 卽勒兵而出 軍吏以爲力不敵 叩頭爭止之. 奐不聽 遂進
屯長城 收集兵士 遣將王衛招誘東羌 因據龜茲縣 使南匈奴不
得交通. 東羌諸豪遂相率與奐共擊薁鞬等 破之. 伯德惶恐 將
其眾降 郡界以寧. 羌豪遺奐馬二十匹 金鐻八枚. 奐於諸羌前
以酒酹地曰"使馬如羊 不以入廄 使金如粟 不以入懷."悉以

還之. 前此八都尉率好財貨 爲羌所患苦 及奐正身潔己 無不悅
服 威化大行.

❖ 孝桓皇帝 永壽 2年 (丙申, 156年)

1　　春 三月 蜀郡屬國夷反.

2　　初 鮮卑檀石槐 勇健有智略 部落畏服 乃施法禁 平曲直
無敢犯者 遂推以爲大人. 檀石槐立庭於彈汙山·歠仇水上 去
高柳北三百餘里 兵馬甚盛 東·西部大人皆歸焉. 因南抄緣邊
北拒丁零 東卻夫餘 西擊烏孫 盡據匈奴故地 東西萬四千餘里.
　秋 七月 檀石槐寇雲中. 以故烏桓校尉李膺爲度遼將軍. 膺
到邊 羌·胡皆望風畏服 先所掠男女 悉詣塞下送還之.

3　　公孫舉·東郭竇等聚衆至三萬人 寇靑·兗·徐三州 破
壞郡縣. 連年討之 不能克. 尙書選能治劇者 以司徒掾潁川韓
韶爲嬴長. 賊聞其賢 相戒不入嬴境. 餘縣流民萬餘戶入縣界
韶開倉賑之 主者爭謂不可. 韶曰"長活溝壑之人 而以此伏罪
含笑入地矣." 太守素知韶名德 竟無所坐. 韶與同郡荀淑·鍾
皓·陳寔皆嘗爲縣長 所至以德政稱 時人謂之"潁川四長".

4　　初 鮮卑寇遼東 屬國都尉段熲率所領馳赴之. 旣而恐賊驚

去 乃使驛騎詐齎璽書召潁 潁於道僞退 潛於還路設伏 虜以爲
信然 乃入追潁 潁因大縱兵 悉斬獲之. 坐詐爲璽書 當伏重刑
以有功 論司寇 刑竟 拜議郎. 至是 詔以東方盜賊昌熾 令公卿
選將帥有文武材者. 司徒尹頌薦潁 拜中郎將 擊舉 · 竇等 大破
斬之 獲首萬餘級 餘黨降散. 封潁爲列侯.

5　　冬 十二月 京師地震.

6　　封梁不疑子馬爲潁陰侯 梁胤子桃爲城父侯. *

資治通鑑 卷054

【漢紀四十六】

起強圉作噩(丁酉) 盡昭陽單閼(癸卯) 凡七年.

❖ **孝桓皇帝上之下 永壽 3年 (丁酉, 157年)**

1　春 正月 己未 赦天下.

2　居風令貪暴無度 縣人朱達等與蠻夷同反 攻殺令 聚衆至
四五千人. 夏 四月 進攻九眞 九眞太守兒式戰死. 詔九眞都尉
魏朗討破之.

3　閏月 庚辰晦 日有食之.

4　京師蝗.

5　或上言"民之貧困以貨輕錢薄 宜改鑄大錢."事下四府羣

僚及太學能言之士議之. 太學生劉陶上議曰"當今之憂 不在
於貨 在乎民飢. 竊見比年已來 良苗盡於蝗螟之口 杼軸空於
公私之求. 民所患者 豈謂錢貨之厚薄 銖兩之輕重哉！就使當
今沙礫化爲南金 瓦石變爲和玉 使百姓渴無所飲 飢無所食 雖
皇・羲之純德 唐・虞之文明 猶不能以保蕭牆之內也. 蓋民可
百年無貨 不可一朝有飢 故食爲至急也. 議者不達農殖之本 多
言鑄冶之便. 蓋萬人鑄之 一人奪之 猶不能給 況今一人鑄之
則萬人奪之乎！ 雖以陰陽爲炭 萬物爲銅 役不食之民 使不飢
之士 猶不能足無厭之求也. 夫欲民殷財阜 要在止役禁奪 則百
姓不勞而足. 陛下愍海內之憂戚 欲鑄錢齊貨以救其弊 猶養魚
沸鼎之中. 棲鳥烈火之上 水・木 本魚鳥之所生也 用之不時
必至焦爛. 願陛下寬鍥薄之禁 後冶鑄之議 聽民庶之謠吟 問
路叟之所憂 瞰三光之文耀 視山河之分流 天下之心 國家大事
粲然皆見 無有遺惑者矣. 伏念當今地廣而不得耕 民衆而無所
食 羣小競進 秉國之位 鷹揚天下 鳥鈔求飽 吞肌及骨 並噬無
厭. 誠恐卒有役夫・窮匠起於板築之間 投斤攘臂 登高遠呼 使
怨之民響應雲合. 雖方尺之錢 何有能救其危也！"遂不改錢.

6　　冬 十一月 司徒尹頌薨.

7　　長沙蠻反 寇益陽.

8　　以司空韓縯爲司徒 以太常北海孫朗爲司空.

1　夏 五月 甲戊晦 日有食之. 太史令陳授因小黃門徐璜陳
"日食之變咎在大將軍冀." 冀聞之 諷雒陽收考授 死於獄. 帝
由是怒冀.

2　京師蝗.

3　六月 戊寅 赦天下 改元.

4　大雩.

5　秋 七月 甲子 太尉黃瓊免 以太常胡廣爲太尉.

6　冬 十月 帝校獵廣成 遂幸上林苑.

7　十二月 南匈奴諸部並叛 與烏桓‧鮮卑寇緣邊九郡. 帝以
京兆尹陳龜爲度遼將軍. 龜臨行 上疏曰"臣聞三辰不軌 擇士
爲相 蠻夷不恭 拔卒爲將. 臣無文武之才 而忝鷹揚之任 雖歿
軀體 無所云補. 今西州邊鄙 土地墝埆 民數更寇虜 室家殘破
雖含生氣 實同枯朽. 往歲并州水雨 災蝗互生 稼穡荒耗 租更
空闕. 陛下以百姓爲子 焉可不垂撫循之恩哉！古公‧西伯天
下歸仁 豈復興金輦寶以爲民惠乎！陛下繼中興之統 承光武之

業 臨朝聽政而未留聖意. 且牧守不良 或出中官 懼逆上旨 取過目前. 呼嗟之聲 招致災害 胡虜凶悍 因衰緣隙 而令倉庫單於豺狼之口 功業無銖兩之效 皆由將帥不忠 聚姦所致. 前涼州刺史祝良 初除到州 多所糾罰 太守令長 貶黜將半 政未踰時 功效卓然 實應賞異 以勸功能 改任牧守 去斥姦殘 又宜更選匈奴‧烏桓護羌中郎將‧校尉 簡練文下 授之法令 除幷‧涼二州今年租‧更 寬赦罪隸 掃除更始. 則善吏知奉公之祐 惡者覺營私之禍 胡馬可不窺長城 塞下無候望之患矣." 帝乃更選幽‧幷刺史 自營‧郡太守‧都尉以下 多所革易. 下詔爲陳將軍除幷‧涼一年租賦 以賜吏民. 龜到職 州郡重足震栗 省息經用 歲以億計.

詔拜安定屬國都尉張奐爲北中郎將 以討匈奴‧烏桓等. 匈奴‧烏桓燒度遼將軍門 引屯赤阬 煙火相望. 兵衆大恐 各欲亡去. 奐安坐帷中 與弟子講誦自若 軍士稍安. 乃潛誘烏桓 陰與和通 遂使斬匈奴‧屠各渠帥 襲破其衆 諸胡悉降. 奐以南單于車兒不能統理國事 乃拘之 奏立左谷蠡王爲單于. 詔曰 "《春秋》大居正 車兒一心向化 何罪而黜! 其遣還庭!"

8　大將軍冀與陳龜素有隙 譖其沮毀國威 挑取功譽 不爲胡虜所畏 坐徵還 以种暠爲度遼將軍. 龜遂乞骸骨歸田里 復徵爲尙書. 冀暴虐日甚 龜上疏言其罪狀 請誅之 帝不省. 龜自知必爲冀所害 不食七日而死. 种暠到營所 先宣恩信 誘降諸胡 其有不服 然後加討 羌虜先時有生見獲質於郡縣者 悉遣還之 誠

心懷撫 信賞分明 由是羌·胡皆來順服. 奮乃去烽燧 除候望邊方晏然無警 入爲大司農.

1　春 二月 鮮卑寇鴈門.

2　蜀郡夷寇蠶陵.

3　三月 復斷刺史·二千石行三年喪.

4　夏 京師大水.

5　六月 鮮卑寇遼東.

6　梁皇后恃姊·兄蔭勢 恣極奢靡 兼倍前世 專寵妬忌 六宮莫得進見. 及太后崩 恩寵頓衰. 后旣無嗣 每宮人孕育 鮮得全者. 帝雖迫畏梁冀 不敢譴怒 然進御轉希 后益憂恚. 秋 七月丙午 皇后梁氏崩. 乙丑 葬懿獻皇后於懿陵.

　梁冀一門 前後七侯 三皇后 六貴人 二大將軍 夫人·女食邑稱君者七人 尙公主者三人 其餘卿·將·尹·校五十七人. 冀專擅威柄 凶恣日積 宮衛近侍 並樹所親 禁省起居 纖微必知.

其四方調發 歲時貢獻 皆先輸上第於冀 乘輿乃其次焉. 吏民齎貨求官‧請罪者 道路相望. 百官遷召 皆先到冀門牋檄謝恩 然後敢詣尙書. 下邳吳樹爲宛令 之官辭冀 冀賓客布在縣界 以情託樹 樹曰「小人姦蠹 比屋可誅. 明將軍處上將之位 宜崇賢善以補朝闕. 自侍坐以來 未聞稱一長者 而多託非人 誠非敢聞!」冀默然不悅. 樹到縣 遂誅殺冀客爲人害者數十人. 樹後爲荊州刺史 辭冀 冀鴆之 出 死車上. 遼東太守侯猛初拜 不謁冀 冀託以他事腰斬之. 郞中汝南袁著 年十九 詣闕上書曰「夫四時之運 功成則退 高爵厚寵 鮮不致災. 今大將軍位極功成 可爲至戒 宜遵縣車之禮 高枕頤神. 傳曰‘木實繁者披枝害心.’若不抑損盛權 將無以全其身矣!」冀聞而密遣掩捕 著乃變易姓名 託病僞死 結蒲爲人 市棺殯送. 冀知其詐 求得 笞殺之. 太原郝絜‧胡武 好危言高論 與著友善 絜‧武嘗連名奏記三府 薦海內高士 而不詣冀. 冀追怒之 敕中都官稱檄禽捕 遂誅武家 死者六十餘人. 絜初逃亡 知不得免 因輿櫬奏書冀門 書入 仰藥而死 家乃得全. 安帝嫡母耿貴人薨 冀從貴人從子林慮侯承求貴人珍玩 不能得 冀怒 幷族其家十餘人. 涿郡崔琦以文章爲冀所善 琦作《外戚箴》‧《白鵠賦》以風 冀怒. 琦曰「昔管仲相齊 樂聞譏諫之言 蕭何佐漢 乃設書過之吏. 今將軍屢世台輔 任齊伊‧周 而德政未聞 黎元塗炭 不能結納貞良以救禍敗 反欲鉗塞士口 杜蔽主聽 將使玄黃改色‧馬鹿易形乎!」冀無以對 因遣琦歸. 琦懼而亡匿 冀捕得 殺之.

冀秉政幾二十年 威行內外 天子拱手 不得有所親與 帝旣不

平之 及陳授死 帝愈怒. 和熹皇后從兄子郎中鄧香妻宣 生女猛
香卒 宣更適梁紀 紀 孫壽之舅也. 壽以猛色美 引入掖庭 爲貴
人 冀欲認猛爲其女 易猛姓爲梁. 冀恐猛姊壻議郎邴尊沮敗宣
意 遣客刺殺之. 又欲殺宣 宣家與中常侍袁赦相比 冀客登赦屋
欲入宣家 赦覺之 鳴鼓會衆以告宣. 宣馳入白帝 帝大怒 因如
廁 獨呼小黃門史唐衡 問"左右與外舍不相得者 誰乎？"衡對
"中常侍單超‧小黃門史左悺與梁不疑有隙 中常侍徐璜‧黃
門令具瑗常私忿疾外舍放橫 口不敢道."於是帝呼超‧悺入室
謂曰"梁將軍兄弟專朝 迫脅內外 公卿以下 從其風旨 今欲誅
之 於常侍意如何？"超等對曰"誠國姦賊 當誅日久 臣等弱劣
未知聖意如何耳."帝曰"審然者 常侍密圖之."對曰"圖之不
難 但恐陛下腹中狐疑."帝曰"姦臣脅國 當伏其罪 何疑乎！"
於是更召璜‧瑗等 五人共定其議 帝齧超臂出血爲盟. 超等曰
"陛下今計已決 勿復更言 恐爲人所疑."

　冀心疑超等 八月 丁丑 使中黃門張惲入省宿 以防其變. 具
瑗敕吏收惲 以"輒從外入 欲圖不軌."帝御前殿 召諸尚書入
發其事 使尚書令尹勳持節勒丞‧郎以下皆操兵守省閣 斂諸
符節送省中 使具瑗將左右廄騶‧虎賁‧羽林‧都候劍戟士合
千餘人 與司隸校尉張彪共圍冀第 使光祿勳袁盱持節收冀大
將軍印綬 徙封比景都鄉侯. 冀及妻壽卽日皆自殺 不疑‧蒙先
卒. 悉收梁氏‧孫氏中外宗親送詔獄 無少長皆棄市 他所連及
公卿‧列校‧刺史‧二千石 死者數十人. 太尉胡廣‧司徒韓
縯‧司空孫朗皆坐阿附梁冀 不衛宮 止長壽亭 減死一等 免爲

庶人. 故吏·賓客免黜者三百餘人 朝廷爲空. 是時 事猝從中
發 使者交馳 公卿失其度 官府市里鼎沸 數日乃定 百姓莫不
稱慶. 收冀財貨 縣官斥賣 合三十餘萬萬 以充王府用 減天下
稅租之半 散其苑囿 以業窮民.

7　　壬午 立梁貴人爲皇后 追廢懿陵爲貴人冢. 帝惡梁氏 改皇
后姓爲薄氏 久之 知爲鄧香女 乃複姓鄧氏.

8　　詔賞誅梁冀之功 封單超·徐璜·具瑗·左悺·唐衡皆爲
縣侯 超食二萬戶 璜等各萬餘戶 世謂之五侯. 仍以悺·衡爲中
常侍. 又封尚書令尹勳等七人皆爲亭侯.

9　　以大司農黃瓊爲太尉 光祿大夫中山祝恬爲司徒 大鴻臚梁
國盛允爲司空.

　　是時 新誅梁冀 天下想望異政 黃瓊首居公位 乃舉奏州郡素
行貪汙 至死徙者十餘人 海內翕然稱之.

　　瓊辟汝南范滂. 滂少厲淸節 爲州里所服. 嘗爲淸詔使 案察
冀州 滂登車攬轡 慨然有澄淸天下之志. 守令臧汙者 皆望風解
印綬去 其所舉奏 莫不厭塞衆議. 會詔三戶掾屬舉謠言 滂奏刺
史·二千石權豪之黨二十餘人. 尚書責滂所劾猥多 疑有私故
滂對曰“臣之所舉 自非叨穢姦暴 深爲民害 豈以汙簡札哉！
間以會日迫促 故先舉所急 其未審者 方更參實. 臣聞農夫去草
嘉穀必茂 忠臣除姦 王道以淸. 若臣言有貳 甘受顯戮！”尚書

不能詰.

10　　尚書令陳蕃上疏薦五處士 豫章徐穉‧彭城姜肱‧汝南袁
閎‧京兆韋著 穎川李曇. 帝悉以安車‧玄纁備禮徵之 皆不至.

　穉家貧 常自耕稼 非其力不食 恭儉義讓 所居服其德 屢辟公
府 不起. 陳蕃爲豫章太守 以禮請署功曹 穉不之免 既謁而退.
蕃性方峻 不接賓客 唯穉來 特設一榻 去則縣之. 後舉有道 家
拜太原太守 皆不就. 穉雖不應諸公之辟 然聞其死喪 輒負笈赴
弔. 常於家豫炙雞一隻 以一兩綿絮漬酒中暴乾 以裹雞 逕到所
赴冢隧外 以水漬綿 使有酒氣 斗米飯 白茅爲藉. 以雞置前 醊
酒畢 留謁則去 不見喪主.

　肱與二弟仲海‧季江俱以孝友著聞 常同被而寢 不應徵聘.
肱嘗與弟季江俱詣郡 夜於道爲盜所劫 欲殺之 肱曰 “弟年幼
父母所憐 又未聘娶 願殺身濟弟.” 季江曰 “兄年德在前 家之
珍寶 國之英俊 乞自受戮 以代兄命.” 盜遂兩釋焉 但掠奪衣資
而已. 既至 中見肱無衣服 怪問其故 肱託以他辭 終不言盜. 盜
聞而感悔 就精廬求見徵君 叩頭謝罪 還所略物. 肱不受 勞以
酒食而遣之. 帝既徵肱不至 乃下彭城 使畫工圖其形狀. 肱臥
於幽闇 以被韜面 言患眩疾 不欲出風 工竟不得見之.

　閎 安之玄孫也 苦身脩節 不應辟召.

　著隱居講授 不脩世務.

　曇繼母酷烈 曇奉之逾謹 得四時珍玩 未嘗不先拜而後進 鄉
里以爲法.

帝又徵安陽魏桓 其鄉人勸之行 桓曰“夫干祿求進 所以行
其志也. 今後宮千數 其可損乎？ 廄馬萬匹 其可減乎？左右權
豪 其可去乎？”皆對曰“不可.”桓乃慨然歎曰“使桓生行死
歸 於諸子何有哉！”遂隱身不出.

11　　帝既誅梁冀 故舊恩私 多受封爵 追贈皇后父鄧香爲車騎
將軍 封安陽侯 更封后母宣爲昆陽君 兄子康·秉皆爲列侯 宗
族皆列校·郎將 賞賜以巨萬計. 中常侍侯覽上縑五千匹 帝賜
爵關內侯 又託以與議誅冀 進封高鄉侯 又封小黃門劉普·趙
忠等八人爲鄉侯. 自是權勢專歸宦官矣. 五侯尤貪縱 傾動內
外. 時災異數見 白馬令甘陵李雲露布上書 移副三府曰“梁冀
雖恃權專擅 虐流天下 今以罪行誅 猶召家臣搤殺之耳 而猥封
謀臣萬戶以上 高祖聞之 得無見非！ 西北列將 得無解體！
孔子曰‘帝者 諦也.’今官位錯亂 小人諂進 財貨公行 政化日
損 尺一拜用 不經御省 是帝欲不諦乎！”帝得奏震怒 下有司
逮雲 詔尙書都護劍戟送黃門北寺獄 使中常侍管霸與御史·
廷尉雜考之. 時弘農五官掾杜衆傷雲以忠諫獲罪 上書“願與
雲同日死”帝愈怒 遂幷下廷尉. 大鴻臚陳蕃上疏曰“李雲所言
雖不識禁忌 干上逆旨 其意歸於忠國而已. 昔高祖忍周昌不諱
之諫 成帝赦朱雲腰領之誅 今日殺雲 臣恐剖心之譏 復議於世
矣！”太常楊秉·雒陽市長沐茂·郎中上官資並上疏請雲. 帝
恚甚 有司奏以爲大不敬. 詔切責蕃·秉 免歸田里 茂·資貶秩
二等. 時帝在濯龍池 管霸奏雲等事 霸跪言曰“李雲野澤愚儒

杜衆郡中小吏 出於狂戀 不足加罪." 帝謂霸曰"'帝欲不諦'
是何等語 而常侍欲原之邪!"顧使小黃門可其奏 雲·衆皆死
獄中 於是嬖寵益橫. 太尉瓊自度力不能制 乃稱疾不起 上疏
曰"陛下卽位以來 未有勝政 諸梁秉權 豎宦充朝 李固·杜喬
旣以忠言橫見殘滅 而李雲·杜衆復以直道繼踵受誅 海內傷懼
益以怨結 朝野之人 以忠爲諱. 尙書周永 素事梁冀 假其威勢
見冀將衰 乃陽毀示忠 遂因姦計 亦取封侯. 又 黃門挾邪 羣輩
相黨 自冀興盛 腹背相親 朝夕圖謀 共搆姦軌 臨冀當誅 無可
設巧 復託其惡以要爵賞. 陛下不加淸徵 審別眞僞 復與忠臣並
時顯封 粉墨雜糅 所謂抵金玉於沙礫 碎珪璧於泥塗 四方聞之
莫不憤歎. 臣世荷國恩 身輕位重 敢以垂絶之日 陳不諱之言."
書奏 不納.

12 　冬 十月 壬申 上行幸長安.

13 　中常侍單超疾病 壬寅 以超爲車騎將軍.

14 　十二月 己巳 上還自長安.

15 　燒當·燒何·當煎·勒姐等八種羌寇隴西金城塞 護羌校
尉段熲擊破之 追至羅亭 斬其酋豪以下二千級 獲生口萬餘人.

16 　詔復以陳蕃爲光祿勳 楊秉爲河南尹. 單超兄子匡爲濟陰

太守 負勢貪放. 兗州刺史第五種使從事衛羽案之 得贓五六千
萬 種卽奏匡 幷以劾超. 匡窘迫 賂客任方刺羽. 羽覺其姦 捕方
囚繫雒陽. 匡慮楊秉窮竟其事 密令方等突獄亡走. 尙書召秉
詰責 秉對曰"方等無狀 釁由單匡 乞檻車徵匡 考核其事 則姦
慝蹤緒 必可立得." 秉竟坐論作左校. 時泰山賊叔孫無忌寇暴
徐·兗 州郡不能討 單超以是陷第五種 坐徙朔方 超外孫董援
爲朔方太守 稸怒以待之. 種故吏孫斌知種必死 結客追種 及於
太原 劫之以歸 亡命數年 會赦得免. 種 倫之曾孫也.

是時 封賞踰制 內寵猥盛. 陳蕃上疏曰"夫諸侯上象四七 藩
屏上國 高祖之約 非功臣不侯. 而聞追錄河南尹鄧萬世父遵之
微功 更爵尙書令黃儁先人之紹封. 近習以非義授邑 左右以無
功傳賞 至乃一門之內 侯者數人 故緯象失度 陰陽謬序. 臣知
封事已行 言之無及 誠欲陛下從是而止. 又 採女數千 食肉衣
綺 脂油粉黛 不可貲計. 鄙諺言'盜不過五女門'以女貧家也
今後宮之女 豈不貧國乎!"帝頗采其言 爲出宮女五百餘人
但賜儁爵關內侯 而封萬世南鄉侯.

帝從容問侍中陳留爰延"朕何如主也?"對曰"陛下爲漢中
主."帝曰"何以言之?"對曰"尙書令陳蕃任事則治 中常侍
黃門與政則亂. 是以知陛下可與爲善可與爲非."帝曰"昔朱
雲廷折欄檻 今侍中面稱朕違 敬聞闕矣."拜五官中郎將 累遷
大鴻臚. 會客星經帝坐 帝密以問延 延上封事曰"陛下以河南
尹鄧萬世有龍潛之舊 封爲通侯 恩重公卿 惠豐宗室 加頃引見
與之對博 上下媟黷 有虧尊嚴. 臣聞之 帝左右者 所以咨政德

也. 善人同處 則日聞嘉訓 惡人從游 則日生邪情. 惟陛下遠讒
諛之人 納謇謇之士 則災變可除."帝不能用. 延稱病 免歸.

❖ 孝桓皇帝上之下 延熹 3年（庚子, 160年）

1　　春 正月 丙申 赦天下 詔求李固後嗣. 初 固旣策罷 知不
免禍 乃遣三子基 · 茲 · 燮皆歸鄉里 時燮年十三 姊文姬爲同
郡趙伯英妻 見二兄歸 具知事本 默然獨悲曰"李氏滅矣！自
太公已來 積德累仁 何以遇此！"密與二兄謀 豫藏匿燮 託言
還京師 人咸信之. 有頃 難作 州郡收基 · 茲 皆死獄中. 文姬
乃告父門生王成曰"君執義先公 有古人之節 今委君以六尺之
孤 李氏存滅 其在君矣！"成乃將燮乘江東下 入徐州界 變姓
名爲酒家傭 而成賣卜於市 各爲異人 陰相往來. 積十餘年 梁
冀旣誅 燮乃以本末告酒家 酒家具車重厚遣之 燮皆不受. 遂還
鄉里 追行喪服 姊弟相見 悲感傍人. 姊戒燮曰"吾家血食將絕
弟幸而得濟 豈非天邪！宜杜絕衆人 勿妄往來 愼無一言加於
梁氏！加梁氏則連主上 禍重至矣 唯引咎而已."燮謹從其誨.
後王成卒 燮以禮葬之 每四節爲設上賓之位而祠焉.

2　　丙午 新豐侯單超卒 賜東園秘器 棺中玉具 及葬 發五營騎
士 · 將作大匠起冢塋. 其後四侯轉橫 天下爲之語曰"左回天
具獨坐 徐臥虎 唐雨墮."皆競起第宅 以華侈相尙 其僕從皆乘

牛車而從列騎 兄弟姻戚 宰州臨郡 辜較百姓 與盜無異 虐徧
天下 民不堪命 故多爲盜賊焉.

中常侍侯覽 小黃門段珪 皆有田業近濟北界 僕從賓客 劫掠
行旅. 濟北相滕延 一切收捕 殺數十人 陳尸路衢. 覽·珪以事
訴帝 延坐徵詣廷尉 免.

左悺兄勝爲河東太守 皮氏長京兆岐恥之 卽日棄官西歸. 唐
衡兄玹爲京兆尹 素與岐有隙 收岐家屬宗親 陷以重法 盡殺之.
岐逃難四方 靡所不歷 自匿姓名 賣餅北海市中 安丘孫嵩見而
異之 載與俱歸 藏於複壁中. 及諸唐死 遇赦 乃敢出.

3　　閏月 西羌餘衆復與燒何大豪寇張掖 晨 薄校尉段熲軍. 熲
下馬大戰 至日中 刀折矢盡 虜亦引退. 熲追之 且鬪且行 晝夜
相攻 割肉食雪 四十餘日 遂至積石山 出塞二千餘里 斬燒何
大帥 降其餘衆而還.

4　　夏 五月 甲戌 漢中山崩.

5　　六月 辛丑 司徒祝恬薨.

6　　秋 七月 以司空盛允爲司徒 太常虞放爲司空.

7　　長沙蠻反 屯益陽 零陵蠻寇長沙.

8   九眞餘賊屯據日南 衆轉強盛 詔復拜桂陽太守夏方爲交趾
刺史. 方威惠素著 冬 十一月 日南賊二萬餘人相率詣方降.

9   勒姐 · 零吾種羌圍允街 段熲擊破之.

10   泰山賊叔孫無忌攻殺都尉侯章 遣中郎將宗資討破之. 詔
徵皇甫規 拜泰山太守. 規到官 廣設方略 寇虜悉平.

❖ 孝桓皇帝上之下 延熹 4年 (辛丑, 161年)

1   春 正月 辛酉 南宮嘉德殿火 戊子 丙署火.

2   大疫.

3   二月 壬辰 武庫火.

4   司徒盛允免 以大司農种暠爲司徒.

5   三月 太尉黃瓊免 夏 四月 以太常沛國劉矩爲太尉.
    初 矩爲雍丘令 以禮讓化民 有訟者 常引之於前 提耳訓告
以爲忿恚可忍 縣官不可入 使歸更思. 訟者感之 輒各罷去.

6　　甲寅 封河間孝王子參戶亭侯博爲任城王 奉孝王後.

7　　五月 辛酉 有星孛于心.

8　　丁卯 原陵長壽門火.

9　　己卯 京師雨雹.

10　六月 京兆 · 扶風及涼州地震.

11　庚子 岱山及博尤來山並頹裂.

12　己酉 赦天下.

13　司空虞放免 以前太尉黃瓊爲司空.

14　犍爲屬國夷寇鈔百姓. 益州刺史山昱擊破之.

15　零吾羌與先零諸種反 寇三輔.

16　秋 七月 京師雩.

17　減公卿已下奉 貸王侯半租 占賣關內侯 · 虎賁 · 羽林緹

騎·營士·五大夫錢各有差.

18 　九月 司空黃瓊免 以大鴻臚東萊劉寵爲司空.

　　寵常爲會稽太守 簡除煩苛 禁察非法 郡中大治 徵爲將作大匠. 山陰縣有五六老叟 自若邪山谷間出 人齎百錢以送寵曰 "山谷鄙生 未嘗識郡朝 他守時 吏發求民間 至夜不絶 或狗吠竟夕 民不得安. 自明府下車以來 狗不夜吠 民不見吏 年老遭值聖明 今聞當見棄去 故自扶奉送." 寵曰 "吾政何能及公言邪! 勤苦父老!" 爲人選一大錢受之.

19 　冬 先零·沈氏羌與諸種羌寇幷·涼二州 校尉段熲將湟中義從討之. 涼州刺史郭閎貪共其功 稽固熲軍 使不得進 義從役久戀鄕舊 皆悉叛歸. 郭閎歸罪於熲 熲坐徵下獄 輸作左校 以濟南相胡閎代爲校尉. 胡閎無威略 羌遂陸梁 覆沒營塢 轉相招結 唐突諸郡 寇患轉盛. 泰山太守皇甫規上疏曰 "今獮賊就滅泰山略平 復聞羣羌並皆反逆. 臣生長邠岐 年五十有九 昔爲郡吏 再更叛羌 豫籌其事 有誤中之言. 臣素有痼疾 恐犬馬齒窮 不報大恩 願乞冗官 備單車一介之使 勞來三輔 宣國威澤以所習地形兵勢佐助諸軍. 臣窮居孤危之中 坐觀郡將已數十年 自鳥鼠至於東岱 其病一也. 力求猛敵 不如淸平 勤明孫·吳 未若奉法. 前變未遠 臣誠戚之 是以越職盡其區區." 詔以規爲中郞將 持節監關西兵討零吾等. 十一月 規擊羌 破之 斬首八百級. 先零諸種羌慕規威信 相勸降者十餘萬.

1 　春 正月 壬午 南宮丙署火.

2 　三月 沈氏羌寇張掖 · 酒泉. 皇甫規發先零諸種羌 共討隴
右 而道路隔絕 軍中大疫 死者十三四. 規親入庵廬 巡視將士
三軍感悅. 東羌遂遣使乞降 涼州復通.
　先是安定太守孫㒞受取狼藉 屬國都尉李翕 · 督軍御史張稟
多殺降羌 涼州刺史郭閎 · 漢陽太守趙熹並老弱不任職 而皆倚
恃權貴 不遵法度. 規到 悉條奏其罪 或免或誅. 羌人聞之 翕然
反善 沈氏大豪滇昌飢恬等十餘萬口復詣規降.

3 　夏 四月 長沙賊起 寇桂陽 · 蒼梧.

4 　乙丑 恭陵東闕火. 戊辰 虎賁掖門火. 五月 康陵園寢火.

5 　長沙 · 零陵賊入桂陽 · 蒼梧 · 南海 交趾刺史及蒼梧太守
望風逃奔 遣御史中丞盛脩督州郡募兵討之 不能克.

6 　乙亥 京師地震.

7 　甲申 中藏府丞祿署火. 秋 七月 己未 南宮承善闥火.

8　鳥吾羌寇漢陽 隴西・金城諸郡兵討破之.

9　艾縣賊攻長沙郡縣 殺益陽令 衆至萬餘人 謁者馬睦督荊州刺史劉度擊之 軍敗 睦・度奔走. 零陵蠻亦反. 冬 十月 武陵蠻反 寇江陵 南郡太守李肅奔走 主簿胡爽扣馬首諫曰 "蠻夷見郡無儆備 故敢乘間而進. 明府爲國大臣 連城千里 舉旗鳴鼓 應聲十萬 奈何委符守之重 而爲逋逃之人乎！" 肅拔刃向爽曰 "掾促去！太守今急 何暇此計！" 爽抱馬固諫 肅遂殺爽而走. 帝聞之 徵肅 棄市 度・睦減死一等 復爽門閭 拜家一人爲郎.

　尚書朱穆舉右校令山陽度尚爲荊州刺史. 辛丑 以太常馮緄爲車騎將軍 將兵十餘萬討武陵蠻. 先是 所遣將帥 宦官多陷 以折耗軍資 往往抵罪 緄願請中常侍一人監軍財費. 尚書朱穆奏 "緄以財自嫌 失大臣之節" 有詔勿劾. 緄請前武陵太守應奉 與俱 拜從事中郎. 十一月 緄軍至長沙 賊聞之 悉詣營乞降. 進擊武陵蠻夷 斬首四千餘級 受降十餘萬人 荊州平定. 詔書賜錢一億 固讓不受 振旅還京師 推功於應奉 薦以爲司隷校尉 而上書乞骸骨 朝廷不許.

10　滇那羌寇武威・張掖・酒泉.

11　太尉劉矩免 以太常楊秉爲太尉.

12　皇甫規持節爲將 還督鄉里 旣無他私惠 而多所舉奏 又惡

絕宦官 不與交通. 於是中外並怨 遂共誣規貨賂羣羌 令其文降 帝璽書誚讓相屬.

規上書自訟曰 "四年之秋 戎醜蠢戾 舊都懼駭 朝廷西顧. 臣振國威靈 羌戎稽首 所省之費一億以上. 以爲忠臣之義不敢告勞 故恥以片言自及微效 然比方先事 庶免罪悔. 前踐州界 先奏孫雋 · 李翕 · 張稟 旋師南征 又上郭閎 · 趙熹 陳其過惡 執據大辟. 凡此五臣 支黨半國 其餘墨綬下至小吏 所連及者復有百餘. 吏託報將之怨 子思復父之恥 載贄馳車 懷糧步走 交構豪門 競流謗讟 云臣私報諸羌 讎以錢貨. 若臣以私財 則家無擔石 如物出於官 則文簿易考. 就臣愚惑 信如言者 前世尚遺匈奴以宮姬 鎮烏孫以公主 今臣但費千萬以懷叛羌 則良臣之才略 兵家之所貴 將有何罪負義違理乎！自永初以來 將出不少 覆軍有五 動資巨億 有旋車完封 寫之權門 而名成功立 厚加爵封. 今臣還本土 糾舉諸郡 絕交離親 戮辱舊故 衆謗陰害固其宜也！"

帝乃徵規還 拜議郎 論功當封 而中常侍徐璜 · 左悺欲從求貨 數遣賓客就問功狀 規終不答. 璜等忿怒 陷以前事 下之於吏. 官屬欲賦斂請謝 規誓而不聽 遂以餘寇不絕 坐繫廷尉 論輸左校. 諸公及太學生張鳳等三百餘人詣闕訟之 會赦 歸家.

❖ 孝桓皇帝上之下 延熹 6年（癸卯, 163年）

1   春 二月 戊午 司徒种暠薨.

2   三月 戊戌 赦天下.

3   以衛尉穎川許栩爲司徒.

4   夏 四月 辛亥 康陵東署火.

5   五月 鮮卑寇遼東屬國.

6   秋 七月 甲申 平陵園寢火.

7   桂陽賊李研等寇郡界 武陵蠻復反. 太守陳擧討平之. 宦官
素惡馮緄 八月 緄坐軍還盜賊復發 免.

8   冬 十月 丙辰 上校獵廣成 遂幸函谷關・上林苑. 光祿勳
陳蕃上疏諫曰 "安平之時 游畋宜有節 況今有三空之戹哉！田
野空 朝廷空 倉庫空. 加之兵戎未戢 四方離散 是陛下焦心毀
顔 坐以待旦之時也 豈宜揚旗曜武 騁心輿馬之觀乎！又前秋
多雨 民始種麥 今失其勸種之時 而令給驅禽除路之役 非賢聖
恤民之意也." 書奏 不納.

9   十一月 司空劉寵免. 十二月 以衛尉周景爲司空. 景 榮之

孫也.

時宦官方熾 景與太尉楊秉上言 "內外吏職 多非其人. 舊典
中臣子弟 不得居位秉勢 而今枝葉賓客 布列職署 或年少庸人
典據守宰 上下忿患 四方愁毒. 可遵用舊章 退貪殘 塞災謗. 請
下司隸校尉·中二千石·城門·五營校尉·北軍中候 各實覈
所部 應當斥罷 自以狀言三府 兼察有遺漏 續上." 帝從之. 於
是秉條奏牧·守·靑州刺史羊亮等五十餘人 或死或免 天下莫
不肅然.

10 詔徵皇甫規爲度遼將軍. 初 張奐坐梁冀故吏 免官禁錮 凡
諸交舊 莫敢爲言 唯規薦舉 前後七上 由是拜武威太守. 及規
爲度遼 到營數月 上書薦奐 "才略兼優 宜正元帥 以從衆望.
若猶謂愚臣宜充舉事者 願乞冗官 以爲奐副." 朝廷從之. 以奐
代規爲度遼將軍 以規爲使匈奴中郎將.

11 西州吏民守闕爲前護羌校尉段熲訟冤者甚衆 會滇那等諸
種羌益熾 涼州幾亡 乃復以熲爲護羌校尉.

12 尙書朱穆疾宦官恣橫 上疏曰 "按漢故事 中常侍參選士
人 建武以後 乃悉用宦者. 自延平以來 浸益貴盛 假貂璫之飾
處常伯之任 天朝政事 一更其手 權傾海內 寵貴無極 子弟親
戚 並荷榮任 放濫驕溢 莫能禁禦 窮破天下 空竭小民. 愚臣以
爲可悉罷省 遵復往初 更選海內淸淳之士明達國體者 以補其

處 卽兆庶黎萌 蒙被聖化矣！"帝不納. 後穆因進見 復口陳曰
"臣聞漢家舊典 置侍中‧中常侍各一人 省尚書事 黃門侍郎一
人 傳發書奏 皆用姓族. 自和熹太后以女主稱制 不接公卿 乃
以閹人爲常侍 小黃門通命兩宮. 自此以來 權傾人主 窮困天下
宜皆罷遣 博選耆儒宿德 與參政事."帝怒 不應. 穆伏不肯起
左右傳"出！"良久 乃趨而去. 自此中官數因事稱詔詆毀之.
穆素剛 不得意 居無幾 憤懣發疽卒.＊